U0104448

《光绪朝东华录》
蒙古史料摘抄

乌云格日勒 祁美琴 整理

内蒙古人民出版社

图书在版编目（CIP）数据

《光绪朝东华录》蒙古史料摘抄 / 乌云格日勒，祁美琴
整理.— 呼和浩特：内蒙古人民出版社，2016.12
ISBN 978-7-204-14481-5

Ⅰ．①光… Ⅱ．①乌… ②祁… Ⅲ．①内蒙古－地方史－
史料－清代 Ⅳ．① K292.6

中国版本图书馆CIP数据核字 (2017) 第004555号

《光绪朝东华录》蒙古史料摘抄

作　　者	乌云格日勒　祁美琴
责任编辑	郝　　乐
封面设计	刘那日苏
出版发行	内蒙古人民出版社
地　　址	呼和浩特市新城区中山东路 8 号波士名人国际 B 座 5 楼
印　　刷	内蒙古爱信达教育印务有限责任公司
开　　本	880mm×1230mm　1/32
印　　张	14.25
字　　数	380 千
版　　次	2017 年 8 月第 1 版
印　　次	2017 年 8 月第 1 次印刷
印　　数	1 － 1000 册
书　　号	ISBN 978-7-204-14481-5
定　　价	59.00 元

如发现印装质量问题，请与我社联系。
联系电话：（0471）3946120
网址：http://www.impph.com

说明与凡例

　　《光绪朝东华录》为《东华续录》之通称,原书继王先谦《十一朝东华录》而作,故得名。此摘抄从通称。

　　原书成于宣统元年（1909 年）,由上海集成图书公司铅字排印。1958 年由中华书局据上海集成图书公司铅印本断句整理重排。本书现据上述两种版本。

　　凡外藩蒙古、内属蒙古、八旗蒙古相关事情概行摘抄。相关府厅州县、关口之记载,一并摘抄。

　　摘抄内容,同一条中与上述内容无关者省略,用"……"表示。

　　为保证行文的完整性或连贯性，部分条目前或后摘抄少部分无关内容。

　　每一时间前的阿拉伯号码,依中华书局重排本。其后符号 [ ] 中加干支日。

　　对原书显著错字、脱字及颠倒字句,凡可以确定者均作改正,错字用 ( ),改正字用 [ ],补漏字亦用 [ ]。

　　同一个蒙古人,名字音同用字不同处,均作统一；对蒙古人名,凡可确定写错之处,均作改正。

　　为保留原貌,对一少部分不符合现代汉语规范用字以及音译地名、称号不统一之处,未作改正。

　　中华书局重排本附两种页码,一按年排序,另一种是全书设总页,本书依总页,以"(总……)"表示。

同治十三年甲戌十二月（1875 年 1 月）

冬十二月

5. [乙亥未刻]，钦奉慈安端裕康庆皇太后、慈禧端佑康颐皇太后懿旨，着惇亲王奕誴、恭亲王奕诉、醇亲王奕譞、科尔沁博德勒噶台亲王伯彦讷谟祜、贝勒奕劻、固伦额驸公景寿、大学士宝鋆、吏部尚书总管内务府大臣英桂、礼部尚书灵桂、工部尚书李鸿藻恭理丧仪。

（总 2）

12. [丁丑]，命除办理丧仪王大臣照例穿孝百日外，孚郡王奕譓……御前行走贝勒那尔苏、镇国公棍楚克林沁……均着穿孝百日。

（总 3）

16. [戊寅]，定以明年为光绪元年。

（总 5）

23. [甲申]，以穆宗毅皇帝梓宫在内，命广科托云、棍楚克林沁、克兴阿……守护各门，明庆、载容、载治、睿亲王德长巡查堆拨。

（总 6）

39. [戊子]，命志刚为库伦掌印办事大臣，照例驰驿前往。

（总 10）

40. [戊子]，予库伦办事大臣张廷岳祭葬，赏银五百两。子工部郎中张国正以知府即选。

（总 10）

45. [辛卯]，赠故工部左侍郎明善太子太保衔，赐恤如尚书例。调成林为工部左侍郎，以德椿为理藩院左侍郎。

（总 11）

1

光绪元年乙亥（1875年）

春正月

44. [癸亥]，谕军机大臣等，景廉奏关外军粮匮乏情形一折，哈密、巴里坤、古城、济木萨等处，皆系兵燹之余，户口凋敝，田地荒芜。古、济招集流民，仅数百户，产粮甚少。金顺委员在古城仅买粮七千余担，已收者止四千余担。景廉并无为金顺订买粮二万余担之事。刻下金顺所部驻扎巴里坤，购粮甚为棘手。尚有十余营留扎肃州、安西一带，未能全进。至乌里雅苏台等处，并不产粮，断难分济大军，已据额勒和布等覆奏。现在官军陆续西进，若非聚精会神，迅筹剿办，则糜饷老师，何以复疆圉而御外侮。然非军糈充裕，士饱马腾，则饥溃堪虞，办理亦断难得手。景廉所陈前敌军粮匮乏，均系实在情形。亟应由关内妥为筹划，源源接济。着责成左宗棠将后路粮运事宜实力筹办，并哈密以西各处应如何设立台站，俾资运送，即行一并妥筹具奏。该大臣务当仰体朝廷眷念西陲之意，力任其难，毋得稍存推诿。倘因军粮不继，致缓师行，贻误事机，定惟左宗棠是问。张曜、宋庆两军，或北至古城，合兵进取，或由南路进攻吐鲁番，即着景廉、金顺随时妥商调兵。现在关外兵力较厚，景廉等务当激励将士，奋勇进剿，迅复乌城。倘军粮无缺而旷日持久，任令踞匪负嵎，定惟景廉、金顺是问。将此由六百里各谕令知之。

（总29）

二月

21. [壬午]，左宗棠奏，臣承准军机大臣字寄，同治十三年十二月十四日奉上谕，袁保恒奏择定西征粮台进驻巴里坤一折，据称乌里雅苏台、科布多两处，设立粮台，均不相宜。惟巴里坤为南北适中之地，且紧接大军之后，拟将粮台移设巴城等语。粮台转运事宜，关系甚重。应否驻巴里坤之处，着左宗棠、袁保恒和衷商榷，奏明办理。移台之后，其饷项一切仍由陕、甘内地行走，必须陕省后路粮台催提转解，以资接济。左宗棠务当督饬地方各官认真经理，毋得稍分畛域，致误事机。袁保恒奏称，粮台移设后，须拨兵护运，并请于旧部皖军中商调数营。此时皖军能否调拨，并左宗棠能否将应撤之营酌拨马步若干，着该大臣酌度情形，与袁保恒会商妥办。张曜、宋庆两军，现在天山南路，该军粮运，即由左宗棠先为接济，俟移台后应如何统筹兼顾，并着左宗棠、袁保恒商办，毋误军食。金顺已抵巴城，即着赶紧部署，迅速西进。金顺到古后，景廉即与该都统将进剿机宜妥为筹办，以期迅扫逆气。将此由六百里各谕令知之。钦此。窃惟粮台之设，原以支应粮饷军需，俾前敌各军得一意驰驱，无须分心储峙。其必紧居大军之后者，势所当然。巴里坤距各军驻扎之古城、济木萨等处，为程七百余里，车驼畅行无阻，台设巴里坤，照料易周，各军赴台领运，取携甚便。回乱以来，城垣完好如常，旧为北路商贾辐辏之所，百货萃集，市廛麟次，今昔无殊。袁保恒称粮台宜移设巴城是矣。惟巴城产粮无多，从前天时地利人和，三厂屯田，日久荒废。从新经理屯政，暂无近功。经理如不得人，更滋虚耗。金顺上年在此采办军粮，民商分购，仅得七千余石。其明征也。臣原奏北路应兼收乌、科一带新旧之粮者以此。袁保恒所陈移台巴里坤，先买古、济之粮，次则仍由南路调运。臣思古城之粮，景廉已经订买，巴里坤之粮，金顺已经订买，其额尔庆额所买之粮，臣已发过价银，暂毋须由台支发。若订买古城、济木萨之粮运回巴里坤，无论古、济之粮未必尚敷订买，且亦无办法也。南路凉、甘、肃、安西新订之粮十九万担，不为不多，因乏现银收缴，尚欠五万余担，除供张曜、宋庆全军及金顺留安西、肃州数营外，凉、甘、肃州所有防城护运兵勇马步各营，皆取给于此，算至见新时，纵有存余，必无多矣。若复加价订买，则已订之五万余担更难收齐，且贫户无粮出粜者，买食维艰，青黄不接时无从设措。上年于散给籽粮外，郡县复广设粥厂煮赈疗饥，洵非得已。价愈增则富者之欲未压，而贫者之苦愈深。揆之事理，实不可行。且新粮订买已多，民间搜括殆遍，本属实在情形，袁保恒所奏以南路调运为末著，自有所见。古、济之粮既已采过，凉、甘、肃之粮又难议增，然则台移巴里坤，其必仍于北路广筹采运也明矣。乌里雅苏台、科布多一带，粮多可采，袁保恒自当尽心筹之。近又广加谘访，知归化、包头至射台、大巴一带十数站，大巴至巴里坤十六站，中间产粮之处甚多。其地虽无台站，无一定地名，然旧时商旅之赴巴、古、乌鲁木齐者，每取道于此。以其有粮可购，有驼可雇，价均平减也。湖茶私贩由此路至古城销售。经历任督臣奏明在案。近日臣炮队总兵邓增随金顺到巴里坤，禀称巴城商贾络绎不绝，棉价、布价、粮价与内地相近，皆言由乌、科一带来者，即指此路。观其市价平减，知其路径之捷，价脚之省。景廉前与金顺书，称包头运粮实亦不少，非虚言也。臣檄归绥道崇绪询访，确实具报。一面委员携银二万两往归化、包头试办采运。应否加银增采，容迟再议。惟袁保恒所奏移台巴城，虽以调运乌、科之粮为言，以调运南路为末著，而注意仍在肃州。现在赶制大车，已购车骒三千头，骎骎西向，其势已成，事难中止。姑无论天山岭脊，石径荦确，向无辙迹，重载粮车，联帮衔接，较之单车空车尚可参用人力从容过险者，艰阻特甚，事必不行也。即照袁保恒所拟办法言之，粮车由肃运巴，艰阻所不辞，劳费所不惜，而肃运之粮，亦无颗粒可到巴城。按肃州、安西越哈密二十四站，计程虽止二千二百余里，而道路绵长，又多戈壁，车驮驼只，均须就水草柴薪之便憩息牧饮，不能按站而行。中间人畜疲乏，又须停住养息，即催趱迫促，断非三十余日不能到巴。计每骡一头，日须嗷料八斤，一车一夫，口食日须两斤。兰州以西，料豆缺产，喂养用青稞、大麦、粟谷等充之，畜食之料即人食之粮也。车行三十余日，计一车运载之粮，至多不过六百斤，两骡喂养，即耗去五百数十斤，车夫口食亦须六七十斤，而车粮已罄，安有余粮达巴里坤乎？即达巴里坤，而车骡之喂养，车夫之口食，又将安出？此不谓之虚糜不得也。大抵西北转运，以驼只为宜，为其食少运重，又能过险也。驼行口内，食粮不过三斤，昼牧夜行，可省草束。且一夫管牵五驼，日需口食又省。若行口外，则食草不食料。如遇劳乏，但喂养一升加盐少许，仍即复故。惟驼夫宜择其老实勤快，管夫之人宜择其耐劳善于体恤者。虽不歇厂，亦少倒毙之患，故关内外诸军均使驼而不使车。统领营官之能者，当留心照料，不尽委之厮养小卒也。袁保恒初议移台，臣即详告以宜驼不宜车，关内之用，驮骡可多，车骡宜少，天山无车路，关内之粮难逾天山，及购驼不如雇驼，办官车不如用民车，已办之车只可酌改州县台车，以省喂养。而迄不见察，臣无如何。现在制造车辆已成，采买骒骡已到，而始筹及喂养维艰，意欲仍驻肃州办理车运，并奏陈西路用兵粮台均设肃州，而引岳钟琪曾用兵车粮车，黄廷桂分车驮北过天山为证。不知岳钟琪之用兵车，后此曾否停止，其过天山，或以令士卒下车推换以资轻便，均无从详考。至粮车则岳钟琪于后起运至玉门布囊吉时，咨止前进，而由巴里坤派余丁三千帮协转运，谓可省车驮之烦，并以节费，当时原有纪录。黄廷桂于用兵回部时，以车骡驻哈密，一半赴北路巴里坤装粮运库车，一半径由哈密运南路吐鲁番，时当重熙累洽，物产丰盈。而岳钟琪由南路进兵巴里坤，始用粮车，继复停止。至派余丁三千转运，藉以省烦节费，其因天山非车路可知。黄廷桂用车骡，一半往北路装粮运库车，重载返时不逾天山，其一半径由哈密运吐鲁番，则本是向天山西南行，更不近天山也。袁保恒预存想当然之见，求成必不行之事，竟至牵强往迹，附会其说，臣实有所未喻也。窃维从前西路用兵，列圣之派大员赴肃州、哈密办粮台，转运前敌军食者，均以集款调车驮驼只为事，至粮料草束一切承办之员，必视前敌军行所至，择路之捷费之省者，妥慎筹维，务得其当。道光六年讨张格尔，官军由北路向南路之阿克苏，宣宗特颁手谕十条，圣怀以肃州、嘉峪关距阿克苏五千余里，哈密总设粮台，鞭长莫及，饬运乌鲁木齐所积屯粮赴阿克苏，并于伊犁采买，省内地转输大半，又以内地军械火药由南路吐鲁番至库车，途多戈壁，饬改由北路逾冰岭转阿克苏，程途相等，细绎叠降谕旨。于师行南路时，犹以运北路之粮省关内转输为宜，然则师行北路，不应由南路办运也明矣。臣愚谨就现在已成局势言之，袁保恒移台之先，必将乌、科及各处粮路运路，周爱谘询，精心择度，以所购之驼，运北路之粮，以次达巴里坤。迨巴里坤收有成数，袁保恒径赴巴城设立粮台，一面仍运北路之粮，一面用驼南来装运南路肃局之粮。届时距秋获之期不远，采粮较易，可冀集事。较之驻肃转运巴里坤，重车不能过险，军饷无可缴纳，劳费过钜终归无济者，大不侔也。其已办车骡，虚耗喂养，殊为可惜。拟以有骡无车者，分拨兰州东路，抵台车之用。或加拨凉、甘、安、肃各处，备台车、添套及补里车放忙之缺。容臣与袁保恒商定，再由袁保恒核实陈奏。至关外诸军需用军装军火，向系自行制购，入陕后由西征粮台驻陕军需局发传牌，到兰州由督署发传牌，饬沿途州县随时派台车、民车运送，价由各军押运委员自发，相安已久，从无违误。查诸军军装军火，所习所用，各有攸宜，色目既殊，多寡之数缓急之需亦异，毋庸由粮台预为备办。其子药等项，

臣已设局肃城，各统领遇有缺乏，均可随时借领，将来另款开报，
为数无多，自无须添设款目。袁保恒原奏，粮台移设须拨兵护运，
请于旧部商调数营，奉谕，左宗棠能否将应撤之营，酌拨马步若干，
着酌定情形，与袁保恒会商妥办。窃维臣军自上年撤遣马步四十
营，后又撤去奇捷等营马步勇夫约共千名，现仅存一百四十一营，
须俟洋款借到再酌。其应撤之营，久役思归，是否愿赴关外，无
从悬拟。查巴里坤原有领队大臣及勇兵驻扎，臣近因镇标急须整
理，奏委记名提督王凤鸣署理镇篆，已饬随带饷银六千两先赴署
任，切实挑汰募补，酌给月饷，冀可改观。台移同城，自可资其
照料。粮台所应有者，护台兵勇夫役，为数不必过多。设台以后，
前敌诸军饷需，一切均可赴粮台请领，毋须由台运解，毋须弁兵
押护。哈密现有张曜全军驻扎，安西、肃州、甘州、凉州、兰州、
平凉以至陕西，节节驻有防营，原因巡缉游匪兼护运而设。袁保
恒随时咨行护军，断无违误，毋庸调拨马步，致涉虚糜。移设粮台，
原为接济前敌各军起见，粮台专司转运，不必参预军务。且现在
台尚未移，筹粮筹运，茫无头绪，岂可预议增调马步各营，益重
其累。上谕军机大臣等，左宗棠奏，以粮台宜设巴里坤，须于北
路广购粮石，以济军食。惟前据额勒和布等奏乌里雅苏台地属苦
寒，素不产粮，科布多亦无余粮可采。并据景廉奏，古城一带，
田地荒芜，收获无几，该都统并无为金顺订买粮二万余石之事。
师行粮随，关系极为紧要。所有移设粮台并一切事宜，着左宗棠
懔遵本年二月初三日密谕，悉心妥筹，迅速具奏，景廉、额勒和
布等各折，着抄给阅看。将此六百里谕令知之。

（总36—40）

25. [戊子]，寅刻，嘉顺皇后阿鲁特氏崩。

（总41）

42. [甲午]，谕军机大臣等，景廉奏敬陈粮运事宜一折，据称
北路乌、科等城无粮可采，仍应在肃州设立总台，安西、哈密、巴

7

里坤设立分台等语。前叠谕左宗棠,将关外各军粮运事宜通筹全局,据实奏陈。此次该都统所称粮台宜设肃州,并应另设分台,系属实在情形。即着左宗棠懔遵二月初三日谕旨,一并筹画,迅速具奏。前据左宗棠奏,袁保恒所请开办屯田,殊非此时所宜,当谕令与袁保恒商酌。兹据景廉奏,关外地广人稀,果能大兴屯政,关外多一分收获,关内即少一分转输,虽奏效稍迟,而节省经费之计无逾于此等语。着左宗棠悉心筹办,勿惜小费而废大计。现在大军进规乌鲁木齐,军糈最关紧要。该大臣务当妥速筹维,认真经理,以裨大局,毋得稍存成见,致误大机。将此由六百里谕令知之。

（总43）

三月

9. [辛丑],调伯彦讷谟祜为镶白旗满洲都统,以隆懃为镶蓝旗汉军都统。

（总44）

44. [辛酉],允景廉奏奖绥远城监造抬枪出力官弁。

（总53）

49. [癸亥],谕,李鸿章奏已故大员曾着劳绩恳请赐恤一折,前乌里雅苏台将军福济,于咸丰年间在安徽巡抚任内,办理军务,宣力有年。现在因病身故,殊堪轸惜。福济着加恩照巡抚例赐恤。

（总53）

夏四月

11. [乙亥],谕军机大臣等,景廉奏请饬整顿台站等语,各路军报并饷银军火,关系戎机,递运不容迟缓。着额勒和布、多布沁扎木楚、杜嘎尔、托伦布、保英、庆春、奎昌设法整顿蒙古台站，并严饬各台，遇有军营折报以及饷银军火，务当迅速运送，毋得仍前玩泄，致有贻误。将此各谕令知之。

（总 56）

五月

2. [戊戌]，调苏勒布为盛京礼部侍郎，麟书为理藩院右侍郎。

（总 80）

3. [戊戌]，瑞联奏，热河承德一府管辖六州县，地方辽阔，蒙民杂处，政务殷繁。其东与盛京地方接壤，西北与围场及多伦诺尔厅等处交界，皆马贼出没之所，尤关紧要。倘州县用非其人，则措置失宜，即多滋扰。欲振兴吏治，所贵拣补得人。欲整顿地方，必须情形熟习。伏查向章，滦平、丰宁二缺定为一调一轮补。应调缺出，由奴才会同直隶督臣先尽内地现任理事同知、通判拣员调补。如不得其人，再于现任抚民同知、通判及满汉州县内一体拣调。如轮补缺出，即于热河拣发州县，按照名次酌量请补。其平泉、建昌、赤峰、朝阳四州县缺出，由滦平、丰宁二县拣调。如二县内无堪调补之员，即由奴才会同直隶督臣于现任理事抚民同知、通判内曾经署理州县及满汉州县内堪以胜任之员请调。如此等人员现居要缺，未便顾此失彼，则于拣发州县内曾经委署地方并无贻误者题署，俟一年后再请实授等语。是热河州县缺出，除轮补之缺以拣发人员请补外，余皆先尽内地同通州县实缺人员拣补。无论内地人员，或现居要缺，或于例未符，一时拣调为难。即使遴选有人，而久官内地，于口外情形未必即能洞悉。设或人地不甚相宜，仍需撤换另补，似非慎重员缺之道。且查奏定章程之始，热河需次人员，不过拣发数人，均系甫经到郡，是以酌议章程，遇有缺出先尽内地人员拣调。今则除拣发班外，有候补班人员，有留热补用班人员，并有曾经署理州者。类皆当差多年，

9

谙习地方情形。今昔时势不同，如必拘守旧章，迁就拣补，势必人地生疏者得以调任繁区，而情形熟习者转难序补实缺。非所以慎重地方，亦非所以鼓励人才。奴才再四思维，拟于遵循之中略寓变通之意，合无仰恳天恩，请嗣后丰、滦二县缺出，无论应调应补，皆由奴才会同督臣先尽口外拣发各项人员请补。如不得其人，再由内地照章拣调。其平、建、朝、赤四州县缺出，仍由丰、滦二县内调补。如二县内无堪调补之员，亦由奴才会同督臣先尽口外拣发各项人员选拣请补。如不得其人，再由内地照章办调。如此变通，于旧章并无更改，不过一转移先后之间。而热河州县可冀得人地相宜之益，即需次人员，知序补有期，当更踊跃从公。请求吏治，于人才亦不无裨益。下吏部议奏。

（总 80—81）

六月

16.［甲戌］，谕军机大臣等，景廉等奏会商军务现在需粮甚紧并陈粮运情形各折片，乌鲁木齐逆匪，日久负嵎，贼党分踞古牧地等处，南路吐鲁番则有安集延盘踞，大兵进剿，势必互相救援，或由南路绝径窥我后路以图牵掣。应如何分路进兵，使该逆首尾不能兼顾，着左宗棠、金顺会商机宜，妥筹调度。刻下古、济等处粮石，业已搜买净尽，沙山等处，将定西营马队撤回，就食该处，现驻各营粮仍缺，亦应设法接济。金顺所部后队，未能调齐前进。现经景廉等多方筹划，尚难接至新粮，延至冬令，长途积雪，加以天山之阻，则挽粮更难为计。着左宗棠督饬承办各员，将关内粮石迅速转运，务于本年秋间运解数万石到古城，以裕军食。该处需粮情形，甚为迫切，倘馈饷稍有不继，贻误戎机，或竟因饥哗溃，左宗棠岂能当此重咎耶？乌、科两城，粮运无从筹办。巴里坤迤北大巴地方，收粮亦属无多。归化、包头采买米

面,事属可行,惟运费较巨。左宗棠已派员携银二万两前往试办,
并着筹款增采。总之关外军粮无论由何处采办,左宗棠责无旁贷,
务当悉心经理,俾资饱腾,毋得意存膜视。署巴里坤领队大臣庆
寿现在降调沙克都林扎布,能否赴任,着金顺查明具奏。将此由
六百里各谕令知之。

（总 95 — 96）

18.［乙亥］,乌里雅苏台参赞大臣多布沁扎木楚以病免,以
车林多尔济为乌里雅苏台蒙古参赞大臣。

（总 97）

45.［庚寅］,谕李鸿章严催承德府暨各州县欠交同治十三年
热河兵米。

（总 101）

49.［壬辰］,额勒和布、杜嘎尔奏乌里雅苏台城垣请暂用草
坯补砌。报闻。

（总 101）

秋七月

16.［癸卯］,左宗棠奏,新疆之事,从前因兵力饷事未能兼顾,
遂至叛回抅变,强敌窥边,土宇人民,不可覆按。于此而欲力图
恢复,挈二万里戎索之旧还之职方,戢万千族殊俗之民渐以声教。
正值寰区甫靖,财力久殚,内患虽平,民劳未艾,其难诚有倍于
拓疆之始者。微臣庸朽菲才,又值衰疾侵寻,志虑钝竭,何敢不
自忖量,谬以自承。顾念臣子之义,厥重匪躬,疆场攸司,责无
他诿,自从戎伊始,即矢尽瘁驰驱,岂头白临边,忽易初志。谨
将所筹情形为我皇上敬陈之。一曰广筹军粮也。师行北路,宜用
北路之粮,不但节费,亦免耗粮,臣前疏已详之。南路肃局既有
见粮,又车驮驼只,购雇稍多,可以灌运。自宜严切督催以广储峙。

11

北局设于归化，分局设于包头。饬升用知府前署绥德直隶州知州陈瑞芝、提督衔总兵萧兆元司之，雇民驼转运。计自三月至五月，据报陆续运过四十余万斤至巴里坤。每百斤牵合银八两内外。袁保恒前奏宁夏采运，臣饬署宁夏镇总兵记名提督谭拔萃、宁夏府知府李宗宾接办。见据报已雇驼数百，先由察罕庙试行，如果此路通利，再为加办。察看漠北，素产健驼，又便水草，惜久未开运，仓卒应募者少，又驼户每以拉差为苦，疑沮不前。臣见饬巴里坤镇、镇迪道严行示禁，冀闻风踵至，运道畅行，庶饷馈可通，亦收节省之益。正办理间，适俄国游历官索思诺福斯齐等到兰，与之谈论近事，索思诺福斯齐自称，俄国在山诺尔地方粮产甚多，驼只亦健，踞中国古城地方不远，如中国需用粮食，伊可代办，送至古城交收，由俄起运须护运兵弁，均由在山诺尔派拨，其兵费一并摊入粮脚价内，每百斤需银七两五钱，如年丰粮多，驼脚不贵，则价尚可减也。比即与定议，书立合约，计年内可运古城粮二百万斤，明年夏可运足三百万斤。索思诺福斯齐已专兵八瓦劳伏，前往告知其地巡抚，据称断不致误。臣见委知府衔甘肃候补同知丁鹗等赴巴里坤，又委布政使衔甘肃即补道陶兆熊等赴古城，办理采粮开垦及收支事宜。此北路筹粮情形也。南路肃局存见粮三万余石，安西局存见粮一百数十万斤，哈密局除张曜各营外，存见粮一百三十万斤，见正赶紧灌运。张曜在哈密办屯垦水利，事必躬亲，不惜劳瘁，据报垦荒地一万九千余亩，可获粮数千石。见据甘、凉、肃各厅州县禀报，今岁夏雨优渥，冀获丰稔，将来新粮市价有减无增，车驼之受雇者亦日多一日，转运较从前稍易。此南路筹粮情形也。臣因归化、包头采运巴里坤较凉、甘、肃采运巴里坤脚价大减，而粮则实装实卸，别无虚耗，故决计于北路开一运道，陆续拨兑实银已四十余万两。宁夏已发银三万两，计秋高驼集，运数可增。南路由甘运肃，由肃运安西，均用车驮。由安西运哈密，运巴里坤，均用驼只。节设厂局，浚水泉，刘草薪，以利运道。一切经费统于现办采运项下开支。计辘轳转般，运数可倍。此合南北两运筹巴里坤之粮也。……关外各城所驻大臣，有办事、领队、帮办之分。所驻之兵，有锡伯、索伦、达呼尔、察哈尔、蒙古、厄鲁特、沙毕纳尔及绿营携眷兵、换防番戍兵之分。乱后旧制不可复按。……

（总 104 — 109）

八月

43.［己丑］，左宗棠奏，新疆粮运兵事一切情形，臣已于六月二十八日据实陈奏。……军行粮随，须趁新粮登场，驼只起厂，多拨经费，分饬加紧筹采筹运，方免临时周章。现除北路归、包总分各局拨款稍多，可从缓拨解，此外宁夏一路，俱该局员禀报，由定远营取道察罕庙，经喀尔喀边境之巴尚图素庙，与归、包粮驼会合，径趋巴里坤，较归化起运约近数站。业于七月初一日试运头批，臣已饬尽多添雇赶运。惟试运伊始，大信未孚，商情不无疑阻，亟应加拨现银，俾应得脚价按批清给。一面由臣颁发告示，严禁巴里坤各军拉差之弊，庶可期其踊跃。其北路之北古城、巴里坤采运屯垦，均应添解大批。至南路关内采运，除凉州劳费太重现拟停办外，其甘郡安肃各厅县，已据该管道员议详，共定采市斗夏秋粮十二万二千石，饬遵照上年旧章颁发期票搭发，稍资腾挪，而商民车驼脚价按斤按里计算，运粮多则脚银之多因之而增。约略计算，南路关内采运，每月非得现银二十万两不敷支发。此现筹新疆南北路粮运价脚应出之款也。……

（总 125 — 127）

44.［己丑］，左宗棠奏，同治十三年十一月初五日准军机大臣字寄，十月二十一日奉上谕，户部奏出关各军饷项暨新疆各城军饷请统归西征粮台经理一折，现在大军出关，相机进取，前降旨派左宗棠督办粮饷转运一切事宜，并令袁保恒帮办。……至于新疆各城所驻大臣兵事饷事，军兴以来旧制不可复按，兹姑就近年部臣奏拨之款言之，每月由直隶、河南、山东、山西四省共拨银七万两，内除荣全奏准每月划提银二千五百两，以一半解荣全匀拨伊犁、塔尔巴哈台，以一半解乌城分拨乌鲁木齐、巴里坤、哈密各城。其分拨伊犁、塔城一半饷内咨报臣军有案者，惟库伦官兵及额鲁特、察哈尔人众丁口二千八百名，俸饷粮价每月划分银二千八百两。又分拨乌城一半饷内，每月应划分哈密办事大臣一万四千两，其余银两，该各城如何匀摊，每城经费拨支若干，满绿各营实存官兵马匹若干，盐粮马价各需若干，均未报臣有案，核拨无从着手。此外又有荣全专饷，原协添拨每月共银五万两，塔城、额鲁特官兵俸饷，各台驼价，换防官盐粮，每月共银一万两，库伦、乌、科各有专饷。部臣指拨时，有统解分拨之款，有划提拨抵之款，有改拨垫拨指省解还之款，有指提积欠坐扣之款。各城奏拨，前后异情，各省拨解积欠异数，往复咨查。动经岁月，核复羁迟。职是之故，臣维综核名实，慎重财赋，通盘规画。总司出入者，部臣之职分也。臣前奏设西征粮台，专司臣军协饷入款，按月开单报部，奏催咨提。其于一切出款，粮台并不干预，亦有不能兼顾之势也。其各省关协济景廉、金顺、明春饷项，则不尽由粮台经收。山、陕、归、绥、包头等处，各军均设有转运粮台，多寡赢绌，均由各统将自行核奏。……

（总 127—131）

九月

32. [乙卯]，谕，朕恭送穆宗毅皇帝、孝哲毅皇后梓宫奉移山陵，飨奠礼成。所有恭理丧仪之恭亲王奕䜣、孚郡王奕譓、科尔沁博多勒噶台亲王伯彦讷谟祜……均能恪恭将事，着各赏加三级。……

（总 145）

44. [癸亥]，崇实、岐元奏，前因奉省州县各官，满汉均有专缺，每(有)[遇]人地未宜，碍难更调。又因满汉分管旗民，诸多掣肘，是以援照热河成案，奏请满汉兼用，并请加理事同知、通判衔，庶可相地择人，旗民并理，诚为目前整饬吏治必不可缓之急务也。兹据吏部来文，照例议驳。伏思设官之初区别满汉，诚属彼时之宜，部臣固当恪守定章，免滋流弊，无如今非昔比，势随时迁。奴才等屡承圣训，谆谆以吏治民生为念，曷敢不因时变通，期于有济，前次所以再四思维，详加商酌，势不能不将州县略为变通，冀可转移积习，不致牵掣如前。况此次部议，蒙民交涉，必用旗员，旧制相沿，不宜或改。若以审理蒙古案件而论，莫如昌图厅最多，次则莫如新民厅。查新民原设即系满汉兼用，昌图前为理事通判，后改为抚民同知，亦系满汉兼用。又如辽阳州原系汉缺，后改为满汉缺兼用，宁海县亦系汉缺，后改为金州同知，而亦满汉兼用。由此观之，非特热河有案可仿，即在奉省亦不啻有例可循也。部议又云，不能胜任之员，立即撤回，另行请补。夫人必待不胜任而后撤，其贻误地方已可想见，与其撤委于事后，补救无方，不如详审于事前，斟酌尽善之为愈矣。总之，人才贤否，政令得失，不在满汉，而在择人。奴才等若非目击其情，身历其境，亦不知废弛情形至于此极。刻下人才无多，缺分亦少，若复拘执满汉，则此长彼短，欲求人地相当也实难，旗署兼理词讼，民无适从，若夫拘执旗民分管，则我疆而界，欲望该地方官专心图治也更难。部臣所谓并无今昔不同者，殆未目击其情身历其境耳。上谕，崇实等奏奉天州县各官仍请变通办理一折，着军机大臣、六部、九卿归入崇实前奏变通吏治章程折内，一并会议具奏。

（总146—147）

冬十月

15. [庚辰]，谕，御史邓庆麟奏京控案关承袭王职亟宜迅速讯办一折，据称蒙古已故郡王达达巴扎木苏之母继福晋诺尔斯德玛氏呈控盟长欺媚冒袭王职一案，该原告福晋等均已来京候质，迄今一年之久，理藩院并未提传被告，请另派大员严讯等语。此案业经理藩院于昨日具奏，即着该衙门将该案人证卷宗迅速提集，秉公严讯确情，据实具奏，毋稍延缓。该御史所请另派大员审讯之处，着毋庸议。

（总 150）

17. [辛巳]，以载容署镶黄旗蒙古都统，安兴阿署镶红旗满洲都统。

（总 150）

十一月

17. [己巳]，荣全奏，塔尔巴哈台创耕麦田，已历三年，颇着成效。请将在事出力官兵分别奖励，以策将来。允之。

（总 158）

28. [甲寅]，金顺奏，巴里坤迤北与科布多连界之都兰哈喇，旧有铅厂，余存铅沙甚多，派员查看属实。奴才军营各项军火，需用铅斤繁巨，办自内地，迢迢数千里，运脚维艰。今既就近存有旧沙，拟派员熔炼运营，以备攻战而省运费。并令尽旧有之数炼运完毕即行撤回，并不开挖新矿。允之。

（总 159）

33. [庚申]，谕，前据御史邓庆麟奏，盟长欺媚，冒袭王爵，亟宜迅速讯办，当经降旨令理藩院严讯具奏。兹复据该御史奏称，案关冒袭，请饬严讯确情等语。着刑部会同理藩院秉公讯办。

（总 160）

16

十二月

12. [癸酉]，谕，理藩院奏请将控案就近提审一折，据称，东扎鲁 [特] 贝勒旗台吉布彦巴雅尔等呈控，该旗贝勒自林沁诺依鲁布承袭以来，竟有协理及属下人等拆毁旧府，抢去财物，复在坟茔烧荒，伤毙人命，以及苛派差银各节。该台吉家中亦被旗员忠甯等抢去银两，拆毁房间，并有牵涉贝勒夫人与协理台吉苏克都尔扎布情事。如果属实，自应澈底根究，着瑞联就近提集人证，秉公严讯确情，按律定拟具奏。原告布彦巴雅尔、索特木多尔济并原递蒙呈，均着该部解往备质。

（总 164 ）

14. [癸酉]，钦奉慈安端裕康庆皇太后、慈禧端佑康颐皇太后懿旨，皇帝冲龄践祚，亟宜乘时典学。……至国语清文，系我朝根本，皇帝应行肄习。蒙古语言文字及骑射等事，亦应兼肄。着派御前大臣随时教习，并着醇亲王一体照料。

（总 165 ）

43. [丁亥]，恭亲王奕䜣等奏，准军机处交出光绪元年七月二十四日奉上谕，崇实奏遵旨变通奉天吏治章程一折，着军机大臣、六部、九卿会议具奏。钦此。钦遵交出到部。又内阁交出光绪元年九月二十九日奉上谕，崇实等奏奉天州县各官仍请变通办理一折，着军机大臣、六部、九卿归入崇实前奏变通吏治章程折内，一并会议具奏。钦此。钦遵抄出到部。……又查原奏内称旗民地方各官宜变通等因，吏部查该署兼管府尹所奏旗民地方各官，前次请照热河定例，将地方通、同以下全加理事等衔片奏在案之处，业经臣部查热河地方，缘因今昔情形不同，是以议准将州县各缺，不论满汉，一律请补。奉天州县各缺，承德县、锦县附府首邑，系无论满汉准其拣选。其附近蒙古界之义州、开原、

17

铁岭、广宁等州县，应专以满员请补。其非与蒙古地界相近之辽阳、宁远、复州、盖平、宁海、海城等州县，应专以汉员请补。定章判然各别，遵行日久，并无今昔情形不同之处，非现在热河地方可比。已将该署兼管府尹所请将奉天各厅州县仿照热河之例，不拘满汉一例请补均加理事同知、通判衔之处，另折奏驳。于光绪元年八月初六日奉旨，依议。钦此。行文知照在案。兹复据该署兼管府尹等奏称，奉省州县各官，满汉俱有专缺，每遇人地未宜，碍难更调。又因满汉分管旗民，诸多掣肘，是以奏请满汉兼用，并请加理事同知、通判衔等因。臣等伏查奉天州县各缺，专用满员或专用汉员，例有专条，遵行已久。原未便率为更章。惟既据该署兼管府尹等沥陈，该处地方现在情形，今非昔比，势不能不略为变通，冀可转移积习，不至牵掣如前。且奉省现值整饬吏治之时，正当相地择人，未便拘于成格，致滋迁就遗误。拟请准如所请，将奉天各厅州县等官仿照热河之例，满汉兼用，州县各官均加理事同知、通判衔。……上谕，前因崇实等奏请变通奉天吏治章程及州县各官仍请变通办理各一折，当经先后谕令军机大臣、六部、九卿会议具奏。兹据奏称，该署将军等所陈系属实在情形，均请照准等语。即着照所请。盛京将军一缺作为管理兵、刑两部兼管奉天府府尹，准其仍照各省总督体例加衔，所有刑部及奉天府旗民一切案件悉归总理，奉天府府尹一缺，准其加二品衔以右副都御史行巡抚事，旗民词讼命盗案件悉归该府尹管理，五部侍郎即照此次所奏，恪遵例案，各专责成，奉天府治中一缺，着即行裁撤，改为奉天驿巡道。该处各厅州县等缺，准其照热河之例，满汉兼用，州县各官均加理事同知、通判衔。所有旗界大小官员，只准经理旗租、缉捕盗贼，毋须干预地方公事。奉天为陪京重地，从前狃于故习，积弊已深，经此次变通章程，崇实等务宜实力奉行，认真整顿，所有陋习等项悉数革除。地方文武各员，并着该署将军随时稽查，核实劝惩，如有不肖之员仍蹈故辙者，即行据实严参，毋稍徇纵。其余未尽事宜，仍着随时酌度情形，奏明办理。

（总 175 — 181）

光绪二年丙子（1876 年）

春正月

4. [丁酉]，左宗棠奏，新疆北路台站应由乌鲁木齐都统、科布多大臣、乌里雅苏台将军联次安设。从之。

（总 185）

20. [己酉]，以安兴阿署镶白旗满洲都统，明庆署正黄旗蒙古都统，景寿署正红旗满洲都统。

（总 188）

二月

15. [甲戌]，以德长署镶黄旗蒙古都统。

（总 195）

26. [己酉]，左宗棠奏，甘肃军事，以筹粮筹运为最难，而采粮转运，均非巨饷不办。辖境苦瘠甲于天下，地广人稀，回乱以来仅存孑遗，不及承平时十分之一，非赖各省关协济无所措手。仰仗皇威遐畅，东自潼关武关，西迄嘉峪，南至巴蜀，北至蒙古，周数万里一律澄清，是则疆圻诸臣之大有造于西土也。……

（总 196—197）

三月

1. [癸巳朔]，左宗棠奏……俄粮之运古城者，截至四月可四百八十余万斤，仅敷金顺全军马步之需。继进之军所需粮料，除官私驮骡驼只装运军士自行裹带外，余均取给哈密、巴里坤。哈密粮源自甘州、肃州、安西而来，巴里坤粮源自归化、包头、宁夏而来。远者五千余里，近者三千数百里。截至四月，巴里坤存粮可六百余万斤，安西、哈密之粮运至古城者可四百余万斤，存储待运者尚千万斤，然劳费已不胜计矣。其巴里坤有数径可达安西，不复经由哈密，已饬记名提督徐占彪，俟臣宗棠到肃后，带所部马步四营驻之。……

（总198—201）

夏四月

9.［丙寅］，荣全奏，接据帮办伊犁军务库尔喀喇乌苏领队大臣孝顺等报称，该营前于同治十三年九月间，在将军沟等处出队剿贼，大获全胜，已将异常出力员弁恳请随折奖励，其余出力官兵，应俟汇案保奖。嗣零股贼匪出没无常，该官兵等皆随时堵剿获胜，并侦探坐卡，差操勤苦二年之久，均属著有微劳，今择其尤为出力者一并开单请奖等情前来。查该领队等所报尚属实情，自应俯如所请。伏查奴才行营出力官兵，曾于前年二月十一日分别奏咨量请奖叙，业蒙恩准在案。迄今又及二年，办理印务、粮饷、军需各务暨远探近防差赴前敌运解各项，皆踊跃从事，颇称得力。现在大兵云集占城，前敌拨队分扎奎屯，正当审度机宜，会合进剿，行营各务益增繁多。该官兵等昼夜辛勤，始终奋勉。又有由京并乌、科二城等处迎运军火饷银各员，沿途小心，妥速无误，均不无微劳足录。拟请汇案保奖以策将来。兹谨择尤分别缮具清单，恭呈御览。下部议奏。

（总208—209）

29.［辛巳］，调隆懃为镶黄旗领侍卫内大臣，伯彦讷谟祜为正黄旗领侍卫内大臣。

（总211）

30.［辛巳］，以载敦为镶红旗蒙古都统。

（总211）

35. [甲申]，丰绅、托克湍奏，准军机大臣密寄遵旨拟办海防事宜，当于是月十三日覆奏，请练正兵六千名，添练西丹四千名，共为一万名，并请每西丹二人合给马一匹，共请马价二万四千两。又请款制造军械，俱蒙俞允施行在案。嗣准神机营奏拨昭乌达盟巴林札萨克多罗郡王捐马六百匹，当经奴才等具咨加马知照前去，计今夏水草旺发时即可解来。而各省奉拨马价尚未到齐，若拘泥待办，未免迟误事机。查属城呼伦贝尔，向系产马之区，该处亦多牧马之家。其世受国恩情殷报效者，尚不乏人。同治八九年间，前将军德英曾由各城劝捐军马奏请奖励在案。兹查西丹所习步箭鸟枪，已渐可观。而待马以演骑射，尤为当务之急。奴才等拟仿旧章，派员先赴呼伦贝尔劝捐给奖励。此外各城如可举办，亦即推广劝捐以佐军实。俟有成数，益以昭乌达盟捐马六百匹。则将前请马价二万四千两移充兵饷，不无小补。报可。

（总 212）

43. [丁亥]，左宗棠奏……惟刘锦棠马步二十五营所需军食，本指巴、哈存粮转运古城。兹两处已分济金顺，虽余粮尚多，而一时运脚难期周转，缺乏堪虞。除前雇商驼万只由安西、哈密径运古城外，复由肃州尽官、民、商三项车辆装粮料运古城，以广储峙。幸归化、包头、宁夏商驼之运巴里坤者踊跃如常，存粮尚敷转馈。……

（总 214—218）

五月

23. [丙辰]，钦奉慈安端裕康庆皇太后、慈禧端佑康颐皇太后懿旨，御史潘敦俨奏请开除亲王差使一折，前因醇亲王奏旧疾复发，恳赐矜全。当允王公、大学士、六部、九卿之议，将醇亲王所管各项差使开除，即神机营事务亦改派伯彦讷谟祜等管理。……

（总 227）

28. ［庚申］，谕，瑞联奏特参阻挠重案之盟长请旨严议一折，阿鲁科尔沁旗协理等捏欠抢印一案，经瑞联委员将协理绰伊扎布等传讯，敖汉贝子旗梅伦富凌阿辄敢拦阻，并途遇该旗护卫赛上阿带领多人，竟将绰伊扎布等六名抢去。据称伊奉盟长差派，不许绰伊扎布赴案。显系该盟长主使，肆意阻挠。敖汉贝子达克沁，着先行交理藩院严加议处，并勒限严饬将绰伊扎布等并富凌阿、赛上阿一并押解前赴热河交瑞联讯办。

（总229）

闰五月

5. ［乙丑］，托伦布病请解任，允之。以保英为科布多参赞大臣，桂祥为帮办大臣。

（总230）

16. ［辛未］，谕军机大臣等，金顺奏追剿北路窜匪情形，并请饬乌、科等城派兵扼扎要隘，英廉奏回匪窜扰塔境派对防剿暨俄人解运粮被匪抢掳各折片，览奏均悉。贼匪由布伦托海窜出红柳峡地方，经官军跟踪追剿，贼由吐鲁番仍回乌鲁木齐。金顺现派兵驻扎木垒河、三个泉等处，梭巡防剿。但北路沙碛辽阔，无险可扼，防不胜防。且东路为大军后路粮运所必经，该逆虽已归巢，难保不乘间窥伺。金顺仍当严饬派出各军认真防探，遇贼即击，毋稍疏懈。布伦托海迤西叠昆山地方竟有贼匪抢劫俄人粮石之事。该处地势以乌鲁木湖、乌梁海、沙扎盖为扼要之区，金顺拟将塔尔巴哈台、索伦等队扼扎乌鲁木湖，科布多、蒙古等队扼扎布伦托海或乌梁海适中之地，乌里雅苏台、黑龙江等队扼扎沙扎盖，藉堵贼匪纷窜。着荣全、额勒和布、车林多尔济、杜嘎尔、托伦布、保英、英廉酌度情形，倘能分拨官兵前往扼扎，未始非先事预防之计。惟各城兵勇无多，防剿均属喫紧，恐一时不敷分

23

拨，兼顾为难。前月左宗棠奏资遣马步出关，当因乌、科等城兵力甚单，恐逆匪被剿旁窜，谕令该大臣等改派劲旅于北路地方择要扼扎。现在乌鲁木湖等处既为贼匪必窜之路，即着左宗棠、金顺妥为筹商，若各城无可分拨之兵，该大臣仍当懔遵前旨，即派劲兵前往驻扎以杜分窜。

（总 234—235）

六月

5. ［丙申］，以蒙古宾图郡王西里巴咱尔庇护盗贼，革去帮办哲里木盟务之任并乾清门行走、御前行走差使，拔去三眼翎，撤销紫缰。

（总 238）

15. ［甲辰］，荣全、英廉奏，土尔扈特扎萨克台吉图普新克什克妄邀唐古忒喇嘛念经治病，阻人查拿，致令属下官兵斗殴，请交理藩院议处。允之。

（总 239）

19. ［丙午］，左宗棠奏……惟前奉谕旨，拣派劲旅于北路地方择要扼扎，比已恭录行知金顺、刘锦棠，熟察地形，妥为布置，务期周密，仰慰宸厪。一面咨委乌鲁木齐领队大臣锡纶赴沙山一带预筹截剿。饬总兵桂锡桢、都司冯以和所部并归统带。兹金顺派拨吉林、黑龙江马队合成千骑，亦归锡纶统带，以资得力。并饬刘锦棠挑派将领率步队佐之。现准金顺咨称，调徐学功马队三营、步队一营归锡纶调遣。刘锦棠进阜康大队取齐，又适奉行知闰五月十一日钦奉谕旨，自必恪遵派拨，是锡纶兵力不虞单薄也。锡纶生长边陲，熟悉蒙部情形，能通蒙文蒙语，闻其为人亦甚倜傥，与金顺、荣全均称相得。近时俄粮续由沙山一带运送一百余万斤，即系锡纶迎获。兹令防剿窜匪，更有攸宜，窃维用兵宜布远势。金顺所陈请将塔尔巴哈台、索伦等队扼乌鲁木湖，蒙古、科布多等队扼布伦托海或乌梁海适中之地，乌里雅苏台、黑龙江等队扼沙扎盖，原因贼骑飙忽特甚，北路平沙广漠，防不胜防，虑难一处聚歼。故为此节节邀截之计，虽于乌、科兵力单薄调队维艰情形，未遑计及，而就事论事，实有不容已者。臣以贼情贼势度之，陕、甘逆回被白彦虎迫胁出关者，非尽属其死党，不过因频年未经重创，相与安之。白逆等复劫其各弃眷属，北窜遐荒，似非陕、甘各回所愿。至关外土回，自勘定后驯服有年，已成积弱之势，狡悍肆乱者无多，白逆纵纠其北窜，亦必无应之者。如大军进逼环攻，谕以剿抚兼施之意，释胁从而急渠魁，解散必众。逆贼如从阜康境内窜出，金顺、刘锦棠所部截之，自有余力。如从玛纳斯窜出，近则孔才各营，稍远则锡纶新统各营截之。亦可不令其全脱，而塔尔巴哈台后路又阻其前，英廉所部虽单，荣全应挑拨劲旅归其调遣。或扼之乌鲁木湖，或就近择要截击，皆可确操胜算。惟备御不虞，古之善教。乌、科两城旧为边城要地，自古用兵西北，从北路出兵，无由南路者。兵事未可久荒。当此残逆喘息仅存，而使百密一疏，亦非全策。如虑两城兵力单薄，粮运维艰，则谕调精兵于科城、乌城前路择要扼防，或即由两城领兵大员就近添调防兵，严扼奔冲，以资周防而固封守。给以薪水口分，俾其一意布置，务保无虞。计北路兵事当可克期告藏，需增防兵为数非多，所耗无几。而大局益臻稳慎矣。伏恳申谕荣全、英廉、额勒和布、车林多尔济、杜嘎尔、托伦布、保英实力筹维，共襄兹举，毋因惜小费而忽远猷，则诚时局之幸，谨据实覆陈。谕军机大臣等，左宗棠奏布置出关各军并覆陈堵贼纷窜情形，金顺奏特参副都统吉尔洪额不遵节制各折，览奏均悉。刘锦棠所部现拟进扎阜康，为进攻古牧地之计，其玛纳斯一带为贼匪出窜之路，尤宜先事豫防，左宗棠已饬令该员前赴济木萨与金顺会商妥办，此外奇台、古城及哈密等处，亦经分派队伍扼要进扎，并咨委锡纶带队赴沙山一带截剿，布置尚属周妥。刘锦棠率所部此时已行抵古城，左宗棠、金顺妥速会商，饬令各军相机进取，次第收复各城，以期早日蒇事。惟大军进剿，该匪铤而走险，势必四路分窜。塔尔巴哈台、乌里雅苏台、科布多等城兵力虽属单薄，亦应联络声势，妥筹防剿。着荣全、额勒和布、车林多尔济、杜嘎尔、托伦布、保英、桂祥、英廉，各就现有兵力扼扎要隘，遇有贼踪窜近，即行实力兜剿，毋稍疏虞。副都统吉尔洪额因病请假，该员所带之队，经金顺派令沙克都林扎布前往接统，乃吉尔洪额抗不交代，辄将沙克都林扎布禁锢室中，并有令众兵向沙克都林扎布索取欠饷等情，似此任性妄为，不遵军律，实堪痛恨。着左宗棠按照金顺原奏各节，认真查办，据实具奏。其所统官兵，即着金顺饬令迅速交出，不准藉词宕延。一面先将该副都统看管，听候查办，金顺原折，着抄给左宗棠阅看。将此由六百里各谕令知之。

（总 240 — 243）

20. [丙午]，左宗棠奏，臣于上年试办归化、包头转运，意欲于北路别开新径以裕军储。近因南路粮多运绌，转瞬新谷将登，须筹采运。臣之愚见，必以宁夏、包头为大宗。查西安协领都统衔副都统善胜，谨慎明干，熟悉蒙部情形，臣已咨商署西安将军图明额，委赴归化城，督同陈瑞芝、萧兆元办理，庶北路粮运可期推广。报闻。

（总 243）

秋七月

6. [辛酉]，志刚奏，库防兵粮归张家口办运。下部知之。

（总 246）

7. [辛酉]，志刚奏，库防加增柴草由直局另案造报。下部知之。

（总 246）

11. [乙丑]，谕军机大臣等，前因金顺奏副都统吉尔洪额不遵节制各节，当经谕令将该革员等解赴左宗棠军营查办。兹复据金顺奏称，吉尔洪额、依勒和布已率队向北逃逸，乌、科两城沿途台站见有该营饷银，难保不抢截滋事等语。览奏不胜诧异，着额勒和布、车林多尔济、杜嘎尔、托伦布、保英、桂祥、庆春、奎昌查明吉尔洪额等无论行抵何处即行严拿，解赴左宗棠军营，毋令在途滋事。一俟解到后，即着左宗棠严行查办，按律惩治。原折并呈词，着抄给左宗棠阅看。吉尔洪额等以带队大员，岂竟不知法纪，何以胆大妄为至于此极。是否金顺有不善驾驭操之过激之处，并着左宗棠一并查明，据实具奏。现当用兵吃紧之际，金顺务当随时相机调和将士，以期共奏肤功，毋得激切从事，致失军心。将此由六百里各谕令知之。

（总 246—247）

27. [丙子]，谕军机大臣等，前因金顺奏吉尔洪额等带队潜逃，当经降旨革职，并令沿途截留，拿交左宗棠查办。兹据托伦布等奏，吉尔洪额、依勒和布带有马队二三百名，行抵博东齐河地方，请旨办理等语。此项官兵既经行抵科布多属境，口粮不继，恐致生事。科城现存兵饷谅亦无多。着额勒和布、车林多尔济、杜嘎尔、托伦布、保英、桂祥分拨银两，派员前往接济。仍令吉尔洪额等暂行统带，即在博东齐河地方驻扎，妥为弹压。并着金顺即行派员携带粮饷驰赴科境，将此起官兵明白开导，带回古城听调。一俟官兵接统有人，着托伦布、保英、桂祥仍遵前旨将吉尔洪额、依勒和布拿解左宗棠营，由该大臣严行查办。将此由六百里各谕令知之。

（总 249）

八月

13. [甲午]，瑞联奏，喀拉沁王旗报称，该旗商家营毗连之窑沟地方于本年六月间银苗透露，突有匪徒聚集偷挖，诚恐日久积匪愈多，与大局大有关系。当派总办矿物理刑司员高士龙前往查勘，旋据该司员勘得承德府属窑沟，在郡东北百余里，并不关碍风水，山上产露银苗，闻私挖匪徒忽聚忽散，恐致日久滋事等情，禀请核办前来。奴才查热河旗民地方产银之处，果系银苗畅旺，自应招商采办，以裕课款而免争端。若有匪徒乘隙聚挖，亦即派兵剿捕，历经办理在案。兹窑沟地方银苗既已显露，匪徒贪利私挖，势所难禁。亟宜派兵驱逐弹压，始无养奸致变之虞。当即拣派防御全龄、善利带领洋枪队旗兵六十名，于七月十五日驰赴该处驻扎捕拿，有犯必惩。并出示晓谕，严禁滋扰。所需经费统由奴才筹款给发。仍随时体察情形，地方安静，即将官兵遣撤。并饬罗圈沟官厂商人钱澄嘉多备资本，先行试采，一俟办有成效，再行妥议章程，奏请升课。报闻。

（总 271）

29. [壬寅]，谕军机大臣等，吉尔洪额奏追抚溃兵伏罪请旨各折片，吉尔洪额不遵金顺调度，率领兵队擅自北行，兹据所奏各情，显系饰词渎辨。前已有旨将该员革职，押解进关，交左宗棠查办。所部官兵，并谕令金顺派员驰赴科境接统。着保英等传旨谕知，该革员此次任意抗违，获咎已重。俟金顺派员前来，即将所带各队妥为交卸，毋得稍事迁延，益加罪戾。至此项官兵口粮，着额勒和布、车林多尔济、杜嘎尔、保英、桂祥遵奉前旨筹拨接济。金顺迅即拣派妥员，携带饷粮前往接带，将该官兵明白开导，善为拊循，毋任再滋事端。保英等俟官兵接统有人，即将吉尔洪额等拿解左宗棠军营，由该大臣严行查办。将此由六百里各谕令知之。

（总 276 — 277）

42. [甲寅]，谕军机大臣等，金顺奏官军收复玛纳斯北城进攻南城并军饷支绌情形，荣全奏会克玛萨斯北城请饬桂祥暂缓赴任各折片，览奏均悉。……新授科布多帮办大臣桂祥，着照荣全所请，准其暂缓赴任帮同办理该营事务。将此由六百里各谕令知之。

（总 286 — 287）

九月

54. [丁亥]，左宗棠奏……至南路今岁旱蝗成灾，收成歉薄，官军转战而前，恐未能因粮于贼，自不得不预为广筹采运以赴戎机。现饬古城采新粮三万石，备运乌鲁木齐。巴里坤采新粮七千石，合归、包、宁夏已采陈粮二万余石，备供徐占彪一军及防营之用。哈密无粮可采，由肃州、玉门、敦煌采运新粮接济，约可二万石，备供张曜一军之用。……伏查现驻包头之统领卓胜全军头品顶戴记名提督铿僧额巴图鲁金运昌，前在甘肃宁、灵一带会剿，所部淮北勇丁，好勇尚气，甚耐劳苦，金运昌整理数年，愈就驯顺。近自黄甫川移扎包头，军民相安，颇得时誉。臣自移驻肃州，金运昌屡以在防无事，坚请随征，臣时正以采运维艰，难议增灶置之。而金运昌西征之志益决，所部各营官共相怂恿，众志相同，闻其军马步五千有奇，尚称精实，饷事每月三万数千两，皖、晋各任其半，已有成说矣。窃维北路解严，山西包头防军本可议撤，而金运昌全军西上，尤与远防不如近剿之说相符。金运昌前在金积堡，与金顺、刘锦棠共事一方，彼此尚称孚洽，今调其西征，既期与刘锦棠同心，又适符金运昌本愿，合之两美，于时局实属相宜。……上谕军机大臣等，左宗棠奏布置南路情形请调金运昌一军出关及筹划俄人交涉事务各折片，览奏均悉。……左宗棠以各军前进，兵力尚恐不敷，拟调金运昌一军出关，归刘锦棠调遣，仍由山西协济半饷，即着照所请行，本日已谕知善庆等遵照办理矣。……

（总 305 — 310）

55. [丁亥]，左宗棠奏，停撤归化、包头、宁夏采运及威仪军裁并情形。报闻。

（总 310）

冬十月

2. [庚寅]，丰绅、托克湍奏，遵旨谨照部议减黑龙江演练正兵西丹鄂伦春牲丁岁需火药等项工料价值，动用地租，以钱合银，逐款撙节，核实估计。下工部议奏。

（总 310）

36. [甲寅]，调桂清为仓场侍郎，德椿为工部右侍郎，转麟书为理藩院左侍郎，以桂全为理藩院右侍郎。

（总 318）

37. [甲寅]，调阜保为刑部尚书，以察杭阿为理藩院尚书，转绵宜为礼部左侍郎，以全庆为礼部右侍郎。

（总 318）

38. [甲寅]，以善庆为镶白旗蒙古都统，庆春为绥远城将军。调瑞联为察哈尔都统，以延熙为热河都统。

（总 318）

40. [乙卯]，召荣全来京，以金顺为伊犁将军，英翰署乌鲁木齐都统，杜嘎尔为乌里雅苏台参赞大臣，奎起为察哈尔副都统。

（总 318）

十一月

16. [乙丑]，以铁祺为正白旗蒙古副都统。

（总 323）

17. [乙丑]，调麟书为刑部右侍郎，转桂全为理藩院左侍郎，以惠泉为理藩院右侍郎。

（总 324）

46.［壬午］，志刚、那穆济勒端多布奏，奴才等查库伦军营存有由京请领之神盛炮、铁心铜炮及子母劈山等，原因从前贼势鸱张，应预备利器以资攻剿。现乌鲁木齐已经收复，则贼势既远，防务稍松，前所领京炮未便久留边地。况库伦既无险阻城池可守，防不胜防，止有精练马队，贼来则战耳。第马队洋枪虽利，无以致远。而现存京炮，未便跟随马队进退相依。查宣化镇存有洋劈山车炮，奴才拟用口外架杆车式独辕帮做车箱，每车箱架洋劈山炮两位，共配炮车十辆，即以现请添练之马队百名充当车炮队兵，随马队枪炮攻击，联络一气，进退远近皆宜。其原随炮车，年久不适于用，止将原炮运至防营，其炮车十辆，现虽无款可筹，而所需无多，拟由奴才等捐办。其原领之京炮，陆续运送回京，请交神机营查收转饬各该旗营收领，以重神器而固根本。下该衙门知之。

（总 331）

50.［甲申］，谕，李鸿章奏张家口驻防营房坝工请饬就近勘修一折，张家口应修各营兵房暨护营、石土二坝，着察哈尔都统照案就近遴派营员核实勘估，自行修理。所需银两，着李鸿章饬令藩司筹款拨解以资应用。

（总 332）

十二月

28.［甲辰］，伯彦讷谟祜等奏，现据二品顶戴花翎候补三院卿文铦呈称，洋枪一项为操防必须……

（总 344 — 345）

31.［己酉］，谕军机大臣等，保英奏科属贼匪窜扰现在探剿一折，据称，十一月初七日差员松秀等管解官驼前赴金顺军营，

31

行抵科布多属之扎哈沁鄂隆布拉克台，忽有骑马回匪百余名，各持洋枪等械，将官驼行装等项全行抢劫，该台驼马亦被抢去大半等语。乌鲁木齐、玛纳斯各城已次第克复，据左宗棠、金顺等奏，贼匪追斩无遗，何以尚有洋枪骑马回匪恣行抢掠。此股贼匪究由何处窜去，着左宗棠、金顺立即探明，认真剿捕，毋任余孽窜扰为患。将此由六百里各谕令知之。

（总 345）

35. [甲寅]，谕，鲍源深奏查明各州县灾歉情形请分别蠲缓钱粮一折……萨拉齐厅喇嘛营等十八村并路三圪堆等二十九村中李芳茂等各户应完光绪二年本折米石，着缓至光绪三年秋后带征。喇嘛营等四十七村民欠同治十一十二二十三等年及光绪元年旧欠米豆，着一并递缓至光绪四年秋后。按最先年分分年带征，如有溢完在官者，准作次年正赋，以纾民力。

（总 347 — 348）

光绪三年丁丑（1877 年）

春正月

25.［甲戌］，沈葆桢、吴元炳奏，据苏松太道冯焌光禀称，亲父候选知县冯玉衡因案被议，发往新疆效力。……亲父于是年三月在伊犁病故，当即禀报丁忧，出关迎枢，因路梗塞，航海至天津取道直隶、山西，出归化城。……

（总 354 — 355）

二月

18.［己未］，谕。前任科布多参赞大臣托伦布，现在病痊，着留营当差，并加恩在乾清门侍卫上行走。

（总 364）

27.［丙申］，金顺奏，奴才于同治十一年由包头进赴宁夏时购买驼只，因行营饷款不足，曾向前任归绥道国英挪借银一万两，始行开发西进。嗣后饷项未裕，此款久未归还。而该道已升补广东盐运使，奴才当令驻粤坐催委员于粤海关应领月饷如数拨还，以偿借项。近据国英函称，新疆军务需饷孔殷，愿将前在归绥道任内所借银一万两作为捐廉助饷，并称受恩深重，不敢仰邀议叙，情词肫恳。奴才未便没其悃诚，查军兴以来，凡官员捐廉助饷者，莫不邀恩给予奖叙。兹布政使衔广东盐运使国英，急公报劾，捐银至一万两之多，可否以副都统记名之处，出自逾格鸿施。下部议奏。

（总 365）

三月

6. [戊午]，崇厚奏，查奉省北边外昌图厅，所辖幅员一千六百七十里，蒙民杂处，盗贼出没无常。厅属朝阳坡地方曾聚匪徒，抗官拒捕。同治四年，经钦派原任大学士文祥带兵痛剿，始臻安谧。该厅本系蒙古地界，迩来流民日多，耕种殆遍。械斗命盗之案，层见迭出。只以同知独任其事，分设经历、照磨各一员襄同佐理，地大事繁，实有鞭长莫及之势。曾经前署将军尚书崇实统筹奉省全局，以该厅亟须添官增兵，藉资治理。而厅属地租，向归蒙古自管，无款可筹，因请试办河税、斗租以为经费，奏明在案。旋经崇实饬派委员前往，会同该厅赵受璧妥定章程，试行办理。该处商民以此款为设官增兵之用，亦甚乐从。计自上年六月以来，河税一项，因河水浅涸，船只难通，未经开办。所有斗租，试办半年，业已收有一万七百三十余两，除去委员盘费，尚存九千九百六十余两。就现在试办，每年可以收银二万一千余两。虽不能作为定额，以之设官增兵，尚敷支用。目下地方甚关紧要，所有应行新设添设各官，自应及时议定，请旨遵行。查前署将军尚书崇实原奏，拟将昌图厅同知升为知府，再于梨树城增设通判一员，八家镇增设知县一员，并于厅属以南康家屯地方增设知州一员，分设佐杂各官相助为理等因。现在奴才等察看情形，康家屯一处离昌图较近，似可毋庸添设知州。拟请将该厅升为府治，仿照热河承德府之例，仍管地方词讼各事。即康家屯地方，亦可归其自理，移设八家镇经历于康家屯分防，再移梨树城照磨于八面城驻扎，均照旧请加六品衔，分司缉捕土匪并勘验命盗各案。凡有地方词讼、户婚、田土细故，准其就近审理。徒罪以上送由该府讯办。并将厅巡检一员升为府司狱，训导一员升为府教授。既足以重地方，亦可以符体制。此奴才等现拟升设昌图府之情形也。八家镇、梨树城两处，原设经历、照磨各一员分防佐理。该两处均系扼要之区，政务殷繁，措理非易。该经历等职小权轻，势难整顿。今拟将梨树城改为厅治，添设通判一员，名曰奉化厅，另添巡检一员管理监狱。八家镇改为县治，添设知县一员，名曰怀德县，另添典史一员管理监狱。并均添设训导各一员以兴学校。该厅县应照章请加理事同知衔以便蒙民兼理。所有昌图府自理词讼、徒罪以上之命盗各案，应申详驿巡道审转以昭慎重。至奉化厅、怀德县自理词讼、徒罪以上命盗各案，则应详由昌图府审转，径详府尹核办。此奴才等现拟添设厅县教佐各官之情形也。似此星罗棋布，既有提纲挈领之人藉资表率，亦复画界分疆而治，各专责成。但使地方慎选得人，不难从容整顿。惟是该处地广民顽，盗风未息。东北直接吉林，边防尤难松缓。现在三盟及吉林各客队在彼驻扎，马队有四五百名之多，兵力尚觉单薄。边外情形与内地不同，若非多设捕盗弁兵，非特缉捕难期得力，且亦不足镇压地方。现拟于该府厅县另添捕盗营马兵二百名，交昌图府分拨调遣，以专责成。所需饷干照章给发，即由此项斗租支销。以该处之所出供该处之所需，既免另筹饷项，并可抚辑闾阎，莫此为便。至于学校之事，风化攸关。现既升设府学教授，并于奉化厅、怀德县添设训导各一员，若不增广学额，无以鼓励人材。自应酌量议增以广教化，俾令地方有所观感。庶几默化潜移，民风渐归敦朴，以副朝廷绥靖边陲之至意。其修建衙署、监狱各费，即在上年秋冬两季所收斗租项下动用。如有不敷，仍在本年所收斗租开支廉俸工食捕盗兵饷马干余存项下次第兴办。以上拟升设添设各员，如蒙俞允，相应请旨饬部颁发印信关防以昭信守。下部议奏。

（总381—383）

32. [丁丑]，……左宗棠……又奏，本年正月十七日准科布多参赞大臣保英，遵旨委员墨麟沙蕴喜押解吉尔洪额、依勒和布、永成等到臣行营，比发交署安肃道福裕收审。适甘凉道铁珊因公到肃,并委铁珊会同福裕研审确情,录供详办。兹据详覆吉尔洪额、依勒和布、永成等各供详请具奏前来,臣维吉尔洪额迭次因病告假,金顺始派员接带,据供起病在未曾委员之先数日,然委员业经到营,自应及时交卸。即所统官兵,因欠饷未到虑其无着,亦宜明白开导,身留营中,听候核算交代。岂可诿称开导各兵不听,任其哗溃。据供,各兵疑全福、明图善先后逃逸,以为截取科布多饷银,相率哗溃。查全福、明图善潜赴金顺军营。原因全军哗溃,虑为牵制,不能自由,故潜踪赴营,自明心迹。足见当时各兵汹汹,吉尔洪额等不能自主,尚非尽属虚辞。惟全福、明图善尚知投归主帅急明心迹为是,该革员等何以见不及此,公然随队北行。虽据供依勒和布、永成由吉尔洪额派令追赶各兵,吉尔洪额旋亦跟踪前往,亲至老龙布拉一带节节弹压,及博东齐河始行截回。纵图追赶各兵,截回归伍,系属本心。然查其折回乃在乌里雅苏台、科布多奉谕旨严拿之后,何能因其有所藉口,遽谓情有可原。细核吉尔洪额等所犯情节,均由其专饷初次被沙克都林扎布奉札截提移还欠款,军情不无觖望。嗣因委代统领又即沙克都林扎布各兵,疑接替之后应得饷项将归无着,遂怂恿吉尔洪额等抗不受代,任意北行。吉尔洪额又因前次诬讦金顺各款,经臣遵旨按款查明覆陈,均属失实,恐不为金顺所容,遂至卤莽糊涂,激成此举。迭奉谕旨交臣严行查办,按律惩治。臣查讯供词,吉尔洪额所犯,不服调遣,不遵节制,任性妄为。虽供吐未能尽实,而情罪已属显然。依勒和布、永成虽供无主谋唆闹等情,然不能谕禁弁兵,复与吉尔洪额随队北行,论罪何能末减。臣既奉谕旨严行查办,按律惩治,自应详绎律文,博考成案,以期允协而肃戎经。惟该员等所犯,按之军律刑律中枢政考处分则例治罪专条,情罪均不相符。若仿军兴法拟办,未免过重。窃维吉尔洪额、依勒和布、永成等任意妄行,正当用兵之际,法本难宽。然幸天戈所指,旋克数城。该军虽背道而驰,于大局尚无贻误。奉旨带队回营,沿途约束官兵,昼夜趱行,并无违犯。而该革员等征战着绩，屡膺保奖，追念前劳又尚有功可议。合无仰恳天恩，逾格将已革墨尔根城副都统吉尔洪额、记名副都统依勒布和、骁骑校委参领永成，均由死罪上减等发遣闽、广，交将军、都统严行管束，以昭法外之仁。抑折狱不厌精详，或请旨饬交兵部、刑部会议定拟具奏，出自圣裁。上谕军机大臣等，左宗棠……另片奏请已革副都统等发遣等语，本日已明降谕旨，将吉尔洪额发遣福建，依勒和布、永成发遣广东，即着左宗棠将该革员等速行启解，咨明各该将军等严加管束。将此由六百里谕令左宗棠、沈葆桢、何璟、李瀚章、刘坤一、丁宝桢、文格、吴元炳、裕禄、刘秉璋、梅启照、丁日昌、李庆翱、翁同爵、王文韶、张兆栋、鲍源深，并传谕卫荣光、李元华知之。

（总 387 — 390）

夏四月

15. [壬辰]，命文煜留京供职，调庆春为福州将军，以瑞联为绥远城将军，春福为察哈尔都统。

（总 399）

25. [戊戌]，左宗棠……又奏，臣承准军机大臣字寄，光绪二年十二月二十三日奉上谕，保英奏科属贼匪窜扰现在探剿一折，据称，十一月初七日差员松秀等管解官驼前赴金顺军营，行抵科布多属之扎哈沁鄂隆布拉克台，忽有骑马回匪百余名，各持洋枪等械将官驼行装等项全行抢劫，该台驼马亦被抢去大半等语。乌鲁木齐、玛纳斯各城已次第克复，据左宗棠、金顺等奏，贼匪追斩无遗，何以尚有洋枪骑马回匪恣行抢掠。此股贼匪究由何处窜去，着左宗棠、金顺立即探明，认真剿捕，毋任余孽窜扰为患等因。钦此。臣查上年十一月，据前署巴里坤总兵周有才、委办粮局道员王诗白禀称，十月初八九日，巴里坤西距穆家地沟

37

十五里沙河子及三泉驿，有零骑窜贼，旋复远扬。顷乌鲁木齐领队大臣锡纶由古城来省，询及去冬窜扰科布多贼踪，据称，贼只六十余骑，系由穆家地沟窜出，经木垒河奇台县迤东向科布多，嗣又由古城迤西三台滋泥泉向南山窜归吐鲁番。考其日月，当即保英所奏十一月初七日窜科布多属扎哈沁鄂隆布拉克台抢掠之百余贼。此股零骑实无百余之多，其由滋泥泉、古牧地中间反窜吐鲁番也。本年正月，据管带靖营马队总兵方友升禀报，截击于南山口，毙十余贼而夺其马，亦仅称骑贼数十而已。窃天山自乌鲁木齐盘折起伏，至古城、巴里坤、哈密一带，山之左为回部，右为准部，绵亘二千余里。由乌鲁木齐至古城，以南北为界画，由古城至哈密，以东西为界画。自官军克复古牧地、乌鲁木齐、迪化州、昌吉、绥来诸城，余贼败归南路，其北路、东路运道早就安谧，实无成股出犯之事。然沿山二千数百里，径路纷杂，零骑伏伺山梁，乘间突出劫掠，则实有防不胜防者。……

（总 401 — 404）

38. [己酉]，谕，瑞联、奎昌奏署任同知欠放兵米并擅改折色请旨摘顶等语，张家口驻防满洲、蒙古官兵月支粟米，向系采买支放。乃署理张家口理事同知成锦，任意迁延，又复擅给折色，实属玩泄。成锦，着摘去顶戴，饬令将应放兵米迅速开放，不准颗粒拖欠。倘再迟延，即着从严参办。其欠放兵米之前署同知常升，着交部议处。由该旗勒追米石，以重兵食。

（总 410）

39. [己酉]，谕，瑞联等奏张家口驻防营房、坝工请仍饬直隶总督派员勘修一折，张家口应修各营兵房及护营、石土二坝，既据瑞联等奏称委员勘估，前后价值悬殊。该处各员不谙工程，恐滋贻误，亦属实在情形。此项工程，仍着李鸿章派委妥员前往勘估，赶紧兴修，以昭核实。

（总 410）

五月

5. [丁巳]，以文煜为内大臣，奕劻为左宗人，奕緪为正黄旗蒙古都统。

（总414）

23. [戊辰]，谕，额勒和布等奏特参勒索蒙古各旗银物之侍卫请旨严加议处一折，头等侍卫孝顺，奉派致祭已故贝子通噶拉克瓦齐尔，行抵该游牧，每日索取布匹、银两，至致祭时，饬令备送衣服银物，并有若不预备即不致祭之语。经该台吉等交给银两、绸缎等件，始行致祭。该员经过喀尔沁等台，每台需索羊只等项折价银两，似此任意骚扰，贪婪不职，殊出情理之外。仅予严加议处，不足蔽辜。孝顺，着即行革职，交部治罪。其勒索蒙古各旗银物，并着追缴给还。

（总418）

六月

2. [己酉]，崇厚奏，钦奉寄谕，御史刘锡金奏请兴盐利以济兵食一折，着崇厚体察情形，悉心筹划，妥议具奏等因。钦此。查东三省自国初至今，从未办过盐课。其中窒碍难行之处，节经历任将军奏明在案。所以同治六年原任将军都兴阿因力筹练饷，奏请创办盐厘，亦未议及盐课。今若按照各省配引征课，诚如圣谕，奉省盐斤尚未征收税课，创办恐亦不易。饬令体察情形，奴才悉心筹划，当此练兵筹饷之时，虽不能遽为盐课，亦必须整顿盐厘。查东三省及蒙古各王旗所有食盐，均仰给于奉省沿海各盐滩。是奉省产盐不为不多，销盐亦不为不广。第创办之始，立法本未周密，以致日久弊生，偷漏侵渔，均所不免。且原定盐厘数目太微，计盐六百斤为

39

一石，抽收东钱一吊文。……

（总 424）

25．[甲午]，谕，御史邓庆麟奏甘茶引地被归化城私茶侵占请交督臣派员设局经理并停理藩院茶票一折，着该衙门议奏。

（总 428 — 429）

秋七月

1．[乙卯]，左宗棠奏……我朝定鼎燕都，蒙部环卫北方，百数十年无烽燧之警，不特前代所谓九边皆成腹地。即由科布多、乌里雅苏台以达张家口，亦皆分屯列戍，斥堠遥通，而后畿甸晏然。盖祖宗朝削平准部，兼定回部，开新疆立军府之所贻也。是故重新疆者，所以保蒙古。保蒙古者，所以卫京师西北。臂指相联，形势完整，自无隙可乘。若新疆不固，则蒙部不安，匪特陕、甘、山西各边时虞侵轶，防不胜防，即直北关山亦将无晏眠之日。而况今之与昔，事势攸殊。俄人拓境日广，由西而东万余里，与我北境相连。仅中段有蒙部为之遮阂，徙薪宜远，曲突宜先，尤不可不预为绸缪者也。……

（总 448 — 452）

13．[辛酉]，张家口兵房、土坝被水冲没，谕瑞联等赶修，并抚恤灾民。

（总 457）

17．[乙丑]，谕，额勒和布奏病难速痊恳请开缺一折，乌里雅苏台将军额勒和布，着准其开缺调理。

（总 458）

八月

2．[丙戌]，以旗务废弛，革土尔扈特台吉图普新克什克职。

（总461）

24．[庚子]，赏绥远城将军瑞联于紫禁城内骑马。

（总468）

冬十月

39．[庚戌]，左宗棠奏……九月初一日，刘锦棠亲入喀喇沙尔地中巡视，大城水深数尺，官署民舍，荡然无存。所有缠回被白逆迫胁随行，间有存者，隐匿山谷，不敢出也。刘锦棠谕知[和]硕特台吉扎希德勒克，速迁所管蒙民数百户前来，以实后路。初一日，率蒙民向导探河身浅处，轻骑减装，乱流而渡。沿途民舍均已烧毁，亦无居民。……十一日，驰抵托和奈地方，令数十骑侦视回庄有无伏贼。遇贼夺门而出，擒讯之，始知白逆于是日径向库车窜走，庄中蒙、回未被胁去者尚万余，均伏地号呼。刘锦棠抚谕安居如常，勿庸惊怖。……

（总493—496）

十一月

2．[癸丑]，延煦奏，热河地方东北与奉天毗连，盗贼之多亦与奉省相埒，最甚者莫如平泉、建昌、朝阳、赤峰四州县。朝阳一邑，自逆匪李凤逵等伏诛后，渐臻安靖。虽寻常盗案未能尽无，而总未有啸聚成群大肆猖獗者。固由大惩之后，宵小不敢生心。实赖练军马队常川驻扎有以镇摄凶锋之力。至于平泉、建昌、

41

赤峰各境内盗劫巨案，层见叠出，贼匪之恣横仍前，蒙民之被扰实甚。奴才自到任后，时与旗属各员往复讨论，并明查暗访，体察情形。盖因地方辽阔，处处皆山，匪徒匿迹之区，随在俱是。牧令各员所管地方动数百里，而捕盗弁兵仅数十名，求其遇案缉获，已属难得。若责以搜访贼踪，扫除贼穴，虽亦职所应为，实属力有未逮。目下情形，若不速作添兵捕盗之举，恐日久养成巨患，势不至重烦兵力多糜帑项不止。今日之计，惟有先顾大局，徐筹长策。溯查同治四年经前都统庆麒奏于热河前锋马甲中抽练马队三百名。又于同治九年库克吉泰任内以二百名改练洋枪。此三百名于驻防兵中最称可用。而技艺之熟精，纪律之整肃，究有未逮，盖未设专营常川练习之故也。今拟将此项马队三百，先行仿照练军之法，扎营于郡衙之处，令统带官员与兵丁马匹聚处营中，按日练习火枪、刀矛各项技艺，务使精壮娴熟。遇有调遣，闻令即行，不至有张皇迟误之弊。庶于练兵、捕盗二端，皆足以收实效。如蒙俞允，即由奴才督饬协佐各员赶紧办理。除现在派出剿捕者一百五十名外，其余存营之一百五十名，即令逐日操练。将来或须添派出营或应抽换轮替，皆由此三百名内设法周转，以节经费。其官员、兵丁、马匹应支薪水饷干银两，统按热河剿捕贼匪章程，按月支给作正开销。其余官兵一千九百余名，将来应如何抽换操练俾兵归实用饷不多糜之处，容俟奴才悉心筹划，妥议章程，再行奏明办理。得旨，如所议行。

（总 497 — 498）

22. [癸酉]，谕，左宗棠奏军务需才孔亟请调员差遣藉资历练等语，前署乌里雅苏台将军长顺、翰林院编修吕耀斗、吴大澂，着各该衙门饬令该员迅赴甘肃军营，交左宗棠差遣委用。吴大澂并着俟办理赈务完竣再行前往。

（总 504）

23. [癸酉]，左宗棠奏，扎萨克头等台吉扎希德勒克于八月中旬官军进兵以后随同驰驱，其劳绩未可掩抑。合无仰恳天恩，准将扎萨克头等台吉扎希德勒克赏戴花翎，以示旌异。允之。

（总504）

十二月

23.［壬寅］，先是御史胡聘之奏，查北五省向多开设烧锅，以酒为业。如山西之汾酒，直隶之高粱酒，其名为最着。……至是李鸿章又奏，直省粮价增昂，固由秋成歉薄，亦因耗费太甚，通省烧锅约计千余家，每日需用高粱两万余石，每月共需六七十万石。即以每人日食一升而论，该烧锅等一日之费，已占二百数十万人之食。……直省为畿疆重地，际此粮价日增，民生困苦，更宜舍缓就急。应请除热河、承德府岁丰粮贱可勿置议外，凡顺、直各属烧锅，自明年正月起暂行停烧，以济民食。……上谕，李鸿章奏直、顺各属请暂停烧锅等语，着户部汇入御史胡聘之折一并议奏。

（总518—519）

光绪四年戊寅（1878年）

春正月

9. [戊辰]，蒙古都统成明卒，赠恤如例。

（总525）

二月

53. [丁未]，谕，前据大学士直隶总督李鸿章、御史胡聘之先后奏请饬禁烧锅以裕民食，经户部议驳。兹据詹事府左庶子黄体芳奏，烧锅领帖，每年有户部饭银三万两，是以该部决意议驳。时值灾荒，以救急为先，务请宸断施行等语。现在近畿各省粮米缺乏，民生困苦，烧锅耗谷最甚，应即严行禁止。除山西、河南业由该省饬禁外，着顺天府府尹、直隶总督严饬地方官，即将烧锅一律禁止。俟年谷丰稔，再照旧章办理。倘有违禁私烧，立即严拿，照例惩治。如地方官阳奉阴违，并不认真查禁，胥役得规包庇或藉端扰索，即着从严参办。至该左庶子所称户部因烧锅向有饭银，是以议驳，着该部堂官明白复奏。

（总557）

56. [庚戌]，黄体芳奏……兹拟设一招徕之法，凡百货商贩入晋、豫境内，若带粮百石，除免米粮厘税外，免他货税银数十两，千石者免数百两，必至所有货商皆兼米贩。去岁口外丰收，沿边米粮，自然由东北之大同、西北之包头浸灌入内，此亦不劳而理之策也。一曰资流亡。窃惟因时制宜，不可胶柱。近有条陈资遣归耕者矣，夫无衣无食，归则死耳，何耕之有。山西赤地千里，生路已绝，即欲逃荒，亦须出境数百里外。今欲禁逃亡，是速之死也。然欲逃而无资无力亦死也。边外荒地甚多，米粮颇贱，莫若于山西沿边州县储款以供资遣。有真正难民出边者，予以一月之粮，导之出边，延其生路。或开垦，或雇工，或乞丐，听其自便。地广食多，易于存活。……

（总 559 — 564）

三月

3. [辛亥朔]，魁龄等奏，光绪四年二月二十七日，内阁奉上谕，前据大学士直隶总督李鸿章、御史胡聘之先后奏请饬禁烧锅以裕民食，经户部议驳。兹据詹事府左庶子黄体芳奏，烧锅领帖，每年有户部饭银三万两，是以该部决意议驳。时值旱荒，以救急为先，务请宸断施行等语。现在近畿各省粮米缺乏，民生困苦，烧锅耗谷最甚，应即严行禁止。除山西、河南业由该省饬禁外，着顺天府府尹、直隶总督严饬地方官，即将烧锅一律禁止。俟年谷丰稔，再照旧章办理。倘有违禁私烧，立即严拿惩治。如地方官阳奉阴违，并不认真查禁，胥役得规包庇或借端扰索，即着从严参办。至该庶子所称户部因烧锅向有饭银，是以议驳，着该部堂官明白复奏。钦此。臣等跪读之下，钦悚难名。伏查上年十二月间，御史胡聘之奏请严禁烧锅，直隶总督李鸿章奏请暂停烧锅各折，先后奉旨交部议奏。当查直隶烧锅，自咸丰三年奏准裕课恤商，令烧锅铺户赴部领照输课，并弛私烧之禁，二十余年来，各商安业已久。今忽严申禁令，遽使一千余家之烧锅关闭歇业，未免坐失生计。且恐各州县查禁私烧，胥役藉端讹诈，未收米谷平价之利，而已先受骚扰失业之害。臣等公同商酌，烧锅消耗粮石，有妨民食，自应设法补救。然操之过促，不如行之以渐。拟将直、顺各属烧锅，除光绪三年以前由部领照者准其照常开设外，其自光绪四年以后，概不准新开烧锅。计每年在部呈报歇业者不下数十家，此后但许歇业，不准新开。将烧锅不禁自少，粮米不储自裕。……上谕，前据詹事府左庶子黄体芳奏，李鸿章请禁烧锅，户部因烧锅领帖向有该部饭银，是以议驳。降旨令户部堂官明白复奏。兹据奏称，前次所议，实恐千余家烧锅同时歇业，未免坐失生计，兼恐胥役借端讹诈，是以拟将顺天、直隶各属烧锅前经领照者准其开设，嗣后不准新开，将烧锅不禁自少。并不因办公之费议驳，且此款尚有帮贴内阁等衙门办公等语。该部前议，既据奏称系恐失业人多，且虑藉端骚扰，并非别有意见。黄体芳所奏，着毋庸议。

（总 565 — 566）

14. [己未]，库伦办事大臣志刚以病免。

（总 571）

16. [庚申]，谕，曾国荃奏官军扑灭朔州等处股匪搜捕大青山后马贼游勇地方均已安静请将出力阵亡员弁奖恤一折，本年大青山后突有游勇纠众五六百人，在东公旗地等处肆意抢掠。经曾国荃督饬大同镇总兵马升派队剿捕，迭有斩擒。匪首王活厮等，均已拿获正法。山南马贼及山内窜匪，歼除殆尽。又朔州、宁武交界地方，有匪徒熊六，纠约无赖游手并煽诱饥民共二千余人，焚劫乡村。总兵葛清泰等带兵往捕。该匪胆敢负隅抗拒，官军奋力攻击，当将匪首领熊六、殷兴世等擒获，阵毙贼匪数百人。其被胁良民，均经分别保释，地方现已安静。所有出力之总兵葛清泰，着以提督交军机处记名，请旨简放。其余出力员弁，准其择尤保奖，毋许冒滥。千总卢占元、外委杜存亮、李威，杀贼捐躯，均着交部照例从优议恤。仍着曾国荃督饬各营及该地方官实力搜捕，毋留余孽。该省被灾甚重，饥民嗷嗷待哺，颠沛流离，遂有为匪徒所诱滋生事端者，其情实为可悯。阎敬铭、曾国荃务当仰体朝廷轸念灾黎之意，督率官吏将赈务尽心经理，妥为抚绥，毋任失所。并着随时严密稽查，认真弹压，以靖地方。

（总 571）

17. [庚申]，以英奎为库伦办事大臣。

（总572）

夏四月

27. [壬寅]，谕，翰林院侍读学士启秀奏出差大员中途病故一折，散秩大臣宝山，前经派往扎萨克图罕赐祭，本月初旬行抵口外第十七台，因病身故，殊堪悯恻。宝山，着加恩照散秩大臣例赐恤。任内一切处分，悉予开复。应得恤典，该衙门查例具奏。所有赐祭差使，即着启秀前往，毋庸添派。

（总585）

六月

6. [癸未]，谕，左宗棠奏，请将办理粮运侵克贪冒之参将革职讯办等语，提督衔记名总兵甘肃灵州营参将萧兆元，办理包头粮运局务，经左宗棠饬令停采撤局，乃竟任意迟延，并不回营销差。经手各批军粮，多未运到，并有侵蚀勒扣采买运脚等情弊，急应彻底根究。萧兆元，着先行革职，归案讯办。

（总599）

17. [丁酉]，沈保桢奏，江苏苏松太道冯焌光，前蒙恩准赏假出关寻觅父骨，本年扶柩东旋，在陕西途次接奉上谕，饬令赴部引见，兼程驰归，遽于三月二十八日病故，业经奏明在案。伏查该故道冯焌光，广东举人……同治元年，前督臣曾国藩檄调入营，襄理军事。旋丁父忧，间关出塞，由归化历蒙古草地数千里，烽烟迭惊，道梗不前。……光绪二年冬间，闻乌鲁木齐克复之信，竭诚吁请开缺出关，蒙恩给假一年，免其开缺。该道冒暑遄行，

47

至三年冬间寻获父骨，扶柩东旋。……

（总 604 — 605）

秋七月

5. ［辛亥］，克蒙额奏，甘肃自军兴以来，内地驿路梗阻，经费奇绌，曾经前任宁夏将军庆昀于同治二年间在阿拉善旗地奏设蒙古台站，转递折报，接运军火饷鞘，悉臻妥协。光绪三年，因北路游匪肆扰，蒙地艰行，深恐赍折各差致有疏虞，节经奴才等奏明改由内地行走在案。其时新疆军务尚未告藏，是以未便率议裁撤。现在关内外一律肃清，内地驿路渐次畅行。所有阿拉善旗地各路安设蒙古台站，拟即一概裁撤，以示体恤而免虚糜。下该衙门知之。

（总 606）

12. ［癸丑］，科布多参赞大臣保英以病免。

（总 613）

14. ［甲寅］，以清安为科布多参赞大臣。

（总 613）

八月

7. ［乙酉］，谕，理藩院奏题本内汉字夹片错误请旨更正并自行检举一折，所有察哈尔咨报拒捕伤人贼犯根敦等越狱脱逃一案，着将根敦照拟绞监候，秋审缓决，拉木苏陇调发伊犁给兵丁为奴，余依议。其汉字夹片将贼犯根敦误写为贼犯拉木苏陇，实属疏忽。承办司员，着交部议处。该衙门堂官失于觉察，着交部察议。至内阁票签看本之中书侍读，未能将题本详细查对，着交部议处。未经看出之大学士，着交部察议。

（总 618）

15. [戊子]，铭安奏，奴才等前因吉林库款支绌，各省协饷不能如期接济，拟于本地各项租税实力整顿以助饷糈，迭经奏陈在案。查吉林、长春厅、伯都讷厅三处税课，经钦差大臣阜保奏增岁额几至十倍之多，而其余各城土税未及查办。奴才铭安到任后，屡经访查，吉林等三厅税课自加额后，经征各员尚无隐匿，但稽查未密，近有包揽偷漏之弊。是以前经奏请吉林厅属烟、酒、木植各税改归将军委员试办，以期涓滴归公，无亏正额。其长春、伯都讷二厅税务，亦饬各员实力经征整顿以杜中饱。……

（总 620 — 621）

21. [壬辰]，谕，曾国荃奏遵查山西本年下忙钱粮恳分别开征蠲免一折，山西自上年被灾……至北路忻州、代州、保德州各属及太原、汾州、泽州、潞安、大同、朔平、宁武、霍州、隰州、辽州、沁州、平定州等府州属并口外各厅，能否开征，即着照该抚所请察看情形奏明分别办理。

（总 622 — 623）

九月

2. [丁未朔]，谕，户部奏遵议杀虎口监督短征盈余银两一折，前任杀虎口监督载萼，于经征税银共短征盈余银一万五千六百四十余两之多。原有应得降二级调用处分，惟据称实因晋、豫等省被灾，货物未能销售，以致钱粮亏短，与稽征不力者有间，加恩着照部议改为降四级留任，不准抵消。亏短盈余银两，着按限全数完缴。其所征盈余银两并节省解费共银一万六千九百八十七两零，着交广储司该衙门知道。

（总 632）

13. [丁巳]，李鸿章奏，臣前因畿疆亢旱，粮缺价昂，奏请暂禁顺、直各属烧锅以济民食，并声明俟秋成丰稔，仍准开烧，依旧纳税。钦奉本年二月二十七日上谕，着严饬地方官即将烧锅一律禁止，俟年谷丰稔再照旧章办理等因，当与府尹臣出示晓谕，严饬各属一律禁止在案。自六月以后，迭需甘霖，田禾甚形畅茂，虽秋初阴雨较多，间有被水被虫之处，不过十之一二。统计收成约有七八分，现在新粮上市，价值平减，且到处有粮，乏人承买。贫农当灾歉之后，房屋衣具半已无存，专恃家食所余粜卖得价，及时置备，竟有谷贱伤农之病。若弛烧酒之禁，则销路可以稍畅，市价不致过减，亦足以资调剂。夫粮缺时禁烧锅，所以救荒裕食，粮多时准开烧，所以平价利民，皆为因时制宜起见，自应遵照年谷丰稔循旧办理之谕。奏请将顺、直各属烧锅商户领有部照者准其开烧，自奉旨之日起完纳部税，仍酌照部议，此后但许歇业，永远不准新开，以示限制。得旨，如所请行。

（总 634 — 635）

17.［己未］，谕，张家口监督善联奏差满回京亏短盈余银两请减成赔缴一折，着户部核议具奏。

（总 637）

20.［壬戌］，以军机处缮修清字档册告竣，予理藩院员外郎丰绅泰等奖擢有差。

（总 637）

23.［甲子］，镶蓝旗蒙古副都统内阁学士奕庆卒，赐恤如例。

（总 637）

十一月

15.［甲寅］，左宗棠奏……是南北开设行省，天时人事均有可乘之机，失今不图，未免可惜。此新疆之应该行省者一也。北路得之准部，南路得之回部，皆因俗施治，未能与内地一道同风，久已概为边地。……

（总657—662）

19. [乙卯]，以拿获昌图边外逆匪，予都司宛自贵等升叙有差。

（总663）

34. [己未]，瑞联、曾国荃奏晋省捐办牛马拟于口外各盟长一体劝令捐输，以助农务而资春耕。允之。

（总664）

36. [庚申]，谕，英奎等奏，哈拉河等处游匪尚多，盗案叠出，防兵太单，难资镇抚。察哈尔换防兵丁，饷项不济，请准仍由直隶宣化练军内酌拨马队二百五十名赴库更换，察哈尔防兵仍归五百名之数等语。着李鸿章如数酌拨派往。

（总665）

37. [庚申]，延煦奏，奴才于前岁到任之初，检阅移交案件，有前都统瑞联任内平泉、建昌、赤峰等州县请拿贼首会禀，内称，贼首王致冈纠匪为患，起首于三邑接壤之哈拉道口，始则三五成群，继则勾结多伦厅积匪孟洛四等多人，明目张胆，四出劫掠，屡拒官兵，人心惶惑，道路戒严，且复此拿彼窜，飘忽靡常，禀请派兵缉拿在卷。当于上年春间密饬地方文武合力访拿，旋闻该匪由朝阳一带窜而之东，未能追获。惟时管带练军之守备松恩因公来郡，奴才面谕该员设法踩缉。据松恩回称，王致冈一犯，凶狠诡诈，迥非寻常。现既远扬，惟有稍视懈弛，给之使来，始能捕获。奴才闻其言似近理，故自去秋至今夏，并未指名催捕。而一载以来，各处拿获盗犯虽多，独王致冈一犯，忽东忽西，迄未就获。本年六月间松恩来郡禀称，访得王致冈现在旋回，在金厂沟、转山子等处勾匪图乱。当饬该员探访确实，会同建、赤两县密商办理去后，嗣于八月十一日据赤峰县知县希凌阿禀称，平、建连界之转山子、小河子沿一带，有匪徒七八十人，于七月二十一二等日，纠党备械，

51

结盟于于家店。访探确实，请兵往捕前来。旋据平泉州知州文铭禀，获贼匪张添得、于得合二名，讯供与王致冈等数十人在于家店结盟备械图谋不轨属实，与希凌阿所禀大略相同。正拟添兵往捕间，于本月初五日接据松恩禀称，行抵赤峰，与该管都司纳冈、该县知县希凌阿会议机宜，各派兵勇分路兜拿，并派把总杨庆改装易服密往查探。旋据探兵报称，王致冈在平泉境内崔家仗子盘踞，其地左右山洞，党羽颇多，掩捕不易。惟该匪时至伊妹夫高瑞家，每至二更始往，五更即归，或可乘此得手。松恩闻信，即约会各处兵勇，于九月二十二日驰抵该处，乘夜步行至高瑞门外，该匪知觉，向外连放数枪。时有勇丁曲秀奋勇闯入，即被该匪一枪正中前胸，登时阵亡。松恩见势凶猛，督兵直入，枪毙匪党数名，于月色之中，瞥见王致冈拼死闯出，开枪拒敌。官兵恐正贼再逸，合力追捕，不顾其他。把总杨庆等向前堵截，王致冈跳下山坎，被社首宋辉南、练兵李文元用枪桶打倒，该匪被擒，即用短刀自戕。经李文元拔刀救护，幸未致毙。贼戚高瑞乘乱潜逃，其余附近贼党闻而四散。搜出犯母、犯妹各一口，夺获洋枪、花枪、马匹等物，驰禀前来。伏查王致冈一犯，凶暴素着，狡狯异常，扰害地方，于今三载。年来所获盗贼，供与该犯结党者指不胜屈。复结盟谋乱，拒死勇丁，实属罪大恶极。现饬赤峰县就近审取确供，尽法惩治。所有在事出力文武各员，竭尽心力，冒险冲锋，为地方除一大害，应由奴才查明，归并前案核实保奖以示鼓励。得旨，准其归并前案核实保奖，毋许滥冒。寻予松恩等升叙有差。

（总 665 — 666）

50. [乙丑]，谕，锡纶奏逆回窜扰塔境派兵追剿情形请将出力各员奖励一折，本年八月间，塔尔巴哈台西南一带突有逆回窜入，经锡纶派令佐领三音布音等带兵追剿，伤贼多名，匪党即逃遁，塔境现已安堵。所有在事出力之佐领三音布音，着赏戴花翎六品军功，吉林太，着赏换五品顶戴并赏戴蓝翎，台吉玛木尔伯克，着赏给四品顶戴花翎，以示鼓励。

（总 669—670）

十二月

19.［丙戌］，谕，理藩院奏查明达尔罕亲王被参各款请旨惩处一折，此案科尔沁扎萨克达尔罕亲王棍布旺济勒，虽无不谙公事粗暴妄为等情，所罚牲畜皆系属下情愿备给，并非勒派，其夏日行围亦未伤人。惟身为扎萨克，统辖一旗，乃向属下借用银至三千余两之多，即非有意苛派，实属分所不应，着交理藩院议处。所借银两，着该盟长严催该王迅速照数偿还。副盟长卓理克图亲王济克登旺库尔，于查办各款前后所报两歧，亦属咎有应得，着一并交理藩院分别议处。扎兰立克丹，轻信乌德勒叩之言，率行传取牲畜，着革去扎兰，交该旗严加管束。

（总 677）

45.［戊戌］，谕，延煦奏查明蒙古案件积压缘由请申明旧例办理一折，据称，蒙案关提人证向由该盟长及各旗解送，乃近来辄以奉差患病等词支饰，延宕不解。其各旗应备乌拉亦多不应，甚全命盗重情，该旗擅取供词，率请了结。种种弊端，不一而足，亟应严加整顿等语。命盗重案，应如何迅速办结，若如所奏积压各情，实属不成事体。着理藩院严饬（皂）［卓］索图、昭乌达两盟各扎萨克等，先将积压案内应解人证，应备乌拉，如有行提文到之日，赶紧解送。嗣后遇有案件，务遵定例依限办理。倘再延宕支饰，即行指名严参惩办。至税务司员，办理蒙案是其专责，倘有延搁勒掯及失察胥役需索等情，即着该都统从严参处。另片奏，都统管理两盟，嗣后各旗再有玩视重案之事，该都统不即奏参，请饬部议惩处等语。即着兵部妥议章程具奏。

（总 684—685）

光绪五年己卯（1879 年）

春正月

16. ［癸亥］，谕，春福等奏请将擅挪军饷之佐领革职严追等语，乌里雅苏台换防之绥远城镶白旗满洲佐领诺敏，前在山东催饷，迭次亏挪银一千五百九十两之多，前经额勒和布等奏参，摘去顶戴，饬令回旗措缴。该员延不完交，实属胆玩。诺敏，着即行革职，并着瑞联就近严追，勒令如数交清，以重帑项而儆效尤。

（总 690）

22. ［戊辰］，谕内阁，朕奉慈安端裕康庆昭和庄敬皇太后、慈禧端佑康颐昭豫庄诚皇太后懿旨，三载考绩为国家激扬大典，中外满汉诸臣，有能恪共职守劳勋最著者，固宜特加甄叙。……理藩院右侍郎惠泉、内阁学士载庆，体弱多病，均着以原品休致，余着照旧供职。

（总 693）

23. ［戊辰］，……以启秀为工部右侍郎，锡珍为理藩院右侍郎。

（总 693）

32. ［壬申］，谕，前因科尔沁扎萨克达尔罕亲王棍布旺济勒被参各款，经理藩院查明覆奏，当经降旨将该亲王议处。兹据御史曲泰奏，风闻理藩院查取该旗各结，乃正盟长勾串所报，达尔罕亲王性情暴虐，苛派勒索，非止一端。从轻议处，不足以昭平允，请饬盛京将军会同该盟长确查等语。此案既据理藩院查明棍布旺济勒借用属下银至三千余两之多，业经交理藩院议处，并责令将借款照数偿还。若将已结之案再行派员查办，徒事纷扰，亦非政体。所奏着毋庸议。蒙古各旗民生艰难，该扎萨克掌管印务，必应体恤属下，岂容稍有扰累。嗣后各该旗如有肆行科敛贻害蒙古地方者，一经查访得实，定当从严惩办，决不宽贷。

（总 694）

二月

6. [癸未]，……以阿昌阿为理藩院右侍郎，徐致祥为内阁学士。

（总 698）

35. [壬辰]，赏乌里雅苏台官兵银两。

（总 703）

40. [戊戌]，伯彦讷谟祜等请以告养侍卫改补协领之那斯珲仍旧赏给侍卫差使。不允。

（总 704）

夏四月

13. [辛亥]，谕，前据松湉奏请以阿旺甲木巴勒楚称甲错为已革诺们罕阿旺扎木巴勒楚勒齐木转世之呼弼勒罕迎接回藏，经该衙门议奏，该已革诺们罕，前于道光年间犯案，情节甚重，系永远不准再出呼弼勒罕之人，所请应不准行。兹据金顺、锡纶奏，西藏喇嘛嘉木巴曲图木等并吐尔扈特各部汉王等呈称，该部落愿捐马一千匹，请准阿旺甲木巴勒楚称甲错为僧等语。阿旺甲木巴勒楚称甲错，着准其为僧，赴藏学习经典，仍不准妄请开复名号职衔称为转世呼弼勒罕。该部落所捐马匹，着毋庸赏收，以示体恤。

（总 740 — 741）

16. [乙卯]，库伦办事大臣英奎卒，予祭葬。

（总 749）

17. [乙卯]，命文格为库伦办事大臣。

（总 749）

五月

23. [壬辰]，热河都统延煦因病乞休。允之。

（总 755）

24. [癸巳]，以崇绮为热河都统。

（总 755）

25. [癸巳]，谕……文格着开库伦办事大臣缺，来京听候部议。

（总 755）

26. [甲午]，……转阿昌阿为理藩院左侍郎，以铁祺为理藩院右侍郎。

（总 755）

27. [甲午]，命奕榕为库伦办事大臣。

（总 755）

六月

10. [己酉]，谕，穆图善等奏查明亏短官马各员分别惩处一折，已革固山达鄂勒哲依达赖呈控该群亏短马匹各情，经都统讯明，解马各员欠缴备马，虽已陆续补齐，系于事后巧为弥补。备拴骑马一项，前经申禁之后，仍有违禁情事。牧长奇巴克扎普等，亏短马三百五十余匹，笔帖式鞥克济尔嘎勒，兼牧孳生马毛色等项间与图册不符。据称系因残倒赔补，殊属任意取巧。总管巴图那逊，挪用银两，亦属妄为。总管、翼长、固山达等官，失于稽察，均有应得之咎。所有牧长奇巴克扎普等二十五名，均着革去顶戴，仍留牧长差使，各加鞭责一百。所亏马匹，责令照数赔补归群，报部存案。该群委署固山达巴扎尔萨都等十员，均着革去顶戴，笔帖式鞥克济尔嘎勒，着革去笔帖式，翼长索特那木栋岳特、阿木嘎巴扎尔，职司分统，有弥补欠交余马情弊，均着革职留任。

总管巴图那逊，整顿马政是其专责，竟敢置亏短于不问，视拴马为故常，废弛已极，着即行革职。鄂勒哲依达赖，系因革职永不叙用之员，呈内率引前案，罔知愧悔，着交该旗佐领严加管束。至备拴骑马，系牧群巧立名目，私将官马乘骑，前于同治四年奉旨禁止之后，仍有前项情弊，实属不成事体。着再严饬该总管等，倘敢仍蹈故辙，即从严参办。

（总 764 — 765）

19. ［癸丑］，谕，春福等奏蒙古捐输请仍照案办理一折，蒙古捐输，虽系请赏翎顶虚衔，与捐纳实职者不同。惟现在业经降旨停捐，所有蒙古捐输自应一律停止。春福等请仍照案办理之处，着毋庸议。

（总 768）

31. ［庚申］，以热河道吴谦督捕出力，赏二品顶戴。

（总 774）

八月

29. ［庚申］，谕，吏部奏边疆大臣拟在都中设局派员兼办转运据咨请旨一折，乌里雅苏台将军春福等，以该城采买皮衣军装调取火药等事，拟于京城设转运局，又未奏明请旨，遽派刑部员外郎希贤、长春二员兼办局务，向来无此办法，实属任意妄为。乌里雅苏台将军春福、参赞大臣车林多尔济、杜嘎尔，均着交部严加议处。其所拟设局及派员兼办局务之处，着部准行。

（总 797）

34. ［甲子］，谕军机大臣等，总理各国事务衙门奏筹办交收伊犁事宜请饬疆臣复议一折，据称连接崇厚电报，内称，约章皆定议花押，并将现议条约十八款摘要知照。……至第十款，于旧约喀什噶尔、库伦设领事官外，增出嘉峪关、乌里雅苏台、科布

57

多、哈密、吐鲁番、乌鲁木齐、古城七处亦酌设领事。第十四款，俄商运俄货走张家口、嘉峪关赴天津、汉口，过通州、西安、汉中运土货回国。此路不特口岸过多，并与华商生计亦有妨碍，允行则实受其害，先允后翻则曲仍在我，自应设法挽回以维全局。着左宗棠、金顺、锡纶将界务商务各款悉心酌覆，李鸿章、沈葆桢素顾大局，除商务各条详加筹划外，其界务如何办理始臻周妥，分别详细密陈。

（总 797—798）

十一月

3. [庚午朔]，命春福、松溎来京，以吉和为乌里雅苏台将军，色楞额为驻藏办事大臣。

（总 835）

29. [丙戌]，以岐元为盛京将军，调瑞联为杭州将军，丰伸为绥远城将军，希元为黑龙江将军，景丰为荆州将军。

（总 839）

33. [己丑]，戈靖奏，我朝笃念懿亲，敦叙之典，远过往代。列圣相承，有加无已。咸丰年间复开道府之例，近奉恩谕，轸念闲散宗室觉罗人等生计维艰，加赏二月钱粮，凡所以为宗室谋者周且备矣。惟是椒衍瓞绵，日益繁盛，固系功德垂荫之灵长，而枝分派远，不免饥寒，实深祖宗在天之隐痛。诚以闲散宗室，钱粮则限以岁时，仕进亦定为专缺，既不如觉罗、满、蒙、汉道路甚宽，并不如士农工商得以自谋生理。……

（总 839—840）

52. [己亥]，谕军机大臣等，锡纶奏奏折遗失请旨查办一折，本年六月间，锡纶由六百里拜发奏折一件遗失，业经兵部奏交察哈尔都统详查，即着该都统按站转查，其遗失之管站各员，着各该衙门分别严加议处。

（总844）

十二月

6. [甲辰]，先是崇厚奉命使俄，不审朝旨，订立新约十八条。……十、除喀什噶尔及库伦两地已照先立和约俄国立有领事外，今议定在嘉峪关、科布多、哈密、吐鲁番、乌鲁木齐、库车各地各再设立领事。十一、领事与中国地方官有互商事件，其文移悉用平行，华官待领事以客礼。十二、凡蒙古、天山南路、天山北路等俄商货物往来，俱不必付税。十三、凡所议设有领事官之地方并立一通商局，并在张家口一律设立。十四、凡俄商贩运货物至张家口、嘉峪关、天津、汉口等处者，可过同州府、西安府、汉中府各路。其将中国货物运入俄国，亦由此路行走。十五、此约自从两国御允后，五年内不必更改。十六、俄商已愿另立低茶之税，此事当由中国总理衙门核定。十七、按照先立之约，凡有民人牛只奔逸过界，总由地方官出力寻还，若实在无踪，亦不必由地方官赔偿。十八、此约既立，经俄皇签名后，一年内由中国皇上盖用御宝，送至俄京。至是咨送回国，朝野骇然。修撰王仁堪、庶吉士盛昱交章奏参，洗马张之洞同时奏称，臣近阅邸钞，因俄国定约，使臣辱命，奉有廷臣集议之旨。所有条约，传闻大概，臣窃不胜愤懑。谨将此约从违利害，缕晰为皇太后、皇上陈之。新约十八条，他姑勿论，其最谬妄者，如陆路通商由嘉峪关、西安、汉中直达汉口。秦陇要害、荆楚上游，尽为所据。马头所在，支蔓日盛，消息皆通，边圉难防，堂奥已失，不可许者一。东三省国家根本，伯都讷，吉林精华，若许其乘船至此，即与东三省全省任其游行无异。陪京密迩，肩背单寒，是于绥芬河之西，无故自蹙地二千里。且内河行舟，乃各国历年所求而不得者，一

59

许俄人，效尤踵至，不可许者二。朝廷不争税课，当恤商民。若准、回两部蒙古各盟一任俄人贸易，概免纳税，华商日困犹末也。以积弱苦贫之蒙古，徒供俄人盘剥，以新疆巨万之军饷，徒为俄人缓输。且张家口等处内地开设行栈以后，逐渐推广，设启戎心，万里之内，首尾衔接，不可许者三。中国藩屏全在内外蒙古，沙漠万里，天所以限夷狄。俄人即欲犯边，迤北一面总费周折，如蒙古全踮供其役使，彼更将重利以啖蒙古。一旦有事，音信易通，必撤藩屏为彼先导，不可许者四。条约所载，俄人准建卡三十六，延袤广大，无事而商往，则讥不胜讥。有事而兵来，则御不胜御，不可许者五。各国商贾，从无许带军器之例，今无故声明人带一枪，其意何居。若有千百为群，闯然径入，是兵是商，谁能辨之，不可许者六。俄人商税种种取巧，若各国希冀均沾，洋关税课必然岁绌数百万，不可许者七。同治三年新疆已经议定之界，又欲内侵，断我入城之路。新疆形势，北路荒凉，南城富庶，争硗瘠，弃膏腴，务虚名，受实祸，不可许者八。伊犁、（达）[塔]尔（布）巴哈台、科布多、乌里雅苏台、喀什噶尔、乌鲁木齐、古城、哈密、嘉峪关等处准设领事官，是西域全疆尽归控制，有洋兵斯有洋商，有洋商斯有洋兵。初则夺我权势，继则反客为主。驯至彼有官而我无官，彼有兵而我无兵。且各国通例，惟沿海口岸准设外邦领事，若乌里雅苏台、科布多、乌鲁木齐、古城、哈密、嘉峪关乃我境内，今日俄人作俑，设各国援例，将十八省腹地均布洋官，又将何以处之，不可许者九。名还伊犁，而三省山岭内卡伦以外盘踞如故，居高临下，险要失矣。割霍尔果斯河以西，格尔海岛以北，屯垦无区，游牧无所，地利尽矣。金顶寺又为俄人市廛，现与约定俄人产业不更交还，是伊犁一线东来之道，必穿俄巢，出路绝矣。寥寥遗黎，彼必尽迁以往，人民空矣。掷二百八十万有用之财，索一无险阻无地利无出路无人民之伊犁，将焉用之，不可许者十。……

（总 844 — 848）

8. [乙巳]，左宗棠、杨昌浚奏……甘省在昔为边要重地，雍正中定额较内地为多，后虽陆续裁减，而合一提四镇并督标暨陕西提督所辖驻甘各标计之，尚存马步守兵五万七千四百余名，新疆换防兵九千余名一并在内。岁需兵饷马干银七十八万六千六百余两，上色仓斗粮三十五万五千四百余石，马料一十一万二千一百余石，草八百万零三千五百余束，公费银三万一千三百余两，其大较也。原设兵额之多，缘地居边塞，北连蒙部，南杂番回，西路新疆，更番换戍，防范宜周，兵力不得不厚也。若就现在情形而论，新疆各城渐臻底定，方议另立营制。甘肃已属内地，调拨渐稀，蒙古王公、贝勒、台吉列戍边防，涵濡教化，历久而驯顺有加，北路无须重兵镇压。即南山番族时有伺隙劫杀之事，然非无要可扼。如果布置周妥，亦保无虞。宁夏等处，以河套为虑，今套患久销，沿边一带且资其接济。西宁河州辖境虽与撒喇野番错处，情形稍为吃重。然回务既平，小股番匪，无须大队。时势攸殊，兵固有可裁者。……

（总 848 — 849）

18. [壬子]，蒙古都统托云卒，予祭葬，赏其子员外郎阿克占以郎中用。

（总 851）

19. [壬子]，以载澂为蒙古都统。

（总 851）

61

光绪六年庚辰（1880 年）

春正月

14.［壬午］，谕，御史周开铭奏廓尔喀贡使来京崇文门员役诈索理藩院办理失体并蒙古王公年班来京理藩院崇文门纵容员役任意勒索各折片，外藩王公及使臣到京，该衙门自应仰体朝廷德意，妥为办理，并约束官役，毋许稍有扰累。若如该御史所奏，殊属不成事体。且其中情节支离，着派广寿、潘祖荫确切查明，据实具奏，毋稍徇隐。

（总 859）

17.［甲申］，谕，金顺奏防御私自潜逃请革职查拿等语，黑龙江墨尔根城即补防御富尔洪额、胡逊布二员，携带军械战马私自潜逃，查无下落，实属目无法纪。富尔洪额、胡逊布，均着即行革职，并着察哈尔都统、乌里雅苏台、科布多、塔尔巴哈台将军大臣、山海关副都统、黑龙江将军，一体查拿务获惩办，以肃军律。

（总 859）

19.［丙戌］，蒙古都统明庆因病乞休。不允。

（总 859）

二月

5.［癸卯］，谕，前据御史周开铭奏，廓尔喀贡使来京，崇文门员役诈索，理藩院办理失体，蒙古王公年班来京，理藩院崇文门员役任意勒索各节，当派广寿、潘祖荫查明具奏。兹据奏称，崇文门于廓尔喀贡使到京，并无栽赃诈索传见喝阻及私造木戳等情。惟贡使所带土物例应免税，海巡倭什浑等辄以漏税禀报，实属妄拿。委员博启、祥普不知详查，辄行批罚看押，办理失当。理藩院承办廓尔喀进贡事宜，尚无不合，亦无勒索规礼。蒙古王公年班来京，理藩院崇文门均无纵容员役勒索各情事等语。崇文门海巡领催倭什浑、外委李逢源、内管领吉瑞、守备庞光裕、外委龚维政，均着照所拟杖一百。李逢源等，均革去职衔，免其发落。委员吏部郎中博启、正蓝旗护军参领祥普，均着交该衙门议处。崇文门监督灵桂、照祥，失于觉察，均着交该衙门察议。嗣后外藩王公及使臣到京，该衙门于一切事宜，务当加意妥办，用副朝廷抚绥藩服至意。余着照所议办理。

（总 871—872）

32.［甲子］，谕军机大臣等，祥享等奏直属之张、独、多三厅各旗官荒马厂，开垦已有成效。若能认真查明欠交押荒银两，责令按亩补交，比户计田，派夫训练，饷需既有着落，练勇即属有裨，尤为两得之计。着李鸿章遴选明干道府前往切实查明呈报。应如何筹办之处，酌核具奏。将此谕令知之。

（总 880）

三月

21.［丙戌］，以穆腾阿为镶黄旗蒙古都统，调希元为江宁将军，以定安为黑龙江将军。

（总 889）

24.［辛卯］，左宗棠奏，臣前因甘肃灵州营参将萧兆元前办包头粮运局务，奉文停采撤局，乃竟任意迟延，并不回营销差，经手采运各批军粮多未运到，且访问有侵克贪冒各情弊，当经檄饬宁夏镇总兵马南斌就近确查属实。经臣饬将萧兆元押解来肃，发交安肃道督同肃州研讯详办。一面奏明革职，归案讯办，转饬押讯

63

勒追，嗣经一年之久，仅据呈缴库平银五百一十两零。臣因萧兆元有贻误军粮、侵蚀军帑各重情，未便任其狡延，复经严饬监追。一面檄饬兰州府查抄家产，变价备抵。嗣据兰州府知府详报，遵将该革员房产器具概行查抄，共计变价库平银一千一百九十六两零。而萧兆元在肃监追又经数月，屡次提案严比，并无分厘呈缴。查萧兆元光绪元年奉委赴山西包头承办采运粮局，自是年三月开局起至二年八月奉文撤局止，经手领过湘平银四十六万三千余两，采收各色市斗粮料二万一千八百余石，合计斤重共该五百六十五万余斤，分作一百批先后派员押运赴巴里坤粮局交收。计用商驼、蒙驼运过八十四批，汉板牛车运过一十六批。内除驼运之八十四批并车运之一、二、三、四、五、六、七、十三、十四、十五、十六等批均已先后运到取有巴里坤粮局回批外，惟有押运牛车委员李维权、庞清顺、谭传发三人管解之第八、九、十三批共粮一十五万四千余斤，张文德、李和贵两人管解之第十一批粮八万四千余斤，杨玉辉一人管解之第十二批粮六万七千余斤，通共黄小米三十万八千余斤。内除第十一批张文德名下承运之半批已据巴里坤粮局续收，于四年十月并五年二三月先后三次共收到小米四万二千余斤外，其余李维权、庞清顺、谭传发、杨玉辉四人名下承运之四批，李和贵名下承运之半批，共粮二十六万四千余斤，迄今四年之久，均未运到。此项无着粮食，计摊采价银三千一百余两，运价银一万五千八百余两，二共亏耗银一万九千余两。该革员采办粮料并口袋绳索等项价值，雇觅车驼运脚，开局之初，商贩未集，粮道未通，物价较昂，运脚亦贵。迨商贩云集，物价减落，粮道已通，运脚亦省，该革员仍照初报价值开报，并未随时请减，约共浮冒得采价运脚银五千余两。此外该革员罚过军粮迟延车夫罗荣银五百两，亦未报明列收。又每年三节得受各粮行口袋行馈送节礼多寡不等，约共得过银五百余两。又扣发粮价尾数陆续得过各粮行银四百余两。扣发驼价尾数陆续得过各脚店行银八百余两。撤局之后，又得受各行店馈送盘费银二百二十两。统计采买粮料雇觅运脚浮冒采价运价并私罚勒扣以及得受馈送各款，共银七千四百余两，均系侵蚀入己，陆续花用属实。前经访查奏参革职，押解来肃，发道讯办，遵即核卷研讯，据供前情不讳。严追侵蚀各款银两，除已缴库平银五百一十两外，余均由萧兆元花用净尽，无从呈缴。其兰州房产器具，只查抄变卖库平银一千一百九十六两零。此外再无寄顿资财及知情容隐之人，究诘不移。查此案包头设局采运军粮，运赴巴里坤粮局转运古城。原以彼时官军进攻北路，需粮孔急，若由肃州运粮至巴里坤、古城，劳费过巨，且不能接济军食。故议由北路创开运道以饷饥军。该革员以二品大员承领至艰至巨之军饷，办理万分吃紧之粮运，应如何洁己奉公，力筹采运，以速事机而副委任。乃于领获之采价运价，胆敢侵蚀浮冒并私罚勒扣各款通计积至七千余两之多，已属法无可贷。且查所报起运粮数内，有二十六万余斤系光绪二年七八月间报解，迄今将及四年，并未运到。当时官军连克古牧地、乌鲁木齐、迪化州、玛纳斯各城，时悬釜待炊，急如星火。仅恃古城、巴里坤所办屯垦各局，商农渐集，兼得归化城采运接济，多方挹注，藉以支持。迨官兵迭克各城，收获贼粮又复不少，大局始无大虞。若专恃包头一处运粮接济，何堪设想。兹查未到之粮共摊采价运价银一万九千余两，勒缴年余，迄无着落。除查抄家产并据呈缴现银共只一千七百余两，尚不及十分之一。似此侵亏公帑，贻误军粮，实与寻常罪犯不同。当于讯明后按照军律立将该革员军前正法，以惩贪劣而儆效尤。报闻。

（总 889 — 891）

夏四月

34. [丙寅]，左宗棠奏……按新疆形势所在，北路则乌鲁木齐，南路则阿克苏，以其能控制全疆，地居天山南北之脊，居高临下，左右伸缩，足以有为也。谨拟乌鲁木齐为新疆总督治所，阿克苏为新疆巡抚治所，彼此声势联络，互相表里，足称其形势，将军率旗营驻伊犁。塔尔巴哈台改设都统，并统绿旗各营。并拟增设伊犁兵备道一员，塔尔巴哈台拟增同知一员以固边防。北路镇迪道应仍其旧。……上谕，左宗棠奏覆陈新疆宜开设行省请先简督抚一折，所拟建置事宜，颇为详悉。惟现在伊犁尚未收复，布置一切，不无窒碍。所有新疆善后诸务，仍着该督因地制宜，次第筹办。原折着暂留中，再候谕旨。将此由四百里谕令知之。

（总 917—919）

五月

2. [己巳]，李鸿章奏，户部咨开具奏筹备饷需一折，钦奉上谕一道，抄折恭录到直，遵即督饬司道悉心妥筹，兹据详覆前来。臣查户部原奏十条，除停止工程、核实折价、捐收两淮票本三条应专归户部及两江办理外，其应归各省核办者七条内严催垦荒一条，查直隶内地并无荒田，间有旗民无粮地亩，或山隅河滩堪种之处，均饬随时认真勘办。惟地土瘠薄，灾歉频仍，征收不能足额，尚无以熟报荒、州县隐匿、绅富把持情弊。其西北口外各旗官荒马厂，从前章程不一，非专归地方官经理。现已奏派道员前往查办，自可逐渐升科，无庸另议。……

（总 920—922）

7. [壬申]，春福、那逊绰克图、杜嘎尔奏，乌里雅苏台自同治九年猝遭兵燹之后，节经前任将军、大臣等以戍守官兵度日维艰奏请拟照新疆之例酌增盐菜银两俾资糊口等因，奏奉谕旨允准，钦遵办理在案。嗣准部咨，关外现在肃清，所有乌城从前添练官弁酌加盐菜一律裁撤，以复旧制而节经费等因，行知到乌，奴才等自应遵照办理。惟查西疆自用兵以来，各城被贼滋扰，蹂躏几遍。

现在虽有克复之处，办理抚局一切事宜，在在需员。况渠魁尚未伏诛，余匪仍复出没，警报时闻，巡防侦探，夙夜难懈。刻下兼筹设办边防，差操更为纷繁。且乌城为西北门户，各城粮饷出入接护，尤关紧要。奴才春福于四年四月抵任后，查看乌城天寒地瘠，出产毫无，兼之饷项不继，该官兵以及差委暂留员弁等，异常苦累，犹能办理一切公务，奋勉当差，辛勤昼夜，毫无贻误。其官弁日用等一切，均系内地等商人远道贩运，值此粮饷支绌，多有裹足不前。至于百色货物，较前价增倍蓰不止。该官弁兵丁每银一两购物，较内地不足五钱。诸凡困惫，不堪言状。若不量为体恤，实有枵腹之虞。奴才等受恩深重，具有天良，当此帑项支绌之际，但有可以省俭，无不设法力求撙节，焉敢再事渎陈。奈目睹该官兵、差委人员实在窘迫情形，筹思再四，不得不据实直陈，恳恩俯念该官兵等远戍边防，不敷糊口，加添盐菜银两，俾得接放，以示优恤而资养赡。如蒙俞允，该官兵、差委人等得能果腹，当差自必益加奋勉。下户部议奏。

（总 922 — 923）

26. [辛卯]，清安、桂祥奏，科布多额设章京四缺，粮饷处承办章京一缺，由吏部于各衙门笔帖式内带领引见，派往作为委署主事，三年期满，奏请更换。印务处承办章京一缺，帮办章京一缺，办理蒙古事务处承办章京一缺，每遇缺出，均由本城笔帖式内拣选，奏请赏加主事职衔，作为承办章京，七年期满，照例更换。如愿入京城部院当差者，以主事候补。愿改武职者，回绥远城以防御候补。笔帖式三缺，五年期满。如愿入京城部院当差者，以笔帖式候补。愿改武职者，回绥远城以骁骑校候补。又候补笔帖式三缺,向由换防委笔帖式内选补。此科城原设之缺额也。奴才等查科城军务较繁，原设三衙门章京等缺，为数过少，遇有差委，实属不敷分派。奴才等商酌，拟请粮饷处添设帮办章京一缺、笔帖式一缺、候补笔帖式一缺，印务处加添笔帖式一缺、候补笔帖式一缺。办理蒙古事务处加添章京一缺、候补笔帖式一缺，以资办公。下部议奏。

（总 929）

六月

17. [丙午]，以杜嘎尔为乌里雅苏台将军，喜昌为乌里雅苏台参赞大臣。

（总 939）

20. [丁未]，曾国荃奏，钦奉谕旨，饬将户部筹备饷需各条，赶紧妥筹定议，限两月内据实复奏等因。钦此。……如通核关税一条，查晋省关税，除杀虎口由钦派监督经理外，惟归化城一处向委归绥道经收。自各口通商，洋货茶税均形减色。近因旱灾频仍，关税尤形短绌，足额已属为难。……

（总 939）

39. [庚申]，岐元等奏，昌图府属拟请添设知县并佐杂各官以资分治。查光绪元年，前署将军崇实因昌图府地广民顽，奏请试办河、斗两税以为设官经费，拟将昌图同知改升知府，于梨树城增设通判，八家镇增设知县，康家屯增设知州各一员。嗣于光绪三年奏明将昌图同知除升知府，并先后于八家镇增设怀德县，梨树城增设奉化县。当以康家屯尚属近边，且河税未行，开办经费不足，将八家镇经历移驻康家屯，作为分防府经历，均奏蒙恩准由部核复遵办在案。兹据昌图府知府赵受璧详称，查康家屯离府虽近，惟西北一带，地面生齿日繁，流民耕种殆遍。虽不若怀德、奉化两县沿边繁要，而地方辽阔，词讼命盗案件层见迭出，由府自理，势难兼顾。且蒙民杂处，抚辑尤关紧要。分防经历，职小权微，难以整顿。必得以正印之员镇压其间，方可从容就理。拟请将康家屯经历一缺裁撤，照八家镇、梨树城章程添设知县一缺，名曰康平县。府属辽河以西之地，分归管辖。照章加理事同知衔以便蒙民，兼理所有徒罪以上命盗各案，由府审转以昭慎重。并设典史一员，照怀、奉两县章程加六品衔，专司监狱。康家屯迤北郑家屯地方，界连蒙古封堆，民情强悍，拟设分防主簿一员，照八面城照磨章程加六品衔，分司缉捕及勘验命盗各案。户婚田土细故，准其就近审理。徒罪以上之案，送县核办。该县应管界地，周围四百余里，地面既阔，缉捕紧要，现派外委一员、捕盗兵三十名，在彼驻缉，实属不敷弹压。拟请添练捕盗马兵二十名，添派把总一员管带，再行拨给旧额捕盗兵十名，共有弁兵六十二员名，分扎缉捕，庶于地方可期整顿。至添官增兵一切经费，现在昌图斗税除开支一府两县用项外，每年尚可余银二千余两，试办同江子税，虽无定数，每年约可收银二千两上下，以此支放，已属有余。将来修建衙署、监狱，即由支存余款陆续动拨，另案报销。至学校一事，现查该处应试人少，拟请暂附府学考试，以后察看应试人多，再行详请奏设训导学额以符定制等情，详请具奏前来。奴才等复查昌图府属之康家屯，地面本属辽阔，原拟设一知州，前因经费不敷，未能与怀德、奉化两县同时并立。今该府既筹有经费，请照八家镇、梨树城章程添设知县、分防等官。仍以该处所出即供该处所需，无庸另筹款项，洵为整顿地方要务，恳恩准于康家屯等处添设知县各官以资分治。所有清界址，定缺分，照支廉俸，酌添弁兵各章程，谨绘图贴说，胪列清单，恭呈御览。相应请旨饬部核议施行，并颁发正佐印信以昭信守。其余未尽事宜，应由奴才等随时筹议，请旨定夺。得旨，该部议奏，单图并发。

（总 948—949）

秋七月

13. [丙子]，谕，铭安等奏吉林厅、长春厅文童闹考分别讯办饬拿各折片……长春厅文童赫选三等，因该厅复试争挑堂号，辄敢聚众哄堂肆闹，开门出场，均属目无法纪。吉林甫经设立考棚，尤宜首端士习，岂容不法之徒任意滋闹，此风断不可长。……赫选三、万鹤亭、程龙榜、王竹林、王玉麟等，着该将军等饬令地方官按名严拿，务获究办。并着晓谕士子，务宜各知自爱，嗣后倘有不守场规借端滋闹情事，即着照例从重惩办。该部知道。

（总 953）

21.［庚辰］，岐元等奏，奴才等因办理围场地亩丈量完竣，请设官添兵并议善后事宜，奏经各部逐条会议复奏，奉旨，依议钦此，钦遵咨会前来。奴才等查部议核准各条，自应遵照办理。惟添设围场总管一缺，原奏作为满、蒙、汉公缺，请加副都统衔支食二品俸银。现准部议，以各省驻防总管员缺，俱以满洲、蒙古分用，应作为满、蒙公缺，请加副都统衔，品级较崇，可否赏加，恭候钦定。请支食二品俸银，核与同治十一年奏定章程不符，亦未便兼充练军翼长。又添设通判、巡检等官应支廉俸役食兵房马拨，建设城署及岁修壕堆工程银两，均令按照折扣章程支放。在部臣慎重官阶，节省经费，固应限以成例。但奉省自开办边务以来，均系随时奏明，量为变通，实事求是。所以奴才等酌议围场事宜，仍按照东边奏定章程办理，若复绳以旧制，势必诸多掣肘。此奴才不得不将实在情形据实渎请者也。查围场升科之地，南与东边毗连，北接吉林围界，地处边陲，流民甫经归化。总管一缺，有督征租赋巡护围山训练兵丁之责，必须量材器使，因地择人，原与各省驻防总管不同，满蒙虽属有才，参以汉军，则遴选较广，庶可得人而理。惟既任以边疆繁剧之区，尤宜稍崇体制，量加体恤。合无仰恳恩施赏加副都统衔，准其照衔支食二品廉俸，俾控制有权而廉隅自饬。其兼充翼长一节，经户部核议与各省镇道兼充翼长成案不符，第围场之兵，非归总管统率训练，难期整肃，既未便增添翼长。拟请将该总管兼充练兵统带官，所有调练各城之兵，统归该总管布置驻扎，督饬操演，以专责成。此总管一缺应请仍

作满、蒙、汉公缺，并请加副都统衔支食二品俸银兼充练兵统带
官之实在情形也。……

（总955—956）

37. ［甲午］，命桂祥署乌里雅苏台参赞大臣，额尔庆额署科布
多帮办大臣。

（总960）

八月

20. ［庚戌］，谕军机大臣等，李鸿章奏，塞外马匹，必须夏令
采购，现已八月中旬，卖者次第收场，势难零星搜索。拟请于察哈
尔牧群孳生官马内赶紧选拨，并拟派记名提督杨安典驰往口外会同
拣择等语。鲍超招练马队，克日到防，需用马匹甚亟。着祥亨分饬
商都、太仆寺各总管，即于该处牧群内孳生官马项下，不必分定成数，
迅速挑选能战骟马三千匹，会同杨安典采择，不得以口老疲瘦充数。
即由杨安典分起派弁押送进口，拨给霆军应用，毋稍延缓。

（总966）

22. ［庚戌］，谕军机大臣等，曾国荃行抵保定省城遵旨先赴防
所一折，该抚起程后，感受暑热，旧疾复发，朝廷殊深廑系。据称
刘鸿年一军自包头启程，须八月底方抵昌平州，拟与会合前进，为
日未免过迟。……

（总967）

冬十月

9. ［庚子］，谕，奕榕等奏请饬调军防守一折，据称，前经
咨商李鸿章调拨宣化练军二百五十名赴库，以资镇摄。嗣准李鸿
章咨复，难以抽调，现在防务紧要，请饬或仍酌调宣化练军或挑

选各镇原营步队一二千名赴库等语。宣化练军暨直省步队能否调拨，着李鸿章酌度具奏。

（总 992）

31. ［壬戌］，理藩院尚书察杭阿卒，予祭葬。赏其子一品荫生锡昭以朗中用。

（总 998）

32. ［壬戌］，以志和为理藩院尚书。……

（总 998）

33. ［壬戌］，以吉和为镶蓝旗蒙古都统。

（总 998）

36. ［甲子］，谕，钦奉慈安端裕康庆昭和庄敬皇太后、慈禧端佑康颐昭豫庄诚皇太后懿旨，醇亲王奕譞，着管理神机营事务，佩带印钥、宝鋆，着并管理该营事务。伯彦讷谟祜，着毋庸管理。

（总 999）

十一月

14. ［辛未］，以吉和为杭州将军，穆隆阿为镶蓝旗蒙古都统。

（总 1008）

22. ［丁丑］，谕，铭安等奏坐补理事通判难胜烦剧仍请归部铨选一折，前据该将军等奏请将坐补长春厅理事通判萨呢扬阿以简缺归部铨选，当经允准。旋经吏部奏请仍应坐补原缺，系属照例办理。兹据铭安等奏称，查看该员才欠开展，吉林设立民官，创办伊始，该厅事务烦难，非该员所能胜任等语。自系为整饬吏治起见，萨呢扬阿，着毋庸坐补原缺，以简缺归部铨选。余着照所议办理。

（总 1010）

光绪七年辛巳（1881年）

春正月

32. [己丑]，出使俄国大臣曾纪泽，在俄都森彼得堡与彼外部大臣格尔斯暨前驻华公使布策，改订条约二十款、专条一，又陆路通商章程十七款、卡伦单一成。其文曰……第十款，俄国照旧约在伊犁、塔尔巴哈台、喀什噶尔、库伦设立领事官外，亦准在肃州即嘉峪关及吐鲁番两城设立领事，其余如科布多、乌里雅苏台、哈密、乌鲁木齐、古城五处，俟商务兴旺，始由两国陆续商议添设。俄国在肃州即嘉峪关及吐鲁番所设领事官，于各处附近地方关系俄民事件，均有前往办理之责。按照一千八百六十年即咸丰十年《北京条约》第五、第六两条，应给予可盖房屋，牧放牲畜，设立坟茔等地。嘉峪关及吐鲁番，亦一律照办。领事官公署未经起盖之先，地方官帮同租觅，暂假房屋。俄国领事官在蒙古地方及天山南、北二路往来行路，寄发信函，按照《天津条约》第十一条、《北京条约》第十二条，可由台站行走。俄国领事官以此事相托，中国官即妥为照料。吐鲁番非通商口岸而设立领事，各海口及十八省东三省内地不得援以为例。第十一款，俄国领事官驻中国，遇有公事，按事体之关系、案件之紧要及应如何作速办理之处，或与本城地方官或与地方大宪往来，均用公文。彼此往来会晤，均以友邦官员之礼相待。两国人民在中国贸易等事，致生事端，应由领事官与地方官公同查办。如因贸易事务致启争端，听其自行择人从中调处。如不能调处完结，再由两国官员会同查办。两国人民为预定货物、运载货物、租赁铺房等事所立字据，可以呈报领事官及地方官处，应与画押盖印为凭。遇有不按字据办理情事，领事官及地方官设法务令照依字据办理。第十二款，俄国人民准在中国蒙古地方贸易，照旧不纳税。其蒙古各处及各盟设官与未设官之处，均准贸易，亦照旧不纳税。并准俄民在伊犁、塔尔巴哈台、喀什噶尔、乌鲁木齐及关外之天山南、北两路各城贸易，暂不纳税。俟将来商务兴旺，由两国议定税则，即将免税之例废弃。以上所载中国各处准俄民出入贩运各国货物，其买卖货物，或用现钱或以货相易俱可，并准俄民以各种货物抵账。第十三款，俄国应设领事官各处及张家口，准俄民建造铺房行栈，或在自置地方，或照一千八百五十一年即咸丰元年所定《伊犁、塔尔巴哈台通商章程》第十三条办法，由地方官给地盖房亦可。张家口无领事而准俄民建造铺房行栈，他处内地不得援以为例。第十四款，俄商自俄国贩货由陆路运入中国内地者，可照旧经过张家口、通州前赴天津，或由天津运往别口及中国内地，并准在以上各处销售。俄商在以上各城、各口及内地置买货物运送回国者，亦由此路行走。并准俄商前往肃州即嘉峪关贸易货帮，至关而止。应得利益，照天津一律办理。……《续改陆路通商章程》十七款，第一款，两国边界百里之内，准中、俄两国人民任便贸易，均不纳税。其如何稽查贸易之处，任凭两国各按本国边界限制办理。第二款，俄国商民前往蒙古及天山南、北两路贸易者，只能由章程所附清单内指明卡伦过界。该商应有本国官所发中、俄两国文字并译出蒙古文或回文执照，汉文照内可用蒙古字或回回字注明商人姓名、随人姓名、货色包件、牲畜数目若干。此照应于入中国地界时，在附近边界中国卡伦呈验。该处查明后，卡伦官盖用戳记为凭。其无执照商民过界者，任凭中国官扣留，交附近俄国边界官或领事官从严罚办。遇有遗失执照，货主应报明附近领事，以便请领新照。一面报明地方官暂给凭据，准其执此前行。其运到蒙古及天山南、北路各处之货有未经销售者，准其运往天津及肃州即嘉峪关，或在该口销售，或运往内地。其征收税饷发给运货执照查验放行等事，均照以下章程办理。第三款，俄商于恰克图、尼布楚运货前往天津，应由张家口东坝、通州行走。其由俄国边界运货过科布多、归化城前往天津者，亦由此路行走。该商应有俄官所发运货执照，并由中国该管官盖印。照内用中、俄两国文字，注明商人姓名、货色、包件数目，任凭沿途各关口中国官员迅速点数查看，验照盖戳放行。查验之时如有拆动之件，仍由该关口加封，并将拆动件数于照内注明，以凭查核。该关查验不得过一个时辰。其照限六个月在天津关缴销。如该商以为限期不足，应预先报明该处官员。倘有商人遗失执照，应报明原给执照之官，并呈明日期号头，请领新照，注明补给字样。一面至就近关口报明，查验相符，暂给凭据，准其运货前行。如查该商所报货数不符，查该商系有隐匿、沿途私卖货物、希图逃税情事，应照第八条章程罚办。第四款，俄商由俄国运来货物，路经张家口，任听将货酌留若干于口销售，限五日内在该关口报明交纳进口正税后，由中国官发给卖货准单，方准销售。第五款，俄商由俄国运来货物，自陆路至天津者，应纳进口税饷，照税则所载，正税三分减一交纳。其由俄国运来货物至肃州即嘉峪关者，所有完纳税饷等事，应照天津一律办理。第六款，如在张家口酌留之货已在该门纳税，而货物有未经销售者，准该商运赴通州或天津销售，不再纳税。并将张家口多交之一分补还俄商，即于该口所发执照内注明。俄商在张家口酌留之货已在该口纳税者，如欲运入内地，应照各国总例再交一子税，即正税之半，该口发给运货执照，应于沿途所过各关卡呈验。如无执照者，则逢关纳税，过卡抽厘。第七款，俄商由俄国运来货物至肃州即嘉峪关，欲运入内地者，应照章程第九条天津运货入内地之例一律办理。第八款，俄商由俄国运来货物至天津，除报明酌留张家口之货外，如查有原货抽换或数目短少，与原照不符，即将所报查验之货全行入官。……第十款，俄商在天津贩卖土货回国，应由第三条所载张家口等处之路行走。……第十一款，俄商

75

在通州贩卖土货由陆路出口回国，应照税则完纳出口正税。其在张家口贩卖土货出口回国，应在该口纳一子税即正税之半。俄商由内地贩卖土货运往通州、张家口回国者，照各国在内地买货总例，应再交一子税，由各该关口收税，发给运物执照。其在通州买土货回国者，应在东坝报明收税，发给执照，沿途不得销售。应于执照内载明其由。以上各处运货出口发照验货等事，应照第三条所载章程办理。第十二款，俄商在天津、通州、张家口、嘉峪关贩运别国洋货由陆路出口回国，如该货已交正税、子税，有单可凭，不再重征。如只交过正税，未交子税，该商应按照税则在该关补交子税。第十三款，俄商贩运货物进口出口，应照各国税则及同治元年所定俄国续则纳税。如各国税则及续则均未备载，再照值百抽五之例纳税。第十四款，凡进口出口免税之物，如金银、外国各银钱、各种面沙、谷米、面饼、熟肉、熟菜、牛奶酥、牛油、蜜饯、外国衣服、金银首饰、搀银器、香水、胰、碱、炭、柴薪、外国蜡烛、外国烟丝烟叶、外国酒家用杂物、船用杂物、行李、纸张笔墨、毡毯、铁刀利器、外国自用药料、玻璃器皿，以上各物由陆路进口出口皆准免税。惟由章程内载各城及各海口运往内地者，除金银、外国银钱、行李三项仍毋庸议外，其余各物，皆按每值百两完纳税银二两五钱。……中俄卡伦单：一、胡柏里志呼，即俄名斯他罗粗鲁海图斯基；二、则林图，即俄名查罕额罗业甫斯基；三、毛葛子格，即俄名克留库甫斯基；四、乌梁图，即俄名库鲁苏他业甫斯基；五、多罗洛克，即俄名查苏车业甫斯基；六、霍林纳拉苏，即俄名杜鲁勒古业甫斯基；七、呼拉查，即俄名托克托尔斯基；八、巴扬达尔噶；九、阿深嘎，即俄名阿深金斯基；十、鸣挈，即俄名们森斯基；十一、乌阿勒嘎，即俄名沙拉郭勒斯基；十二、库达拉，即俄名库达林斯基；十三、恰克图；十四、哈拉呼志尔，即俄名博齐斯基；十五、治尔格台，即俄名热勒都林斯基；十六、鄂尔托霍，即俄名哈拉采斯基；十七、伊勒克池拉穆，即俄名哈木聂斯基；十八、乌尤勒特，即俄名克留车甫斯基；十九、贝勒特斯，即俄名欢金斯基；二十、赛郭鄂拉，即俄名额庚斯基；二十一、金吉里克；二十二、攸斯提特；二十三、苏鄂克；二十四、查罕鄂博；二十五、布尔噶苏台；二十六、哈巴尔乌苏；二十七、巴克图；二十八、喀普他盖；二十九、阔克苏山口；三十、霍尔果斯；三十一、别叠里山口；三十二、帖列克第山口；三十三、图鲁噶尔特山口；三十四、苏约克山口；三十五、伊尔克什唐。单内所开过界各卡，可俟中国边界官及俄国领事官体察情形报明后，由中国总理衙门会同俄国驻京大臣商议酌改，将查明可裁之处分别删减，或以便商之处酌量更易亦可。

（总 1038 — 1045）

三月

11.［乙亥］，谕，恭理丧仪王大臣照例穿孝百日外，亲王衔多罗惠郡王奕详……科尔沁亲王伯彦讷谟祜、多罗贝勒载漪、那尔苏、贝子衔科尔沁镇国公棍楚克林沁……亦着穿孝百日，其余王、大臣、官员，均着穿孝二十七日，释服焚毁。

（总 1065）

夏四月

10.［己亥］，召奕榗来京，调喜昌为库伦办事大臣，桂祥为乌里雅苏台参赞大臣，额尔庆额为科布多帮办大臣。

（总 1074）

27.［己酉］，先是曾纪泽奏，臣于七月二十三日因俄国遣使进京议事，当经专折奏明并电报总理衙门在案。八月十三日，接准总理衙门电称，奉旨着遵叠电与商，以维大局。……第六端曰

77

添设领事之事。查领事之在西洋各国者，专管商业，其权远在驻扎中国领事官之下。故他国愿设者，主国概不禁阻。臣此次欲将各城领事删去，外部各官均以为怪，随将中国不便之处与之说明。吉尔斯谓领事之设，专为便商起见，系属宾主两益之事。中国既有不便，即仅于乌鲁木齐添设一员如何。臣因多方相让，碍难再争。而总理衙门电抄编修许景澄折，内称科布多、乌里雅苏台、乌鲁木齐三处毋设领事，其次争乌鲁木齐、乌里雅苏台两处等语。臣乃复见布策，恳其商改。节略内始将乌鲁木齐改为吐鲁番，余俟商务兴旺时再议添设。

（总 1076 — 1083）

五月

7. [乙丑]，以棍楚克林沁署镶白旗汉军都统，以崇礼兼署户部右侍郎。

（总 1088）

9.[丙寅]，刘锦棠奏……且查新疆户民，种类繁多，风气不一。语言文字，制度仪文，衣冠嗜欲，各自为俗。南路以缠头布鲁特族类为最重，蒙古次之，汉、回又次之。北路以哈萨克族类为最重，蒙古、汉、回次之，缠头又次之。而满汉孑遗之民，则两路均寥寥无几。……

（总 1088 — 1090）

14. [己巳]，清安、额尔庆额奏，前因晋省屡报灾祲，饷项分别停解，科城经费丝毫无着。曾于上年八月间奏恳天恩饬部筹垫二年，请由该省解归部款，嗣准户部复称议奏两次共筹银五万五千两，作为本年四月起截至七年三月底止一年饷需等因。查此项银两，仅敷满、绿两营卡伦、台站各项官兵一岁度支。又奏准复设卡伦等项官兵钱粮应加添银两。各省欠解之款，并无报

78

解音耗，曾于上年十一月间附片奏请饬部筹拨有着之款等因。奉旨，户部议奏。钦此。兹据本年三月初九日接准户部咨复内称，该大臣附片奏科城旗、绿成守两营屯田明阿特、额鲁特及四路台站、卡伦各项蒙古官兵及奏调差遣人员，每岁必须饷银六万五千两，请筹拨有着之款一节，臣等查此项经费银两，系山西省按年应解专款，现在该省年谷顺成，钱粮照常征收，应请饬下山西巡抚，严饬藩司迅速筹拨，并将同治十年以后所欠之款陆续补解，毋得贻误等因议奏。奉旨，依议。钦此。咨复前来，奴才等伏查上年户部垫发一年经费银五万五千两，已经截至本年三月止全行放尽。若遵照部议专候山西省批解，实属缓不济急。如该抚臣接到部文即解，则今年内能否解到，尚无把握。且屡接山西抚臣函牍，自灾祲后征收未能照常，俟征有成数即当筹解等语。奴才等思维至再，是山西省应解之款，此时断难专恃。而科城官兵实难悬釜待炊，现在需饷急切，又值青黄不接，筹措无方，甚为可虑。奴才等亦深知库款支绌，何敢再请部库垫拨。无如科城边防紧要，外省解拨缓不济急，所有官兵难以枵腹差操。奴才等昼夜焦灼，万无方法，不得不据实奏陈，仰恳天恩俯念边疆瘠苦，士卒堪怜，请旨饬下部臣，即自本年四月起连闰计至明年二月底止，再为借垫一年经费银五万五千两，仍由山西拨还部库。下户部议奏。

（总 1093 — 1094）

秋七月

41. [甲申]，李鸿章奏，天津郡城规模狭小，城内居民无多，且井少水咸，难供汲饮。……咸丰九十年间，前亲王僧格林沁令官绅捐修外圩濠墙，同治七年，捻逆窜至，兵民协守，深资其力。迨十年十一年，迭被大水冲塌，已成平地。……

（总 1138 — 1139）

55. [庚寅]，岐元等奏，前因昌图府属之康家屯地面辽阔，狱讼烦多，奏请裁撤经费，添设康平县知县一员、典史一员，并在郑家屯添设主簿一员，以资分治，当经酌议章程，会同具奏。奉旨，该部议奏，单图并发。钦此。嗣准部咨，以康家屯虽系昌图府属，惟新设康平县知县一缺，原单内称系属烦难中缺，与怀、奉两县沿边烦难紧要之缺不同，缺分既有繁简之分，养廉办公等银未便援照沿边紧要之缺支食，行令酌量核实删减以示区别等因。奴才等查新设康平县，地处边疆，幅员辽阔，本系蒙古地面，并无经征钱粮，实与怀、奉两县事同一律。因该县所辖地方瘠苦，不如怀、奉富庶，是以定为烦难中缺。其为蒙古代催地租、办理命盗各案，与怀、奉无异。所请廉俸役食等项概发实银，原为养其廉隅，俾得尽心民事。若令酌行删减，使其办公竭蹶，内顾多虞，何能勤求吏治。惟有仰恳天恩，俯念新设康平县地方瘠苦，正佐各官应支廉俸役食办公等银，仍准援照怀德、奉（新）[化]两县章程，概行给发实银，免其删减，实于吏治民情大有裨益。得旨，如所请行。

（总 1142）

闰七月

7. [丙申]，崇绮奏，热河地方幅员辽阔，马贼出没无常。奴才自抵任以来，一有所闻，即酌拨练军协同该管地方文武各官认真查拿，照章惩办。至围场地面，其招垦处所，人民良莠不齐，亟须整顿。业将前驻朝阳之马队练军一百名陆续移调，在于勘放之东、西两围各地方分路驻扎以资巡缉。而内围重地，尤多幽邃之区，且外与蒙古部落及多伦诺尔厅等处毗连，逸犯匪徒，最易藏匿。节经奴才督令围场总管严饬该翼长等官加意巡查，并札饬驻围练军严密防缉。本年五月内，闻内围右翼地面有马贼聚众盘踞四出抢劫粮马情事，饬据总管吉凌查报属实，当即札饬先经派往搜缉之管带驻防练军协领铭和及管带驻围练军署八沟营参将陈飞熊合力进剿。讵该马贼先期窜往赤峰县西北境内抢劫铺户，旋即折回内围。经铭和、陈飞熊分督热河防御佛尔浑泰、千总李润、把总杨庆、外委赵永清等，带领练军分投掩捕，总管吉凌亦督饬围兵协同缉拿，前后拿获贼匪十一名。并经练军在内围正黄旗地面之拐磨子沟将马贼建造窝铺二十余间全行焚毁，起获贼马二十余匹，该马贼约尚有八十人，无所托足，夺路狂奔，由西围窜出，向西南一带逃走。铭和、陈飞熊督饬练军星夜追捕，该马贼于六月二十二日窜至丰宁县属大阁儿西南之大草坪地方，经前队练军李润、杨发跟踪追及，适大阁儿汛把总任家树亦带兵赶到，合力捕拿。该马贼胆敢放枪拒捕，并伤练兵一名。官军奋勇攻击，匪势不支，纷纷弃马越山窜逸。计格毙马贼十余名，生擒二名，夺获贼马五十余匹，枪械多件。复经铭和督带练军驰赴大草坪迤西迤南沿边一带地方逐细搜查，该匪等均已逃散无踪。除札饬地方文武员弁并密派练军分路踩缉外，奴才于该匪被创后，即分咨直隶总督、提督、察哈尔都统、密云副都统、宣化镇总兵严饬守口，巡查各弁兵协力堵缉，俾免蔓延。先后拿获马贼陈大舌头即陈广身等十三名，讯明后当即照章就地正法。现在内围已称安静。仍严饬围场总管督饬翼长以下各官不时周查，不准再有疏虞。惟此次马贼于正黄旗地方搭盖窝铺，聚集多人四出抢劫，该翼长、防御、骁骑校等官，如果认真巡查，何以毫无知觉。似此任意玩泄，未便稍事姑容。相应请旨将右翼翼长德顺、正黄旗防御丰伸泰、骁骑校常安一并革职，以示惩儆。左翼翼长富顺，向有轮查之责，亦难辞咎，应请将该员革职留任，以观后效。得旨，览奏均悉。仍着崇绮督饬弁兵将逃逸马贼缉拿务获，毋任漏网。其失察之翼长德顺、防御丰伸泰、骁骑校常安，着一并革职。翼长富顺，着革职留任，以观后效。

（总 1145 — 1146）

9. [戊戌]，召克蒙额入觐，调恒训为西安将军，岐元为成都将军，以崇绮为盛京将军，调额勒和布为热河都统。

（总1146）

48. [戊午]，铭安等奏，奴才等前因整顿吏治，业经奏准将吉林理事同、通三厅统归外补，并请由部拣发满、汉曾任实缺正途同、通州县六员来吉差委各在案。现在请添厅县各缺，亦经奉部议准。伏念新设各缺，地处边陲，民多初集，一切政务，有创无因。固非夙昔通达文理讲求吏治之员，治巨理繁，难期胜任。其旧设理事三厅，或地当冲要，政务殷烦，或杂处蒙民，抚绥匪易。兼以山深林密，伏莽滋多，辟地放荒，满民颇众，今非昔比，治理维艰。惟在简贤而任能，可期化民而成俗。前荷天恩，准奴才等因地制宜，整顿吏治，自应请将新旧州县各缺，统照奉天章程，由拣发曾任实缺正途及奏留各员内酌量试署请补，以期声教振兴，政体画一。唯吉省理事同、通各缺，吏部仍照例将笔帖式应升理事同、通人员，请旨简发来吉差遣。查此项人员，例由各部院笔帖式推升。奴才等前曾奏陈，该笔帖式等在署当差，仅效奔走，文理多不通达，吏治素未讲求。民社骤膺，茫无所措，恃丁胥为耳目，倚幕友为腹心，傀儡登场，随人喜怒。公务之废弛，顽民之梗化，推原其故，职此之由。奴才等于各项拣发人员内悉心考察，试以事功，其曾任实缺正途各员，除核实甄别另片奏闻外，所有留省补用各员，尚能讲求利弊之源，足挽因循之习，较之各部院笔帖式优劣迥别。亦非谓各部院拣发人员全无可用，但初为民牧之司，即加以烦难之任，办公竭蹶，终觉利少弊多。吉省民官极少，新旧各缺均称难治，现当整饬吏治，抚辑地方，拣发各官，来一员即须得一员之用。与其徒沿旧例，杂以贤才仅见之备员，何若统照新章，永除苟且相安之陋习。在奴才等既可位置得当，在该员等亦免坐困向隅，实于员缺、地方两有裨益。现在由笔帖式拣发同、通补用者，尚有毓绶、毓衡二员。查毓绶人颇勤谨，前经委署吉林厅事，虽办公尚无贻误，而措置未能裕如，吉省新旧烦要各缺，均非该员所能胜任，未便迁就留省补用，相应请旨将候补同知、通判毓绶归部，仍以本班照例选用。其毓衡一员，于本年七月甫经到省，自应随时察看，试以差务。能否有为，另行甄别，断不敢瞻徇情面，致误地方。奴才等拟请嗣后吉林各厅州县员缺，均仿照奉天章程，奏请由部拣发曾任实缺正途人员来吉差遣，不分满、汉，酌量补用。其由各部院笔帖式拣发之例，合无仰恳天恩，饬下吏部永远停止。庶几因地择人，量能授任。新荒可期渐辟，旧弊不至复滋，以仰副圣主察吏安民励精图治之至意。下吏部议奏。

（总 1159 — 1160）

八月

11.［甲子］，谕，给事中戈靖奏，镶白旗蒙古佐领崇惠，恃伊弟崇林充当理藩院蒙古库伦领催，勾通理藩院书吏高振廷等，与朱庆云朋比为奸，数年来冒领蒙古恤赏银不下数万，请清查究办等语。事关官吏舞弊冒领恤赏，亟应彻底查究，着理藩院堂官查明复奏。

（总 1163）

18.［戊辰］，以详亨为荆州将军，谦禧为察哈尔都统，奕榕为宁夏副都统。

（总 1165）

26.［庚午］，清安等奏科城旗、绿戍守官兵月支盐粮不敷糊口，援案恳恩加增盐菜银两以济艰窘。下部议奏。

（总 1170）

33.［壬申］，卫荣光奏，晋边之归绥、包头，控扼草地，毗连大青山暨后山一带，形势辽阔，南抵杀虎口六百余里，西逾缠金八百余里，东接得胜口亦数百里，均与回疆、蒙部犬牙相错。溯自军兴以来，征调四出，官则来去无时，勇则招遣莫定。其中游惰之徒夤缘伏匿，遂恃此为逋逃渊薮。又其地多属蒙古游牧，近年赴口开垦者，往往谋构争利，仇杀相寻，日久失业，亦遂勾结匪类，肆其扰害。从前因卓胜军扼扎皇甫川、包头一带，为之屏蔽。自三年卓军西去，即经前抚臣曾国荃招募湘、毅军填扎该处，地方赖以安静。上秋湘军东调，虽将树军裁剩右营，择要布置，而马步四旗炮队一哨，为数仅止一千二百余人，责令分巡千余里之防，此往彼来，疲于奔命。以故上冬与本年四五月间，边口地方即有嚣然不靖之势，选据大同镇张树屏以地广兵单难于兼顾非添派防营不足以资震慑等情咨商前来。臣查口外地方荒野，非如内地有村镇、城池可以阻遏，亦不如内地有墩汛、兵役可以稽查。而且居无四邻，人皆野处，即白昼劫夺，何所忌畏。况游惰各匪积年混迹其间，此拿彼窜，习为故常，弱食强吞，已非一日。若不有犯即惩，至此辈贼胆日肆，驯至如奉天、吉林马贼大肆鸱张，其滋扰蒙古生计固属可虞。而啸聚日多，当此边尘未靖之秋，尤恐养成巨患。是添派防营一事实属当务之急。所难者，屡饥之后，司库支绌万分，既不敢率准增灶，又未便置为缓图。再四思维，惟有就大同额设马兵拣派七百八十名，查照晋省练军章程，编作前、后、左、右、中五旗，由张树屏派员管带。俟成军后，拟饬左、右、中三旗分扎口外三舍必严、察素齐、大余太等处，前、后两旗，拟饬分扎口内之阳高、岱岳等处，划定汛段，联络巡防，藉辅树军力所未逮。至所以专练马队而不挑练步队者，盖以平原旷野，必以逐捕为先。如教练得法，将来树军裁撤，有此项马队驰驱奋击，既可张边鄙声威，亦足开绿营风气，似于边防、营务两有裨益。下部知之。

（总 1170 — 1171）

70. [戊子]，铭安等奏，前以长春厅地方紧要，请以候补理事通判钟彦补授。嗣准吏部咨称，长春厅理事通判出缺在先，该员销假在后，核与定章不符，仍令另拣合例人员请补等因。奴才等遵照部咨复加详核，拣发人员内只有毓绥一员系候补理事同知、通判，而该员与是缺人地实不相宜。现在吉省正当整顿之时，期于得人而治，未便拘以文法稍事迁就。查钟彦年壮才明，讲求吏治，先后委署该厅，于地方一切事宜经理妥协，人地实在相需，未便再行纷更，转致贻误。仰恳天恩俯念员缺紧要，人地相需，仍准以候补理事通判钟彦补授长春厅理事通判，诚于边缺大有裨益等因具奏，于光绪七年七月十六日赍到回折。军机大臣奉旨，着照所请。吏部知道。钦此。钦惟圣主为缺择人，不循人格，用是乾刚独断，特旨准行，不复再交部议。奴才等跪聆之下，钦佩莫名，当即札饬钟彦遵照在案。乃于八月十六日接准吏部咨开，查吉林理事同知、通判既定为接到省先后序补，与各省准其酌量请补烦要之缺者不同，自不准该将军等声叙人地不宜。况于轮届应补业经见缺之后，始行声叙人地不宜，显有为人择缺情弊。该将军等于合例应补之员置不序补，辄将告假离省例应扣补之钟彦一员违例请补，臣部正在核拟奏明请旨更正，复据该将军等奏将拣发吉林候补理事同知、通判毓绥 员请送归部，仍以本班照例用等因。查该将军等于长春厅理事通判一缺种种背例，较之提补参差尤为刺谬，显系有意徇私，为人择缺。毓绥两次署理吉林同、通各缺，办公既无贻误，不在参劾之列，不准于驳令序补以后，率将未能裕如等字空言甄别，将该员送归部用，以遂其为人择缺之私。相应申明例章据实参奏，请旨更正，饬令该将军将长春厅理事通判一缺，另拣合例应补之员查照例章序补，以符定制而杜流弊，并请将该将军等照章加等议处。如经此次驳令序补之后，倘再不遵例章复行强词续请，臣部即将长春厅理事通判员缺查照定例归部拣补，并将该将军等再行从严议处等因具奏。奉旨，依议。钦此。抄录原奏咨行前来，奴才等接阅之下，不胜惊骇。查直省督抚奏补各缺，经部议驳，如人地实在相需，复行奏请，或即议准，或再议驳另补，屡阅邸报，比比皆然。从未见有因奏补员缺而上司被部臣特参者，更未见有秉公遴选委缺择人，而部臣故入以私罪处分者。缘向来各部凡有咨奏事件均由主稿司员拟稿呈堂，在司员中公正廉明、办事认真者，固不乏人。而与胥吏夤缘舞弊、狼狈为奸者，亦所不免。往往各省奏补一缺，部中揣其肥瘠，或准或驳，即得上下其手，颠倒其心，悬一例而预谋于先，更变一说而圆通于例外，实足以快其私而不足以杜其弊。部中政务皆系满汉尚书主持，左、右侍郎亦止随堂画诺。尚书事务殷繁，日不暇给，每于进内时，司员乘间回事，应行稿件不过立谈数语，未能详阅查核，而不肖司员遂得售其欺蒙。如吉林长春厅理事通判一缺，部中始则必令以萨呢扬阿坐补，不准将该员甄别归部铨选。幸蒙圣明鉴察，钦奏特旨，毋庸坐补。该部无可如何，兹奴才等请将钟彦补授斯缺，部中谓接到部驳后复将合例应补不准声叙人地不宜之毓绥违例拟补，仍以告假离省例应扣补之钟彦违例奏补，并谓毓绥两次署理吉林同、通各缺，办公既无贻误，不在参劾之列，兹于驳令序补后率以未能裕如等字空言甄别以遂其为人择缺之私等语。夫人之才具有短长，缺之治理有难易，如谓曾经署事人员，无论繁简缺出皆可补授，则不应有酌量补用之条，更不应有人地不宜互相对调之例矣。又如部议，吉林理事同知、通判既定为按到省先后序补，自不准声叙人地不宜。倘该员才力不及，难胜繁剧，亦即含混序补，任其废弛公事贻误地方乎。且直省皆讲求吏治，何以吉省独不应讲求吏治。直省皆甄别人才，何以吉省独不应甄别人才。此亦事理之不可解者也。总之人员贤否，部中讵得而知之。奴才等身任封圻，察吏安民，职所当尽，非不知奉行故事，粉饰因循。即可见好属员，复可免干部议。惟以受恩深重，具有天良，欲期安辑地方，必须整饬吏治。现请将钟彦补授长春厅理事通判，原属为缺择人，何谓为人择缺。乃部奏云奴才等有意徇私，奏请加等议处。若以违例奏参则可，若以徇私议处，诚不知部臣果何所见而云然也。应请饬下吏部堂官明白回奏，如该堂司确有见闻，即令据实指参，请旨派员秉公查办。倘实有意徇私为人择缺情弊，则将奴才等从重治罪，夫复何辞。若无其事，是主稿司员妄肆诋诬，故入人罪。画稿堂官不察虚实，率行入奏，均当分别惩处以示大公。奴才等非敢强词置辩，上渎宸聪。惟事涉徇私，有关名节，下忱冤抑，不得不呼吁于君父之前。至长春厅理事通判员缺，既据部议以钟彦例应扣补，奴才等亦不敢固执己见再行渎请。惟毓绥实在人地不宜，断难迁就，业经甄别送归部用，应毋庸议。其拣发通判陈治，留省补用通判王诏元、赵光璧，均系出缺在前，至省在后，与例不符。吉省现无合例应补人员，拟请援照吉林奏定变通章程咨行奉天府府尹，将该省曾任实缺州县人员调吉升补长春厅理事通判，以符定章。上谕，铭安等奏部驳奏补通判与例不符拟照章由奉天调补并请旨查办一折，前据铭安等奏请以钟彦补授吉林长春厅理事通判，以与例不符，经吏部奏明更正，并请将该将军等议处，系属照例办理。惟措词未免过当，铭安等于部驳之案辄复哓哓置辩，语多负气，亦失大臣之体。所请查办之处，著毋庸议。至所奏长春厅理事通判一缺，吉林现无合例人员，拟照奏定章程由奉天曾任实缺州县内咨调请补等语，着吏部议奏。

（总 1177 — 1179）

九月

15. [丙申]，谕，前据给事中戈靖奏参理藩院官吏勾通冒领恤赏等情，当经谕令理藩院查奏。兹据奏称，遵将历年所办请领蒙古恤赏各案咨由户部查复，竟有未经办过之案以印文印领赴部库请领银两，显有勾通捏造情弊等语。着刑部提讯朱庆云，严切根究如何与理藩院书吏勾通舞弊。高振廷究系何人，务得确情，严拿惩办。领催崇林，着库伦办事大臣迅速解京归案审讯。镶白旗蒙古佐领崇惠，着听候传讯。

（总 1183）

34．[乙巳]，梁俊奏，奉、吉两省同、通州县各缺，奏请拣发或奏请拣补，原以民稀地广，缺分无多，故各项正途人员从无签分该省之例。今则荒地日辟，民生日聚，改设各缺逐渐递增，加以厘捐税课捕盗查荒，事务殷繁，倍于曩昔。该将军等以本省差委之员，每藉口办理洋务，将外省不合例人员指名奏调，始而差委，继而保留，终于请补，以致铨补无期之辈，取巧钻营，纷纷趋赴，流弊实多。且吏部于该省奏请时，动以一缺一事未便奏派，须汇积多案始行办理。又或要缺无人，该省违例请补，经部议驳，往复执奏，累月经年，以致员缺久悬，辗转递署，尤非政体。即如钟彦请补长春厅一缺，屡渎宸聪，曾经训饬，吏部措词未免过当，该将军等语多负气，亦失大臣之体，是内外抵牾，已在圣明洞鉴之中。现在新设各缺，事同创始，若不豫为分发，先资历练，该将军恐干吏议，势必迁就请补，贻误地方，关系殊非浅鲜。臣以为弊去其太甚，法期其能行。今日奉、吉之弊，固当严为禁革，而吏部之法亦宜量为变通者也。可否请旨饬下吏部，于进士即用举人大挑以及各项分发，核计该省缺分若干，酌量配签制定发往，庶收得人之效，亦资集事之益。上谕，御史梁俊奏奉天、吉林两省请仿照内地分发正途人员以资治理一折，着吏部议奏。

（总 1187）

冬十月

5．[壬戌]，祥亨等奏，前就押荒项下续练察哈尔官兵五百名，饬令改驻前营适中之地，常川训练，以资镇摄，用戢盗氛。惟查蒙兵习于游牧，操演战阵未能精熟。士卒技艺，必须精益求精，始有实效。督饬统带营总各官勤加教练外，奴才等仍随时前往校阅。一俟练有成效，择其技艺精熟者，酌量留营委充教习。再由各旗备调额兵内另拣月营，更替操练。所有统带官兵应领俸给口分以及冬春喂养马匹津贴等项，悉照前项防营从减核发奏准成案开支等因，奏蒙圣鉴在案。查该军开练以来，已届半载，经奴才等督饬该统带营总各官实力教练，认真演操，一切布阵分合冲击，进退队伍，技艺渐已齐整娴熟。八月初一日，奴才永德前往该营，将该军操演战阵枪矛各项技艺逐一较阅毕，于初九日旋口。奴才祥亨详核该营练兵枪矛技艺，均为娴熟，已有成效。现届冬初，口外天气寒凉，扎营之地系在通衢大路，水草渐稀，转瞬严寒，冰冻草枯，马匹难资饱腾，应即撤回各旗以息马力。第查口外沙漠之区，山深野旷，易于藏奸，须有官兵梭巡，以靖地方而安商旅。奴才等拟将统带帮带营总各官减撤一半，带领现练之兵五百名各回本旗，仍饬该总营等官随时操演，勿使生疏。另由各旗备调额兵内拣选年力精壮者二百五十名，送营备练。所省之饷，抵作现练官兵喂养马匹津贴。一俟明年节交夏令，再饬原撤各官，将新挑操练之兵二百五十名管带来营，仍归两翼操演。如此轮换拣练，马力得以休息，饷项亦可节省。报闻。

（总 1199）

10. [丙寅]，李鸿章奏，前因口外张、独、多三厅地方重要，今昔烦简不同，请将理事厅员改为抚民要缺，张家口副将移驻多伦，并酌拨营汛添设三厅捕盗弁官以资控扼，业经吏兵等部复准，奉旨，依议。钦此。当即转行口北道奎斌、宣化镇总兵王可升遵照迅将应办事宜分条筹议。兹据该镇、道会同议复，由藩、臬两司转详前来。臣复加酌核，计列六条于左。一三厅循旧兼管旗、蒙事务。查张、独、多三厅所属疆界多在察哈尔各旗蒙古游牧地面，多伦厅兼有热河克什克腾旗。蒙古地面现改为抚民同知，而向有蒙民交涉事件，责无旁贷，应令厅员循旧兼管。至察哈尔都统驻扎张家口，所有驻防营粮饷、商都太仆寺牧群生息、达里冈盖等差费收支各款以及都署会审案件，亦应令张家口同知循旧经理，以符定制。一张、独两厅应酌添办公经费。查多伦厅额设养廉银一千两、办公银二百两，又兼管税务书吏役食等项另有作正开销，尚可敷衍。张家口厅额设养廉银八百两，无闰之年办公银二百二十一两，独石口厅额设养廉银八百两，无闰之年办公银七十五两四钱九分，照藩库放款章程减成给领，所得无多。该两厅缺分较苦，现既改为抚民同知，冲烦疲难四字要缺，政务烦重倍于往昔。若不酌添经费，不足以资办公。应请将张、独两厅每年各添给办公实银五百两，在于经征升科厂地粮银内留支，仍扣六分平解还藩库。其与多伦厅旧设养廉办公俸薪役食等银，悉循其旧，由司给领。一移设多伦协营酌定营制兵数。查张家口副将协标原有左、右两营，守备两员，管辖马步守兵六百七十一名，内除已拨经制额外马兵五名，又调赴乌、科两城换防及调入练军马步守兵二百十七名，现存马兵三十二名、步兵二百二十六名、守兵一百九十一名，共四百四十九名。又千总、把总、经制各二员，额外外委三员，应令该守备两员，千、把总、经制、额外九员，马步守兵四百四十九名，均随副将移驻多伦，即以多伦原有都司一员与移往守备两员分为多伦协标中、左、右三营。遇有都司守备缺出，一体由外不论满、汉分别升调请补。中营都司应兼防闪电河、二道泉两汛，右营守备应分驻经棚，其土城子等处应分驻千、把等弁。俟拨定分汛，另行咨部。多伦原有马步兵二百六十三名，连移驻之兵共合七百十二名。再暂拨宣化练军马队一营，交多伦副将管带，择要驻扎，分段梭巡。即责成该副将督率绿营练军，严拿盗贼，搜查窝家，保护商民，毋得玩懈。其乌、科两城换防等兵二百十七名，应拨归张家口营都司管辖。又张家口协属原有万全营、膳房堡、新河口堡、洗马林堡四营守备弁兵，应就近改归张家口营都司管辖。柴沟营、西阳河堡两营守备弁兵，应就近改归怀安路都司管辖，毋庸再归多伦协副将兼管。至独石口协标，除多伦一营闪电河、二道泉二汛拨归多伦协标外，其余营汛均循其旧，无庸更改。一守兵酌改步兵，米折仍给十成。查多伦原定营制，应设马兵、步兵，不设守兵。盖因边外要地，守兵口粮太少，不能得力也。今将张家口协标左、右两营兵丁移驻多伦，内有守兵一百九十一名，既与多伦营制不符，内地又无可抽换，自应酌量更改。然若为马兵，则增饷较多，应请将此项守兵一百九十一名均改步兵，每月仅加饷银一百三十三两七钱，仍由藩库给发以裨操防。至多伦距宣属州县五六百里不等，不能远道支领月米，所有移驻各兵，应照多伦原营定制均给米折银两，俾归简便，亦由藩库拨给，同所改步兵加饷统归宣化镇兵饷案内题拨。惟现在藩库放款章程，每米一石折银一两，又按七成扣算，仅给实银七钱，不敷买米之用。且边外寒苦，与内地情形不同，势难过于克减，致令枵腹。应请自光绪七年冬季起，多伦协标新旧兵丁米折仍复旧章，以十成实银给发，以示体恤。一三厅捕盗弁兵酌拨分驻。查张家口厅原设乌里雅苏台、太平庄两汛，现在开地甚广，以兴和城为要隘，将乌里雅苏台汛丁总改驻兴和城，作为兴和城汛千总，乌里雅苏台汛即以新添经制外委驻扎，其太平庄汛仍循其旧，所添马兵三十九名分汛派拨。又独石口厅原设里河丁庄、邱镇二汛，现开库伦诺尔厂地系丁庄汛把总所管。惟汛署距新开地五十里，照管难周，应将把总移驻库伦诺尔，即将该处革商入官房屋一所作为汛署，毋庸另建，仍名丁庄汛，所添马兵二十名与各汛酌量分添。又多伦厅诸营以外，均系各旗游牧地面，且有多伦协分设营汛，无须再拨捕盗弁兵。应将新设千、把总、外委各一员、马兵三十九名，驻扎诸营。遇有盗案，责令随即往拿，平时分头巡缉。至此项新设千、把总、外委，即在张、独两厅捕盗营把总、外委目兵内拨补，马兵就地招募。惟捕盗营与绿营情形不同,嗣后遇有缺出,应以捕盗营弁考拔。新添弁兵,均自光绪七年十月初一日补募齐全。即于是日起支廉俸饷干。一酌给移驻官兵盘费并建盖衙署兵房经费。查张家口协左、右两营备弁兵丁移赴多伦,计程五百余里,该弁兵等所领俸饷仅敷糊口,情形均甚困苦。一旦携眷远徙,盘费无出,其日用器物有不能带往者,并须到防添置。自应酌给盘费以示体恤。今拟守备二员各给银四十两,千总二员各给银三十两,把总二员经制外委二员各给银二十两,额外外委兵丁四百五十二员名,每名给银十两,统计官兵盘费银四千七百四十两。又多伦等处移驻官兵及添设捕盗弁兵必有衙署兵房,以符体制而资栖息。应建副将衙署一所,估银六千两,守备衙署两所,共估银二千两,千、把总署房四所,共估银二千四百两。兵丁四百数十名,多系挈眷同往,不能不分给住房。应先酌盖兵房三百间,如有不敷,再议添盖,每间估银十四两,共合银四千二百两。至多伦厅应添建捕盗千总、把总署房二所,张家口厅应建捕盗千总署房一所,共估银一千八百两。张、独、多三厅均添捕盗兵房四十间,共估银五百六十两。三厅新添捕盗外委兵丁一百名,每名给马一匹,每匹例价银九两,共银九百两。添置刀矛、弓箭、号衣等项需银三百两。统计衙署、兵房、马匹、器械银一万八千一百六十两,连官兵盘费,均请于现办升科厂地押荒银内支用。惟建盖衙署兵房工料银两均系约估,边外工料贵昂,又与内地情形不同,应饬克期核实搏节兴办,工竣再行截数咨部。以上六条,均系因时制宜,于边要地方有裨。得旨,该部速议具奏。

(总 1201 — 1204)

23. [辛未],金顺奏,奴才于上年春耕时,饬派署后路金营翼长花翎、尽先即补前锋参领副前锋参领喀勒充伊、帮办翼长记名简放副都统二品衔护军参领德克津布、锡伯营领队大臣果权、察哈尔营领队大臣喀尔莽阿等,带领官兵在塔尔巴哈台

并安集海所属之南五工暨博勒塔拉三处播种小麦二千三百六十
斛、高粱七十一斛、大麦一百一十三斛、豌豆三十三斛、谷
子七十三斛、稻子五十斛，令其乘时灌溉，妥为经理，秋成
时督率官兵赶紧收割。至九月间始将各色军粮陆续收竣，计
共收获小麦四万六千三百二十八斛，内除籽种外实得小麦
四万一千二百六十八斛。收获高粱一万一千七百零四斛，内除籽
种外实得高粱一万一千六百三十三斛。收获大麦三千零二十一
斛，内除籽种外实得大麦二千九百零八斛。收获豌豆二百一十四
斛，内除籽种外实得豌豆一百八十一斛。收获谷子一万零
六百六十三斛，内除籽种外实得谷子一万零五百九十斛。收获稻
子八百五十斛，内除籽种外实得稻子八百斛。以上各色粮石，均
匀核计收成二十六分有奇。除此次工作官兵等需用口粮并帮工犒
赏及添补农具等项，其收获各项粮石，均令储仓接济军食。查上
年各色粮石收成异常丰稔，所有该官兵等，东作耕耘，西成刈获，
均各胼胝辛勤，始终罔懈。不无微劳足录，自应仍照历办章程拟
请分别保奖以策将来。谨将尤为出力人员，另缮清单，恭呈御览。
合无仰恳天恩俯赐允准以昭激劝。得旨，该部议奏。

（总 1211 － 1212）

24.［癸酉］，调广寿为吏部尚书，志和为兵部尚书。以麟书
为理藩院尚书，乌拉喜崇阿为左都御史。

（总 1212）

45.［甲申］，以德克吉额为镶红旗蒙古都统。

（总 1217）

十一月

30.［辛丑］，卫荣光奏，准刑部咨，御史胡隆洵奏请将盗案
仍照旧例分别首从办理一折，恭奉上谕，交部议奏，旋经部议，

以欲复情有可原旧例，莫若将就地正法先行停止，请旨饬下各省督抚、将军、都统、府尹体察地方情形，将伙众持械强劫案件，仍照成例解由该管上司复勘，分别题奏请旨，不得先行正法，迅速妥议具奏，再由部臣汇核办理等因，奉旨，依议。钦此。抄单咨行前来，遵查晋省自同治九年经前抚臣李宗羲，以归绥道所辖各厅及雁平道所属近边各厅州县，幅员辽阔，蒙民杂处，向多马贼土匪，省南亦多游勇往来，骑马持械，啸聚成群，无论白昼黑夜，邀劫抢掠，肆无忌惮，大为地方之害。当经奏准，嗣后拿获前项匪徒，均援照直隶奏定章程归于地方官审明禀报，由臣批饬该管道府州亲往复讯后，即行就地正法，仍照响马强盗之例于行劫处枭首示众。嗣于同治十三年御史邓庆麟奏，军务肃清省分，拿获盗匪请照旧例办理，旋经部议，以各省情形不同，令各督抚体察情形具奏。复经前抚臣鲍源深以口外地广人稀，盗劫迄未少息，陕、甘现虽肃清，新疆军务未竣，晋省南北游勇乘机伙众劫掠，亦所时有，现办就地正法章程仍难遽行改归旧制，奏明俟新疆肃清，盗风止息，再行改复旧例各在案。伏查晋省办理就地正法章程，惟归绥[道]所辖各厅及雁平道所属近边各厅州县暨省南游勇三项，其余寻常盗劫之案，俱遵定例仍由府州县、臬司层次解省审勘。即马贼游勇土匪三项内，如其情有可原，亦仍归另案审拟解勘，并非一概正法。且须地方官审明，禀由该管道府州亲往确审，情真罪当，方始照章正法，本极斟酌谨慎，无虞冤滥。现虽军务肃清，新疆犹驻重兵，而口外大青山后，界连新疆，为马贼游勇出没之所。本年四月，口外铁帽儿村，有马贼多人白昼持械抢掠马骡，拒伤事主。蒲县黑龙关，又有戕官夺犯重案，而各属呈报盗劫之案层见迭出。虽经臣将案情较重各案先后专折奏参，尚未能破获一案，是晋省盗风仍未能止息。若遽行停止就地正法章程，仍由府州审拟解勘，不特若辈犷悍性成，党与甚众，长途押解，疏脱劫夺，在在堪虞。且恐在就地正法，余匪未见显戮，不足以寒贼胆而靖地方。臣与司道就晋省细心体察，就地正法章程遽难停止。请俟新疆重兵遣撤，盗风止息，即将就地正法再行停止，庶于地方大有裨益。下刑部知之。

（总 1234—1235）

32.［壬寅］，予载敦病假一月，以奕絪署镶红旗蒙古都统。

（总 1235）

十二月

26.［癸酉］，卫荣光奏，臣承准军机大臣字寄光绪七年九月初五日奉上谕，给事中张观准奏山西州县遇有差使过境苛派民间夫马等因。钦此。当经恭录行知善后局司道钦遵查办去后，兹据详称，查……至省城迤北，由忻、代、大同、朔州、朔平赴归化者为正北驿站，通年差务减少，其中有民间设局供支之处，有由行户抽用办理之处，查无前项流弊，现尚照旧办理。……

（总 1255—1256）

28.［甲戌］，予穆腾阿病假一月，以奕劻署镶黄旗蒙古都统。

（总 1256）

34.［丁丑］，以麟书、薛允升出差，命瑞联兼署理藩院尚书。

（总 1257)

51.［癸未］，谕，卫荣光奏特参亏短交代各员及故员家属潜回旗籍请旨革职查抄勒追一折，山西前任宁远通判佛尔根额等，亏短交代银两为数甚巨，迭经严催，未据完解。辄敢潜回旗籍，延不赴省清结，实属玩泄已极。前任宁远通判佛尔根额、富明，均着即行革职。已故丰镇理事同知玉麟、已革大同县知县启瑞及已故朔平府理事同知隆秀、已故署丰镇理事同知萨麟……等家属，由卫荣光移咨各该旗籍都统、督抚，先将各员家产严密查抄备抵，一面将各该革员及故员家属提解赴省，勒限严追以重帑项。

（总 1260）

光绪八年壬午（1882 年）

春正月

18. ［癸卯］，邓承修奏，自军兴以来，财用匮乏，加以水旱频仍，供亿繁费。会计之臣，东罗西掘，或害重而例微，或损多而益少。征税银不遗尺帛，于帑项无补丝毫。海内虚耗，百姓困苦，盖未有如今日者也。夫天地生财，只有此数，不在国则在民。今库款无一岁之储，间阎鲜足食之家，既不在国，又不在民。臣熟思其故，博访人言，虽耗靡多端，而其大要有二。一曰内府之浮冒。一曰关税之侵蚀。浮冒之弊，诸臣已屡有陈奏，久垂圣鉴，无俟臣言。至于关税侵蚀之弊，十余年来，日增月盛，殆不可以数计。其见诸奏牍者，如前任两广督臣刘坤一、署理海关才数月耳，溢银十余万两，其实缺之吏胥仆役又当倍是可知。柯玉栋一闽海关书吏耳，不数年而家资巨万，捐纳江苏候补知府。书吏如此，则正任可知。至津海关密迩近畿，其在人耳目，如馈遗过客，供应上官，岁须数万金，皆取偿于此。则饱入私囊车载而归者可知。他如上海、登莱、芜湖、汉口、新关、九江、夔州、广州、肇庆、梧州、归绥道、山海关，凡有榷税者，无不侵蚀。多者十余万，少亦七八万，综而计之，岁不下数百万。……

（总 1269 — 1270）

27. ［辛亥］，以福锟为兵部左侍郎，岳林为理藩院右侍郎。

（总 1273）

34. ［辛亥］，谕，朕奉慈禧端佑康颐昭豫庄诚皇太后懿旨，三载考绩，为国家激扬大典，中外满汉诸臣，又能恪共职守劳绩最著者，允宜特加甄叙，其有平庸衰老者，亦难曲予优容。……兵部右侍郎恩麟、理藩院右侍郎铁祺，才具平庸，均着以原品休致。

（总 1274）

36. [辛亥]，李鸿章奏请添设张、独、多三厅学额，下部议。

（总 1274）

40. [乙卯]，铭安奏，奴才前以吉省应设民官甚多，因本地筹款维艰，势难一齐举办，先请添设宾州厅、五常厅、敦化县三处正印、教、佐等官，当于光绪六年十二月初八专折具奏，奉旨饬部核准并由奴才委员试署在案。现在收取荒价，劝办斗税，又历一年，积有成数，所有应行添设升改各缺，自当及时拟议，请旨遵行。……又查伊通距省二百余里，为省西最要咽喉，向归吉林厅管辖，地方辽阔，治理难周，必须添设民官，划疆分治，方能通声教而辑人民。奴才札派差委道顾肇熙、本任吉林厅同知善庆前往查勘，何处可以添官建署，饬令绘图禀复去后，旋据该道等禀称，勘得伊通河在省西二百八十里，至威远堡门二百七十里，系奉天界，北至长春厅一百余里，南至围场荒地二百余里，为长、吉两厅之门户，吉、黑两省之通衢。……溯查奴才前奏变通官制增设府厅州县一折，奉到部咨内开，该将军请将吉林厅理事同知升为府治，改设知府。原设吉林厅巡检，改为府司狱，管司狱事。伯都讷原设理事同知，改为抚民同知，原设孤榆树巡检兼管司狱事。长春厅原设理事通判，改为抚民同知。原设巡检兼管司狱事。农安添设照磨一员，靠山屯添设分防经历一员。……拟请将吉林厅理事同知一缺升为府治，改设知府，名曰吉林府，仍照热河承德府、奉天昌图府之例，仍管地面词讼钱粮各事。……长春厅理事通判一缺，毋庸升为抚民同知，请改为抚民通判，加理事衔。农安地当冲要，生聚日繁，请照原奏添设分防照磨一员，归长春厅统属。靠山屯地方民户无多，该厅可以兼顾，毋庸另设分防经历。此吉林旧设三厅拟请升改各官之情形也。惟本年十月十一日接准吏部咨开，以奉天现无理事同知、通判员缺，故有准用拣发

97

曾任实缺正途不分满汉补用明文，该将军请将吉林理事同、通三厅仿照奉天章程由拣发曾任实缺正途不分满汉酌量补用之处，应毋庸议等因，维时吉林旧设三厅尚未奏请升改，均系理事同知、通判，格于成例，是以吏部奏驳。查奉天昌图厅同知改为知府，请由外拣员升补，兴京理事通判改为抚民同知，亦请不论满汉兼用均加理事衔，照例将拣发人员请补，均经部议奏准在案。现在吉林厅理事同知升为知府，应请仿照奉天昌图府之例，由外拣员升补。伯都讷应改为抚民同知，长春厅改为抚民通判，亦请仿照奉天兴京抚民同知之例，请仍由拣发曾任实缺各员不论满汉酌量补用，庶与新设各厅县统归一律，实于政治有裨，下部议奏。

（总 1275 — 1278）

二月

28. [壬申]，允镶黄旗蒙古都统穆腾阿开缺调理,仍赏食全俸。

（总 1291）

29. [壬申]，以克蒙额为镶黄旗蒙古都统。

（总 1291）

三月

37. [乙巳]，谕，谦禧等奏，各城差弁运解军需，夹带商货，所派弁兵为数过多，复加跟役。闻有委弁饬传驾杆车并支食廪羊，及差弁赴绥远城归途票传供应，不俟查核早经过站等语。台站供应差务，向有定章。前经严禁夹带，力杜浮冒。何以仍有前项弊端，殊于邮政大有关系。着各该城将军、大臣遵照向章，嗣后采运一切军需各差务，将物色数目斤重逐细注明，核实传用驼只，所派员弁兵役应从减，并先期咨照察哈尔都统衙门稽核，均不得传给廪羊。委员准带跟役一二名，末弁概不准带。武职实任二品，文职实任三品，方准坐驾杆车，以示限制。至各城差赴绥远城往返传站，一体遵照办理，仍着察哈尔都统认真稽查。通饬所属各站官兵妥为应付，不得推诿贻误。各城差弁倘再有夹带扰累情弊，即行分别查参惩处。

（总 1311 — 1312）

48. [壬子]，铭安奏……珲春添设知府一缺，名曰珲春府，仿照热河承德府、奉天昌图府之例，仍管地面词讼钱粮各事。……得旨，该部速议具奏。

（总 1313 — 1315）

夏四月

5. [丁巳]，刑部奏，光绪八年二月十六日奉上谕，御史陈启泰奏各省盗案就地正法章程流弊甚大请饬停止一折，着刑部汇入各省复奏御史胡隆洵折一并妥议具奏。钦此。……现在贵州、福建、浙江、甘肃、吉林等省能否停止就地正法，尚未据复奏。其奉天、黑龙江、直隶、热河、察哈尔、绥远城、乌鲁木齐……等省，先后复奏就地正法之处难以停止。查现在复奏各省分，直隶称，西北临边，东路滨海，时有马贼、海盗勾结为患。张、独、多三厅，广袤千数百里，匪徒肆行无忌。西南为枭盗出没之区，去年夏间，热河孙振邦等聚至百数十人，盘踞围场，狡焉思逞，虽经擒斩多名，匪首迄未就获。……山西称，口外连新疆，为马贼游勇出没之所，上年四月迭有白昼肆掠戕官夺犯重案。……臣等公同酌议，除甘肃省现有军务，广西为昔年肇乱之区，且剿办越南土匪，以及各省实系土匪马贼会匪游勇案情重大，并形同叛逆之犯，均暂准就地正法，仍随时具奏备录供招咨部查核外，其余寻常盗案，现已解勘具题者，仍令照例解勘。未经奏明解勘者，统予限一年，一律规复旧制办理。

倘实系距省窎远地方，长途恐有疏虞，亦可酌照秋审事例，将人犯解赴该管巡道讯明，详由督抚分别题奏，不准援就地正法章程先行处决，以重宪典而免冤滥。得旨，如所议行。

（总 1316 — 1319）

23. [辛未]，崇绮奏，奉省为根本重地，练兵筹饷，关系匪轻，必须因时制宜，量入为出，方足以备缓急。从前马贼滋扰，历任将军奏调各队添练马步各军所需练饷，因户部议令奉省自行筹款，即经奏请整顿盐厘货厘，试办斗秤捐。……奴才到奉后通盘筹划，所有奉省练军、八旗捷胜营及东边道标各有专款外，其绿营、练军、马队三营步队五营吉林、黑龙江马队并蒙古练勇共四百二十余员名，每月应需饷银二万二千余两。而近年以所进盐厘、货厘、斗称捐及六成洋税、招商船税、洋药厘捐等银，每年不过二十二三万两，核计一年所入，实不敷一年所出。虽有前存款项一时尚可垫发，终非经久之计。若不及时裁汰练兵，力求撙节，势必难乎为继。……计实裁去步队一营，每年约省银二万六七千两，现在奉省练军、马步队尚敷分布，奴才已饬各该将领认真训练，分路会缉，以靖地方。下部知之。

（总 1324 — 1325）

38. [庚辰]，以载敦署镶蓝旗蒙古都统，宝廷为正黄旗蒙古副都统。

（总 1332）

39. [辛巳]，谕，刑部奏请饬拿要犯一折，冒领蒙古恤赏一案，经刑部传讯理藩院书吏高栋等，供出高绍周即高振亭，系理藩院满档房已满经承，并据已革佐领崇惠及领催崇林各供与高振亭认识嘱托及借用银两等情。高振亭为此案要犯，何以日久未获？着理藩院迅将高振亭设法拿获送部，并着步军统领衙门、顺天府、五城御史禀遵前旨，督饬所属认真踩缉，务获归案究办。

（总 1332）

五月

9. [壬辰]，谕，理藩院奏请饬拿要犯一折，据称冒领蒙古恤赏案内要犯理藩院已满书吏高绍周即高振亭，现在访查并无踪迹。该犯籍隶安徽，请饬缉拿归案等语，即着安徽巡抚饬属将要犯高绍周即高振亭严缉务获，解部审讯。并着理藩院及步军统领衙门、顺天府五城御史仍遵前旨设法严拿，归案究办。

（总 1337）

13. [丁酉]，以松溎兼署理礼部右侍郎，敬信署正黄旗蒙古副都统。

（总 1339）

六月

7. [丁巳]，调耀年为正蓝旗满洲副都统，以成志为镶黄旗蒙古副都统。

（总 1351）

9. [丁巳]，谦禧等奏，卷查口外旗群空闲，官荒牧厂，早经奸民私垦，日甚一日。游牧地方多为蚕食，然阡陌相连，既成熟地。而呈报升科，终多隐匿。曾经前任都统祥亨奏请饬由直督晋抚各派委员会同查勘办理，计亩抽收押荒，以裕国课而杜私占。嗣经直隶总督派委口北道奎斌带同印委各员，会同奴才衙门派出委员前往查办，在事年余。查清之地，已收押荒，定限升科，均经前直隶督臣李鸿章奏奉谕旨，知道了。此外游牧地方，有无已垦之地，即着谦禧查明，知会该督办理。嗣后划清界限，不准私相放垦，以符定制。钦此。奴才等钦遵之下，当即派员分赴旗群复行履勘，去后旋据该委员禀复，所有前经查清地亩，近多越种。询之佃户民人，金云领有执照。及促其呈验，而一味支吾，并无呈出者。甚至提传不到无从究查等情。并据旗群各总管等详称，本属游牧界内亦有越界私垦情事。奴才伏维口外官荒牧厂既经直督派委各员会同奴才衙门委员复查年余，据报地界已查，押荒已交，并无有碍游牧。何以至今尚有越垦情事？推原其故，是各该委员实未能查清，办理草率，含混所致。故该佃户民人等，恃口外游牧平原辽阔，殊少界限，乘隙偷垦，已成惯习。现经奴才衙门委员往查，第佃户均系民人，呼应较属不灵。若非该管地方官有所摄制，断难勘办。奴才等再四思维，惟有仰恳天恩，饬下直隶总督仍派前经查办地亩之口北道奎斌前往口外，督同印委地方各官，并奴才衙门前派委员认真勘丈，确切查明，分清界限，深挖濠堑。新垦偷种之地无碍游牧者，令其补交押荒。实系有碍游牧者，未便开垦，庶期蒙民各守本业，而免日后别生事端。再，应会丰、宁二厅查勘未交押荒之察哈尔右翼四旗官荒牧厂，前经咨商晋抚委员会勘，虽于去冬各派委员齐集丰镇，当因冰雪在地，未能查丈，各回省旗。奴才等现又派员早经前往查办，惟晋抚迄今尚未派员会勘办理。相应请饬山西巡抚作速派员前赴丰、宁二厅，会同奴才衙门派出委员妥为勘办。一切事宜请照直省章程办理，以归画一。得旨，清查地亩，自应分清界限，惟不得稍涉纷扰，着即知照张树声、张之洞分别派员妥为办理。

（总 1352 — 1353）

24. [乙丑]，谕，张之洞奏拿办口外棍徒等语，据称代州棍徒刘廷邦由监生捐纳游击衔，在归化城等处开设粮店，专以买空卖空为事，并勾串各衙门丁胥，架讼诬累商民，实为地方之害。刘廷邦，着革去职衔，并着兵部查明。如另有保案，即兴斥革，交张之洞严审惩办，以靖刁风。

（总 1355）

35. [癸酉]，张之洞奏，晋民好种罂粟，最盛者二十余厅州县，其余多少不等，几于无县无之。旷土伤农，以致亩无栖粮，家无储粟。丁戊奇荒，其祸实中于此。然而复辙相沿，不知迷复，议者或持不宜禁之说，大率一由见小，一由畏难。然臣谓以地以时，有不可不禁者四。……外省臬司道府直隶州等官，办公每患不足，廉俸扣减，益形支绌，不得不仰给属吏，其岁时馈送，向有三节两寿季规到任礼程仪诸目，各省皆同，山西亦然。大吏之讲求吏治者，知其足以累州县，而又无以处司道府州。于是乎别筹闲款，明定公费，使上无匮乏，下无挟制。故近年各省遵旨议定公费之案，屡见奏章。然其款必有所出，如三江、闽、蜀诸省，或取之厘羡，或取之漕折，或取之盐平。倘别无可筹，亦必量加裁减，然后着为定数。凡以意在恤下而已。自光绪六年王定安任冀宁道时，惩于晋省官吏之贫窘，旧日规礼不能克期如数，因怂惠葆亨巧立裁汰陋规之空名，改立公费以便其私。旧日止送水礼者，一律改为实银，并妄称裁去一二三成，蒙混饰奏，州县由此重困。人人嗟怨，物议沸腾。臣抵晋后案考其实，则皆明减暗增，甚至自无而有，自少而多。原奏所谓核减三成者仅止两县，其余仅减一成半成，而合以加平、加色，较旧数实为过之。且向来致送规礼，每年五六次之中必短欠一二三次不等。至水礼一项，厚薄有间，辞受无恒，即使收纳，不过数色。今则化私为官，转绌为赢。公然委员专提公费，于领款坐扣。以致归绥道属向无节寿陋规者，借口新章，一律添收，横征巧取，败坏官常，莫此为甚矣。臣除晋省苛政，首将原议臣衙门公费一万九千五百五十两供支桌饭六千四百两暨此外一应查库门包等陋规全行裁禁。旋将通省公费就光绪六年原定数目，体察情形，分别裁汰。臬道府州所收公费，除河东道全裁外，其余酌量核减。其著名瘠苦原有解送公费者，如永和、蒲县、大宁、平鲁、吉州、汾西、和顺、榆社、宁乡、宁武、偏关、沁源、屯留、沁水、静乐、五寨、天镇、五台、石玉、定襄、左云、霍邱、广灵、岢岚、岚县等二十五州县，全行裁免。

103

著名瘠苦原无解送公费者，如石楼、应州、山阴、垣曲、平陆等五州县，申明永禁。口外各属新增解送公费者，如归化城、绥远城、萨拉齐、清水河、托克托城、和林格尔等六厅，仍行裁革。……

（总 1357 — 1362 ）

秋七月

1. [乙酉朔]，谕，张家口监督英文奏差满回京亏短盈余银两请减成赔缴一折，着户部核议具奏。

（总 1369 ）

47. [丁未]，刘锦棠奏，臣等承准军机大臣字寄，光绪八年三月十七日奉上谕，谭锺麟奏筹度新疆南路情形一折，所称酌度七城广狭繁简，设立丞倅牧令一员，更于喀什噶尔、阿克苏两处各设巡道一员如镇迪道之例，着刘锦棠体察情形，会商该督妥议具奏等因。钦此。……回疆东四城，拟设巡道一员，驻扎阿克苏。该道以守兼巡，为兵备道，督饬所属水利、屯垦、钱谷、刑名事件，抚驭蒙部，弹压布鲁特，稽查卡伦。作为冲烦疲三项要缺。喀喇沙尔与土尔扈特、和硕特游牧地方，犬牙相错，每有交涉事件，拟设直隶厅理事抚民同知一员，治喀喇沙尔城。库车拟设直隶厅抚民同知一员，治库车城。阿克苏为古温宿国，拟设温宿直隶州知州一员，治阿克苏城。拜城县知县一员，治拜城，归温宿直隶州管辖。乌什紧邻布鲁特部落，为极边冲要，拟设直隶厅抚民同知一员，治乌什城。以上各厅州县，应统归东四城巡道管辖。……

（总 1376 — 1382 ）

八月

9. [丙辰]，谕军机大臣等，清安、额尔庆额奏勘分科境边

界未敢冒昧从事等情绘图呈览请饬妥议一折，据称现在分界，若
将新约内之奎峒山及科属之哈巴河等处分入俄界，既失地利，而
蒙民等无地容身，恐滋事端等语。所奏自系实在情形，该处界务，
崇厚贻误于前，曾纪泽力争于后，既定新约。只可就原图应行勘
分之处力与指辨，酌定新界。金顺等务当懔遵六月二十一日谕旨
详慎商办，无庸另行交议。至图中黄线以西，蒙民哈夷约有若干，
应如何择地安插、筹款抚恤之处，并着清安、额尔庆额会商金顺、
升泰悉心妥筹具奏。惟分界期迫，一时恐难就绪，应由金顺、升
泰知照俄国分界大臣量议推展，以期勘定之后，彼此得以相安。
并由总理各国事务衙门照会俄国使臣，并知照曾纪泽转咨商办。
将此由五百里各谕令知之。

（总 1388 — 1389）

13.［戊午］，刘海鳌奏，臣伏读七月二十三日上谕，刘锦棠、
谭锺麟、张曜奏请变通新疆官制营制各折片，着各该衙门速议具
奏。钦此。……又和阗、古城、火道沟、塔尔巴哈台等处产金产玉，
物力丰饶，使经理得人，通商惠工，其财不可胜用。兵化为农，
戍卒感生成之德，养继以教，荒服消犷悍之风，长治久安之道，
无逾于此，此屯田之可专办也。臣愚昧之见，是否有当，伏乞皇
太后、皇上圣鉴。交部并原件会议施行。上谕，翰林院编修刘海
鳌奏新疆善后事宜请权缓急一折，着该衙门归入刘锦棠等折片一
并议奏。

（总 1389 — 1390）

冬十月

14.［庚申］，世序奏，本年九月十三日据兼管西峪事苑副成
保报称，据值班官兵王渊声报，八月二十七日有芳园居当差幼丁
王立泉在西峪边界碧峰寺庙迤西路旁石卧碑前歇凉，碑有损伤

形迹等情，职即趋赴石卧碑前详查，碑上刻有御制诗歌，前面二十八字，后面十九字，实系磕有微伤。随即传到当差幼丁王立泉连日追讯，始行供认。身年十七岁，奉派割打荆条园里树木，八月二十七日身路过石碑前歇息，实因年小糊涂无知，用镰刀磕伤碑记，并无别情等语。职谨将查询各情据实呈报等因前来，奴才等不胜惊骇，当派委苑丞五福、五岱、常祥等前往详细查看。旋据禀称，职等公同查验得石卧碑一座，前后两面所刻之字均系阴文，两面字笔画之边旁楞角间有微伤。核与原报所伤情形相符。其字体并无损伤等因，禀复前来。复经奴才瑞芳等前往复查，与该苑丞五福等所查情形无异，当即提讯该犯王立泉，仍坚供不移。查园内西峪地面建立石卧碑一座，刻有御制诗歌，理宜敬谨。该犯王立泉虽一时糊涂，不晓事体，因差路过，擅敢损伤碑字，实属胆大妄为，亟应严行惩办。奴才衙门尚无刑讯，除将该犯王立泉先行解送承德府看押外，相应请旨饬交热河都统讯明办理。至该兼管之苑副成保，失于防范，请交内务府议处。奴才瑞芳、世序及兼辖之苑丞五福、五岱、常祥，失于觉察，均难辞咎。请一并饬交内务府察议。得旨，着照所请。该衙门知道。

（总 1428 — 1429）

15. [甲子]，赏毕道远、索布多尔札布在紫禁城内骑马。

（总 1429）

44. [庚辰]，巴里坤领队大臣沙克都林札布与俄国分界大臣在喀城会议，定喀什噶尔东北界约四条成。

（总 1438）

十一月

7. [戊子]，以吉和为察哈尔都统。

（总 1439）

106

8．[戊子]，谕，礼亲王世铎，着与伯彦讷谟祜一同在毓庆宫行走。

（总1439）

十二月

54．[癸酉]，谕，着派伯彦讷谟祜、阎敬铭驰驿前往东陵查办事件，随带司员，着一并驰驿。

（总1465）

60．[乙亥]，正蓝旗汉军副都统索布多尔札布卒，恤荫如例，并赏银五百两治丧。

（总1466）

66．[庚辰]，锡祉病，请解任，允之。以福锟为镶蓝旗蒙古副都统。

（总1476）

光绪九年癸未（1883年）

春正月

6. [壬辰]，谕，伯彦讷谟祜、阎敬铭奏查办要案牵涉前任总督请旨办理一折，据称查办东陵营房工程一案，现据守备隋登第呈称，前任总督景瑞淮向商人借用薪水，并据商人呈出账本，原估续估两次共应领银二十三万八千七百五十八两零，供称初次领银十二万八千三百七十六两零，内实领到革弁徐永兴交给九万九千七百五十六两零，欠领银二万八千六百十九两零。经前任总督景瑞交派商人，令将徐永兴亏欠银两成全办理，并有亏项甚多另为设法等语。此项工程，前后拨银二十三万余两，何以该商人供称仅领过银九万九千余两？此外亏欠甚巨，着景瑞按照所奏各节逐款明白回奏，不准稍有欺饰。

（总 1470）

24. [辛丑]，谕，东陵营房工程一案，据景瑞明白回奏，当谕令伯彦讷谟祜、阎敬铭提集前后各案严切根究。兹据奏称，讯据该监督监修及商人等所供各节，与景瑞回奏种种不符。现据懿绵供称，上年十二月间，因挂匾工程，景瑞令懿绵先行凑交银两，当经面交景瑞银条一千两，商人收过等语。此案工程银两，现经查出亏短甚巨，景瑞前奏各节，诸多不符，亟应彻底根究，以成信谳。正黄旗满洲副都统景瑞，着先行解任，即前赴东陵听候质询。

（总 1477）

二月

3. [甲寅]，以瑞联为兵部尚书，麟书为工部尚书，额勒和布为理藩院尚书。

（总1483）

5．[甲寅]，以乌拉喜崇阿为正白旗蒙古都统。

（总1484）

6．[甲寅]，以恩福为热河都统。

（总1484）

8．[乙卯]，张之洞奏，晋省二十年前稀有盗案，非无盗也。本省民情谨弱，不能为盗。曩年殷盛之时，聚落稠密，屋宇坚完，游民颇少。村规甚严，流亡亦不容栖止，匪头更无敢窝留。外来之盗，既无引线，又无窝家，自然无从托足。自同治年间设防河之军，客勇数十营，纷纭累年而后罢，以后屡驻大枝营勇，遣者不尽还乡，于是晋省有游勇。边外七厅，土地荒阔，亡命潜踪。自新疆用兵，大军出塞入塞，皆以归绥为转输屯驻之场，莠民萃焉。于是晋有马贼。自丁戊荐饥，户口大减，墟落萧条，村规稍弛。贫民诱于小利，渐有句贼窝匪之事。此罅一开，趋之若骛。于是晋有外来纠伙劫盗，比年日益横肆。……加以今年大青山后荒旱，流民南徙就食者麇集归绥，多方弹压，时虞滋事。臣节次严檄通省文武防营将领，讲求缉捕、协力擒拿。调派马步兵勇，于南北路分段梭巡。惟是兵役之力，仅能及于城汛要冲，非集劝民间自谋守卫不可。因饬通省地方官力行保甲，劝谕居民联为守助。……归绥道温圪齐等处盗案，赖有大队树军防营，穷搜山后，始获数名。然盗首张均等尚未弋获。若霸禁解勘，既恐难免疏虞。而不在劫所行诛，亦不足以昭炯戒。……以晋省近辅临边，而盗风日炽。若不极力惩遏，则南路为他省匪徒所垂涎，皆将以晋为壑。北路挽引朔漠，藩部杂居，尤多隐患，养痈伏莽，臣实惧焉。窃谓抚良民则以煦姁宽平为治，惩乱民则以刚断疾速为功。地方官果能于讼狱赋敛存恺悌之心，不以敲扑拖累使良懦困毙于无形。则一省之中，一年之内，全活者已不下数百十人，正不在稍缓此数十强暴匪徒之死而后为慎重民命也。下部议奏。

（总 1485 — 1486）

21．[丁卯]，谕，崇绮等奏蒙古王旗延不解送犯证请旨议处一折，达尔罕王旗台吉丹比呈控台吉敦都圭等殴毙人命一案，迭经催提人证，该王旗辄敢抗不解送，借词支吾，实属藐玩已极。着理藩院查取职名，照例议处。并着该王旗即将此案应讯犯证，按名解交盛京刑部审讯定拟。另片奏，部提各王旗应讯犯证抗违不送者甚多，开单请旨饬催等语。所有张洪太等呈控各案，着理藩院勒限严催各该盟长、扎萨克王旗等，务将应讯人证按名依限迅解，毋任玩延。

（总 1491）

三月

25．[庚子]，谕，镶白旗满洲都统伯彦讷谟祜等奏前任总兵年届百龄一折，前任甘肃肃州镇总兵万福，前在军营曾着劳绩，咸丰年间开缺回旗，奉旨赏食全俸。现届百龄，精神强固，洵为熙朝人瑞。万福着加恩赏给头品顶戴，所有例应旌表之处，仍着礼部核议具奏。

（总 1508）

29．[辛丑]，户部奏，伊犁将军金顺等奏勘分科境分别安抚蒙、哈请由部库拨款一折，光绪九年二月二十七日，军机大臣奉旨，户部速议具奏。钦此。钦遵交出到部。据原奏内称，前承准军机大臣字寄，八月初三日奉上谕，清安、额尔庆额奏勘分科境边界未敢冒昧从事等情绘图呈览请饬妥议一折，据称，现在分界，若将新约内之奎峒山及科属之哈巴河等处分入俄界，既失地利，而蒙民等无地容身，恐滋事端等语，所奏自系实在情形。该处界务，崇厚贻误于前，曾纪泽力争于后，既定新约。只可就原图应行勘分之处力与指辩，酌定新界。金顺等务当懔遵六月二十一日谕旨详慎商办，无庸另行交议。至图中黄线以西，蒙民哈夷约有若干，应如何择地安插筹款抚恤之处，并着清安、额尔庆额会商金顺、升泰悉心妥筹具奏。惟分界期迫，一时恐难就绪。应由金顺、升泰知照俄国分界大臣量议推展，以期勘定之后彼此得以相安。并由总理各国事务衙门照会俄国使臣，并知照曾纪泽转咨办理。将此由五百里各谕令知之。钦此。遵旨寄信前来，并恭奉六月二十一日上谕一道，跪读之下，自应懔遵妥筹，迅速举办。奈黄线以西为蒙、哈所居，约计三万余众，必先将东蒙、哈所居游牧详细履勘，再行移西就东。其能否全行安插，尚难预定。待明岁春暮夏初即驰往料理，约于五月即可勘分边界。业经知会俄使会同举办。再，哈萨克决不回塔，恳求收抚。若不俯如所请，必致散漫生事。故准其择地安插，并令一律改装蓄辫，庶于俄属哈萨克有别。该头目均已乐从。惟查蒙民向以牧养为生，前遭回乱，所遗牲畜倒毙殆尽。其东界蒙民牲畜，现存无几。而西界为尤甚，尽奔哈巴河一带遍觅可耕之地。现闻勘分地界，坚不肯让。前经派员善言开导，人心究未能尽服者，揆厥由来。该蒙民必以今日之抚恤，只能拯救于目前，终恐无济于将来。深思久计，惟有筹款购买牛羊散给，以资牧养。前据乌梁海散秩大臣等禀报，西界蒙民，男妇老幼计约七千余名，内有牲畜者一千数百名。又除婴孩约七百余口毋庸抚恤外，其余无牲畜者五千余名，拟按每二名赏给乳牛一只，每一名赏给乳羊五只，以备牧养。且砖茶乃蒙民必不可少之物，每名酌给二块，以资食用。再查西界哈夷约计二万余人，东界蒙民，其中贫苦者尚未计其多寡，亦当量加抚恤。惟思抚恤蒙、哈，采买牲畜、砖茶暨勘分境界，随带文武员弁兵役人等，裹带口粮雇备驼马脚价以及盘川赏号并建立牌博工料等项，约需银七万两。亟请饬部无论何款先行筹拨，一面具奏，一面派员赴部请解，以济要需。倘不敷用，再行随时奏请。统俟完竣，详细据实造册报部等语。臣等查蒙古、哈萨克族类繁多,杂处已久。且屡被兵荒,困苦已极。今欲勘分边界,必先筹安抚之资。夫际此时势多艰,库储未裕。近年由部垫发各处军饷,现在欠还者已积有四百余万两之多。若仍纷纷请拨,库款实有不支之势。然核其所奏,购散牛羊为谋生之计,赏给砖茶为日用之需,以及勘分境界随带文武员弁兵役人等裹带口粮雇备驼马脚价并川费赏号建立牌博工料等项,所费不赀,自系实在情形。臣等公同商酌,库款现虽支绌,然事关边务,不得不先其所急。拟请暂由部库另款存储四成洋税项下提拨银七万两以资应用。如蒙俞允,当俟该将军等派员领取时,即由臣部札知银库照数给发。总理各国事务衙门查勘分科境,应将蒙、哈各民豫筹安抚。业经臣衙门据情照会俄国使缓期分界,并知照该将军等妥办在案。兹既由户部准拨四成洋税以为安抚之需。该将军等自应懔遵前奉谕旨妥速办理,以重界务而符新约。并请饬令该将军等共体时艰,撙节动用,不得恃库储为有着之款,冀再续拨。倘库款不继,以致贻误事机,关系殊非浅鲜。至采买牛羊、砖茶数目并时估价银若干,均当切实购办,随时奏明报部立案,以备查核而节虚糜。再,此折系户部主稿,会同总理各国事务衙门办理,合并陈明。得旨,如所议行。

（总 1509 — 1510）

五月

13.〔丙申〕,谕,御史文英等奏领解甲米迟误请旨惩处一折,本月十六,蒙古甲米进城迟至酉刻,该旗领解章京并未将领米册档造送,致该御史等无凭查验,实属不成事体。着该旗查取该章京等职名,照例议处。并着步军统领仓场衙门饬令领放各官,嗣后米车进城,务当遵照定例时刻,不准任意迟误。

（总 1535）

六月

28.［己巳］，以额勒和布为户部尚书，乌拉喜崇阿为理藩院尚书，延煦为都察院左都御史。

（总1563）

秋七月

2.［庚辰］，谕，给事中邓承修奏已故成员战功卓著请量予褒恤一折，已革前任总兵降补都司陈国瑞，随同僧格林沁转战数省，曾著劳绩，嗣缘案遣戍。上年伤发身故，着加恩开复总兵原官，并将战绩宣付国史馆，以奖前劳。该衙门知道。

（总1567）

4.［癸未］，清安奏，查科布多属扎哈沁游牧迄南杜兰哈喇地方，旧有铅砂矿厂。前于嘉庆年间，因边徼情形不甚相宜，奏奉谕旨严行封禁。至咸丰八年间，据乌鲁木齐都统倭什珲布奏请招商试办。当经科布多参赞大臣麟翔奏明，该处僻在边隅，幅员辽阔，窃恐匪徒藏匿，偷挖铅厂，甚或滋生事端，诸多窒碍，请仍遵照成例封禁。并于每年雪融冰泮之后，科布多、巴里坤二城各派委员巡查等因，历经办理在案。今届巡查会哨之期，前已咨明乌鲁木齐、巴里坤各派员前赴该处会查铅厂。惟据巴里坤来咨内开，近来饷项支绌，差烦兵苦，盘费难筹，未能派员前往会哨等因前来。奴才当即差派委员松祥前往该厂，会同坐卡官兵详细搜查有无匪徒藏匿偷挖铅砂情形，务当据实禀复。兹据该委员松祥禀称，查得杜兰哈喇铅厂内并无偷挖铅砂之人，亦无来往踪迹。并嘱令该卡官兵认真巡查，勿得稍涉疏懈等情，禀报前来。除由奴才饬令署扎哈沁公印务扎兰阿育什转谕驻卡官兵等必须严加看守不时

113

稽查外，理合具奏。报闻。

（总1567）

12．[戊子]，谕，恩福奏热河地方被水拯救灾黎情形一折，据称，六月下旬连日大雨，山水暴注，迎水坝等处冲塌房屋甚多，灾黎无所栖止，现经设法拯救等语。小民猝遭水患，荡析离居，殊堪悯恻。着恩福会商李鸿章赶紧筹款抚恤，并将漫溢积水设法疏浚，务使贫民复业，毋任一夫失所。

（总1570）

15．[戊子]，伊犁参赞大臣升泰、科布多帮办大臣额福，与俄国分界大臣巴布阔福及撒裴索富在喀巴河赛里乌兰奇巴尔会议科布多界约五条成。

（总1570）

八月

5．[己酉]，谕，恩福等奏，热河山水涨发，武列河石坝冲决，园庭墙垣泊岸及各处堆拨多有倾圯，请饬直隶总督派员一并勘估等语。着李鸿章即行遴派妥员，前往热河详细勘估，奏明办理。

（总1580）

11．[辛亥]，科布多帮办大臣额福与俄国分界大臣撒裴索富在阿拉克别克河口会议科布多新界约记成。

（总1581）

19．[戊午]，文绪、禄彭奏，黑龙江各城出征官兵，由征所陆续带来民丁子弟，曾于光绪三年恭奉谕旨饬令查明，酌给川资遣回原籍，当经调任绥远将军丰绅饬查，共有五百八十六名……

（总1583）

53.［丁丑］，以图什业图汗那逊绰克图为库伦办事大臣。

（总1591）

九月

1.［己卯］，谕，景寿现在因病未痊，赏假一月调理。所管銮仪卫事务，着伯彦讷谟祜署理。正黄旗满洲都统，着恩承署理。

（总1591）

4.［庚辰］，伊犁参赞大臣升泰与俄国分界大臣佛里德在塔城会议定塔尔巴哈台界约七条成。

（总1594）

5.［辛巳］，谕，穆隆阿现在病未痊愈，着赏假一个月调理，所管镶蓝旗蒙古都统，着奕絗署理。

（总1594）

34.［丁未］，热河都统恩福卒，赐恤如例，并准入城治丧。

（总1603）

37.［丁未］，以继格为热河都统。

（总1603）

冬十月

6.［辛亥］，以延煦为镶蓝旗蒙古都统。

（总1605）

8.［壬子］，镶蓝旗蒙古都统穆隆阿以病免。

（总1605）

20.［辛酉］，谕,户部尚书额勒和布、理藩院尚书乌拉喜崇阿、都察院左都御史延煦、总管内务府大臣广顺，均着加恩在紫禁城内骑马。

（总 1609）

41．[乙亥]，志和丁忧解任，以永德署理察哈尔都统。

（总 1615）

十一月

4．[己卯]，颁给热河狮子沟龙王庙匾额。

（总 1619）

十二月

26．[丁巳]，以吉和为西安将军，绍祺为察哈尔都统。

（总 1640）

55．[壬申]，谕，前据御史恩隆奏土默特旗家奴德木却扎布纠党将伊家主索德那木叶锡抢劫，当降旨令刑部会同理藩院讯办。嗣据该御史奏理藩院司员达冲阿、玉春等于会讯之外私提扎隆阿追索资财等情，复谕令确查具奏。兹据刑部奏称，原参德木却扎布等抢掠拷讯抗拒各节，并无其事。惟德木却扎布在旗揽权不为无因，非德木却扎布等到案难期水落石出等语。着理藩院严传德木却扎布、恩合巴雅尔归案。另行派员会同刑部审讯，务得确情，妥拟具奏。达冲阿、玉春等有无前项情事，着理藩院即遵前旨确切查明具奏。

（总 1651）

光绪十年甲申（1884年）

春正月

14. [庚寅]，上诣大高殿、寿皇殿行礼，升保和殿，赐蒙古王公筵宴。

（总1655）

二月

15. [乙卯]，前任镶黄旗蒙古都统穆腾阿卒，赐恤如例。

（总1667）

三月

22. [庚寅]，调乌拉喜崇阿为兵部尚书，以延煦为理藩院尚书，以昆冈为都察院左都御史。

（总1677）

28. [庚寅]，调伯彦讷谟祜为正白旗满洲都统，调奕祥为镶白旗满洲都统，以奕谟为镶红旗汉军都统，调恩承为镶蓝旗满洲都统，以善庆为正红旗汉军都统。

（总1678）

36. [壬辰]，命普祺、棍楚克林沁在御前大臣上学习行走。

（总1679）

夏四月

6. [戊子]，谕，张之洞奏归化城副都统奎英于地方公事多有意见，民蒙交涉事件偏袒徇庇，有意阻挠，不知大体等语。着派察哈尔都统绍祺，于到任后就近将所奏各节确切查明，据实具奏，毋稍徇隐。

（总 1688）

19. [丁巳]，张之洞奏，臣接准绥远城将军丰绅、归化城副都统奎英来咨，具奏土默特界内归化五厅寄居编籍，势必占碍该旗游牧，拟请各厅体制复旧勿编民籍一折，抄奏咨会到臣，当即飞饬布政使奎斌、归绥道阿克达春详切查复去后，兹接奎斌禀称，遵查七厅议编户籍，原以种地客民生齿日繁，故就边外原有民人编户立籍，原有田地清亩立册，既非招内地之民添移边外，亦非使边外之民另占蒙地。清其根柢，定其法制，将来增丁减口，有籍可稽，夺地逃粮，有册可考。可以诘奸究，可以禁侵占，不使如前之漫无稽查。于游牧何碍？前请编查户籍，实与该将军等所引雍正十二年理藩院奏准设立牌甲之意正相符合。今该旗以民蒙杂居则相安，编籍则有碍，岂杂居足以禁侵占盗卖。一经编籍，反无以禁之。如此持论，诚不可以理测。窥其不愿之隐，所谓慌惧者，非惧客民占其地，实惧蒙官失其权耳。从前归化等五厅蒙民交涉命盗重案及有关徒罪以上之案，例有土默特蒙员会审。寻常词讼，向归厅员自理，并无会审明文。近来无论地土、钱债细故，一经在厅涉讼，蒙古即赴副都统衙门具呈。该衙门不问事之大小，即委蒙员会审。其兴讼也，多系典荒夺熟，逐佃增租，有利则偏徇，无利则驱逐，恣意营私，已非一日。今知改设厅制，恐难施其故智，此不愿之在蒙员者也。各处副都统，于地方事例不干预。而归化五厅，向有交涉事件，俨然尽属管辖。遇有商民事务，副都统亦出示晓谕。一经改制，虑失挽越之权，此又不便之在副都统者也。军兴以后，五方游民杂处其间，强悍渐形。土客混淆，殊非所宜。目前编籍清赋，实足绥边弭患。乃庸常浅识，见不及此，上下胶执，殊难理解。该藩司去岁奉檄查边，悉心体察，各厅编查户籍，系属地方要政。且与土默特蒙古毫无妨碍。该蒙古安居自适，初不知改设为何事，焉有无故慌惧之理？此不过无知蒙员造言生事，意在阻挠。今将慌惧实非出自蒙情编籍不致有碍游牧各情形查明禀复等语。又据阿克达春禀称，查归化厅之在土默特地面，与直隶张、独、多等厅之在察哈尔地面，情形稍有不同者，察哈尔蒙古在本朝已编隶八旗，而土默特蒙古自命外藩，欲私分土，故边制更难于措手。溯查土默特蒙部，明季时实已为察哈尔林丹汗所袭灭，其部人或役属于察罕，或逃匿于他处。我朝天聪年间，大军征破察哈尔，进师归化。归化城林丹汗由归化城西遁，土默特头目等始得集众投诚。我朝兴灭继绝，令其仍居土默特游牧，复其前明顺义王封爵。未几该蒙人有与明边将通谋，欲邀截大兵归路。遂执其王，削其爵。因分土默特为两翼，而以投诚两头目世袭二都统分统之。嗣后裁并为一副都统，又改为由京简放。当土默特投诚时，地已非其所有。而该参领等尚谓带地投诚，一若不知其地为我朝赏还之地。观其所称我朝定鼎分界边墙各守各土不容越占等语，殊有乖于普天王土之义。至其所虞民人一编户籍即成土著，必致占蒙古之牧地，碍蒙古之生计，则有必不然者。查土默特部附近边内，其服食、起居，竟与内地民人无异。渐至惰窳成性，有地而不习耕（芸）[耘]，无畜而难为孳牧。惟赖民租种其地，彼才有粮可食，有租可用。故现在该蒙古以耕牧为生者十之二三，借租课为生者十之七八。至该旗所谓游牧地户口地者，自康熙年间以来，久已陆续租给民人，以田以宅，二百年于兹矣。该民人等久已长其子孙，成其村落，各厅民户何止烟火万家。此等寄民，即不编籍，亦成土著，历年既久，寄民渐多。迨同治年间，因陕、甘回氛不靖，口外剿防吃紧，各军有在此驻扎者，有由此经过者，迄今遣勇尚多。在雍正年间寄民尚少之时，仅止设立牌甲，已足稽查边氓。而近来寄民之久居者益多，若仅设立牌甲而不为编定户籍，则人无定名，籍无定户。土客混淆而莫辨，赋役散乱而难稽。欲施治理，诚难措手。现定编籍章程，亦无非就各厅原有之民人，查明户口编之册籍，且所编既名为户籍，则籍内亦只编户口，本与地土不相关涉。况蒙地例准民租，不准民买，民人虽编定户籍，地土则仍属蒙古。嗣后蒙古所留为牧厂者，蒙古若不租给民人，民人焉能占及牧地？且民之编户籍，亦与蒙古之比丁册无异。蒙古比丁有年，初不闻生齿日繁，将民人挤回口里，民人编籍以后，亦何至人稠地窄？将蒙古挤往后山，况边外寄民若不定编户籍，则现在者既漫无稽考，未来者更漫无限制。不但有人满之患，且恐盗贼窃发。蒙民械斗，衅皆由此而起。若一编户籍，良民之有业者方能编收入籍，游民之无籍者亦即可驱逐出境。并将后来寄民定有入籍年分，则续来者亦有限制，庶客民不至麇集，蒙地亦无虑鸠居。而且户籍既编，则客土分而良莠易别，盗贼息而蒙民皆安。乃反谓不编籍则杂居尚可相安，一编籍则阖旗无不慌惧，此理诚不可解。至于着籍之户或有滋事之人，轻则查明递回管束，重则徒流军遣。国有常刑，当不虑滋事难逐。一登天府之版图，即成莠民之渊薮也。至沿边外县，如晋省之保德、河曲、偏关等县，亦皆有会审蒙民交涉事件。该州县不但印文内并无管理蒙古字样，即官衔亦未必有加理事衔明文。然蒙古不能不服其讯断者，以国家自有成例也。况我朝制度，凡理事官员，皆能管旗民蒙民各交涉事件，并不在乎印文内有无管理旗蒙字样。即如绥远将军印文并无管辖驻防旗人字样，归化城副都统印文亦无管辖土默特蒙古字样。若必管辖事件逐一镌入印章，恐数寸篆文殊难一一赅载矣。总之厅员虽改抚民，印文虽经改铸，而抚民同、通仍请加有理事衔业经奏明在案。该蒙古若恪遵朝廷定制，皇上谕旨，交涉事件断不难于办理等情，先后禀复请奏前来。臣查口外七厅，因历年吏治不修，边政废弛，深恐数匪养痈，蒙民不能绥缉。是以奏请改为抚民同、通。奉旨允准后，复饬藩臬两司，归绥、雁平两道筹议未尽事宜，因阿克达春久任塞外，奎斌熟悉边情，特饬该道详拟条目，该藩司亲往体察。奎斌周历回省后，据称目前改章整饬，众情怡然，欣欣望治。臣复加察核，兼考诸历任边外各员，始行陈列十二条，于上年九月二十九日奏请敕议施行。兹阅丰绅等折奏，实深骇异。查户籍三等之外，里甲不具保结者，即行驱逐递籍。并议编造牌册，分别良莠。此臣原奏之第五条也。清界限，查蒙情，使蒙无失牧之忧。此臣原奏之第六条也。臣仰体朝廷一视同仁之义、绥边弭患之规，现在办法皆民蒙两益之事。编籍一条，正是原本雍正年间奏准设立牌甲旧章办理，既非迁内地流民以实边方，亦非使现有客民另占蒙地。夫大青山以南，归化城以东以西，延斜数千里。西汉元朔以来久为郡县，即定襄、云中、五原三郡之境。况以国家修养生聚二百余年，士农工商数十万户，断无驱还口内之理。着籍与否，于蒙古生计何干？若如所奏，则是土客淆杂，转可相安。法制井然，反生疑虑。臣愚思之良所未解。窃惟辽沈以北、吉林以东及圣朝龙兴丰镐之地，今皆编有民籍，版册蕃庶，学校莘莘。岂土默特一区便应自为风气？至折尾请体制复旧一条，尤近支蔓。考七厅规制，祖宗以来屡有变通，无非因时制宜，日臻美备。土默特初设蒙古世袭副都统，继改为由京简放副都统并设常驻将军。七厅初设协理笔帖式，继改为通判，继又或改为同知，继又增设归绥道。若必复旧而后可，然则将尽罢将军、副都统一切文武各官，仍复世袭副都统，蒙部乃能安居乎。兹据奎斌、阿克达春先后查明禀复各节，甚为明晰浅显。总之因编户籍而侵夺牧产，实无此理。因改抚民而蒙民慌惧，实无其事。相应据实奏陈。得旨，前据丰绅等奏，业经户部议复，仍着该抚等妥商具奏，该部知道。

（总 1694—1698）

27.［己未］，以继格为广州将军，以谦礼为热河都统，以文绪为黑龙江将军。

（总 1699）

五月

16. [甲申]，巴里坤领队大臣沙克都林扎布与俄国分界大臣在新玛尔葛拉会议喀什噶尔西北界约六条成。

（总 1715）

25. [戊子]，命灵桂管理吏部事务，文煜管理工部事务，广寿管理理藩院事务。

（总 1717）

26. [戊子]，调恩承为刑部尚书，延煦为礼部尚书，以昆冈为理藩院尚书。

（总 1717）

55. [庚子]，谕，御史王赓荣奏边民服教有年请添设厅学一折，据称山西关外七厅，未设学校，年来居民读书者多，考试为难，请饬酌定庠额等语。着山西巡抚、山西学政、绥远城将军会同妥议具奏。

（总 1724）

闰五月

6. [乙巳]，命工部尚书福锟、理藩院尚书昆冈、都察院左都御史锡珍、工部右侍郎徐用仪、内阁学士廖寿恒在总理各国事务衙门行走。

（总 1730）

72. [戊辰]，以尚忠瑞为镶黄旗蒙古都统。

（总 1745）

六月

12. [丙子]，谕，前据张之洞奏归化城副都统奎英阻挠公事，于蒙民交涉事件偏袒徇庇各节，当谕令察哈尔都统绍祺就近确查具奏。兹据查明复奏，副都统奎英，于山西办理边务，尚无授意阻挠情事。至私栽莺粟，令解户司惩办。清丈粮地，迭次行文先造底册，办理均无错谬。惟于蒙古五十窝盗分赃一案，地方官审有确据，该衙门兵司尚以现有要差咨提会审，该副都统失于觉察，咎实难辞。副都统奎英，着交部照例议处。另片奏，土默特蒙兵向赖游牧养赡，现经编立客民户籍，报地升科，蒙古不免失牧之忧等语。即着绥远城将军督率土默特参领，按照当年界址，无论已开未开，挖濠立界，绘图贴说，办理明确。并着咨照山西巡抚，于升科时不得令客民任意指报，以清牧界而安蒙民。

（总1757）

14. [丙子]，谕，前据李鸿章奏，继格、绍祺先后奏称热河建昌县及多伦厅附近地方匪徒聚众滋事，迭经谕令督军会剿，嗣据该署督等奏报屡次剿匪获胜。兹据继格奏击散全股逆匪生擒首要各犯一折，此股匪徒，由白岔窜入赤峰县属，并分窜赛汉坝底旧巢，官军整队迎击。胆敢列阵抗拒，施放枪炮。官军分路夹攻，匪势不支，纷纷逃窜，殄毙多名，生擒逆首杨长青等，讯明正法。惟匪目王瑞仁率党二百余人逃入围内，及匪目周沅得等未获。仍着严饬各员弁，跟踪追捕，迅将在逃余匪悉数殄除，毋留余孽，以靖地方。该署督等前奏此股匪徒系宋敬思、杨步沄为首，此次讯据匪供并无其人。是否属实，着确切查明，认真踩缉，毋任漏网。

（总1757—1758）

23. [辛巳]，谕军机大臣等，闻围场窜贼裹胁日多，恐致滋蔓。着李鸿章迅即饬属侦探确切情形，如该处兵力不敷剿办，即由防所抽拨数营前往，将此股匪徒赶紧扑灭，不得稍涉迟延，一面即行奏闻。

（总 1759）

30．[甲申]，谕军机大臣等，有人奏参宣化总兵王可升各款，前据李鸿章奏，五月二十二等日王可升禀报克什腾旗鱼泡子地面匪徒滋事，派宣化练军马队前往剿办，续经奏报该练军于闰五月初五等日出队迎剿，毙匪多名。兹据所参，此次股匪起事，闰五月十六日经该厅达报，该总兵置若罔闻，十九日始派队出缉。核其日期，系属错误。至所参该总兵克扣马干，以致马匹疲瘦。闰五月十八日犹演戏贺寿各节，是否属实，着李鸿章确查具奏。

（总 1761 — 1762）

秋七月

41．[丁巳]，颁给科布多城隍神匾额。

（总 1782）

50．[辛酉]，谕，绍祺奏搜获首要各匪并余匪窜入蒙古地面围剿净尽各折片，蒙古鱼泡子地方股匪滋事，前经官军会剿，已将全股击散。谕令跟踪追捕余匪。此次拿获之宋洛四即宋敬愚、宋金藻、李志典、王珍环，或系著名积匪，或系随同拒敌，业经绍祺讯明正法，足昭炯戒。至前窜围场余匪是否已于蒙古地方剿除净尽，仍着李鸿章、绍祺、谦禧确切查明。如有在逃余匪，督饬认真搜缉，毋任漏网。

（总 1784）

56．[壬戌]，以热河围场匪平，予出力人员文桂等奖叙有差。

（总 1786）

八月

46. [丙戌]，以沙克都几鑿为科布多参赞大臣。

（总1811）

九月

28. [丙辰]，棍楚克林沁卒，赐恤如例。

（总1825）

冬十月

3. [壬申朔]，谕，户部等部会奏议复刘锦棠奏统筹新疆全局一折……至伊犁参赞大臣一缺、塔尔巴哈台领队大臣二缺应裁应留，着刘锦棠等酌定具奏。……

（总1838）

6. [壬申朔]，钦奉慈禧端佑康颐昭豫庄诚皇太后懿旨，本年五旬万寿庆典，业经加恩近支劻贝勒等，因思在京王、大臣等有勤劳素著者，亦宜特沛恩施。御前大臣科尔沁博多勒噶台亲王伯彦讷谟祜，着加恩赏坐四人肩舆。……

（总1839）

28. [癸未]，谕，本年恭遇慈禧端佑康颐昭豫庄诚皇太后五旬万寿，普天同庆，所有随班祝嘏之革职等员及耆民等，自应量予恩施。……前署乌里雅苏台参赞大臣文奎……以上革职、休致等员五品以上者，均照原官降二级赏给职衔。六品以下者，均赏还原衔。其已有职衔者，均着加一级。……

（总1845）

十一月

29. [戊午]，谕，文绪等奏遵旨酌保剿办窜匪出力官兵开单呈览一折，本年七月间，直隶、多伦吉等处匪首王端仁、周沅得等率党窜入呼伦贝尔，被练军击败，直扑黑龙江省城，经文绪等督饬官军会同蒙古王旗所派员弁，降全股首要各匪剿擒净尽。在事出力各员弁，尚属着有微劳，自应量予鼓励。所有单开各员，着照所请奖励。该部知道。

（总 1858）

46. [丙寅]，谕，金顺奏遵保人才一折，记名副都统沙克都林札布、记名提督刘宏发、邓增，均着交军机处存记。

（总 1863）

光绪十一年乙酉（1885 年）

春正月

19. [乙卯]，上诣奉先殿、寿皇殿行礼，升保和殿，赐蒙古王公筵宴。

（总 1897）

二月

16. [己卯]，谕，谦禧奏东土默特旗扎萨克尚未袭定，该旗无所统属，一切公事漫无纪律等语。该旗扎萨克贝勒哈思塔玛嘎故后，迄今将届六年，何以尚未承袭，以致旗务废弛，实属不成事体。着理藩院查明应袭之人，迅速奏请承袭，以资统摄，毋再迟延。

（总 1907）

夏四月

4. [庚午]，绍祺奏，奴才于正月二十五日随带司员由口起程，业经奏报在案。兹于二月初八日行抵归化城，当即咨行绥远城将军、归化城副都统、萨拉齐厅提到人证卷宗，并各处呈出地图。惟达拉特贝子索特那木绷素克呈请现患身体浮肿、腰髓疼痛、动履维艰等症，不能到案。奴才随派归化厅同知前往查验，实系因病不能动履，出具甘结呈报前来。奴才遂与伊克昭盟长贝子扎那济尔迪相商。据云，该旗协理台吉图萨拉克齐等皆系承办旗务之员，应向伊等查讯，与该贝子无异等语。奴才随将两造人证传

127

集，督饬司员等分别研讯，详加考核。查例载，凡游牧近山河者，以山河为界；无山河者，设立鄂博为界。越界游牧者，王以下议罚有差。然例载只有以河为界一语，而河道迁移，应以新槽旧槽为断，例无明文。查乾隆四十九年旧案，有黄河北迁，土默特界内之地涸于河南。当日达拉特备文咨行绥远城将军、归化城副都统、萨拉齐同知各衙门内云，黄河北移，系属天意。达拉特与土默特既以黄河为界，土默特之人即不得在河南耕种，请将土默特佃户民人撵逐，收回河北，将房屋拆毁，以清界址等语。复查旧案，又有因黄河以南地户民人延不拆房，达拉特咨催萨拉齐同知请将民人治罪一件。又查有萨拉齐同知详报副都统衙门，黄河以南民人将房屋尽行拆毁，人回河北，地归河南。两界无涉各在案。就此数案而论，是当初原以现行黄河为界，并不论新槽旧槽。至乾隆五十一年钦奉通饬上谕一道，应以黄河旧流之地为界。自奉此旨以后，则不能论现行之河矣。但欲考新槽旧槽，必须由地图勘定。复查达拉特即伊克昭盟鄂尔多斯七旗之一，地界本无专图，所以各衙门亦无原颁地图。今达拉特呈出鄂尔多斯七旗全图一张，图中所载与土默特分界处所，黄河止有一道。由乾隆年间至今，黄河分岔数道，历年既久，支河与正身无从辨认。现在土默特与达拉特新画之图，地名参差，村落互易，多不足据。达拉特指迤北之干河为旧槽，土默特指迤南之水为现流旧槽，各执一词，碍难凭图判断。此又必须履勘地势，方可推求。奴才率同随带司员亲履河干，勘得土默特与达拉特所争之地。西北自交界营村起至东南准嘎尔旗界止，西南自西呢台起至东北沙河尖子村止，正南自现行黄河起至正北澄口村前止，东西绵长约八九十里，南北约十余里或二三十里不等，统计地约有七八千顷。其中种地民户约有百十余家。今由土默特西界福征寺之香火地起而论，水分四道而来，流至中间，由北转向东南，则统归一河，直由西而东矣。故此地东头，迤北则干河一道，小岔干河又一道，迤南则现行之河一道。前任绥远城将军丰绅与现任将军克蒙额、归化城前副都统奎英等，俱断以由北福征寺香火地之南起顺流而下，由西北而东南转向正东之现行黄河，所有河北之地断归土默特，河南之地断归达拉特。贝子索特那木绷素克以向断不公复在理藩院呈控，绥远城将军克蒙额等以达拉特抗不遵断奏参各在案。此其间大理寺少卿郭勒敏布以绥远城将军所参迹近抑勒，达拉特尚有冤抑，请旨派员查办。暂署山西巡抚奎斌又以确有风闻绥远城将军克蒙额、归化城副都统奎英偏袒土默特，所断不足以昭公允，专折奏参。奴才奉旨查办此案，初阅理藩院原奏与暂署山西巡抚奎斌等所奏各折件，黄河南移，达拉特之地涸于河北，而该将军等将河北之地断归土默特，似觉显有偏袒。及驰抵归化城，调齐前后案卷，逐件按年详细检查，与初见此案悬揣情形，大有不同。乾隆五十一年以前之案，皆系以现行之河为断，确有案据可凭，且非止一案。乾隆五十一年钦奉谕旨以后，应以旧槽为断，更无他议。惟各衙门检查案卷，并无原颁地图，又无足据，支河与正身迁移年分既久，履勘实难分辨。奴才再四熟思，惟有以旧案新图互相考证，悉心检查，必须指出实据核断，方能折服两造之心。细阅萨拉齐厅卷宗，内有官粮地亩，系国初土默特所献之地，定为官粮，由萨拉齐同知征收粮租，以济绥远城兵米。乾隆年间，黄河北移，官粮地亦有冲废。因此项粮租，兵米攸关，当年绥远城将军奏请将封禁土默特私垦山沟地三块拨补官粮地亩，招民耕种，以足兵食。绥远城将军衙门亦存有旧案，是官粮地在土默特界内，毫无疑义。今达拉特所指为旧槽之干河在官粮地之北，焉有土默特界北又有达拉特地界？奴才于履勘时，亲临官粮地界，眼同伊克昭盟长贝子扎那济尔迪，将达拉特承办旗务之图萨拉克齐等一一指明，详细辨论，伊等亦理屈词穷，无所争辩。具有所指干河实非旧槽甘结一纸，此旧槽地非移北之干河也。至土默特所指现流黄河为旧槽，其所指为确据者，系当年黄河北移，达拉特逐该旗蒙民文内有速将乌蓝布隆居民撤回之语。查乌蓝布隆在现流黄河北岸，今土人皆呼为红眼窑村，土默特指为即是此地。证之达拉特，则曰乌蓝布隆并非红眼窑村，询以乌蓝布隆究在何处，伊又以不知为对。是乌蓝布隆果否红眼窑村，亦属似是而非。统论该两旗所争之地，达拉特所指之干壕，已经证明绝非旧槽。土默特所指现流黄河为旧槽，亦难遽信。奴才奉命西来查办此案，惟有一秉大公，持平论断。不能因前有断案，便作随声附和之言。亦不敢因已有弹章，遂失公是公非之正。查绥远城将军克蒙额等去岁查办此案，系援引山河为界之例，以东西画界。西头福征寺香火地之南，周围约二三十里，断归达拉特。东头现行黄河北约六七十里，统归土默特。虽断归土默特之地较多，然当年涸于河南之地实属不少。案卷昭然，不得谓之偏祖。而达拉特仍以为不公者，因黄河北移数十年矣，所占之地，已有坟墓、召庙，该旗人恃为常业。一旦断归土默特，失业之人既多，迁移之地匪易。是以始终狡执，不肯输服。要知此系私意，非公论也。奴才体察情形，酌中拟议。舍东西分界之外，只有南北分界。今两旗皆无确切案据，请将干壕以南现流黄河之北所有地亩，丈量明确，按照里数，援引乾隆五十一年成案，刨壕立碣。迤北之地，以六成断归土默特；迤南之地，以四成断归达拉特。缘当年拨补粮地案内曾经奉旨冲废官粮地亩，如果日后涸出，仍给土默特作为牧厂等语。今官粮地已经涸出，皆在干壕南岸，此地既不在两旗户口地内，又前经有旨赏给土默特作为牧厂，自应归入土默特管业。故迤北以六成为断者，粮地在其中也。此奴才体察情形，酌中拟议。此案两旗界址有关永远遵行之件，应如何办理，奴才未敢擅便，谨绘图贴说，恭呈御览，伏候钦定。上谕，土默特、达拉特两旗争地一案，前据理藩院查复，大理寺少卿郭勒敏布所奏各节，请饬绥远城将军复奏，并因奎斌奏称此案克蒙额未能深悉情形，奎英迹涉偏祖，当派绍祺驰往查办。兹据该都统确查复陈，据称体察情形，酌中拟议，请将干壕以南现流黄河之北所有地亩丈量明确，援照成案，刨壕立碣，迤北之地，以六成归土默特，迤南之地，以四成归达拉特，恭候钦定等语。即着照所请行。至克蒙额办理此案及奎英被参各节，即据查明均无不合，即着毋庸置议。惟土默特参领、于领催等撙敛差钱未能认真查办，实属咎有应得。参领音德布等十二员，着理藩院查取职名，一并议处。其所请将断归土默特地亩征租练兵一节，着绥远城将军妥筹办理，总期营务地方两无妨碍，以垂久远。该衙门知道。

（总 1928 — 1931）

六月

15. ［己卯］，以奕祥为内大臣，麟书为正红旗蒙古都统。

（总 1973）

秋七月

30. ［壬戌］，谕，御史恩隆奏请将奉天省大凌河一带牧群裁撤牧地开垦等语。奉天大凌河牧厂，曾与嘉庆、道光年间迭奉谕旨，禁止开垦。圣谟具有深意，何得妄议更张，致滋流弊。该御史并未详稽典则，率行奏请，殊属非是。恩隆，着传旨申饬。

（总 1988）

八月

9. ［庚午］，命金顺入觐，以锡纶署伊犁将军，明春署塔尔巴哈台参赞大臣。

（总 1992）

131

15. [癸酉]，李慎奏，查奴才衙门所辖玉树等番三十九族，向例每届三年派令章京前往会盟，藉便办理各族词讼事宜。光绪九年冬，据玉树巴燕昂谦族千户观戴却克拉尔加立遣人来宁呈恳，以近年屡被四川土司德尔格欺陵苛派，暨果落克番贼时常犯界抢杀，兼有西藏迷哇云等每岁勒索兵费茶银，请委员会盟查办等情。奴才即派令笔帖式双奎、署都司邹洪胜，循照向章随带西宁镇标兵丁二十名、蒙古兵五十名并书识通丁人等前往查办，于十年五月十八日奏明在案。……报闻。

（总 1993—1994）

九月

42. [戊午]，颁给恰克图地方关帝庙、龙神祠匾额。

（总 2016）

冬十月

15. [丁丑]，谕，前年据御史冯应寿奏库伦办事大臣桂祥办事乖谬藉端勒捐等情，当派绍祺驰往确查。兹据查明具奏，此案桂祥被参上年令甲首捐银七八千两，查无其事，其所提商户罚款，系为发放各员口分薪水等项之用，尚无蒙蔽。惟派令差官书都那玛等赴后地劝捐砖茶，因商民欠交捐款，责打押追。该大臣信用劣员，任令追逼勒捐，毫无觉察。且捐款已有成数，并未具奏。种种办理不善，殊难辞咎。桂祥着交部严加议处。卓索图盟四等塔布囊书都那玛即武忠额，既无职任，又非调赴库伦差委人员，胆敢擅作威福，任意妄为，荒谬已极。着从重发往黑龙江充当苦差。笔帖式纶锡，于书都那玛责押商民时，但知附和，并不拦阻，实属庸劣不职。着即行革职。蒙古办事大臣那逊绰克图，随同画稿，协领音得太、笔帖式松荫，稿面书押均有不合，着一并交部察议。至所请此项捐存砖茶，库伦现无急需，应存应提请旨交部办理等语。此项砖茶，本非奏明捐办之项，岂得任意苛派。所有现存之茶九百十五箱五块，着交那逊绰克图赏还原捐各商民，按照所捐多寡数目，分别摊给，毋任经手员役从中舞弊。倘再查有侵蚀情事，即惟该大臣是问。余着照所议办理。该部知道。

（总 2022）

17. [己卯]，调德克吉讷为青州副都统，以恩普为镶红旗蒙古副都统。

（总 2022）

十一月

8. [甲辰]，乌里雅苏台参赞大臣恒明因病乞休，允之。

（总 2032）

11. [乙巳]，以祥麟为乌里雅苏台参赞大臣。

（总 2032）

14. [己酉]，绍祺奏，昨因奉旨驰往库伦查办事件，曾经随折声明便道详查各台情形再行奏办在案。查奴才衙门所辖阿勒泰军台，共四十四站，向分四段。首段由察罕托罗海起至阿拉哈达止，共十二站。二段由布鲁图起至图古里克止，共十一站。三段由穆霍尔嘎顺起至哈毕尔嘎止，共十一站。四段由窄尔玛克台起至哈达图止，共十站。此次奴才赴库，道经阿勒泰军台三十二站，由赛尔乌苏又道向东北即属库伦所辖台站，故阿勒泰军台之第四段，奴才并未身临其境。惟目睹前三段各站，草莱密茂，牲畜肥腯，雨泽沾足，为近年所未有。咨访第四段暨附近各扎萨克旗，佥称游牧水草一律畅实，足以上慰宸勤。此今年口外蒙古地方年景丰足之实在情形也。第奴才体察各台，蒙古生计仍未见饶裕。推原

133

其故，实由帮台官兵十数年之久并未到台之所致也。奴才挨台细察，由首段之末台阿拉哈达起至第三段之毕里克库，共五十五台，皆无帮台官兵。案查旧制，各台尚以二八合成，遇有差徭，帮台各旗应出乌拉驼马八成，本台出乌拉驼马二成。自设立台站以来，历有年所，皆如是办理，此台站之定章也。自同治年间，四子王旗首先讬故，藉词西北军兴，差役繁重，潜自回旗。厥后图什业图罕部落各旗，亦皆效尤，各逃回旗。经前历任都统等奏咨频催，虽有严降之旨，捏以被灾为词，抗不到台，以致本台官兵独力难支。若非拨发帑项格外恩施，台站几乎间断。伏思蒙古部落，世受国恩，当西北多事之秋，正臣下效力之候，即或偶有偏灾，一时力有不逮，何至数十年来尽是灾荒？其中不实不尽借词推诿情形，显而易见。且奴才此次经过各台，奏明雇觅驼马以舒台力。惟四子王旗地面，驼马雇觅不出。据本地蒙古人等金云，四子王久有传谕，本地驼马不准雇给台站应差。其所为是何居心，实不可解。溯查蒙古部落，向来禁止私垦，列圣屡降严谕，实因蒙古地方人心浑朴，不识不知，自安游牧。倘有不肖汉民杂处，知识日开，变故自起。所以严禁者，深意不尽在地亩间也。乃四子王旗所属部落，传闻私垦者十已八九，蒙汉杂处，几难辨认。其所以首先逃台，至今十余年之久屡催罔应，若论蒙古臣仆朴诚性生，未必敢若是之抗违也。现今西北大定，各城驿路已通，一切差徭，均归旧制，正整顿台站之时也。所有各旗帮台官兵，屡催仍不到台。若不严为惩处，何以肃邮政乎？相应请旨严为晓谕，统限以明春正月俱按旧制依限到台，如有正月内仍敢借词推诿不到者，着管站各衙门指名参奏，立予严惩，绝不宽贷。庶几台站可以及时整顿，以复旧制而免废弛也。奴才等职司其事，不敢不将实在情形详细缕陈，请旨办理。上谕，绍祺等奏请整顿台站一折，据称近来台站疲累，实由帮台官兵并不到台，以致本台官兵独力难支等语。各旗帮台官兵，自应赴台当差，岂容讬故不到，致误差徭。着该都统严饬应行帮台各旗，嗣后务当确遵旧制，依限到台，毋得迟误。倘再借词推诿，着管站各衙门指名参奏。该衙门知道。

（总 2032 — 2033）

19. [壬子]，刘锦棠奏，库尔喀喇乌苏，旧设领队大臣一员，管理库城、精河、土尔扈特游牧及屯田事宜，设库城粮员一员、精河粮员一员，由部拣派，司理户民粮务。军兴以来，粮员暂行由外委署。查库城为西路冲衢，东距迪化城六百九十里，距绥来城三百五十里；西连伊犁，至精河界二百五十里；北通塔城，至塔城界三百三十里。幅员广阔，地方扼要。军务初定，游民、商旅杂出其途，兼有土尔扈特游牧民人，稽查弹压，悉关紧要。现在领队员缺撤裁，粮员既无地方之责，窃恐难资镇抚。臣前奏设南北两路驿站，请将库城、精河两处改台为驿，归该粮员经管。嗣奉部咨复准，地方情形体制，均与曩时迥殊，自应变通筹办，改设官员，以期有裨。但欲隶归绥来，则相距较远，鞭长莫及。因查库城旧设县丞，后改同知，于乾隆四十八年裁改粮员。拟请仿照旧制，裁汰粮员，仍改设库尔喀喇乌苏抚民直隶同知一员兼理事衔，管理地方户籍、田赋、刑案、兼管土尔扈特游牧诸事宜，并辖精河属境。精河西与伊犁接界，相距二百二十里，东接库城界，一百七十五里，旧设典史，后改粮员。所管四驿，辖境亦广。拟请裁粮员缺，分设防驿粮巡检一员，管理户粮、驿站、缉捕等事，仍隶同知管辖。遇事由同知核转，其同知仍隶道属，以专责成。又镇迪道旧辖喀喇巴尔噶逊粮员一员，地在迪化南一百八十里，原管户民本由迪化分拨。兵燹后员缺久悬，户民均系由州经管。臣前奏请升迪化直隶州为迪化府，增迪化县为附郭首县。该处距城较近，一切事宜，县中自能兼顾。其原设粮员一缺，亦应裁汰。库城、精河原额户民、屯兵及征纳额粮、房租、园租等项，均历有成案可考。现在户口凋零，兵屯未复，一切征收虽属寥寥，然为抚绥弹压起见，似亦因时制宜莫要于此。官制既定，得人而理，数年之后，自必日有起色。其改设各官应定为何项缺分，俟设定后再行拟议办理，仍恳照吉林新设各缺酌补一次成案，由外先行拣补一次。下部议奏。

（总 2036 — 2037）

32. [丙辰]，谕，兵部等衙门奏遵议处分一折，库伦办事大臣桂祥，着照部议即行革职，不准留营。蒙古库伦办事大臣那逊绰克图，应得降二级留任，照例罚扎萨克俸三年。及协领音德泰、笔帖式松荫，应降二级留任处分。均着准其抵销。

（总 2043）

33. [丙辰]，调色楞额为库伦掌印办事大臣，以文硕为驻藏办事大臣。

（总 2043）

42. [癸亥]，以恩承为大学士，管理理藩院事务，阎敬铭为大学士，管理户部事务。

（总 2044）

十二月

3. [乙丑朔]，谦禧奏，奴才接管卷内，同治三年十二月间钦差大臣额勒和布等奏结查办土默特贝勒旗老头会滋事一案章程内开，该旗私开地亩租项，统令归公，以补公用。嗣经理藩院复奏，议令饬知该旗将私开牧场造具坐落四至清册，就近呈报都统、盟长，各派委员将所有典卖地亩，会同秉公先行一律查清，仍体察现在蒙民交涉情形，详慎核定。其已经招民租种各地亩，亦即逐一查清。所有租项若干，可否统归公用，通盘筹划，一并奏明办理。并饬妥为立定章程，令穷蒙糊口有资等因。奉旨，依议。钦此。钦遵行知在案。迭经该旗呈请查丈，并经理藩院行催，历前任都统均因该旗未经造送地亩四至清册，是以未及清查。兹据该旗将此项地亩坐落四至造具清册，呈请饬派妥员前往查丈前来，奴才查此案有关蒙民生计，自议以来，已经延搁二十余年，该旗既造具四至清册，未便再事稽延，自应委员查丈，以免复起争端。第此项地亩查丈归公，是否足敷该旗公用，通盘筹划，定立章程，在在均关紧要。办理稍有未协，必又起蒙民争竞之端。非精明干练有为之员，难期妥善。查奴才衙门办事司员理藩院员外郎清详，明干有为，熟悉蒙古情形，自应派令前往会查，以期妥善而昭经久。俟一律查清，妥定经久章程奏请办理。报闻。

（总 2045）

5. ［丁卯］，颁给热河丰宁县关帝庙、赫山龙王庙、元宝山龙王庙匾额。

（总 2045）

6. ［戊辰］，前任镶蓝旗蒙古都统穆隆阿卒，予祭葬。

（总 2046）

20. ［丁丑］，钦奉慈禧端佑康颐昭豫庄诚皇太后懿旨，本日据神机营王大臣奏抽调旗兵更番教练并节省银两作为调练经费各折片，已依议行矣。八旗向称劲旅，自俸饷减成后，久未认真操练。现已降旨将俸饷全数放给，该官兵等若不激发天良，勤加练习，必至糜饷辜恩，毫无实济。该王大臣拟于八旗满洲、蒙古、汉军、骁骑营分别人数，按月调取更换演习，所筹甚是。即着拣派专操大臣，各带所管得力官弁，切实训练，毋得视为具文。其余旗绿各营，亦当涮除积习，由各该管官随时督饬精练，总期一兵得一兵之用。此次全放俸饷，系为体恤兵丁力顾根本起见，各该管大臣务当仰体朝廷实事求是之意，振刷精神，实力整顿，以期营务日有起色，巨帑不至虚糜，勿得日久懈生，致干咎戾。

（总 2046 — 2047）

27. ［己卯］，谕，有人奏，理藩院司员平日于蒙文多未肄习，每遇蒙古袭职等事，任听书吏借端勒索，以致弊窦丛生，殊属不成事体。即着理藩院堂官随时稽察，认真整顿，督饬司员等勤习公事，将书吏勒索蒙混种种弊端，严行禁绝。嗣后如再查有前项情事，即行从严参办，勿稍徇隐。用副清厘积弊体恤藩部至意。

（总 2048）

光绪十二年丙戌（1886 年）

春正月

6. [戊戌]，命春满为厄鲁特领队大臣。

（总 2057）

27. [戊午]，李鸿章奏，轮船招商局之设，原因各口通商以来，中国沿江沿海之利尽为外国商船侵占，故设法招集华股，特创此局，以与洋商争衡，庶逐渐收回权利，关于国家体制华民生计极巨，亦实为中外交涉之大端。……又湖北帽合茶一条，饬据津海、江海、江汉关道复称，帽合茶向由鄂、豫内地运赴张家口、蒙古地方，粗枝大叶，价值最轻。嗣后如华商由鄂附搭商局轮船出口，请照砖茶之例，每百斤减为出口正税银六钱，并免复进口半税。庶局船借得水脚，他船不得揽载。其由津北运张家口外，仍照完沿途内地税厘。以上两条，应请均自本月开办起。另将执照保单及稽核章程核定，分饬遵照。……

（总 2059—2061）

二月

9. [庚午]，钦奉慈禧端佑康颐昭豫庄诚皇太后懿旨，本日召见醇亲王，据称前奉谕令抽练旗兵，现在调取各营，惟镶黄旗蒙古、镶红旗蒙古、正蓝旗汉军三旗弁兵极为整齐，其镶黄旗满洲等旗间有未到者，至正白旗蒙古则全队未到等语。现当练兵伊始，似此任意疏懈，实属不成事体。若不予以惩儆，营伍何由整顿。所有正白旗蒙古都统乌拉喜崇阿、副都统明魁、染尔庆阿，均着交部议处；其承办之参佐等官，并着查取职名，交部严加议处。

嗣后各该旗奉调抽练，如有无故不到，或队伍不齐，即着神机营王大臣随时奏参，毋稍瞻徇。

（总 2063）

13.［甲戌］，吏部尚书崇绮复因病乞休，允之。调锡珍为吏部尚书，麟书为刑部尚书，昆冈为工部尚书，以绍祺为理藩院尚书。

（总 2064）

16.［丙子］，以托伦布为察哈尔都统。

（总 2066）

28.［庚辰］，理藩院左侍郎阿昌阿因病乞休。允之。

（总 2068）

29.［辛巳］，调嵩申为正白旗满洲副都统，师曾为镶蓝旗满洲副都统，以德隆为镶红旗蒙古副都统。

（总 2068）

30.［辛巳］，以崇礼为理藩院左侍郎。

（总 2068）

三月

11.［乙巳］，杜嘎尔奏，查上年四部落盟长等来乌会盟，商筹会报灾案，声明差户远近，遵饬各旗绘图，积欠商债亦饬清查，均俟报到再请核办，其余会称各节，当经奴才遵照理藩院奏议，咨商各处会同库伦、科布多大臣等商筹分别拟结具奏。奉旨，着照所请。该衙门知道。钦此。钦遵分饬遵办在案。现据四部落盟长等绘图造册，陆续报到，呈请核办前来。伏查差户远近一节，原报内称，今昔情形迥异，差渐增倍，力所难支，远近代当，差费增重，拟请估价等语。奴才当以创议分当各差，原属四盟王公会商办理。差费之说，系各旗通融办法，例所未载。远近贫富，奴才无从周知。是以拟饬各旗王公绘具详晰图说，会商妥筹，各抒意见等因具奏。经理藩院议复，该将军等既令各王公绘具详晰图说再行核办，自应准如所拟办理。奴才拟令各王公绘图妥筹，各抒意见，原以为重者何以轻之，远者何以近之。由各旗王公会商妥筹，各抒意见，绘具详晰图说，俾无难秉公核办也。今据各盟长等仅就原定台卡各差远近轻重段落绘图声请核办，并未详晰声明。是此案各该王公既未另有意见，应即拟结，未便再事牵延。查四盟王公创议分当各差，办法必属尽善，故能百有余年从无异议。所称差费渐增，声请估价，始自同治十年春。缘同治九年乌城陷后，回匪出没，大兵云集，嘉峪关驿路梗塞，西疆各城军火、饷运皆走北路，台站无昼无夜供应不息。加以雨雪未得应时，蒙民生计维艰，差繁累重，情固难堪。会报前情，不为无因。然以目下论之，乌城防军撤尽，西疆杂差一律停走，腾出科布多守卡官兵五百余员名，撤出恰克图等卡差户二百数十户。裁汰帮台，减撤驻班，是四盟今日之差又减于昔日。本年五月以后，自秋徂冬，雨雪调匀。如此若仍执原报研究，未免失于胶固。则例内载，盟长办理阖盟事务，均匀差户，是其专责。拟请将差费估价一节，饬由各该盟长等督饬各王公查照向章自行商筹办理，以免另生枝节。其积欠商债一节，伏查原报内称，灾重差繁，由驻班扎萨克台站屯田乌里雅苏台等处商民，赊取物价，高低欺隐，月利随加，还则数倍，声叙乾隆、嘉庆年间减还成案，请照成案办理等语。奴才当以边外民蒙交易，向有定章，若如所称，亦属非是。案情若果符合，应即照案办理。是否可行，奏请由理藩院核议。经理藩院议复，虽据查明减还各案，惟刻下商民是否能行依允，并未声叙。仅据一面之词，未敢遽行拟定，声令查照前次奏案核办等因，自应查照奏案秉公核办，必须情词吻合，方足以昭公允。此件系民蒙交涉，当即照例饬由军营兵部、理藩院会同查明。乌城向有四盟通事，铺户大盛魁、天义德两处应四盟各差，取具甘结声请查核前来。奴才详核结称，物价皆系各盟长等相商议定，公同立约。近有数旗自行商定,亦系两出情愿。历来相交百数十年,不敢私行增长,亦无一倍数倍之理。月利系因定限收账,约内议定,限内还者毫不加利。若有限满不能还者,自限满之日起随月加利。但一有拖欠加利者,一年停利。十年不能收清,因有定约,实非情愿。昔年减还,所减何债,近未有闻。且近年时势,更非昔比。天灾流行,蒙古生计浅薄,每年应收之数,只求三分之一旧欠。虽计续取难停,是蒙民既苦,商民苦累更甚,公同加结不敢捏饰等语。查商民结称交易各情,固难谓之欺隐。时势迥异,又难使之强同。是此项商债,各盟长等既与之相商议定,公同立约于始。拟请仍饬由各盟长等自行相商办理,俾得和辑于终。所有奴才查核拟结之处,如蒙俞允,遵将四盟报到图册等件发还各该盟长等遵照办理,以免积案久悬。得旨,如所请行。

（总 2076 — 2077）

14. [己酉],以本格署镶黄旗蒙古都统。

（总 2081）

五月

6. [癸巳朔],谕,杀虎口监督明保奏差满回京赍交盈余银两一折,所得盈余等项银三千六百八两零,均交广储司,明保着毋庸赏给。该衙门知道。

（总 2109）

六月

3. [丙寅],谕,张家口监督锡光奏差满回京短收、盈余银两请减成赔缴一折,着户部核议具奏。

（总 2117）

16. [己卯]，刘锦棠奏，准军机大臣字寄，光绪十一年十一月二十五日奉上谕，谭锺麟奏伊犁办理屯田应派员督办一折等因。钦此。伏查伊犁为北路奥区，土膏沃衍，泉源沟洫，处处可通。承平时于九城之地分置旗屯、兵屯、民屯、回屯以资耕种，边氓相劝，利莫厚焉。乱后地亩荒芜，耕者不及十分之二。且兵民自占，旧时经界无可遵循。现经锡纶派委三品衔分省补用知府王者彦按亩稽查，以期集事。惟委员之与印官，其势不相统属。谭锺麟原奏请将各处同知均归督办之员管辖。究系权宜之计，臣愚以为欲厚民生，须由郡县，欲增郡县，须设监司。况新疆北路，向设有道厅州县，现在全疆改设行省，南路经营建置亦已三年，各该地方官奉法顺流，与民更始。其效较然可睹。伊犁及塔尔巴哈台等处，原属新疆北路，辅车相依，不容膜视。请仿照镇迪道之制，增伊塔道一员，驻扎伊犁，兼管塔城事务。改伊犁抚民厅为府，改塔城通判为抚民同知，加理事衔，兼管屯田、水利。庶几官事有联，而屯政亦因之具举。当与锡纶计议，并函商明春，均以为然。可否施行，伏候圣明采择。……

（总 2125 — 2126）

八月

2. [甲子]，命安德为库伦掌印办事大臣。

（总 2141）

九月

2. [壬辰]，谕，庆裕等奏沿河被水灾黎请发仓抚恤一折，本年秋间，奉天辽河、巨流、大凌等河，因连日大雨，山水暴发，同时盛涨，平地水深数尺，田禾淹没，人口伤毙，田庄台一带被水尤甚，小民荡析离居，深堪悯恻。现经庆裕等捐拨银两分别设法拯救，即着将该省各州县存储仓谷酌拨，并遴员会同地方官确查户口，核实散放，俾资赈济。余着照所议办理。钦奉慈禧端佑康颐昭豫庄诚皇太后懿旨，着将本年万寿节内务府应进银一万两拨为奉天赈济之用。钦此。庆裕等即当仰体圣慈轸念民艰有加无已至意，督饬各员分投散给，务使实惠均沾，毋任稍有弊混。此项银两未到以前，即着该将军等先行筹款垫发，勿稍迟延。俟内帑解到再行归款。该衙门知道。

（总 2155）

16. [辛丑]，刚毅奏，臣承准军机大臣字寄，光绪十二年三月二十一日奉上谕，巴燕岱领队大臣长庚奏称西北阿尔泰山宜早防守，疃金等处宜开屯田等语。该大臣于边隅地势尚称熟悉，所称各节，不无可采。着刘锦棠、谭锺麟、鹿传霖、刚毅按照该大臣所奏，体察地势情形，详细规划，妥议具奏等因。钦此。寄谕到臣，伏查疃金系属晋边，所有议兴屯田事宜，自应由臣察度筹办。当经行知藩臬两司暨归绥道遵照，一面委令萨拉齐同知徐秋驰往履勘。兹据禀称，疃金即台吉，地属河北外套，系伊克昭盟所属之达拉特、杭锦两旗牧界。西至乌拉河东二百五十余里，东至乌拉特地界二百八十九里，北至黄河旧道，南至现行黄河。自二百余里至一百五十里不等，坐落西北，斜向东南。袤长五百余里，平川广漠，一望无垠。正北狼山，迤西红山，即黄河旧道，由南北行折而迤南迤东之处，则东大余太、什拉干。乌拉前山后山，岸峦凑接，气势回合，续而不断，由西而东，渐就收缩。此疃金一带山势地向之大略也。套外地势，西南高而东北低。溯查康熙以前河行北道，并无水利。自改行南道，蒙古始令素与交易之商租种分佃。即就黄水冲刷低洼处所，因利乘便，修成管道。西则疃金，计共五渠，东则土人名为后套，计共三渠。纡回约二百里，中间支渠曲折，蜿蜒不可枚数。而余水仍可退至河之旧道，由东北折向西南，绕过乌拉前山之西山嘴归入南河。土本膏腴，渠又顺利，麦谷黍秫，种无不宜。以故山西、直隶无业之民，从前承佃到此，均能自立生业。此套外一带水利土宜之大略也。达拉特旗牧界内台吉波罗塔拉地方，道光八年曾奉谕旨准其租给商种，五年抵还债项等因。钦此。钦遵在案。嗣后续接相沿，奉部文而承种者有之，由台吉而私放者有之，由各庙喇嘛而公放者有之。开垦甚多，至同治初年甘回逼扰宁夏，蹥金附近各商，分立仁义礼智信五社，办理团练以资安辑。迨后防剿各军驻扎防堵，或设台转输。各商分办运粮，致荒本业，渠道旋坏，不复疏浚，辗转陵夷，止存一二有名臣商，不忍抛弃基业，力耕自给。而土人所称后套地方商人，其时尚复不少。迨光绪二年遭马贼蹂躏，不特蹥金之僻在东西陲者牛坝商号不过数家，即后套左右亦不过二百余家。颓垣废堵，触处皆然。该处土本红炉，利于浇灌。现在失所既久，土质坚硬，红柳及织机草、枸杞树等，茂然成林，几无蹊径。闻咸丰年间达旗岁收租银不下十万，近岁所收租钱不及三千串文，其空乏已可概见。此达拉特旗套外地界今昔衰旺悬殊之大略也。今若于该处议设屯政，则险要借以扼，地利借以复，蒙旗借以赡，诚如原奏所云于时局不无裨益等情，禀请察核前来。臣伏念蹥金一带，地近塞城，远拱京畿，形势所关，不独为晋省紧要边防，实亦中外吃重关键。诚能及时筹议屯政，无事则固吾边围，免为逋逃渊薮，有事则防敌伺隙，便于控制事机，策诚至善。第该旗牧地，历经奉旨准其租种抵债，以及养育闲散备办公费等项，与他处蒙古无着闲田不同。臣阅伍至萨拉齐之包头，伊克昭正盟长固山贝子扎那吉尔迪来见，面与筹商。据称该盟达拉特等旗，闻有是议，率皆欢欣鼓舞。无非私冀开屯后，上可以急公者报答朝廷之深恩，下可以沾利者稍裕身家之生计。惟是办理之初，仍当明示各旗，俾晓然于此举固为弹压地方，亦为体恤蒙古。无论如何办理，必因其俗，不易其宜，断不使该旗牧界日久归于民人，蒙无可疑。且有所利，庶一切不至窒碍。至目前议屯先务，其要约有三端。一曰分段。套外西则躔金和永、牛坝上下，东则后套沙忽庙左右，均属适中之地。于此分为三段，拨兵一千。躔金正扎三百，二道坝渠以西分扎二百，沙湖尔庙正扎三百，西山嘴南哈木尔台少北分扎二百，且耕且练。西可以联络甘凉、陇秦之声气，东可以联络余太现扎之马营。每兵一名给田五十亩计需田五百顷，并给牛种。先就易开之渠，督兵挑修通畅。以后兵农两便，兵则耕种自食，由营官经理。其余地亩，悉由蒙古、商人按照向规办理以仍其旧。惟兵屯地段，如西山嘴哈木尔台少北等，须就近借拨乌拉特地。其余各就近借拨杭锦、达拉特地以资分拨。一曰修渠。套外渠道，达拉特、杭锦二旗为最多。此外则乌拉特中旗界内大余太昭有山水一道，向来买水浇地，宽窄不过二十里。两旗界内西山嘴南有珊湖湾河道，无庸另开大渠。止须于湾之东北建筑一坝，多开支渠，则乌拉前山之前全可浇灌。西口界内有乌拉河渠一道，系借黄河北流旧道之口引水浇地，曩系商人自开。各旗领租，若开商屯，应将躔金后套各渠，官为修浚通利。其各处旧商界内支渠，仍责成各商修理，务臻一律顺畅以利引浇。如此则商既易于招徕，蒙又多获租价。将来或再于寻常租价外酌加商人二成交官，名曰地粮，以资公费。其租价多寡，仍由蒙商自行定价，不准抑勒。一曰设官。套外地方，连乌拉特三旗牧界合算，东西袤延七八百里，南北斜宽二百里至二百六七十里不等。蒙地界址，商民不能深悉。向年租种者，往往此招彼逐，致启争端。今既议开屯垦，则事务日繁，该处距萨厅甚远，势难兼顾。俟办有端倪，拟另设文武官各一员驻扎躔金，专理兵屯、商屯事务。其设官经费，即取给于地粮二成，免耗公帑。遇屯兵滋事，即会同营员办理。如商人欠租暨蒙人逐佃，官为分别讯理，免致构衅。以上三端，不过将见闻所及撮其大纲。至屯垦详细事宜，必俟奉准开办时再行条议具奏。但其间尚有为难情形，亦不能不先时预计者。是举也,事属创始,需用浩繁。库乏积储,经费无出,则筹款难。开办必自兵屯始,口外地方辽阔,现有之练军均驻要隘,无可抽调,则拨兵难。该处系达拉特、杭锦、乌拉特等旗牧地,必须筹商划一,方可通融屯垦,则借地难。臣愚以为欲于此数难中勉筹办法,计惟有裁撤树军,另行挑练屯军,以所节之饷为开屯之资,庶期两得。查树军岁需饷银八万四千余两,臣现咨照大同镇总兵张树屏,查照遣撤湘军章程,厚给资粮,分起护送回籍,计岁省银八万四千余两。拟仿练章于大同镇属兵额内挑兵千名,作为屯军,岁需薪粮及加练军饷干银二万八千余两,尚余银五万六千余两,即作屯费,尚可无庸别筹。如将来屯务得手,屯饷等项均有所出,即将节省树军全饷,报部备拨。若夫应借蒙部地段及招商纳租办法,应请旨饬下伊克昭正盟长并乌兰察布盟长转行达拉特、杭锦二旗暨乌拉特等三旗,遵照核议。果无窒碍,或先试办三年,如有明效可证,即行相地审宜,斟酌损益,着为定章,无失寓兵于农之意。然事体重大,所议是否有当,谨将疆金一带形势绘图贴说,恭呈御览,仰恳敕下户部、理藩院核议施行。得旨,该衙门知道。图并发。

（总 2164—2167）

冬十月

11. [丙寅],以崇礼为正黄旗蒙古副都统。

（总 2175）

19. [庚辰],谭锺麟奏,臣准西宁办事大臣衙门呈称,据京城嵩祝寺扎萨克喇嘛里色特禀称,前由理藩院具奏里色特等师傅章嘉呼图克图之呼弼勒罕进京瞻仰天颜,奉旨允准。里色特等于本年九月初五日由京行抵西宁迎请师傅章嘉呼图克图之呼弼勒罕,于十月初一日起身进京,仰瞻天颜,叩谢天恩,先行进呈皇太后长寿佛一尊、哈达一方、皇上长寿佛一尊、哈达一方。恳祈转奏前来,谨

147

照例将佛尊另装护匣递送理藩院代进。下所司知之。

（总 2178）

十二月

5．［辛酉］，以绵宜为理藩院右侍郎。

（总 2193）

47．［丙戌］，以长顺署镶白旗蒙古都统。

（总 2216）

光绪十三年丁亥 (1887 年)

春正月

29. [癸丑]，以麟书署镶蓝旗蒙古都统。

（总 2224）

二月

15. [戊辰]，命双全为察哈尔领队大臣，崇勋为索伦领队大臣。

（总 2229）

49. [丁亥]，以荣禄为镶蓝旗蒙古都统。

（总 2240）

三月

14. [甲辰]，前署塔尔巴哈台参赞大臣明春卒，予祭葬。

（总 2245）

闰四月

5. [己丑]，托伦布奏，奴才所管察哈尔八旗额设理刑满蒙员外郎各一缺，专理刑名之责。满洲员外郎缺出，由京旗考取补授本任。今正该司员等进口，奴才一一接见，询问公事，均能熟悉律例，清文、蒙语亦皆通晓，实为京员中可造之材。惟皆褴褛不堪，形容憔悴。正欲访询，而该员等纷纷请借盘费银两。查此款尚未解到，若为垫借，无款可筹。奴才是以批驳。乃该员等复

149

又联名禀称，除本任应领盘费银每年五十一两六钱之外，别无领项，因而异常拮据，困苦无措，委无生计。情词恳切，再三请借前来。奴才见其形状，似属实情。当饬司详查何以如此。据称，溯自咸丰四年以后，库款支绌，一再裁减。嗣该员等若因公出署会厅相验等差，尚藉本旗例供乌拉，可资往返。至前数年间，因牲畜遭灾，遂即裁撤。是以近年专恃盘费一项，不无苦累等语。奴才复核无异。然就便筹借，亦非经久之计。况口外游牧已垦成熟，蒙民杂处，词讼较先愈繁。率皆蒙民交涉，例应会厅，是该员在本署之日少，会厅之日多。往返旅寓，又无廉薪乌拉，确属苦累难支。令其枵腹从公，实堪悯恻。奴才目睹实情，岂忍坐视。现京员俸饷已然足放，而由京出差人员，似宜量加体恤。惟部库正当节俭之际，奴才何敢请款。然此数员若不亟为图维，将使在者困迫待毙。而来者视为畏途，且无以示策励而资观感。惟有仰乞天恩，俯念京员口外当差，领项过微，委无生计，可否每员每季酌加津贴银二十两以资糊口。计八旗左右司印房理刑官掌印帮印十二员，每岁所费无多，该员即可敷衍。既免甑瓦内顾之忧，自必益加奋勉。如蒙俞允，即由奴才衙门茶马厘捐截剩项下按季提放，并入正案核销。得旨，如所请行。

（总 2265）

14. [戊申]，克蒙额等奏，绥远城八旗满洲、蒙古二十佐领下，现有额设领催、前锋、马甲二千名，步甲七百名，养育兵六百名，统计男妇老幼人丁一万余名口。奴才等每逢操练之期，阅其兵丁，尚属强壮。惟满城街巷，清苦异常。去岁夏间山西抚臣刚毅亲诣口外巡阅营伍，行抵归绥，亦曾目睹满城异常困苦。奴才等体察情形，缘自咸丰三年以来，该官兵屡次奉调前往江南、河南、安徽等省出征并制造抬枪等械，又复迭次捐备战马，赔累已深。伏查现有领催八十名、前锋二百名，照例每名月支饷银四两，马甲一千七百二十名，照例每名月支饷银一两五钱。自咸丰四年奉准部文，官员应领俸银每两核扣三钱并减平银六分，实领银六钱四分。兵丁除步甲、养育兵外，领催、前锋、马甲月支饷银每两核扣二钱，实领银八钱。至该官兵月支米石，因各厅拖欠累累，解不足额，又不能按期关领。此官兵等用度艰苦之实在情形也。况归绥地方，西通甘肃，北与大青山后草地毗连，处处可通，殊为晋边首要之区，较诸他省情形不同，操练巡防不敢稍涉松懈。奴才等反复思维，现当力求节省，曷敢妄议增添。惟因所属官兵自俸饷减成放给以来，迄今三十余载，用度甚形艰苦。再四熟商，合无吁恳天恩俯准绥远城添设养育兵四百名，援照旧有养育兵每名月支饷银一两五钱，月需银六百两，一年共需银七千二百两，遇闰加增六百两，藉资养赡。可否之处，出自圣裁。下部议奏。

（总 2270）

20. [丙辰]，谕，内外臣工章疏声叙各省地名及臣下衔名等类，均应全写。溯查乾隆、嘉庆、道光年间迭次钦奉谕旨训饬，不准率行减省，允宜永远恪遵。乃近来奏疏，往往任意减写。如科布多仅称为科，塔尔巴哈台仅称为塔，吉林、黑龙江、热河仅称吉、江之类，不胜枚举。至乌鲁木齐、乌里雅苏台均称为乌，更属漫无区别。又如司道但称某司某道，府县但称某府某令，殊失君前臣名之义。本朝年号，尤应敬谨全书，如乾、嘉、道、咸字样，私家著述偶有省文，岂可登诸奏牍。嗣后内外各衙门陈奏事件，于年号、地名、人名等项，务从全行书写，不得减文，致乖体制。将此通谕知之。

（总 2277）

五月

15. [甲子]，调明魁为乍浦副都统，以连庆为正白旗蒙古副都统。

（总 2283）

151

16. [乙丑]，以乌拉布署镶白旗蒙古副都统。

（总 2283）

28. [甲戌]，谦禧奏，前因漏网逆首杨步云复在平泉州等处纠众滋扰，经奴才飞派驻防练兵前往会同各路官军蒙员剿捕，一面据情奏奉硃批，知道了，即着饬令派出员弁会同地方文武，将首犯杨步云及该匪党悉数捕获，毋任漏网，以靖地方。钦此。钦遵。正在转饬遵照间，即据管带热河练军佐领全龄、管带古北口练军参将张锡禄禀送中途搜获杨步云派探匪目李殿沅即李三缺牙一名，解经奴才督率理刑司员提讯。该犯供认，在杨步云伙内分充头目，随同各处抢劫，现在杨步云闻官兵众多，率众赴撒拉巴营子邀添伙党，再行拒敌，令伊先来查探等情属实。当经照章即行就地正法，一面严定赏罚，通饬地方文武各员合力兜拿杨步云务获，毋再任令漏网。去后，兹据佐领全龄、参将张锡禄、八沟参将春福先后禀称，探得逆首杨步云现在纠添伙党二百余人，在撒拉巴营子盘踞，并于该处路口设立炮台，以备抗拒。全龄、春福、张锡禄等即督带官兵、练军严整队伍前往剿捕。闰四月二十七日行至撒拉巴营子，查看该处四面皆山，地极险要，设立炮台，守甚严密。正欲整队深入，忽闻炮台火炮齐发，贼匪蜂拥而出，胆敢依山列阵抗拒。施放枪炮，势甚猖獗。我兵不能仰攻，佐领全龄饬弁带兵分路进攻，自引劲旅夺路绕出贼后。张锡禄亦饬哨官冯履富等直击中坚，哨长岳魁龙与各路官军、蒙弁分作东西两翼，四面夹攻。枪炮齐施，贼腹背受敌，犹复拼命死拒。忽炮火延燃贼巢，火焰猛烈，贼阵惊动。我军勇气百倍，鼓励前队奋往直前，枪刀并进。该逆等势不能支，纷纷逃窜。官军督队追逐，各匪纷纷逃逸。计枪毙逆匪十余名，阵亡三十余名，被伤者不计其数。搜擒逆目一名，逆匪九名，夺获火炮十余杆，马匹、器械、衣服无算。共毁贼巢二十余座，马棚七八间，刨平炮台一座。因查杨步云逃逸无获，先将获犯就近解交平泉署看守，全龄等会同官兵、蒙弁等到处搜捕。至五月初二日，访知杨步云在平泉州属之老虎沟盘踞。是日，全龄督队同各路官兵由该处东北进捕，张锡禄饬派弁兵同蒙弁等中西南兜拿。该逆猝被围捕，仓皇失措，犹敢骑马放枪抗拒，左右冲突。经哨长寿祥等赶往首先擒获各等情禀报。并由佐领全龄饬派防御福勒敦将逆首杨步云、伙匪李才、葛川轮、贾城得、马幅、周振详、陈富堂、杨林、李幅即三没牙、张景和、李凤林押解前来。当经奴才卷查光绪十年二月间杨步云聚众在建昌县地方滋扰，拒敌官兵，奏奉谕旨严拿务获在案。随督率理刑司员刑部员外郎陶墭、主事蔡揆忠、热河道德克精额、承德府知府廷杰提讯各犯，供甚狡展，连日研鞫。始据杨步云供认，伊籍隶山东东昌府，向在朝阳县游荡度日，同治十三年，因仇杀孙汰，犯案脱逃，至光绪十年，在建昌县扎兰营子捆人勒赎，拒敌官兵败逃，往沈阳一带避匿，去冬潜回转山子地方存身，因挟社首冉中元报县缉捕之仇，于本年三月间，邀允在逃之李凤林、于洛邦、先获正法之李殿沅、现获之葛川轮、贾城得、李才、杨林、李凤林等，彼此辗转纠邀掳胁，共有一百余人，皆记不清姓名，大家推伊为总头目，伊派王城德作先锋，派李凤林、于洛邦、李殿沅等各带伙党二三十人充作散头目，四月间在扎兰营子聚齐，执有大旗两杆，上书代天行化杀富济贫各四字，分携洋枪、抬炮、刀械，各骑马匹，于四月初五日行劫兴隆沟事主冉中元家牛、驴、衣服等物，捉其侄冉发勒赎得赃。嗣又率领于洛邦等伙劫伊侄等家财物分用，正欲赴三官营子孙林家抢劫，适闻得官兵前往剿捕，伊虑人少难敌，故即派李殿沅查探官兵，自向各处邀添旧伙统共二百余人，在撒拉巴营子盘踞，即于路口设立炮台，以击官兵。闰四月二十七日官兵追及，经伊伙布阵拒敌败散，伊即骑马携带洋枪逃往老虎沟藏匿。至五月初二日，被官兵围捕，伊猝不及防，放枪拒捕，并未伤人，即被擒获。质之杨林、李凤林、葛川轮、贾城得、李才，佥供如一。核与前讯李殿沅供亦相符，似无遁饰。

153

惟陈富堂、张景和、周振详、李幅即三没牙、马幅同供，伊等均系被胁勉从，或仅为贼侦探，或仅容留逸贼，或仅为贼喂马，或仅与贼赌博，并未随同搜劫财物，亦未拒捕伤人，自应另行核办。奴才查逆首杨步云，始则纠邀多匪，拒敌官兵，已属最大恶极。兹复纠合党与竖旗滋事，各有伪号，形同叛逆，实属罪不容诛。现既讯取确供，本应解京审办，只因逆党甚盛，长途递解，在在堪虞。是以于讯明后与为从之杨林、李凤林、葛川轮、贾城得、李才，均照章即行就地正法，并传首犯事地方悬杆示众，以昭炯戒而快人心。其被胁勉从之陈富堂、张景和、周振详、李幅即三没牙、马幅，即交承德府审办。此股逆匪内，各有奉天省已革兵丁，经官兵击败后，各匪均向东荒逃逸，缘东荒毗连奉省，谅欲遁归旧巢。现飞咨盛京将军转饬一体堵拿，并飞饬佐领全龄暨地方文武合力搜捕。上谕，谦禧奏拿获积年巨匪请将出力员弁奖励各折片，匪首杨步云，前在热河建昌县等处纠众滋事，当饬热河都统等派兵缉捕，久未戈获。兹据奏称，本年四月间，杨步云复纠合党与，在撒拉巴营子地方建筑炮台，竖旗滋事，当派佐领全龄、参将张锡禄、春福督带官兵、练军前往搜捕，该匪党等胆敢列阵抗拒，势甚猖獗。全龄等督兵分路进攻，击毙逆匪数十名，余党纷纷逃匿。五月初二日，在平泉州属老虎沟将杨步云擒获，并将匪党李才等一并拿获。当于讯明后即行正法等语。杨步云以积年漏网巨匪，久稽显戮，此次经谦禧严饬将弁合力兜获，立除巨憝，办理尚属认真。在事出力各员弁，着准其择尤保奖，毋稍冒滥。其余在逃匪党，仍着该都统会同盛京将军饬属一律严拿，务期尽绝根株，毋留余孽。

（总 2287 — 2289）

38. [癸未]，刘锦棠奏，新疆初设行省，官制未备，所有抚臣衙门笔帖式员缺，尚未议设，遇有满、蒙文件，虽暂委员翻译，究与定例不符。兹新疆布政使魏光焘详称，查定例，各督抚衙门

笔帖式由京补用，六年期满，各该处注考送部，以京缺补用。又
例载，直隶、云南总督衙门笔帖式各一人，陕甘、四川总督衙门
笔帖式各二人，山西巡抚衙门笔帖式二人，陕西巡抚衙门笔帖式
一人各等语。新疆地处极边，所属土尔扈特和硕特及哈密回部，
亦时有往来文件，翻译较多，拟请仿照山西巡抚衙门笔帖式之例，
添设新疆巡抚衙门笔帖式二员，掌理翻译，其俸银照品支给。养
廉一项，查新疆道远地瘠，百物昂贵，拟请从优照陕甘总督衙门
笔帖式之例每员岁支银二百五十两，并照甘肃津贴公费章程每员
岁给公费银六百两，以资办公等请，详情具奏前来。臣复核无异，
合无仰恳天恩俯念翻译事关重要，准予添设新疆抚臣衙门笔帖式
二员，并请饬下部院核议补放，以符定制。下所司议奏。

（总 2292）

39. [癸未]，刘锦棠奏，查喀喇沙尔、库尔喀喇乌苏办事领
队大臣各员缺，前经奉旨裁撤，并准设喀喇沙尔、库尔喀喇乌苏
直隶抚民同知各一员，加理事衔，管理地方户籍、田赋、刑案，
兼管土尔扈特游牧事宜各在案。是土尔扈特等蒙众向隶办事领队
管辖者，自应改归地方官管辖。第事属创始，诚恐各蒙民未能户
晓，遇有交涉事件，办理仍多窒碍。相应请旨饬下理藩院申明新
设定制，转行各该蒙部一体遵照，以资治理。至哈密厅缠回，曾
经前督臣左宗棠援照吐鲁番例奏归哈密通判兼管，一切案件由官
审报。应请敕部仿照吐鲁番之例改铸哈密通判兼管回民事务关
防一颗，颁发领用以专责成，仍由臣督饬各该地方，凡遇事秉公
办理，俾蒙、汉、缠回一体相安，以仰副朝廷绥靖边防之至意。
下所司知之。

（总 2292 — 2293）

秋七月

30. [甲申]，文硕等奏，藏属番官有俸人员……于是理藩院奏请自道光二十一年为始，将藏属番官应领俸银、俸缎照新疆蒙古、回子王公之例，改由户部如数分拨，径解四川总督按年附饷搭解至藏，就近开支以归简易等因，奉旨，依议。钦此。……

（总 2318）

八月

35. [丁未]，以长顺署镶黄旗蒙古副都统，奕谟署正红旗汉军都统。

（总 2329）

九月

36. [癸酉]，恭镗等奏，黑龙江省交错蒙古部落，地广民稀，向设南北两路站官，督率站丁专司站务。前因开办电线工程一切事宜，非地方实职人员会同电工委员，恐致呼应不便。先经奴才等札委茂兴站官承春专办南路，期于委员入境安线运料不致贻误，乃该站官性情拗执，未能和衷商榷，于应办事件漫不经心，几至延误要工。当由奴才等查核属实，未便稍事姑容，应即撤任留省察看，遴委署理以重职守。其北路电工，现已设至黑龙江城，奴才等加派妥员帮同北路站官穆精额加意照料，尚称妥速。谨附片陈明。报闻。

（总 2345 — 2346）

冬十月

9. [丙申]，以长顺署正红旗蒙古都统。

（总 2359）

十二月

32. [丁未]，转师曾为兵部左侍郎，调绵宜兵部右侍郎，以庆福为理藩院右侍郎。

（总 2403）

光绪十四年戊子（1888 年）

春正月

21. [壬申]，上御紫光阁，赐蒙古王公筵宴。

（总 2409）

28. [乙亥]，谕，谦德奏奉差官员改道出关请旨饬查一折，翰林院侍读学士锡钧奉旨前往科尔沁致祭，自应照例由喜峰口台站行走，乃辄取道山海关，擅改旧章，殊属任性。锡钧，着交部严加议处。

（总 2411）

29. [丙子]，予故署塔尔巴哈台参赞大臣明春战绩交国史馆立传，准于哈密地方建祠。

（总 2411）

35. [辛巳]，以德隆署镶黄旗蒙古副都统。

（总 2413）

二月

35. [丁未]，谦禧奏，热河土槽子、遍山线两处银矿，自咸丰三年八月暨十一年正月经前任都统毓书、春佑先后奏准开采，土槽子定章，由都统派员督征课银，按月呈交都统衙门存储，遍山线定章，由热河道派员征收课银，按月解交热河道库存储，均系候部拨用，历年遵照办理。近年各矿银苗不旺，征课亦减。前因商人李文耀赔累，私自回籍措资不返，经保充之直隶候补道朱其诏禀请勒限催追，由奴才于十二年十二月附片奏明。嗣因限满未回，经直隶督臣李鸿章雇来外洋矿师，即饬该道朱其诏带往各矿查勘，当经咨会。据该道朱其诏具禀，各矿铅多银少，土法不能取铅，因而赔累。所出青铅，可令制造枪炮弹子及配铸制钱之用，惟须参用西法另购镕铅炉，方能铅银并取。旧矿积水深至百尺，非起干不能细视。现拟就近将平泉矿中起水锅炉机器运往起水，一面仍用土法，择浅处之沙线逐日开采，以顾国课。一俟水干，由该矿师勘明，估定成本，再行妥议章程，奏明办理。商人李文耀既限满未回，应由该道朱其诏兼办，划清界限。自光绪十三年四月初一日起，两矿工作及按月应完国课并委员薪水，由朱其诏筹办。其是年三月底以前公私欠款，归李文耀承认。所有两山之督办征收委员，悉由该道朱其诏会商热河道暨理刑司拣员札派等情咨会。嗣因该道朱其诏久不到矿，国课悬虚，节次咨催，冀得确实以凭奏报。兹于本年二月初十日据该道朱其诏来见，面禀情词与咨文相符，并将两矿课银自光绪十三年四月起至十二月止按月补解前来。奴才查矿务为当务之急，课银亦国帑攸关，既准直隶督臣咨明，矿师查勘各矿。铅银并有，即饬该道朱其诏起水详验，仍用土法取办，兼顾国课，两有所裨。奴才近在热河，自应会督办理。所有两矿课银自光绪十三年四月起归该道朱其诏按月呈缴之处，应请旨饬部立案。如有拖欠，即向该道追赔，以免推诿。至该道朱其诏承办两山矿务，究竟能否成效，统俟水干勘估沙线厚浅，能否敷本，禀明另行会同直隶督臣商核奏办。下部知之。

（总 2425 — 2426）

37. [己酉]，以奎润署镶黄旗蒙古都统，麟书署正白旗汉军都统。

（总 2426）

41. [辛亥]，谦禧奏，前准直隶督臣李鸿章咨会，候补道朱其诏承办土槽子、遍山线两处银矿机器内应用煤铁，即于该矿左近择煤铁矿之合用者，由该道派拨工匠采取供用等因，当经转饬知照。兹据承德府知府廷杰详准办理矿务候补道朱其诏移知，府

159

属兴隆山、榆树沟等处煤铁各矿欲往开采备用等情，详经札饬热河道德克精额委员查勘，兴隆山距郡甚近，于东陵后路风水有所关碍，榆树沟距郡较远，虽无关碍各处风水，但穷乡僻壤，易招匪类，恐致贻害地方等情，绘图帖说禀由热河道德克精额详送核办前来。奴才查兴隆山既经查明关碍东陵风水，自应禁止不准开挖。其榆树沟煤窑虽据禀称穷乡僻壤易招匪类，但责成地方官认真稽查，未始不可准行。惟此处煤窑，不在道光九年前任都统成格奏奉上谕准其开采之列，第现在矿务紧要，需用机器非煤火不能运动。若不变通办理，殊恐有碍矿务。可否准其开采之处，相应请旨饬部核议，以便遵办。下部议奏。

（总 2427）

三月

11. [癸亥]，调绵宜为盛京户部侍郎、崇礼为兵部右侍郎，以恩棠为理藩院左侍郎。

（总 2429）

17. [乙丑]，以绍祺为正蓝旗蒙古都统。

（总 2432）

27. [乙亥]，予故科尔沁忠亲王僧格林沁于奉天省城建祠。

（总 2434）

夏四月

3. [癸未]，刚毅奏，土默特、达拉特两旗互争界址，蒙钦派察哈尔都统绍祺前往查办，当经勘明酌议，奏请自现流黄河以北干濠以南，按照里数，以迤北六成之地归土默特，迤南四成归达拉特，并请将断归土默特六成地亩征租练兵，将押荒银两作为购置马匹、军械之需。奉旨，交绥远城将军妥筹办理。当经绥远城将军臣克蒙额钦遵勘明里数，分段绘图复奏，声明押荒升科事宜，交地方官办理。经户部咨行到臣，令照丰镇、宁远厅官荒放地成案奏报核办。当经饬司派员查照直隶开垦马厂章程酌议勘丈去后，旋据原派委员萨拉齐同知徐烑等禀称，此项地亩，滨临黄河，逼近山麓，夏秋雨潦盛涨，水汇沙积，地多硗薄，向来民间承种，易地而耕，种则出租，不种停租，地方远逊丰、宁。若照直隶章程每顷出押荒银二十两、每亩征租一分四厘、每正银一两加耗羡银五分、遇闰每两加增三分办理，恐多窒碍。请将押租两项分别等则酌量核减，已垦成熟之地，当年升科，未垦地亩，定限启征。丈放地亩，拟由该厅先给印照，俟请部照到日发交更换等情，请示前来。臣与将军臣往返咨商，酌量定议。查前项地亩，本与丰、宁牧厂肥瘠不同，若必责以将租押银两悉照一律，必致各佃户裹足不前。遂量为核减，分别三等，上等定每顷交押荒十两，中等者九两，下等者八两，租银则上等、中等每亩均交银一分四厘，下等减一厘，耗银遇闰照章核收，以示区别。其已垦地亩，即以光绪十三年为始，一律升科。未垦之地，三年后自光绪十六年再行启征。丈放时先给印据，后换部照。兼以此项地亩向由蒙古租佃，种则出租，不种则停。现既改收官租，必须按亩按年依限完纳。民情不免疑阻，准其水旱偏灾随时呈报勘验，照例分别蠲缓。即水冲沙压，亦准报豁，以期踊跃，俾易办理。饬司转饬徐烑等遵照，并即设局添派正佐各员前往会同丈放。兹据布政使张照转据押荒局委员徐烑等详称，前奉文设局办理土默特六成招垦事宜，遵于三月开局，正佐各员到差，随即会同按照库储部颁铁尺二百四十步为一亩，分段丈量，内除蒙古（招）[召]庙、坟墓、民人牛牧、房屋、河渠、道路、沙碱、柳林以及潦荒地一千四百顷，又河西界内东南北三面河坍四十余里，计地亩五百三十余顷，实计已垦上地三百四十三顷九十五亩二分，

161

中地五百一十四顷四十六亩六分，下地一千八十三顷七十五亩五分，未垦上地一千九顷，中地二百四十六顷九十七亩，下地八百顷一十二亩五分，统已未垦各色地三千八顷二十六亩六分，均已一律丈放。先给萨拉齐厅印照，先租后押，已垦各地，现年即行征租，照章加耗，遇闰加增，十三年共应征租银二千八百十九两五钱一分七厘零，于九月间如数征足，批解绥远城将军饬发粮饷厅库收储。未垦各色地亩，无闰每年应征银一千四百八十三两一钱四分六厘零，应自十三年为始，三年后再行启征，共应收押荒银二万五千五百五十三两四钱六分六厘。截至十月底已征起一万二千二百二十五两，下余银两赶紧催收，并将四围界址石碑安插妥当，一俟押荒收齐，即行撤局。至潦荒地亩，屡勘实无可放，容再设法募佃，如能续垦若干，当即具报以免荒废。所需委员薪水以及局用杂费等项，即在押荒项下核实支用，事竣造报。惟查此项地亩，两旗希图利益，互相争夺，几乎无年不酿械斗之案，致令良弱农民，知地有瓜葛，视为畏途，不敢租佃，莠民则纠合党类，视两旗之弱强为左右袒，唆成鹬蚌之持，坐享渔人之利。且民不土著，不肯尽力耕耨，地多荒芜。两旗实收地租仍属无几，徒滋蔓讼，致成地方之大累。现在分清界限，丈明亩数，归作官地，招佃征租。地色既有区别，岁租亦分等差，从此永远为业，各守各界，两造无所觊觎。旗兵借资利济，于国计民生均有裨益。惟地界边陲，兼以沙漠之中，民多愚蠢。创办尤多为难。在事各员，于沙碛烈日之中，冰雪风霜之地，往来奔走，弹压指挥，亦皆洁己奉公，竭诚开导，用能感知愚顽，慑服刁健，克期竣功，民蒙安谧，洵属着有微劳。查上年丰、宁办理官荒各员，援照直隶张、独、多押荒成案，业经详请奏沐恩施，此次事同一律，自应援照准予奖励以昭激劝等情，详情具奏前来。臣查土默特六成地亩，周围百余里，地至数千顷，丈量征租押荒，事属创始，颇费区画，承办各员徐林等，竟于数月之内一律办有头绪，其劳洵为足录，合无仰恳天恩俯准援案择尤保奖，以酬劳勚。得旨，着准其择尤保奖，毋许冒滥。

（总2437—2438）

6.［丙戌］，额尔庆额奏，塔尔巴哈台非有重兵镇守，不足以固藩篱。查前任参赞大臣春满任内奏定章程，以汉队二千、旗队一千扼要驻扎，本无庸骤议更张，致滋纷扰。惟汉队皆从关内招募而来，久役思归，不安本分者十居八九。奴才此次遣撤各营勇丁，所遗缺额，原议派员入关招募，添补成军，业经另折奏明在案。现当黄河决口，筹工筹赈，需款孔殷，屡接部咨，谆谆以撙节为务。奴才值此时艰，何敢稍拘成见。前议募勇补额，亦属万不得已之举。以现在情形而论，饷薄则无人应募，饷厚则用费不支。将来遣散又需巨款，终非经久之道。刻下欲图节省，除改坐粮、土勇两项外，别无良法。而营勇骄惰成风，一议减饷改章，则怨言流布，若强改而行，转多窒碍，不得不更作他图。伏查塔尔巴哈台旧制，原有换防制兵一千名，伊犁换防兵一千名，本处额鲁特各部落旗兵一千六百名，自新疆乱后，屡有变更，未为划一。奴才再四筹思，惟有将汉队概行裁撤，规复绿营旧制，拟请就近由甘肃各镇抽调携眷精壮兵丁一千名，伊犁现亦无兵可调，拟将塔尔巴哈台、索伦、锡伯旗队作为驻防，并在额鲁特、察哈尔各部落内共挑选精壮蒙兵一千六百名，合之现在旗队一千名，仍符三千六百名旧额。遴派得力将弁，分起管带，认真训练，一二年后即成劲旅。该制兵等既有身家，自无他患。第所食钱粮，似应比关内稍优，以示区别，按每马兵一名月给银四两，每步兵一名月给银三两，守兵一名月给银二两，旗队则每马兵一名月给银四两，步兵一名月给银二两。所有绿营官弁，现在屯防副将所辖共三十五员，自必再行添设，通计官兵等廉俸心红马干及办公津贴添制军装器械等项，约共需银二十余万两之谱，每年约可节省银一万余两。且塔尔巴哈台土肥水美，地广人稀，将来添开屯垦，且耕且守，富庶可期。目前总属制兵，日后尽成土著，于地方稍有裨益。然后择地修建城池，盖造衙署兵房，安设营汛，自可为西北重镇，不仅一时兵增而费省也。惟该制兵等携眷出关，迢迢远道，资斧维艰，自应量为津贴以示体恤。拟请每兵一名，除由地方官支给车辆外，酌给川资银六十两，即在本年分拨军饷内搏节动支，毋庸另议筹款。再，奴才前准陕甘督臣谭锺麟抄稿咨会，于奏请分拨关内外光绪十四年军饷原折内称，约计关外各军悉改坐粮，裁减善后经费，每年可节饷银五十万两，此次奴才拟请裁撤营勇规复旧制，意见颇与相同。总之饷源有限，用费无穷。若不乘此稍能挹注之时设法补救，则年复一年，辗转因循，必致贻误。应请旨饬部妥筹议复，以便遵照办理。并由奴才详定章程分别奏请立案。下部议奏。

（总 2439 — 2440）

7. [丙戌]，额尔庆额奏，查塔尔巴哈台地方，除索伦、锡伯、额鲁特、察哈尔、土尔扈特各旗部落蒙民外，土著汉民甚为稀少。奴才派员查点，共汉民一百四十一户，内除有眷口者九十四户，其余均无室家。旋据署粮饷理事通判刘凤翔禀报户口数目，亦属相符。窃维民为邦本，必须人烟稠密，地方乃有起色。虽经奴才设法招来，无如地处极边，天气寒冷，报垦者仍属寥寥，坐令膏腴半归荒废，殊为可惜。奴才此次陈请抽调甘肃制兵携眷来塔尔巴哈台驻防，盖因甘肃相距较近，风气相宜，将来该制兵等到防，酌量发给牛具籽种，饬令认地开垦，三年后按亩升科，是于守戍之中，仍寓屯田之法。一举两得，莫善于此。如蒙俞允，奴才俟奉谕旨后再行悉心酌夺办理。下户部知之。

（总 2440）

23. [戊戌]，以奕絪署镶黄旗蒙古都统。

（总 2446）

六月

17. [甲午]，以希隆阿署镶蓝旗蒙古副都统。

（总2462）

19. [乙未]，予故塔尔巴哈台参赞大臣锡纶祭葬。

（总2462）

秋七月

2. [辛亥]，谦禧奏，承德府属榆树沟煤矿，前因热河开办矿务，机器需煤孔殷，拟请就近采用。奏奉硃批，该部议奏。旋准议奏，行令绘图贴说，将该处煤矿隶于何属境内，有无关碍民田产墓及四至里数逐一注明，并是否招商抑系官办暨如何设法严防以杜流弊，一并筹议。再行奏明核办等因，咨复前来，当经分饬遵照。即据承办矿务直隶候补道朱其诏禀明，该处煤矿委系官办，并未招商承充。并据热河道德克精额另派妥员勘明，榆树沟煤矿系属承德府辖境，该山附近并无民田产墓，亦无关碍之处，绘图贴说注明四至里数详送奏咨前来。奴才查榆树沟煤矿，原不在光绪九年前任都统成格奏奉上谕准其开采之列。现因办理矿务紧要，机器需煤孔殷，前准直隶督臣李鸿章咨会，饬令该道朱其诏于该矿左近采煤应用，而该矿左近，除榆树沟煤矿之外，并无另有可采煤矿。是以奴才奏请变通办理，诚为一时权宜成全矿务起见，现在既经遵照部议复勘，委无关碍之处，自应奏请饬部速议。一俟议准咨复到日，即责成该道朱其诏，自行雇觅附近煤矿本地居民开采，不准招集外来无业游民，滋生事端。一面谕令承德府严饬该矿附近营汛及该管乡牌不时巡查，认真弹压。如果开有成效，再饬该道朱其诏会同热河道承德府妥议章程详由奴才查

165

核，咨部核办。下工部议奏。

（总 2468 — 2469）

7. [丙辰]，色楞额等奏，臣锺麟前奏请裁撤塔尔巴哈台参赞大臣员缺，以伊犁副都统一员移驻其地，其索伦、锡伯、察哈尔、额鲁特等部落，宜各择其人派为总管，兼设千百户以相钳制。伊犁、塔尔巴哈台既设道府防营，月饷应责成新疆藩司按月解交道府，分支各营自行采买食粮，粮局、粮员均可裁撤等因，经部复准裁撤伊犁粮员，余仍令由臣等详晰会商奏明办理。于光绪十三年八月初八日具奏。奉旨，依议。钦此。钦遵咨行到臣。现在臣色楞额业已到任，伊犁、塔尔巴哈台等处添设道府以下等官，亦经部议允准，自应会同妥筹办理。伏查伊犁、塔尔巴哈台事同一律，伊犁参赞大臣员缺，前经部议裁撤，改设副都统二员以仿照内地驻防之制。塔尔巴哈台属境，向例亦将军所辖，该处参赞大臣员缺自无须独留，应请一并裁撤以免歧异。伊犁新设副都统二员，以一员与将军同城办事，尚属裕如。应请照臣锺麟原奏，以一员移驻塔尔巴哈台。驻扎该处旗队，向由伊犁换防，平定以来，大率由本地挑补编列成营，无复换防之事。前经臣锦棠奏准额设旗队千人，究应如何改照驻防之处，应俟此次奉旨后，再由该副都统体察情形，会同臣色楞额妥为定拟。其索伦、锡伯、察哈尔、额鲁特各部落，言语不通，性情亦异，非各有所属，无以资弹压而专责成。所有伊犁现存之领队大臣一缺，应请毋庸裁撤，其塔尔巴哈台领队大臣一缺应否裁撤，亦应俟副都统移定后再行定拟，各该领队大臣及新设之副都统，均归四军统辖。伊犁将军仍节制伊犁镇道，如此酌量变通，庶几法制相维而事机亦顺矣。伊犁粮员既经部议裁撤，以后各该处月饷，均应遵照部议由新疆藩司按月拨解分支，各营应领食粮，由各该营自行采买。伊犁月饷解由该道收支，塔尔巴哈台既改定同知员缺，该处月饷亦应解由该同知收支，以归画一。其各该处额设之粮饷章京应否裁撤，应俟各旗营事定再由臣色楞额察酌具奏。至各该处防营，均应及时整顿。前经臣锦棠于上年九月奏明，俟设官议定后，除各旗营应由将军、参赞妥筹布置外，其镇协各标，臣自应悉心筹议。奉旨允准钦遵在案。现在臣色楞额到任，正在接收交代，而锡纶病故，比饬经手各员将锡纶任内一切应交案件迅速清理，并由臣锦棠咨明。俟接收交代后，按照原议将勇营事务截清起止，交由臣锦棠会商办理。仍一面檄饬各统领、营官核清存饷，赶造清册，以便及时裁并。按照原奏额设四千人之数改定标营。塔尔巴哈台事务，应俟伊犁诸务办理就绪再行接办，其余一切未尽事宜，容臣等随时会商，陆续奏明办理。下部议奏。

（总 2471 — 2472）

八月

4. [辛巳]，以克勤署镶红旗满洲副都统，明安署镶白旗蒙古副都统。

（总 2485）

11. [丙戌]，以徐郙兼署刑部左侍郎，嵩申兼署理藩院左侍郎。

（总 2486）

23. [乙未]，呼伦贝尔副都统萨克慎以病免。

（总 2493）

24. [乙未]以双龄为呼伦贝尔副都统。

（总 2494）

28. [丁酉]，以奎润兼署镶红旗蒙古都统。

（总 2494）

31. [癸卯]，以奕谟署镶黄旗蒙古都统。

（总 2495）

38. [丁未]，赏恒明副都统衔，作为伊犁察哈尔领队大臣。

（总 2499）

九月

6. [甲寅]，以奕絪署镶黄旗汉军都统，载漪署正红旗汉军都统，锡珍署镶红旗蒙古都统。本格署正蓝旗汉军都统，荣禄署镶蓝旗汉军都统。

（总 2501）

19. [甲子]，希元奏，吉林省城西北为长春厅境，本古郭尔罗斯前旗游牧地也，乾隆时以垦荒民户安土重迁，遂有借地养民之举。嘉庆五年始奏设理事通判于长春堡，并设巡检以司狱事。道光五年，因所属宽城商贾辐辏，移建通判衙署于此，以资抚辑。地辟而民未聚，控制自绰乎有余。自咸丰年间马贼肆扰以后，流民日多，抚循亦非易易。光绪七年，前任将军铭安于吉林变通官制时，奏改理事通判为抚民通判，仍加理事衔，仅于农安城添设分防照磨，专司缉捕。其时方于省城及东南两面添改府厅州县各缺，经费不敷，未遑兼顾，非谓该厅独可因陋就简也。奴才到任后，访知长春一厅案牍最繁，号称难治。体察久之，乃益深信。查长春幅员周五百余里，以南北相距最远者计之，几及三百里，东西亦然。四境惟缺东南、西南两隅，厅城在南面适中，而东、西、北三面空阔无比。其势偏重，境内无山，以山名者皆高阜耳。既无险阻可恃，又仅有驻扎马队二起，并无重兵。一遇盗贼肆扰，此拿彼窜，如入无人之境，则地为之也。其形势之散漫如此。该厅居民虽非土著，然休养生息已百余年，当时所称为荒甸者，今则屋宇栉比，鸡犬相闻，三里一小屯，五里一大屯。而省东一带无如是以稠密也。其生聚之繁庶如此。厅属户口既盛，良莠难齐，眦睚即肇衅端。奸宄易于匿迹，命盗等案纷至沓集，往往印官勘验方急，南辕旋更北辙，一月之内，大半忙于奔驰，公事积压，耽延势所不免。厅民又多好讼，距城窎远之民，一经被告，车马盘费不资，甚有因此抗传者，守候追比，累月穷年，官民交困。其政教之难孚而讼狱之滋丰又如此。所以奴才在任五年，为该处因地择人，往往于守丞班内借员委署而终未奏补一人者，职是之故，前者吉林道丰伸泰有将该厅分建府县之请，正饬议办，适值郑工筹款孔殷不果。兹饬据候补知府王鸣珂会同现署长春厅通判宾州厅同知善庆履勘明确，绘具图说由道详复前来，奴才详核无异。查原设通判所驻之宽城，为吉林赴奉天通衢大道，实省城西北门户。今拟请将通判一缺升为府治，改设知府，名曰长春府，仍仿照本省吉林府之例，自理地面命、盗、词讼各事。而于宽城正北相距一百二十余里之农安城分设县治，名曰农安县，归府统属，一切公牍由府核转，以符定例。农安正北、西北直达蒙古，东北限以松花大江，东与伯都讷厅、西与昌图府接壤，均可毋庸置议。当以南划两仪门西南自八保户起至洼中高等处，东南以红石砑子、靠山屯南面之驿马河为止，计南北相距九十里，东西相距二百数十里，均归农安县管辖。至靠山屯一处，虽已划归农安，而相距尚在百里以外，近来烟户较前为稠，拟请将农安原设分防照磨移设该屯，以资巡缉。惟长春既升府治，应请将原设训导改升教授，原设巡检改升经历兼司狱事。其裁撤之巡检，归于裁缺班内遇缺即补，并于农安县添设训导、巡检各一员，巡检管理监狱以专责成。至厅属地租，向归郭尔罗斯公自行设柜征收，官为督催而已。惟杂税解款及照章支给一成书役工食，并酌留署内办工钱文，应以府归六成、县归四成，各按原数分别解支，以符定额而重公款。奴才明知事关官制，未容轻议更张，况去任有时，何妨自安缄默。而终不敢不据实上闻者，为民隐计，为吏治计，为地方久远计，无他念也。下部议奏。

（总 2502 — 2504）

23．[戊辰]，调连庆为江宁副都统，以英信为正白旗蒙古副都统。

（总 2506）

十一月

6. [己酉]，刚毅奏阳曲等二十一厅州县被旱被水被雹被碱成灾，并绥远浑津、黑河二村被雹歉收，查勘抚恤。下户部知之。

（总 2528）

22. [戊午]，以扎拉丰阿为正蓝旗蒙古都统。

（总 2531）

23. [戊午]，理藩院尚书绍祺卒，派载泽前往奠醊,恤荫如例,并赏银一千五百两治丧。

（总 2531）

24. [戊午]，以嵩申为理藩院尚书。

（总 2531）

十二月

8. [壬午]，以明安为正白旗蒙古副都统。

（总 2542）

9. [壬午]，谕，镶黄旗蒙古奏公衔头等台吉博麟出缺如何承袭请旨办理一折，博麟所出世职，着仍袭公衔头等台吉。该衙门知道，谱三件并发。

（总 2542）

38. [甲午]，谕，本月十五日夜间，贞度门不戒于火，延烧太和门及库房等处，经王大臣等督率官员、弁兵等扑救止熄。兹据各该衙门将救火各员开单由军机大臣呈览。恭亲王、御前大臣博德勒噶台亲王伯彦讷谟祜 ……御前行走那彦图、玛人巴图尔、那尔苏、符珍、巴宝多尔济、济克登旺库尔、阿勒坦埒雅克图、旺都特那木济勒、那兰格埒勒、察克达尔扎布、多罗特色楞、那

170

木济勒旺苏克、刚噶尔伦布、喇特那巴咱尔、得木楚克苏隆、贡桑土尔默特、达木定扎布、格楚克、刚当党准车楞、喇旺多布济、特沁多特诺尔布、扎那济尔迪、达瓦宁保、图玛乌勒济图、巴勒珠旺勒旺垎克津、那木扎勒、色丹巴保多尔济、御前侍卫德铭、恩寿、乾清门行走熙凌阿、那苏图、温遇苏、诚厚、载澜、载瀛、载津、博迪苏敏噜布扎布、旺喇克帕勒齐、额尔齐木巴雅尔、色赖那木济勒、旺保巴咱尔、吉哩第、喇什彭苏克、杜英固尔札布、托果瓦陀、候宾巴难尔嘈尔玛、什第堆代扎布、扎木萨林扎布、布彦巴里克齐、巴克默特多尔济、格楚克扎木苏、阿肯尔扎那色旺、诺尔布桑保、贡桑诺尔布、启朗瓦尔凌端噜布、色丹旺堆花连、色丹那木扎勒、车林呢玛……到者甚多，实属勤奋出力，深堪嘉尚。……

（总 2550 — 2551）

50．[庚子]，御紫光阁阅善扑营贯跤，赐蒙古王公等宴。

（总 2552）

59．[辛丑]，调清安为正黄旗满洲副都统，景善为镶红旗满洲副都统，以爱隆为镶蓝旗蒙古副都统。

（总 2553）

光绪十五年己丑（1889 年）

春正月

23. [己未]，以达木宣扎布为理藩院额外侍郎。

（总 2562）

47. [丁卯]，以载敦为镶黄旗满侍卫内大臣，以那尔苏为内大臣。

（总 2568）

58. [庚午]，钦奉慈禧端佑康颐昭豫庄诚皇太后懿旨，科尔沁博多勒噶台亲王僧格林沁，于咸丰、同治年间迭平捻寇，功在旗常。前经从优赐恤，并图形紫光阁，配飨太庙。该亲王身后荣名，已足昭垂千古。现在归政届期，追念前劳，允宜再沛殊恩以示优异。僧格林沁，着于京师建立专祠，春秋致祭。该衙门知道。

（总 2572）

59. [庚午]，钦奉慈禧端佑康颐昭豫庄诚皇太后懿旨，迩来各省军务一律敉平，朝廷安不忘危，每思疆场之臣，身经百战，赍志损躯，亮节孤忠，时深悯念。本年二月举行归政典礼，论功行赏，普遍寰区，更宜泽及九泉，以褒忠荩。原任西安将军多隆阿……塔尔巴哈台参赞大臣武隆额、巴燕岱领队大臣穆克登额、库伦办事大臣萨凌阿……均着赐祭一坛。此外满汉阵亡殉难之实任一二品文武大员并蒙古各盟阵亡二品以上各员，着兵部、吏部、理藩院、八旗确切查明，咨报礼部，各赐祭一坛。该衙门知道。

（总 2572 — 2573）

60. [庚午]，钦奉慈禧端佑康颐昭豫庄诚皇太后懿旨，各省封疆大吏，均为国家倚任之臣。其久历戎旃、熟谙韬略者，懋建殊勋，贤劳尤著。现任提镇诸臣，类皆起自行间，渐膺专阃。

各该文武大臣为国宣勤，历久不懈。现在归政伊迩，允宜分别施恩。……绥远城将军克蒙额、乌里雅苏台将军杜嘎尔、察哈尔都统托伦布……均着赏加二级。

（总 2573）

61. ［庚午］，钦奉慈禧端佑康颐昭豫庄诚皇太后懿旨，从前军务繁兴，封疆将帅之臣，运筹决策，戮力同心，或未蒇全功，或始终勤事。论其谋国之忠，均属声施烂然，勋名相埒。兹当归政之始，追念劳臣，所有功绩最着之……镶红旗蒙古都统穆腾阿、镶黄旗蒙古都统明庆、察哈尔都统安凌河、察哈尔都统色尔固善……均着赐祭一坛。

（总 2573 — 2574）

76. ［甲戌］，钦奉慈禧端佑康颐昭豫庄诚皇太后懿旨，皇帝寅承大统，于今十有五年，倚任亲贤，弼成郅治。兹当大婚礼成，自应特沛殊施，用昭懋赏。其近支王公勋旧后裔，亦宜一体施恩以彰庆典。……御前大臣博多勒噶台亲王伯彦讷谟祜，着在紫禁城内赏坐二人椅轿，伊子贝勒那尔苏，着在紫禁城内骑马。铺国公温都苏着挑在御前行走。……

（总 2576 — 2577）

80. ［甲戌］，钦奉慈禧端佑康颐昭豫庄诚皇太后懿旨，皇帝大婚礼成，普天同庆。所有年班来京之蒙古王公等，亦应一体施恩以彰庆典。科尔沁图什业图亲王巴宝多尔济、科尔沁卓哩克图亲王济克登旺库尔、噶拉噶车臣汉车林多尔济、阿拉善亲王多罗特色楞、噶拉沁亲王衔郡王旺都特那木济勒，均着赏穿黄马褂。苏尼特郡王那木济勒旺楚克，着赏加亲王衔。乌珠木沁亲王阿勒坦呼推克图、噶拉噶亲王那彦图、奈曼郡王玛什巴图尔，均着赏用紫缰。巴林郡王额尔齐木巴雅尔、噶尔沁贝勒熙凌阿、科尔沁辅国公那苏图，均着挑在御前行走。敖汉贝勒衔贝子达克沁、郭尔罗斯辅国公图普乌勒济图、噶拉噶贝勒刚当党准车楞土观呼图

173

克图,均着在紫禁城内骑马。此外年班来京之御前行走亲、郡王,着各赏蟒缎二匹、大缎二匹、帽纬二匣,贝勒、贝子,着各赏蟒袍一件、大缎一匹、帽纬一匣,镇国公、辅国公,着各赏蟒缎一匹、一卷缎一匹、帽纬一匣,台吉、塔布囊,着各赏小卷缎一匹、帽纬一匣。乾清门行走亲、郡王,着各赏蟒袍一件、大缎一匹、帽纬一匣,贝勒、贝子,着各赏蟒缎一匹、小卷缎一匹、帽纬一匣,镇国公、辅国公,着各赏小卷缎一匹、帽纬一匣,台吉、塔布囊,着各赏小卷缎一匹。即着理藩院查明员数,分给祗领。阿嘉呼图克图,着赏蟒缎二匹。该衙门知道。

（总 2578）

二月

30. [戊子],调承绥为江宁副都统,以恩棠为正黄旗蒙古副都统。

（总 2588）

三月

12. [辛亥],以热河苑丞五福、五岱、毓纯潜运仓米,交热河都统讯办。正总管锡麟、副总管征麟失察,交总管内务府衙门议处。

（总 2593）

19. [戊午],颁给绥远城关帝庙、城隍庙、龙神庙匾额。

（总 2595）

23. [己未],绥远城将军克蒙额等奏请加给绥远城将军、归化城副都统津贴银两以资办公。下户部议奏。寻户部复奏,查该将军、副都统岁支俸廉,例有定数,岂容轻议加增。况当此中外库储莫不异常支绌，倘各处纷纷援请，势必难以为继，碍难照准。得旨，如所议行。

（总 2595）

36.［丁卯］，调崇礼为镶红旗满洲副都统，以钮楞额为正黄旗蒙古副都统。

（总 2597）

54.［癸酉］，谕，杀虎口监督那谦奏差满回京赍交盈余银两一折，所得盈余等项银一万六千六十三两零，均交广储司，那谦着毋庸赏给。该衙门知道。

（总 2599）

55.［癸酉］，谕，署正白旗满洲副都统明秀奏印信被窃请将参领议处并自请议处一折，据称，本月二十三日夜间被贼盗去都统印信，该旗都统伯彦讷谟祜、副都统容贵均在颐和园当差，该印务参领承龄未及回明，是以先由该署副都统奏参等语。旗署重地，何以漫无觉察，竟至印信被窃，殊堪诧异。印务参领承龄，着先行交部议处。其如何被窃情形及该参领等有无蒙混情事，着伯彦讷谟祜、容贵迅即查明据实具奏。该署副都统自请议处之处，着俟伯彦讷谟祜等复奏后再行降旨。

（总 2599）

57.［甲戌］，谕，伯彦讷谟祜等奏查明印信被窃遵旨复陈一折，据称，正白旗满洲都统印信，实系二十三日夜间被窃。请饬严拿贼犯并将值班官兵分别审讯议处等语。着步军统领衙门、顺天府五城御史即将窃印人犯一体严拿，务获究办。所有该班值班官兵，除印务参领承龄业经交部议处外，世管佐领德容、领催福增、兴顺，均着交刑部审讯。骁骑校吉绂，着革去骁骑校，一并交部审讯。印务参领咸春，着交部议处。都统伯彦讷谟祜、副都统容贵、明秀，失于觉察，均着交部议处。余依议。

（总 2599）

175

夏四月

3. [丁丑]，乌里雅苏台将军杜嘎尔卒，恤荫如例，并赏银一千两治丧。

（总2600）

8. [戊寅]，以托克湍为乌里雅苏台将军。

（总2600）

18. [壬午]，福锟拿获偷窃正白旗满洲都统印信之德普、柏山等，交由步军统领衙门，奏请移交刑部严讯，按律惩办。得旨，准如所请。寻以印信被犯锤碎，饬礼部另铸颁发。

（总2601）

34. [戊子]，前任呼伦贝尔副都统萨克慎卒，恤荫如例，并赏银五百两治丧。

（总2610）

54. [甲午]，调志麟为京口副都统，以祥晋为镶黄旗蒙古副都统。

（总2612）

五月

1. [丙午朔]，谕，张家口监督英启奏差满回京赍交盈余银两并请减成赔缴亏短盈余银两一折，所得盈余银三千二百七十三两零，着交广储司，其所请减成赔缴之处，着户部核议具奏。寻户部奏，英启所收较上届为多，所有盈余应多免六毫。得旨，如所议行。

（总2615）

17. [丁巳]，谕，前据御史文郁奏张家口管理牧群主事文鉴勒索规费意存庇护等情，当谕李鸿章查奏。兹据逐款查明，据实复奏。此案文鉴借口查群，任意刁难，向各牧群勒索银两，既经查出确据者已有五百余两之多，实属贪劣昭著，荒谬异常。文鉴，着即革职永不叙用，以示惩儆。察哈尔都统托伦布，虽查无受贿情事，惟于司员勒索失于觉察，着交部议处。该处牧群积弊已久，管理人员营私害公，恶习相沿，实堪痛恨。着该都统即将一概陋规严行查革，严饬属员等实力整顿，体恤兵丁，以期牧政日有起色。倘仍前玩泄，定当严惩不贷。

（总 2618）

30.［丁卯］，李鸿章奏，查得淮军盛字营及亲兵前营、天津镇云字营战马多有疲弱倒毙者，兹派都司魏金尧、千总安廷玉、夏崇顺前赴张家口喇嘛庙一带，采买膘壮战马五百五十匹以补缺乏。所经关卡，请旨饬下一体免税放行。下兵部知之。

（总 2619）

36.［庚午］，谕，兵部奏遵议处分一折，察哈尔都统托伦布应得降一级调用处分，着加恩改为降三级留任。

（总 2620）

六月

2.［丙子］，杨昌浚、刘锦棠、魏光焘奏，臣等承准军机大臣字寄，光绪十五年正月三十日奉上谕，色楞额等奏伊、塔远居边要，巡抚碍难遥制，拟将地方文武仍归将军、副都统就近专辖一折等因，臣等窃维自古有治人无治法，而择人以使，权在朝廷，非臣下所敢私议。臣锦棠是以于本年二月初二日具奏请旨定夺。比奉批旨，仍令会同议复，仰见圣虑周详慎重边防之至意，臣等何敢引嫌自避，终默不言。伏查色楞额等所奏各节，自系为边防紧要起见。伊犁、塔尔巴哈台，本皆新疆境地，昔年屯兵制守，则南北各有不同。今既建省设官，则伊、塔无容独异。盖同此边疆，必须联为一气。而巡抚统辖全境，尤应并计兼筹。若以伊、塔一隅之地画疆而理，不特事涉纷歧，且恐形势扞格，贻误必多。前此部议伊犁将军改为驻防，旋即奏准裁参赞设副都统以改照驻防之制。是体制业经奏定，诚如圣谕一切官制营制甫经议定，未便遽行更张也。况前奏声明，将军节制镇道，较之内地驻防，其分更崇，其权亦重，何必再行改易。至原奏内称，伊犁距省太远，巡抚碍难遥制。查南路之阿克苏道距省二千余里，远于伊犁约将一倍，喀什噶尔道距省四千余里，远于伊犁约且数倍。伊犁距省不过一千四百余里，已难遥制，然则南路两道所属又将如何。且塔尔巴哈台之距伊犁，与伊犁之距省城，正相等耳。将军能制塔尔巴哈台之地，岂巡抚独不能制伊犁之地。原奏又称，塔尔巴哈台遇有要务及地方重大事件，即由副都统随时办理，一面咨明将军酌核，其仓库之盈绌，驿传之迟速，文武官吏之贤不肖，均由副都统就近考核进退。若命盗案件仍归伊塔道核转等语，于体制亦多不合。惟原奏请于汉队分拨一千五百人仿成都将军之例设立军标一节，臣等查将军、副都统设立军标营制，借壮声威，自应照办。拟请于伊犁原定汉队四千人之内分拨一千人，隶之将军，余悉隶之镇标。塔尔巴哈台原定汉队二千人之内分拨五百人，隶之副都统，余悉隶之协标。于兵数饷数并无增加，除旗营及蒙、哈藩部、喇嘛等事并交涉事宜必须随时决制者，统归将军办理。其伊犁、塔尔巴哈台等处地方文武，均请归新疆巡抚管辖，仍照前奏由伊犁将军节制镇道。如蒙俞允，其一切应办事宜，容臣等详晰会商，另行奏明办理。得旨，如所请行。

（总 2621 — 2622）

16. [己丑]，李鸿章奏，光绪十四年十月接准库伦办事大臣安德咨开，库伦地方辽阔，劫案频仍，奏请饬调宣化练军前营马队，由台站前往驻防，以资镇慑。奉硃批，着照所请。该衙门知道。钦此。恭录知照前来，臣当饬宣化镇总兵王可升筹议。该军前营马队自光绪十二年由库伦撤回，即移扎口外多伦诺尔迤北经棚一带，缉捕盗贼，保卫商民。安德来咨，正值口外冬防吃紧，势难遽行远调。且台站水冻草枯，沿途应需驼只能否照数供应，该官兵应需加饷等项如何筹备，亦须妥细查核，方可酌定行期。即经咨行察哈尔都统托伦布咨开，台站苦累，额驼不敷供差，此次宣化练军出边，须另雇驼只，租赁毡房，购备粪薪，请于该衙门截剩茶马厘捐项下拨银济用。奏奉谕旨允准，咨请饬调。并据练饷局司道查照前调练军赴库伦设防定章详请具奏各等因，臣查该军前营马队，计营官、帮办哨队官、什长、正兵、亲兵、伙夫、马夫、加夫共合三百五十六员名，应分作十起行走，以纾台力。每起派官一员，匀带兵、夫三十五名，需骑驼三十六只。另备运载行粮、锅具、军装、火药等驼十五只，又毡房一项，粪薪足用。该官兵长驱沙漠，远戍边荒，甚形艰苦，自应照案核加饷项，俾示体恤。除原领薪费饷干由练饷局循旧筹拨外，按出征章程，计兵丁二百五十名，每名应加月饷扣建二钱，每年合银六百两。又加夫四十名，每名支扣建银三两，每年银一千四百四十两。又照旧章，全营月支不扣建柴草银八十两，每年合银九百六十两。又另案加增柴草，自十月至四月每月不扣建银五十两，七个月合银三百五十两。又兵丁每名应给皮衣银二两五钱，共合银六百二十五两，连马棚、帐房等项，均由局设法筹拨。又兵丁、伙夫、马夫、加夫共三百四十三名，应照光绪六年奏定章程，由部库每名按月拨给办运米粮各费，扣建银一两五钱，每年合银六千一百七十四两，仍由练饷局按年赴部预领转发应用。现据该局夏秋两季饷项挪措给发，其应加各款，自五月分起支。并据该镇王可升先行借款购办粟米、莜面及口袋、绳席，装扎完固，分雇牛车驼只，取道商路，运赴库伦。另由宣化抽派马队百名赴经棚一带接防，即于五月内调前营官兵由经棚回抵宣化，赶备行装军火,宽带行粮。该营官郭洪保管带,因沿台干旱,须俟雨降草肥,畅行无阻,拟六月十六七日分起拨赴张家口,次第出边前进。仰恳天恩饬下户部,将该军办运米粮各费每年银六千一百七十四两先行拨给一年,交练饷局委员领回,以后再随时续领,俾济要需。至几防练军,关系紧要,未便久役于外,应由库伦自行整顿军伍,俟地面绥靖,仍将宣军撤回,借节经费。得旨,如所请行。

（总 2625 — 2626）

18. [辛卯],昆冈等奏,查臣寺额设满洲署正、署丞、典簿、司库凡十五缺,惟署丞系不分满洲、蒙古,按科分名次拟选。又查臣寺例载,大官珍馐,满署正二缺系题缺,如遇缺出,先将一等之满洲署丞、典簿、司库、笔帖式拟定正陪,出具考语,吏部查核与例相符,带领引见录用等语,是臣寺题选各缺,均无蒙古专缺。惟署丞由部拟选,不分满洲、蒙古,是以间有蒙古举人选授是缺者,迨至保列京察一等,遇有署正题缺,皆以蒙古署丞例无题升满洲署正明文,碍难保题。又查吏部则例内开,六部现任蒙古司员,曾经保列京察准作一等者,如遇满洲应题及应行留题之缺,准其与满洲一等人员一体酌量拣选。如将该员题补,由该堂官奏明指名借题,毋庸拟定正陪等语。是六部之有蒙古专缺者,曾有借题之例。今臣寺蒙古司员既无专缺可升,虽经保列京察一等,亦无题升之阶。此项人员,未免向隅。合无仰恳圣恩准将臣寺蒙古一等司员,比照六部蒙古一等司员之例,遇有满洲署正题缺,与臣寺满洲一等司员一体拣选,题升后再经保列京察一等,似与满洲人员一体调繁。其并非一等人员,仍不借升题缺以示限制。如此量为变通,则臣寺蒙古司员稍资鼓励,与六部借缺定例亦不致两歧。可否饬下吏部酌核议奏之处,出自圣主鸿慈。上谕,昆冈等奏蒙古一等司员升途较隘请援例接升满洲题缺一折。着吏部议奏。

（总 2626 — 2627）

27. [丁酉]，命伯彦讷谟祜管理圆明园八旗包衣兵官，并管理鸟枪营事务。

（总2630）

34. [己亥]，额尔庆额奏，查塔尔巴哈台防营，业经添补足额，改设步队三营、马队四旗，共员弁勇丁一千九百九十八员名，一律支领坐粮，共计每岁需正饷银十一万八千三百一十八两二分，其余一切款项，仍照旧案支发。惟各营员弁缺额，除原设副将以下等缺三十五员不计外，按照甘肃新疆巡抚刘锦棠奏定章程，应裁去经制外委四员、添设千总二员、把总二员、蒙古把总二员、额外外委三十名，合之原设各员缺共六十七员名。至各营员弁应领俸廉薪蔬纸张马干折色料草等项银两照章支领外，其公费一项，塔城瘠苦情形，与新疆南路迥殊，自应酌定数目以资办公。拟每岁支给银二千七百两，俟分防设汛后，视道路远近再行切实估计，报部查核。署理塔尔巴哈台屯防营副将白占春禀请具奏等情前来，奴才伏查前任参赞大臣锡纶奏设副将以下等三十五员缺，系照旧制办理。兹照刘锦棠奏定新章，按三营四旗合算，所有原设各员缺，实属不敷分布。惟有仰恳天恩俯念边陲要地，准其裁去经制外委四员，添设千总二员、把总二员、蒙古把总二员、额外外委三十名，以实营伍而资钤束。并恳敕部立案，俾垂久远而便遵守。下部议奏。

（总2631）

秋七月

12. [辛亥]，谕，前据托伦布等奏，察哈尔牛羊群控案，两造情词各执，当令将副总管鄂呢巴图等撤任，提案讯办。兹据该都统等奏，鄂呢巴图等并不听候查办，先后私行他往及潜来京城，难保非畏罪逃避。鄂呢巴图、达米林扎普、巴特玛祁窄、色博克

181

扎普等，均着先行革职，并派顺天府五城御史一体严拿，解交该
都统等归案审办。该衙门知道。

（总 2636）

八月

19.［辛巳］，以那尔苏为镶红旗蒙古都统。

（总 2647）

九月

12.［丙辰］，以麟书为吏部尚书，嵩申为刑部尚书，松森为
理藩院尚书，熙敬为都察院左都御史。

（总 2656）

冬十月

4.［戊寅］，谕军机大臣等，前据李鸿章复奏张家口管理牧
群主事文鉴被参各款，当经降旨将文鉴革职永不叙用，并谕令托
伦布将该处牧政实力整理。兹有人奏，该都统并不驱逐文鉴出境，
辄为置买田产，多方慰留，并将原告鄂呢巴图等解任讯办，勒令
出具诬控甘结。现闻此案非刑致命者已有二人，蒙古被冤各家相
约京控。该都统密计阻留，复希图押荒地价，招民垦种牧厂，以
致厂地日窄等语。着李鸿章按照所参各节确切查明，据实具奏。

（总 2660）

26.［辛卯］，额尔庆额奏，奴才前准伊犁将军色楞额咨开，
转准上驷院咨，本院恭备皇上乘用御马，向由伊犁将军、参赞大
臣、领队大臣等每年进呈正备贡马交纳本院，预备试马王大臣等

历试妥协，恭备上乘，历经遵案有年。查近来仅止伊犁将军呈进贡马八匹，其伊犁参赞大臣现经改为副都统，及领队大臣均有选马进呈之责，因何近年不进，咨行伊犁将军衙门，查明参赞大臣改为副都统及领队大臣由何年月因何未能呈进之处，速行咨复本院以凭办理等因，咨行知照前来。奴才查塔尔巴哈台自遭会匪变乱，历任参赞大臣皆未呈进，因前经营勇溃变，案卷率多遗失，究由何年奏请停止，实属无从查悉。惟塔城兵燹之后，蒙、哈各游牧元气未复，奴才到任后多方购觅，实无良马堪备上乘。相应吁恳天恩，俯念边地瘠苦，请限至光绪十七年起再行按年呈进之处，出自逾格鸿施。下所司知之。

（总 2665 — 2666）

32. [壬辰]，谕军机大臣等，前有人奏，察哈尔都统托伦布查办鄂尼巴图等控案，勒令出具诬控甘结，并有非刑毙命等情，当经谕令李鸿章确查具奏，现据托伦布奏，讯明牛羊群控案分别奏参一折，所称查明各节是否属实，并所拟鄂尼巴图等罪名处分是否允协，着李鸿章一并详晰查明，据实具奏。原折着抄给阅看。

（总 2667）

十一月

27. [辛酉]，谕，前据御史周天霖奏参察哈尔都统托伦布审理牧群一案，诸多谬妄，旋据托伦布奏，讯明牧群控案，分别奏参。先后谕令李鸿章详晰查明，据实具奏。兹据李鸿章复奏，此案已革主事文鉴，该都统并无多方慰留置买田产实据，案内应讯人证，病故二人，查无刑讯情事，即着毋庸议。总管图普新巴雅尔，系案内被控之员，原告鄂尼巴图、巴特玛桑窄，撤任各缺委署之员，均系该总管姻戚子弟，该都统徇庇劣员，已可概见。其查讯控案折内，前后词意种种自相矛盾，信任佐领赓吉图挟私播

183

弄，株连原告，坐诬者至六十余人之多。该都统于满蒙汉文不甚通晓，致被属员欺蒙，实属有负委任。托伦布，着开缺来京当差，佐领赓吉图，颠倒是非，舞文泄忿，实属谬妄，着即行革职。牛羊群总管图普新巴雅尔、固山达喇什巴拉、挡玛嘉巴咱尔、护军校萨炳，此四员虽无为该都统结纳倚仗确据，惟委署各缺，显涉朋比，不知远嫌，均着交部议处。鄂尼巴图挺身健讼，达米林扎普、巴特玛桑窄、色博克扎普随同京控，既据查明所控各节尚非全虚，业经革职，即着免其科罪。托伦布所请分别斥革之护军校哈勒津等五十六员名，虽附和上控，而情有可原，原奏负气株连，殊欠平允，均无庸议。至张家口厅界私垦地亩，着李鸿章会同察哈尔都统认真清厘，其有碍游牧者，仍着永远禁止，以杜纷扰。

（总 2682—2683）

37. [丁卯]，以奎斌为察哈尔都统。

（总 2685）

十二月

7. [甲戌]，以双寿为科布多参赞大臣。

（总 2687）

26. [丙戌]，户部奏，暂护乌里雅苏台将军祥麟等奏乌里雅苏台房园租税拖欠难征恳恩饬部蠲免一折，光绪十五年十一月十五日奉硃批，户部议奏。钦此。钦遵由军机处抄交到部。据原奏内称，乌里雅苏台征收房园租税，专备官兵出差行装等项杂支之用，于同治九年兵燹后，无租可征，十一年六月间，经前任将军等以街市房园并非皆旷，令将有商民承认房园者照旧征税，至光绪元年十二月底，所征租银尽数奏归城工项下动用，自二年正月起租银，经前任将军额勒和布等奏明仍归官兵行装等项杂支之用。复自七年以来，灾荒未转，商民裹足，至九十两年，铺房无人承认，园地承种无多，计此八年内应征租税七千余两，除陆续交纳外，共拖欠三千二百二十九两四钱二分五厘。伏思此项民欠，均在皇太后归政恩旨以前，核与所开赦条宽免地丁钱粮无异，恳恩俯念积欠实系在民，饬部豁免，不惟稍缓民力，而于积年报销可得早清等语。查臣部例载，地方积欠钱粮，恭奉恩旨指蠲自某年至某年者，其扣蠲截数仍以已入奏销之数为准，若未入奏销者，不得统作积欠蠲免等语。查乌里雅苏台房园租银一项，专备该城杂项之用，其收支数目，同治以前向系归入该城常年经费案内奏销，八年据前将军等奏称档案俱焚，九十两年又据奏称兵燹后无租可征，同治十一年至光绪元年，虽据奏称照旧征租，系尽数归于城工动用，并未奏销。光绪二年复据奏称，自是年正月起仍归杂项之用。查该城常年经费，自同治十三年以后应造十余年之奏销，叠经臣部奏催，迄今仍未造送。所有原奏内称自光绪七年以来计八年内共拖欠房园租银三千二百二十九两四钱二分五厘，该城既未奏销，臣部无凭核办。且此项租银，积欠至数千两之多，阅时至八年之久。究竟某年房租短征若干，园租短征若干，是否商民实欠，臣部亦无从考核。至称此项民欠均在皇太后归政恩旨以前，核与新开赦条宽免地丁钱粮无异。恭查本年三月十六日钦奉恩诏内开，各直省地丁钱粮，着户部查明，实系积欠在民，酌议年分豁免，其已征在官者，不得借口民欠侵隐等因，系专指地丁钱粮而言。今该城积欠系房园租项，与恩诏内开地丁钱粮，本有区别。即使推恩格外，亦当以造入奏销之数为准，方与定例相符。臣等公同商酌，该护将军等所请蠲免积欠房园租银之处，未便率准，相应请旨饬下乌里雅苏台将军，于此次部文到日，迅将自同治十一年起至光绪元年止房园租银收支数目另案奏销，光绪二年以后收支数目，仍照旧归入常年经费案内分年分款题报，查核所有前项积欠租银，应俟册造到日再行核办。并令将同治十三年以后常年经费赶紧接造清册，送部核销，以清积牍而昭核实。

得旨，如所议行。

（总 2694 — 2696）

34．[甲午]，前正白旗蒙古副都统特尔庆阿卒，赐恤如例。

（总 2699）

光绪十六年庚寅（1890 年）

春正月

9．［己酉］，以载敦为镶白旗蒙古都统。

（总 2704）

32．［戊辰］，谕，本年朕二旬庆辰，宣纶锡羡，闿泽覃敷。内廷王大臣等夙夜在公，忠勤懋著，自应渥沛殊荣，用彰庆典。博多勒噶台亲王伯彦讷谟祜，着赏穿四正龙褂。……科尔沁图什业图亲王巴宝多尔济、科尔沁卓哩克图亲王济克登旺库尔、喀拉沁亲王衔都楞郡王旺都特那幄济勒，均着赏穿带服嗦貂褂，用示朕行庆推恩优礼重臣至意。

（总 2707）

33．［己巳］，科尔沁多罗贝勒那尔苏卒，恤荫如例，并赏银一千两治丧。

（总 2707）

34．［庚午］，谕，伯彦讷谟祜之子贝勒那尔苏病故，昨巳降旨赐恤，因念伯彦讷谟祜之母，年逾五旬，骤遭此事，未免伤怀。伯彦讷谟祜，着加恩赏假二十日，俾得朝夕侍侧。该亲王其善为解释以慰亲心，用副朕眷注至意。

（总 2707）

35．［庚午］，以德铭为正红旗蒙古都统。

（总 2707）

二月

9．［己卯］，祥麟、车林多尔济奏，查乌里雅苏台所属三、

187

扎两盟游牧西南界内，有金山、翁滚山两处出有矿砂，向设卡伦二十二处，又该两盟分派官兵驻守梭巡，并由该两盟轮派扎萨克一员经管，每年秋季，由奴才等派员往查有无偷挖矿砂情弊，据实具奏，屡经遵办在案。今届查勘之期，奴才等派笔帖式萨克什纳等往查去后，旋据禀称，遵派会同营卡扎萨克巴拉丹查得金山、翁滚山二处，并无偷挖矿砂情弊及各卡官兵数目亦各相符，随即按卡取具甘结各一纸，禀复核办前来，除将甘结存案备查并檄饬三、扎两盟盟长等转饬该管严加梭巡勿任疏懒致滋事端外，理合陈明。报闻。

（总 2709—2710）

13.［庚辰］，以德福为镶白旗满洲都统，以符珍为镶蓝旗蒙古都统。

（总 2710）

闰二月

19.［癸丑］，以贵恒为镶白旗蒙古都统。

（总 2718）

23.［戊午］，谦禧奏，奴才前经理藩院咨开，据昭乌达盟长呈报克什克腾旗台吉吉朗阿，为首纠结马贼，在游牧处所劫抢牲畜财物，请饬查拿等情，咨行前来，当经奴才檄饬管带、练军协领穆哈廉拣派佐领福勒敦带领驻防练军五十名前往会同剿办，并饬查明是否即系前获正法之台吉吉凌阿遗党，务得确情据实呈复等因具奏在案。兹据该协领禀，据佐领福勒敦报称，奉派前往该旗会同严密访查，该旗所报之吉朗阿，即系前获正法之吉凌阿，前因其伙匪复出滋扰，已经该盟旗击毙多名。而其窜逸伙党仍盘踞抢劫，复经该佐领督饬练兵等在于舍炭川、金豆沟等处分投搜拿，行至喀拉沁汛，据乡长报称，图们沟地方，山重地险，沟岔纷歧，有伙匪盘踞山林之中，时常骑马持械下山，扰害地方。当即督兵驰捕，该匪胆敢放枪接仗拒敌，枪伤眼线葛凤林，该佐领即督队用枪打毙贼首刘得才。值天晚余贼乘间潜逃，一面拨兵追捕，并起获大洋枪三杆、小洋枪二杆、马匹、刀械等件，平毁贼巢。随将受害眼线抬至店房，给资调养。又擒获贼犯王殿青、张福、陶连有等三名，并在刘家窝铺地方会同古北口练军，拿获骑马持械拦路抢劫拒敌官兵之贼犯刘焕年、陈保溃等，一并解交地方官审办。现在该旗地方肃清，其余各处亦均安靖。并据昭乌达盟长亦以前情呈报前来，奴才复查无异。该盟旗地方既已肃清，自应将前派练军撤回归营，以资训练。仍饬各该地方官暨蒙古各旗不时严密稽查，务期尽绝根株，勿留余孽。除受伤眼线葛凤林俟其枪伤平复由奴才自行奖赏外，惟该官军等值此隆冬之际，冲风冒雪，不避艰险，奋勇击贼，擒弊首要，不无微劳足录。合无仰恳天恩可否量予奖叙之处，出自逾格鸿施。如蒙俞允，再由奴才择尤保奖以昭激劝。得旨，着准其酌保数员，毋许冒滥。

(总 2719 — 2720)

30. [丙寅]，谕，杀虎口监督恒寿奏差满回京赍交盈余银两一折，所得盈余等项银一万六千五十两零，均交广储司。恒寿，着毋庸赏给。

(总 2721)

夏四月

12. [丙午]，张曜奏，地方屠宰耕牛，例应严禁。……惟张家口一带，牛无耕地之功，向以牛肉为食，呼之为菜牛，视之与豕羊相同，采买牛筋，较为近便。臣与藩司筹商，惟有仰恳天恩敕下内务府由张家口采解备用，所有例价银一百零一两一钱二分三厘并山东捐备解费银四百两，一并解交内务府衙门以备采买之

189

费。如蒙俞允，实于农民大有裨益。下该衙门议奏。

（总 2731）

五月

1. ［庚午］，户部奏，据镶黄旗满洲咨称，据乌里雅苏台参赞大臣觉罗崇欢呈称，职于光绪十六年二月二十八日奉旨赏给副都统衔，作为乌里雅苏台参赞大臣等因钦此。现因起程在迩，川资无措。查前任参赞大臣，因川资不济，曾经借支有案。职事同一律，为此呈明转行户部援案借支实银八百两，俾济川资而速行程，由参赞大臣养廉内每年扣还银二百两，四年带归以清库款，乞准照章核办等情，相应照依该员所呈咨部办理等因前来。臣等伏查同治十年十二月间，前乌里雅苏台参赞大臣志刚，光绪十二年四月间，前乌里雅苏台参赞大臣祥麟，曾以制办行装并盘运等项需款，前后呈请在部库各借支银八百两以资应用等情，均经臣部奏请照数借给，由该大臣等应支养廉内分别坐扣等因，奉旨允准在案。今乌里雅苏台参赞大臣崇欢呈请借给川资银八百两，臣部查与前乌里雅苏台参赞大臣志刚等由部借支养廉成案相符。合无仰恳天恩俯准由部库借给银八百两，俾该大臣川资有着以利遄行。如蒙俞允，由臣部行文乌里雅苏台，在崇欢应支参赞大臣养廉项下，自本年起每年扣银二百两，限四年内扣清，报部查核。惟乌里雅苏台距京路途窎远，所有前项扣还银两，若由该城按年解交部库，殊费周折。应请饬令山西巡抚转饬藩司，自本年起，在于额解乌里雅苏台常年经费款内每年由藩库坐扣银二百两，遇有便员搭解部库，以清款目而重帑项。得旨，如所议行。

（总 2738 — 2739）

16. ［丁亥］，热河都统谦禧卒，赐恤如例。

（总 2743）

17. [丁亥]，以德福为热河都统。

（总 2744）

20. [庚寅]，以符珍为镶白旗满洲都统，文贵为镶黄旗蒙古都统。

（总 2744）

六月

28. [丁巳]，谕，本年朕二旬庆辰，覃敷闿泽，中外均沾。因念文武大臣有年逾七旬精神强固供职克勤者，洵为熙朝人瑞，允宜特沛恩施以昭优眷。大学士恩承、张之万，均着加恩赏给御书匾额一方，西安将军尚崇瑞、绥远城将军克蒙额，均着加恩交部从优议叙，以示朕尚齿引年优礼耆臣至意。

（总 2756）

秋七月

7. [辛未]，户部奏，绥远城将军克蒙额奏土默特六成地亩应征租银不敷练兵拟请变通作为津贴官兵之需等因一折，光绪十六年五月十六日奉硃批，户部议奏。钦此。钦遵由内阁抄出到部。据原奏内称，前于光绪十一年准察哈尔都统绍祺咨送奏明断归土默特六成地亩各折片内称，请将每年所征租银约五六万两，挑选该旗蒙丁训练成军，至马匹、器械即由押荒项下动支等因，于四月初二日奉上谕，土默特、达拉特两旗争地一案，其断归土默特地亩征租练兵一节，着绥远城将军妥筹办理，总期于营务、地方两无窒碍以垂久远。该衙门知道。钦此。嗣准户部咨行，令援照丰镇等厅放地成案征收押荒租银等因，当经奴才会同山西巡抚委员办理，均经山西巡抚奏明在案。检查察哈尔都统原奏内称，

191

约计而言，可征租银五六万两。今查山西巡抚原奏内开，所征押荒银两，除用尚存储二万七百余两，每年所征租银四千二百余两，只敷挑练马队数十名，为数过少。查土默特蒙古每月应差官兵约八百余员名，每遇该班，自备资斧，当差困苦，拟将所征押荒租银全行作为每月应差官兵津贴之需。如蒙俞允，奴才即移咨户部并山西巡抚，将存储押荒银两并已垦自十三年升科至十五年租银，交归绥道发商按月一分生息，自十六年秋季起，作为津贴官兵之需，年终造册报部核销等语。查光绪十一年三月间，据前察哈尔都统绍祺奏称，请将断归土默特地亩交萨拉齐厅，按年征收租银，解交绥远城将军，责成该将军就饷练兵，由土默特幼丁中挑选精壮，勤加训练，操演成军。既与就地筹饷之法相符，亦于穷蒙大有裨益等因，奏奉谕旨允准在案。是此项租银，当日奏定系专为绥远城就饷练兵之需，今该将军以每年所征租银不敷挑练，奏请改为津贴蒙古应差官兵等因，核与前察哈尔都统绍祺原奏不符。臣等公同商酌，所有该将军奏请变通办理之处，应毋庸议。至所征租银，既据声称不敷挑练，应令该将军将自光绪十三年起征收租银并前存押荒银两，专款存储该城粮饷厅库，毋得率请移作别用，一俟将来积有成数，足敷练兵之需，再行奏明请旨办理，以符奏案而重边防。得旨，如所议行。

（总 2762 — 2763）

八月

16. [乙卯]，谕，御前大臣伯彦讷谟祜现丁母忧，着加恩赏银一千两经理丧事，由广储司给发。

（总 2778）

冬十月

6. ［壬寅］，谕，征麟奏热河库内遗失银两请饬讯究一折，库存银两，该官兵宜如何小心看守，乃竟失银一千两之多，是否外贼行窃，抑系看守自盗，亟应认真究办。德福一面饬属一体严拿窃贼，一面饬令承德府知府将看守官兵严行审讯，务须水落石出，毋稍含混。县丞毓吉等，未能先事预防，均着交内务府议处。征麟失于觉察，亦难辞咎，着一并察议。

（总2797）

24. ［乙卯］，以凤鸣为理藩院左侍郎。

（总2802）

30. ［甲子］，德福奏，本年直隶灾区甚广，御史崇龄奏奉上谕，着直隶总督、顺天府府尹严饬各属停止烧锅一年，以平粮价等因。钦此。钦遵并户部行知，当经转饬钦遵在案。兹据承德府知府启绍禀称，查热河所属地方，自入夏以来，大雨时行，田禾畅茂，虽近河地亩间被冲刷，不过十之一二，统计收成约在七分以上。伏思口外地方，兵民计收关，固应以粟谷为至要。而其尤易丰收民不常食者，惟黍粱杂豆苦莜油麦等项，每值秋稼登场，全赖烧户销售而资民用。兹禁停烧，亟宜谨遵办理以济贫民。然口外殊与内地情形不同，若不因地制宜，则意在利民，转以病民。若遽而停烧，粮价则比日减。即令移粟于灾区，而道里既遥，转运维艰，则灾区无补救之益，口外竟有谷贱伤农之势。况各属开设烧锅二百余家，雇觅造酒之人，名曰糟骸，均系外来无业游民，每家少者十余名，多者三四十名，统共约计不下六七千名。此历来已久烧锅之实在情形，遽而停烧，歇业一年，恐因荒停闭，若辈糊口无资，必致流离失所，为匪为盗，其患不堪设想。且采办热河并古北口两处兵米，历久章程均系借资烧户之力，若遽而停

193

止，不特烧户坐失生计，且恐顾末而失本，并于地方一切情形诸多未便。溯查光绪三年直属歉收，曾经直隶督臣李鸿章奏请饬禁顺、直各属烧锅，并未言及承德府各厅州县，亦正为此也。此次顺、直水灾，自应援照光绪三年直属停烧未及口外，事同一律。可否仰恳天恩俯准免其停烧以安地方。如蒙俞允，烧锅免停而酒利必厚，拟令各烧户量力捐输，多则捐银五六十两，少则三四十两，一俟集有成数，解归顺、直灾区助赈，以资接济。如此办理，则灾民可以济急，烧户亦不致失业矣。得旨，如所请行。

（总 2804 — 2805）

十一月

11. [丙子]，李鸿章奏，察哈尔都统管理口外台站牧群，地广任重，原定廉俸等项，本属无多，又经折扣，岁入不及千金，不敷办公之用，历任皆不能延致幕友，即紧要案牍，多委之左右司员，遂致百弊丛积。兼以辖境过广，须巡阅蒙古各旗，稽考牧群军政，辄因经费无出，恐滋扰累，积弊已久，不易挽回，其贤者仅守成法而不能有为，不肖者至渔陋规而莫解自洁，牧政之坏，至今日而极。屡经言者参劾，叠奉谕旨按治。直隶与察哈尔接壤，遇有宣化将吏来见，臣随时询问，知之颇详。去岁前后查复之案，亦经条陈上闻，圣明博采群言，深知积弊，特擢湖北抚臣奎斌为都统。奎斌历任封圻，廉公自矢，励节耐苦，断不肯以赔累为言。惟立法须经久可行，中材能守。际此得人整顿，当使后来永远遵循。伏念近年朝廷整饬东三省军事吏事，奉天将军、府尹诸臣，既增养廉，复加公费，为数甚优。吉林将军、珲春副都统等，亦皆酌加公费。臣于光绪五年，以顺天府尹养廉过少，奏请岁拨天津厘金三千两以资办公，并经奉旨允行有案。盖圣朝体念臣工，须令措置裕如，乃可责其奉公剔弊。若使遇事竭蹶，则一切要务皆难措手，纵臣下尚知自爱，而因循牵掣，所失实多。察哈尔都统经管台站，总理牧政，绥辑蒙古，寄任重要，而廉俸微薄，用款不敷。现当积弊之后，剔厘方新，亟应酌加津贴，俾办公有资，得以实力整顿。惟部款既难吁请，司库亦无可筹。查有该处茶马厘捐一项，除奏定常年应放各款外，尚有盈余，遇有要差，向准专案奏拨。拟请在此款内每年匀提实银三千六百两，以三千两拨归都统衙门作为加增公费，副都统职司较简，亦拟酌加六百两以示体恤。于放款不致短绌，于公事实有裨益，且与顺天府尹奏加公费成案相符。如蒙恩准，再由臣咨行察哈尔都统查照。下户部议奏。

（总 2809 — 2810）

28．[己丑]，多罗克勤郡王晋祺等奏……其太和殿朝贺，仍御礼服升殿，不宣表，乐设而不作，蒙古朝正来京王公例赐筵宴，照旧举行。……

（总 2817 — 2818）

十二月

25．[戊午]，科尔沁博多勒噶台亲王伯彦讷谟祜等奏，臣等遵议醇贤亲王饰终至奉移一切典礼，业经两次会奏在案。恭查奉移园寓后，所有庙制及葬祭各事宜，均应先期集议，次第举行。……

（总 2825 — 2827）

光绪十七年辛卯（1891 年）

春正月

15. ［丁亥］，阿克达春奏，前据统领威靖营记名提督李得胜禀称，该营驻扎亳州北关外，距城三里余有三皇庙一座，当同治初年，为博多勒噶台亲王僧格林沁收储军火之处，尚有炸炮火箭零星残缺各件封存在内。该处操防火药，亦即存此后楼一座已十有余年。该统领于八月初旬带队赴蒙城听候阅伍，仅留弁勇看守。接据亳州知州陈晋报称，八月十五日巳刻，三皇庙后楼火药陡然轰炸，声响异常。该州驰往救护，查知该营操防火药，连同治初年旧存炸炮火箭等件同时轰发，以致人民房屋均有毁伤。……

（总 2838 — 2839）

16. ［戊子］，德福奏，查前任都统延煦因热河官兵军械多有损失，拟请由每年官兵应领俸饷内，每银一两捐扣一分，一年可捐扣一千两有奇，再由围场地课项下每年借拨银二千两，共银三千两有奇，计敷修补一旗军械之用，满洲八旗分作八年，蒙古二翼分作二年，共计十年修补完竣，至所借地课之款，请于修补完竣后，仍按官兵俸饷每银一两捐扣一分，分年扣还等因，奏奉谕旨。着照所请。该部知道。钦此。钦遵于光绪五年在本处设厂招匠修造，至光绪十四年十二月间，一律修补整齐，经前都统谦禧奏明在案。捐修军械，共计十年所借围场地课银二万两，应由光绪十五年起分作二十年，方能扫数归清。惟是驻防官兵，因修理军械，应得俸饷每银一两扣一分，必须三十年始行捐扣完毕。查该兵丁等饷银仅领八成，加以近年水旱频仍，诸物昂贵，生计维艰，再加月扣抵还捐修军械之款，实属异常寒苦。奴才目睹情形，自应设法补救，总期兵丁稍纾困累，方足以仰副圣主矜恤旗仆之至意。奴才到任后，查核右司库储及各卷宗，内有本年五月间经协领穆哈廉等呈明前任都统谦禧有饬热河道发商生息银一款，计一万一千二百两，每月照案以一分生息，此银系八旗官员积年捐款，集有成数，以备生息，分放各旗资助贫寒等项各善举，共岁得息银一千三百四十四两。查此项息银，实系不为必需要款，奴才拟将此项生息银每年拨还围课银一千两，其余息银三百四十四两，津贴各项紧要差费，间以资助贫寒。一俟围课归清，再将此项生息全行资助贫寒动用。如此办理，于所借围课无亏，兵丁困苦借可稍纾。其光绪十五、十六两年已由官兵扣还银二千两有奇，尚欠围课银一万八千两之数。合无仰恳天恩俯准自光绪十七年为始，由此项息银分年拨还，所有官兵捐扣，一律停止，以示体恤。如蒙俞允，所借围课，一俟将来归还清楚，再行奏闻。得旨，如所请行。

（总 2839—2840）

二月

14. [丁未]，科布多参赞大臣双寿卒，以魁福为科布多参赞大臣

（总 2848）

三月

3. [丁卯]，奎斌、永德奏，察哈尔八旗，分设口外，拱卫京师，原为安置蒙民休养生息操练射猎之所。且有驼马牛羊各群牧并台站草地分隶各旗，专资牧养，定例游牧，不准开动。其时水草肥美，牧蓄孳蕃，屹为近边重镇。自咸丰年间，各王公马厂因年久空闲，多有私垦之处，嗣经户部奏准马厂报勘升科，逐渐纷纷报

垦。例禁既开，地方辽阔，各旗聚积，客民日众，争夺地亩，讼务繁兴，口外从此多事。迨光绪六年奉旨清查，由直隶、山西委员出口勘办，当将各王公厂地已垦之处按亩勘丈，委系无碍游牧，一律发给印照，报部升科。直隶于光绪八年奏结，山西于十一年奏结，均经严饬嗣后不准再行私垦，原冀从此耕牧相安，蒙民乐业。不意未经数年，奸民地棍故智复萌，串通开展，暗中侵占，而各旗呈报新地多有越界私垦情弊，旗、厅均未随时查禁，以致开垦日甚。若不早为清理禁绝，实于牧政大有窒碍。且地被民人侵占，多一亩农田，即少一亩牧地，蒙古生计日促，其势亦断不能两立。光绪十五年十一月十九日奉谕旨，张家口私垦地亩，着李鸿章会同察哈尔都统认真清理，其有碍游牧者，永远禁止以杜纷扰等因。钦此。查察哈尔左翼各旗地界，历年开垦马厂，均已分隶各厅境内。奴才奎斌到任后，据各地民户以马厂续开地亩请查勘升科，呈词纷至沓来，而各旗群台站详报民人越界私垦之案亦连篇累牍。详加访察，近年续开地亩，其实系马厂余地次第垦熟者，固有其事。而奸商勾串蒙古私开并民人越界侵占牧地者，正复不少，洵如明谕，必须认真清厘。兹与督臣李鸿章往返函商，拟即拣委大员前赴口外查办，将实系马厂界内无碍游牧之地，勘丈升科，循照光绪六年直隶旧章办理，如系越垦牧地，应将勾串之蒙民严加惩治，退地归公，务使耕牧判然。旗厅之界限既清，主客之争端自绝。此次私垦之地。毗连山西者居多，丰镇并有私羁牧地之案，自应一律清厘。并请饬下山西抚臣刘瑞祺，拣派廉正勤明熟悉边务之道府大员，会同奴才衙门委员酌商筹办，两省同时举行，可期迅速集事。其如何详定章程永远禁止之处，统俟办竣奏结时请旨遵行，以副圣朝惠养蒙民慎重牧政之至意。得旨，即着知照山西巡抚派员会办。

（总 2863 — 2864）

夏四月

10．［丙申］，谕，张家口监督荣安奏差满回京赍交盈余银两并请减成赔缴亏短盈余银两一折，所得盈余银三千八百八十六两零，着交广储司，其所请减成赔缴之处，着户部核议具奏。

（总 2878）

17．［己亥］，李鸿章奏，查延庆州之居庸关，为太行九险之一，逼近京畿，巉岩峭壁，跬步皆危。前代恃此备边，任其险巇。我朝幅员辽阔，中外一家，内外蒙古藩王贡使来往京城及西北两路边防台站转运军需，必皆取道于此。二百数十年来，从未大加修治。关沟四十五里，穿山度峡。夏秋水石交冲，行人病涉，冬间溪涧沟坎凝结成冰，人畜每多颠仆，商旅视为畏途，亟须设法兴修，俾臻平坦。惟工程繁巨，需款甚多……

（总 2882—2883）

35．［丁未］，以凤鸣为正蓝旗蒙古副都统。

（总 2891）

59．［丙辰］，沙克都林札布、魁福奏，奴才等前因科布多戍守屯田绿营官兵五年班满，请将屯田官十员照数更换，其马步兵二百二十四名，此次应由直隶宣化镇、山西大同镇各更换一半，恳请留驻一班，俟下届再行更换等因具奏。奉硃批，仍着照例更换，不得轻改旧章。钦此。仰见圣主慎重边防，无微不至，跪读之下，不胜钦佩悚惶之至。奴才等亟应恪遵仍旧更换，何敢再行渎陈，致烦圣听。惟奴才等仰荷圣恩畀以边疆重寄，但使管见所及，终不敢不据实陈于君父者，为兵计，为饷计，实为边事计也。奴才等伏查科布多自光绪十二年规复旧制，其外调各项兵丁，均已悉数裁撤，现在仅有额设绿营换防屯田兵二百二十四名。此班之兵，尚属整齐，从中委无老弱，其谙练兵情熟习屯务者，颇不乏人，每派要差，尚称得力。前经奴才等奏请每届换班时择尤酌保一次以昭激劝。仰蒙恩准，该兵等感戴鸿慈，欢欣靡已，均乐效力边事，益加踊跃。现当整顿边务之时，其操防屯田巡逻侦探，并三部院充当书识经手案卷，以及随同差遣办理蒙、哈争讼，凡一切要差，在在均需熟手。而新换者一时不能熟悉地方、通晓蒙语，实不如熟手得力。且每五年换一班，驰驱万里沙漠，长途往返，总计一年之久，始能互为更替。其应由直隶、山西、科布多例支各项，统计需银数千两之多，为数亦颇浩繁。且大兵往返，筹备驼马亦甚匪易。值此时事多艰，如暂缓更换一班，不惟省多少兵力饷力，实于边务大有裨益。案查光绪十四年间，前乌里雅苏台将军杜嘎尔等请将绿营换防官兵变通更换，官员选留数员，马步兵二百四十名全行留驻等因具奏，奉旨允准在案。奴才等莅任数载于兹，深知有裨边务，从中毫无关碍，筹维至再，不敢因原奏未蒙俞允，随案缄默。惟将一切详细下情上达宸聪，吁恳天恩，可否俯准照案将此项戍守屯田兵一百一十二名暂缓更换一班，以资熟手而裨边务，俟下届更换之期，再行奏请更换，以符定制，其官员照数全行更换，出自逾格鸿施。下兵部议奏。

（总 2894）

61. ［戊午］，许景澄奏，查俄国全境，东西相距绝远，西境铁路纵横四达，皆以旧都莫斯科为辐辏之地，森比得堡新都在其西北，火车一昼夜可至。乌拉岭在其正东，为欧罗巴、亚细亚两洲分界处。自岭以东至于东海，俄人分为东西悉毕尔部，直中国东三省、外蒙古、科布多之北，袤广万余里，陆行艰远，俄人久议接造铁路，东至海参崴，以便邮传，路长费巨，迄无成说。……

（总 2895 — 2896）

71. ［己未］，裕禄奏，奉天自光绪四年开通同江子口岸以来，由昌图、铁岭等处下达营口，水陆畅行，商民贩载货粮，多以河运为便，每至夏秋两季，行船络绎不绝。而河路绵长，岸多旷野，一切缉捕盗贼，保护行旅，现与旱路情形同关紧要。辽河旧只巡船一只，船身较大，只能于下游营口一带专巡河口，内河上游数百里素无巡船，河面防缉，仅恃附近陆队在岸兼巡，实属势难周备。现拟就奉省练军步队内抽拨弁兵百名，仍支原饷，专令分驻内河按段梭巡，以昭严密。虽饷无增而船须筹备，通计辽河上下及省南洋河之内，按安设巡兵百名，非有船八九只不敷分布。此项船只，若购料钉造，则为费较巨，款无可筹。奴才详加酌核，查光绪十一年间，营口曾置有堵口排船八只，嗣部议饬令变价，即经山海关道以船因堵口而设，与商船形势不同，难以出售，禀由前任将军庆裕咨部有案，迄今停泊数年，仍无售主，与其日久朽坏，前费虚糜，莫若改造巡船，得济实用。奴才现饬营务处逐一查勘，详细估计，前项船只木料均尚坚厚可用，照内省长龙舢板炮船之式略为收小，使内河便于行驶。就料改造，可得长龙炮船一只、舢板船四只、舢板四只，以之分巡各河，当足敷应用。惟此项排船，前奉部议责令变价，现拟留于地方改造巡船，自应奏明办理。合无仰恳天恩，准将前项船只免其变价，留于奉省改造内河巡船，俾资巡缉。所需修改工费，为数无多，由奴才核实发给，归于奉省练军用款内汇案报销，于地方大有裨益。得旨，如所请行。

（总 2897）

五月

11. ［丁卯］，杨昌浚、魏光涛奏，伊犁镇标营制饷章驻扎处所，上年经臣光涛奏明，核饬总兵张俊于到任后熟察情形查照抚臣刘锦棠奏设抚提镇各标章程妥筹办理再行具奏在案。兹据伊犁镇总兵张俊会同署伊塔道英林、署伊犁府知府潘效苏分别拟议呈请核办等情，臣等查伊犁原设汉队四千人，前经奏明分隶军标一千人，以三千人作为镇标。该处地属极边，汉属、蒙、哈错杂而居，弹压操防，均关紧要，应照抚提镇各标因勇设标以官带勇章程，就地势险夷，额勇多寡，妥为布置，务期扼要填扎，足资防守，用固边陲。查伊犁镇总兵向驻绥定城，为各城适中之所，拟仍以总兵驻之，设镇标中、左、右三营。中营游击一员、管带步队一旗、中军守备一员、马队一旗、分防守备一员、马队一旗，分驻城关内外。左营游击一员、管带步队一旗，驻广仁城，中军守备一员、马队一旗，驻果子沟，分防守备一员、马队一旗，驻三台。右营游击一员、管带步队一旗，驻瞻德城，中军守备一员、马队一旗，驻三道河，城守营都司一员、管带步队一旗，兼防二工，开花炮队守备一员、步队一哨，驻城内。计中、左、右三营、城守营、开花炮队马步各旗哨，应设千总、把总、经制外委三十二员，并于中营另设蒙古把总二缺，归镇署差遣以资翻译。遇有缺出，由古城合例人员内补放。霍尔果斯旧设参将一员，驻拱宸城，嗣移驻瞻德城，相距较远，巡防难周，拟仍设霍尔果斯营参将一员、管带步队一旗，驻拱宸城，中军守备一员、马队一员，驻城外，分防守备一员、马队一旗，驻登元卡。计该营马、步各旗应设千总、把总、经制外委十员。宁远城为伊塔兵备通商道驻扎之地，商民萃处，交涉事繁，拟设宁远营都司一员、管带步队一旗，驻城内，守备一员、马队一旗，驻城外。计该营马、步各旗，应设千总、把总、经制外委七员。统计该镇属参将一员、游击三员、都司二员、守备九员、千总六员、把总二十九员、蒙古把总二员、经制外委十四员，并总兵共官六十七员，步队六旗、马队八旗、开花炮队一哨，除火勇共设正勇三千三十九名。岁需饷银二十万九千六百八十九两二钱，添设镇署稿书七名、清文书办二名、缠文书办二名、蒙古通事二名、缠回通事二名、哈萨克通事二名。各官例马所需草料，查绥定、宁远二县系属新设，甫经招垦，拟暂照巴里坤镇标各营旗全支折色，总共标路各营官兵岁需十成俸薪蔬红廉费马干草料折价及稿书、书办、通事口食等项银二万六千七百二两一钱一分，饬据署布政使饶应祺议复请奏前来，理合缮具清单恭呈御览，仰恳敕部核议施行。下部议奏。

（总 2900 — 2901）

28. ［己卯］，以明惠为镶白旗蒙古副都统。

（总 2906）

六月

31. ［辛丑］，李鸿章奏委员赴张家口外选购战马，请饬部给票免税。得旨，如所请行。

（总 2917）

35. ［壬寅］，松森奏，奴才衙门现办哲里木盟副盟长一缺，奴才详核例案，每多两歧，如以帮办盟务开列在前，而帮办盟务有非亲王、郡王所兼者，则与俱按品秩之例不符，如专按品秩，则前办成案，有论帮办盟务而不论品秩者，有以帮办盟务而仍论品秩者。奴才以例案既不相合，未便依阿两可。且办副盟长之缺，又无将帮办盟务不论品秩开例在前明文，是以前后办理未能划一。相应请旨，嗣后遇有副盟长缺出应如何缮单请简之处，恭候钦定敬谨遵行。上谕，松森奏，理藩院现办哲里木盟副盟长一缺，例案不符，且例无帮办盟务不论品秩开列在前明文各等语。着恩承等查明详晰具奏。

（总 2918）

39. ［癸卯］，恩承、凤鸣、庆福奏，光绪十七年六月初十日由内阁抄奉上谕，松森奏理藩院现办哲里木盟副盟长一缺例案不符，且例无帮办盟务不论品秩开列在前明文各等语。着恩承等查明详晰具奏。钦此。钦遵臣等查则例内开，简放盟长，将副盟长及该盟内管旗之汉、王、贝勒、贝子、公与不管旗之王公等，除年未及岁者毋庸开列外，其管旗之扎萨克王公等，俱按其品秩并接印任事之年分开列，其不管旗之王公等，亦按其品秩并及岁食俸之年分开列，均注明年岁，缮写清单，附折进呈，请旨简放一员，其简放副盟长与此例同等语。臣等细绎例文，原不能琐碎详备，俱系一二语即可包括无穷。所以请简盟长，既将副盟长开列在前，次则论管旗品秩开列，至应请简盟长，即将帮办盟务开列在前，管旗品秩在次。复查例办成案，同治二年七月请放卓索图盟副盟长，单开帮办盟务喀拉沁扎萨克镇国公衔头等塔布囊德勒格尔在前，其次多罗达尔汉贝勒三巴勒诺尔赞等五员，同治九年请放卓索图盟副盟长，单开帮办盟务喀拉沁扎萨克镇国公乌凌阿在前，其次辅国公衔鲁布忠奈一员，同治十年七月请放哲里木盟副盟长，单开帮办盟务卓哩克图亲王济克登旺库尔、宾图郡王西哩巴咱尔等二员在前，其次多罗郡王阿勒坦鄂绰尔等十员。臣等此次办理请简副盟长，即遵照例文及办过成案开缮清单，请旨简放。臣等画稿后，即令承办司员持呈例文成案，回知尚书松森阅画，往返数次，稽延多日，始终不画，是以告知松森，难以积压，定于初十日具奏，臣等断不敢有违例案，率意具陈。上谕，昨因松森奏理藩院现办哲里木盟副盟长一缺例案不符，当谕令恩承查明具奏，兹据奏称，此次请简副盟长，系遵照例办成案开缮清单等语。帮办盟务差使，正在副盟长之次，总办本盟各旗事务，与专管一旗扎萨克相较，自应开列在前，况有历办成案，何得以例无明文妄议更张。恩承照案开列请简，并无不合。松森固执己见，率行单衔具奏，殊属糊涂任性。理藩院尚书松森，着交部议处。

（总 2920 — 2921）

43. ［乙巳］，张之洞奏委员赴张家口外选购战马，请饬部给票免税。下兵部知之。

（总 2922）

44. ［乙巳］，额尔庆额奏，查塔尔巴哈台屯防副将协标汉队勇营一千五百员名并地方一切善后事宜，遵旨定期于光绪十七年正月初一日移交甘肃新疆巡抚接管，业经奴才恭折奏明，并咨会护理甘肃新疆巡抚布政使魏光焘，转饬借补塔城屯防副将张怀玉迅赴本任以专责成各在案。嗣据张怀玉禀称，以天气极寒，冰雪载道，请俟今春雪消天暖再行赴任等情，兹该副将张怀玉于本年三月十八日到任，所有分隶协标之汉队勇营一千五百员名以及军装、器械、旗帜、号衣，并经前署塔城屯防副将白占春造具清册，逐一移交新任副将张怀玉接收清楚。其员弁、勇夫应领存饷，均截至光绪十六年腊月底止，一律找发，以清界限而免缪辖，并据该副将等申报前来，奴才复查无异。至办理塔城地方善后经费，亦经奴才划分甘肃新疆巡抚照收，所有地方善后事宜，应听委员办理以归划一。下部知之。

（总2922）

45. [乙巳]，魏光焘奏，塔尔巴哈台协标勇队地方善后，前准额尔庆额咨，光绪十六年十二月十八日会奏，定期十七年正月初一日分隶巡抚管辖等因，当饬署该处副将白占春妥为经理，造册具报。并将分隶协标一千五百人月需饷银由司拨解散放，一面饬署精河营参将准补塔尔巴哈台屯防副将张怀玉迅赴本任，旋准额尔庆额咨转协标马步营旗员弁、勇夫、军装、器械清册前来，并据张怀玉具报三月二十一日接印任事，营旗弁勇及军械等项业经照数接管。现令查照抚提镇各标酌议营制饷章，并体察情形，将所管马步营旗分扎处所妥筹详办，奏咨立案。其地方善后事宜，责成地方官次第办理。绥靖旧城，上年经臣奏准作为汉城，为副将、同知等官驻扎之所。署该厅同知石本清已于本年四月初一日移驻城内，副将张怀玉饬即前往驻扎以资防守。下部知之。

（总2923）

46. [己酉]，德福奏，奴才前以四月十六日据捕厅同知裴履谦、围场总管玉书详报，突有马贼伙聚一百余人，在厅属之朝阳、湾子等处地方竖旗持械，白昼抢夺，谋为不轨。当经奴才飞饬官军合力进剿，击毙悍贼二十余名，生擒贼目高伶治、李忠亮、黄有亮三名，伙贼徐黑子、屈保荣二名，解郡讯明惩办，仍饬官军极力搜拿，并将在事出力人员由奴才暂行存记等情，于奴才巡阅围界回郡后，五月初一日据情具奏在案。奴才一面率同热河道廷雍、承德府知府启绍、理刑司员格图铿额等，将已获贼目高伶治、李忠亮、黄有亮、伙贼徐黑子、屈保荣等严行审讯，据该贼犯等均皆供认，伙同光绪十年在逃之伪平王唐主王端仁等约共一百多人，在朝阳、湾子等处竖旗持械抢夺，施放火炮，与官兵接仗拒敌等情不讳，实属凶暴众着，罪恶已极。即将该贼犯照章就地正法，解往犯事地方示众以昭炯戒。嗣于五月初十日原折赍回，恭奉硃批，知道了，即着饬令派出员弁实力搜拿，毋留余孽。钦此。钦遵在案。查围场与赤峰、丰宁二县接壤，且自开垦以来，捷径相通，易于潜行出入，惟赤峰县地方与围场东界甚近，最为马贼勾结党类出没之区，当此官军在围场战剿之际，诚恐贼匪逃窜滋扰。奴才此次巡阅围界，略悉围场地势情形，当即密饬赤峰县知县廖伦明、署赤峰营都司呐钦泰，拣派兵勇丁役会同练军，无分昼夜，在山岔路口严密防范以杜逃窜。其余各要隘，均已密派官军处处堵截，以防不虞。惟因围内地方纵横千有余里，地广山深，兵马所需粮食麸料，向系无处购买，是以从前捕务难免虚应故事。此次进围搜捕，奴才深恐官兵枵腹剿贼，不能得力。当经奴才面饬粮捕厅同知代为预办应需食物，派员节节运送，勿缺兵餐，所需价钱由奴才发给，仍严饬佐领全龄、守备王文顺等带兵深入围内幽僻处所，极力搜拿，务期尽绝根株。复于五月二十四日据滦平县知县晋昌、丰宁县知县何希逊、署河屯协副将贾吉龄禀称，该县所属汤河川、大阁儿等处，有马步贼匪五六十人肆行滋扰，当经该处乡勇击毙三十余名，夺获马匹、大小旗帜、火枪、洋枪、火药、枪沙并该匪等结拜盟折等项多件，余匪均各逃窜，远飏无踪等情，禀报前来。查汤河川、大阁儿地方与西围甚属相近，此股贼匪，似系欲向围内勾结党类，因各处要隘防堵严紧，该匪无可潜通消息，随在汤河川一带滋扰，旋被击散。又据管带练军全龄、王文顺禀称，五月初四、初七、初八等日，在围内大柳塘、石虎子梁等处连日搜捕，格毙贼匪五名，生擒韩玉、沈二保即沈洛三、辛泉志、符玉顺等四名，烧毁贼巢四处，夺获马匹、铁棒、矛枪、火枪多件。嗣据赤峰县知县廖伦明、署赤峰营都司讷钦泰禀称，遵照奴才密札，各带兵勇丁役分往要路防守，于五月十八日帐房川地方，果有审贼四名匿形潜逃，当经识破。其间溷有积年漏网巨贼王端仁，该匪等看有官兵防守，当即分路鼠窜。该知县等以王端仁向为逆首，立即跟踪追捕数里之遥，始行拿获，余贼三名逃逸。随将王端仁押解县署，王端仁即王佃仁，供认是山东曹州府菏泽县人，年四十七岁，曾在山东充当勇目，得有顶翎，自散勇后，无可谋生，自那年出口至今已二十多年，向在黑沙滩、鱼泡子打鱼。光绪十年四月，合已获正法之杨长青大众起意抢夺，就在黑沙滩等处招聚伙党四五百人，沿途抢劫。那年五月初间，到宣化府管的刘家湾子抢了合和公当铺，多方得了两杆火炮、两杆抬枪、三篓火药。那时就聚了二千多人，得了各样器械，造了四百杆四色号旗，大家拜旗，称王端仁为平王唐主，杨长青为总头，杨九如为棚头。占了当铺后，大家又到巴林旗各马地方抢马三百多匹，回到合和公当铺里，听说经地方官兵前来捕拿，就率众列队拒敌。打死官兵不知其数，官兵败走。即与杨长青带领大队往经棚街抄抢，又遇见宣化府、热河洋枪队均已赶到，大家出队接仗，就被官兵打败，各自逃窜。总头杨长青、棚头杨九如已被官兵拿获，随带了三百多人逃往白岔板石房子，又遇牌头孙贵们，打了一仗后，就闯入七棵树合成公当铺里，杀了蒙兵四人。又练军、乡勇们一齐赶到，小的连日打仗力乏，就被打散，弃了马匹，连日逃往关东八面城藏躲了这几年。复又与已获的高伶治们商量，在围内花儿胡同邀合伙党，正议起事，忽听现任热河都统亲身查围来了，恐被拿获，大家商量，先掳些银两暂且躲避。未能走脱，就被官兵打伤多人，拿获高伶治们。那时各自散乱逃跑，要想勾结报仇，走到帐房川，却被官兵拿获，送到案下办了等情，录供于六月初四日将该逆押解前来，奴才当即率同道府司员等悉心研鞫，该逆供认前情不讳。卷查光绪十年六月间钦奉谕旨，匪目王端仁率党二百余人逃入围内未获，着严饬各员弁跟踪、追捕，迅将在逃余匪悉数殄除，毋留余孽等因。钦此。钦遵在案。查该逆目漏网后至今七年有余，总未弋获。始则同杨长青等伪称平王唐主，率领二千余人，在鱼泡子等处竖旗起事，谋为不轨。既经官军击散后，逃往各处藏躲数年。今岁仍敢啸聚多人，在围场花儿胡同等处地方滋扰，勾结匪党，声言报仇，实属行同叛逆，憨不畏法。当日潜逃出围之时，若非官军识破，登时弋获，势必滋蔓难图，复成巨患。今自拿获该逆匪之后，地方赖以安静。除伙贼韩玉等四名均已讯明外，惟王端仁系钦奉谕旨饬缉积年漏网巨贼，已逾七年之久，现经拿获讯供属实，将该逆等暂行羁禁，理合先行奏闻，拟请于七月间再将该逆等照章惩办以昭炯戒。再，地方文武员弁暨各练军官兵等，于奴才巡查围界面授机宜，均能实力遵行。于山林丛莽之地，暑热炎蒸之天，沐雨栉风，不分昼夜，冲锋冒险，叠次接仗，竟将积年漏网叛首拿获，生擒贼目阵斩伙匪至七八十名之多，击散全股贼匪，平毁贼巢，实属异常奋勉，刻下围疆一律肃清。应将驻防练军马队、河屯协步队陆续撤回归伍，以节饷需。仍严饬驻防围场练军守备王文顺、围场总管玉书等不时搜查，以期有犯必获。所有此次在事出力人员，合无吁恳天恩俯准奖叙以示激劝之处，出自逾格鸿慈。如蒙俞允，再由奴才择其尤为出力员弁，核实保奖。其出力稍次之弁兵等，由奴才择尤分别酌奖，以励士气而策将来。上谕，德福奏击散全股贼匪生擒积年漏网逆首一折，围场地方突有马贼窜扰，经德福饬令派出官兵会同练军迭次进剿，擒获贼目高伶治等正法，先后击毙多名，并将积年漏网逆首王端仁拿获审办，缉捕尚属认真。王端仁，着于讯明后即行正法，枭首示众。仍着该都统严饬驻防围场地方之练军随时实力搜查，毋任匪踪阑入。此次出力各员，着准其择尤酌保数员，毋许冒滥。该部知道。

（总 2923 — 2926）

49. [壬子]，先是文郁奏，口外蒙古地方各官，向多简任世家，原期轻货财而重廉耻，俾蒙古臣仆得以相安无扰。奴才风闻乌里雅苏台将军托克湍，本无学问，吏治非其所谙，试以戎马或有余，衡以经济则不足。现任操握威权，在圣主方以屏藩视之，寄以边疆重任，膺显秩者宜如何加意谨慎，洁己爱人。乃今春起程伊始，由张家口包揽各铺砖茶、烟酒等货六十余驮，责令沿途蒙古兵丁按站驮运，到乌城后又向各商算取脚价，并向喀拉喀二十站逼索银两。闻系乌城派来迎接该将军之骁骑校吉姓经手，每站约索银五十两，复任令家人按站折收供给席价。统而计之，需银不下千余金之谱。且于喀拉喀各站每站索马二匹，尤为彰明较着之事。此将军托克湍赴乌里雅苏台沿站娄索遍传于人口者也。奴才前阅邸钞，奉上谕，何福堃奏告祭官员沿途娄索请旨申禁一折，国家遇有庆典，派员分往各处告祭，该员等自应恪恭将事，岂容骚扰地方。若如该御史所奏，近来河南、陕西等省致祭官员竟敢需索供应，以致扰累民间，实属不成事体。嗣后派往各处告祭人员，务当洁清自矢，毋得藉差勒索。倘有前项情弊，定行严惩不贷等因。钦此。仰见圣恩优渥，矜恤民情，无微不至。及边疆大员按站扰累蒙古地方，竟与河南、陕西驿站被扰情形如出一辙，殊堪骇异。且复包揽铺商杂货，官为运转，尤为贪鄙取巧。并闻到任后办公竭蹶，擅改例章，该处虽有蒙古参赞，一切公事多不与之会商，既失和衷共济之道，尤属显负委任。又闻库伦地方前调宣化兵二百五十名驻扎蒙古，日久思归，不无滋扰情

209

事。今地方既早平静，且有原设蒙兵或可借资防卫，似应酌量兵数之多寡，地势之安危，分别裁撤，未便听其糜费饷项，渐至扰害居民。奴才既有所闻，不敢安于缄默，相应请旨简派大员严密查办。倘该将军确有勒索台站，包揽商货情事，亟应照例严参，庶贪墨知儆而驿站肃清矣。上谕军机大臣等，令奎斌确查具奏。旋托克湍奏，奴才于今春奉旨驰赴乌里雅苏台将军任所，随带家人内有陈有者，到任后奴才家务令其料理。旋于本年七月间，因该家人情形诡密，使用甚奢，究其来历，形色仓惶，语言支离，自应彻底深追。讵于九月初十日因该家人懒惰撵逐时，乃见其衣箱行李沉重，令人生疑。遂命拆阅，于该家人行囊箱子内搜出银两数包，约重不及千两。讯据实称，委因瞒主沿台勒索等语。正欲复行严究，闻该家人乘间夤夜逃匿。遂即饬属四出严缉，至今并无踪影。且蒙地山路纷歧，头头是道，实不知逃向何处。俟拿获讯明后另行报部核办，除将搜出此项银两寄库以便发还各台具领外，伏思该家人既有勒索台站情事，难保其由口请传驼马时不无隐情。再四详查，并无前项弊端。至奴才由口赴任时，惟察哈尔都统衙门照章传给驼四十五只，曾以三十只驮运烟茶，一半备赏，一半为购买贡马之用。下余十五只分驮衣箱、行李、口粮，随带两起贡差，事毕回营。弁兵三十余员名所需乌拉，虽系另传一同行走，睹之未免数目较多，其实并未多需。再，奴才途次，计期到任已届购选呈进贡马之际，以故嘱令各台由产业牲畜内采买壮观骟马十数匹，庶免临期贻误。嗣经处处代买马匹，到任后随时量物作价，如数饬发给领。讫今该家人既经漏网潜逃，奴才岂能置身事外，自系咎有应得。惟思奴才屡受皇上重恩，不应有忝厥职。兹既家人勒索台站，失于觉查，自应先行请罪。并搜出此项银两应如何发还各台之处，请旨一并交部分别拟议。奎斌复奏，奴才本年在京，接奉军机大臣字寄，七月初四日奉上谕，有人奏，乌里雅苏台将军托克湍于今春赴任时沿途勒索台站骚扰地方等因。钦此。遵旨寄信前来，奴才到任后，遵查口外台站，由张家口起至乌里雅苏台，共计六十四台，前四十四台属奴才衙门管辖，后二十台即喀拉喀站，归乌里雅苏台将军管辖。奴才衙门所属台站，向设参领四员分队管理。当经严密飞饬四段参领，详查将军托克湍今春赴任有无骚扰勒索包揽商货情事，据实查复。并拣委赛尔乌苏管站部员理藩院主事梦麟就近前往喀拉喀二十台，逐站确查该将军逼索银两、马匹是否属实，详细开报。正在催办间，复于十月二十二日接奉军机大臣字寄，十月二十日奉上谕，有人奏，乌里雅苏台将军托克湍于赴任时，有勒索台站骚扰地方等情等因。钦此。遵旨寄信前来，奴才遵饬各台及口内地方官，如果该家人陈有私行来口，即行拿获解审。现查四段参领及管站部员理藩院主事梦麟分查各台情形，已经先后呈报到齐，奴才逐加查核，原奏所参该将军托克湍今春赴任沿途勒索台站骚扰地方逼索银两马匹各情，无一不确。虽云各台应付数目多寡不同，而其威逼强索，如出一辙，委系实情，自应查照各员呈报情形详细复奏。查将军托克湍赴任时，准兵部勘合内称，骑马十匹，包马四匹，引马二匹。又准兵部文称，将军托克湍携眷赴任，应给车七辆。自张家口起至乌里雅苏台止，计程三千八百四十里，应折实银二百三十九两零，由万全县支给，并无传给骆驼明文。而所复向章，凡有将军、大臣出口回京，无不传驼驮送行李。委因口外台站以外无处雇觅车辆，驼马虽例所未备，其势不得不然。向来各路大臣出口，向系自行开具驼马数目，送交奴才衙门发给传单。其回京大臣由该处自发传单，各台均照数预备检验。近年将军、大臣赴任，不过传用驮驼三四十只，间有用至五十驼者，均视行李多寡为定凭。不谓该将军托克湍今春赴任，分作六起出口，传用驮驼竟至八十八只，内中虽有该城二起另项差弁并迎接该将军弁兵随同行走，然差弁行李无多，不应传用如此多驼。乃行至口外台站，犹以未足，复私自添派每台大车二三十辆，及至

无车之处，每台传用驮驼一百余只。自头台直抵乌里雅苏台，均
照如此预备，若非包运商货，焉用如此多驼。恐该将军亦无词可
解。至马匹、毡房、乌拉齐等项，无不任意多用，其骚扰台站已
不堪苦累矣。乃随从人等尤不安分，按站勒索羊价，凶恶已极。
各台均称系迎接将军之委署骁骑校吉通经手，始而詈骂，继则鞭
挞，不敢不从。吉通收受银两，复携有并无勒索结式，逼令照缮
押照，且有强取茶布等情。据四段参领查明，除头台未经索银外，
其余各台统计勒索银一千四百十四两。至有无包揽商货，因随从
人众不得而知，未敢妄指。此奴才衙门所属四十四台查明之实情
也。又据管站部员理藩院主事梦麟详称，赴喀拉喀二十台逐台挨
查，询究各台蒙员，咸称今春将军过境，有随员吉通声言，你喀
拉喀二十台系将军管辖，应多备用，吩咐每台各送将军礼银五十
两，随从众人银三十两六钱，廪羊十二只，每只二两二钱，勒令
刻即预备。当时台上各员再三央求，随员吉通立即威吓，如支吾
少延，即呈明将军从重办理。台上各员畏将军威势，竭力措办，
每站各送交吉通银一百零七两，前十台共过付银一千零七十两，
后十台共过付银一千零五十八两八钱。又将军饬令各台挑选马
匹，当收留十四匹，退回八匹。其退回之马，每匹向台上索取价
银二十五两，共计二百两。其收留之马，于九月间每马发给价银
六两，各台领讫属实。至各台呈送将军银两，均系吉通收受，曾
否转交，并未目睹。再，随从人众有无携带商货，亦不知情。取
具各台官员切实甘结呈报，此系喀拉喀二十台查明之实情也。奴
才详查原奏所参，将军托克湍沿途骚扰，勒索台站，逼索银两马
匹，俱有实据。惟包揽商货一节，各台因随从人众不能指实，随
饬张家口同知、万全县知县摘传口内、口外向乌里雅苏台贩运货
物铺商，逐加查询，均不肯承认，既无证佐，未便诛求。惟查该
将军赴任，均系随员吉通承办，其包揽商货若干向该员追问，不
难得实。且喀拉喀二十台结称，呈送将军礼银每台五十两，合计

千两之多，最关紧要。该将军曾否收受，亦应向吉通严训，方能
实情毕露。相应请旨将乌里雅苏台委署骁骑校吉通革职，由该城
委员解送刑部从严究讯，以成信谳。该将军托克湍，业经奏明实
有勒索情事，应否解任来京备质，恭候钦定。上谕军机大臣等，
令奎斌研讯，定拟具奏。至是奎斌奏，奴才前奉交查乌里雅苏台
将军托克湍被参各款，业经查明该将军实有骚扰勒索情事，缕晰
上陈，钦奉寄谕。奎斌奏遵查乌里雅苏台将军托克湍参款据实复
奏一折等因。钦此。遵即咨提革弁吉通并札行各处严拿该家人陈
有去后，嗣据该将军声复，吉通已于上年闰二月咨部斥革，递回
绥远城等语，登即行文转提。旋准绥远城将军将吉通于本年二月
二十日押解到口，当经审据吉通供，该将军赴任随带家人，并无
陈有其人，又将吉通所收银两交付何人并原参各款逐一研讯。据
吉通供，去年该将军由口赴乌里雅苏台任，派伊前站差使，经过
凡六十四台，自三台起，将军与随行人等均折羊价，每只一两二
钱至二两六钱不等。自七台起，将军加收礼银，每台五两至八十
余两不等，将军所折羊价、礼银及将军家人羊价分作三封，皆伊
与平安逐日面交将军收讫。据平安供，去年二月将军由口赴任，
吉通派充前站并经管出进账目，走出第三台，各人均折羊价，自
七台起至六十四台止，将军除羊价外加收礼银，每台羊价、礼银
或数十两或百余两不等，连伊等羊价共三封，逐日吉通面交将军，
或由伊转递，约共二千数百两，沿途所得银两，分装皮袋两个，
皆伊经管，抵任后皮袋银两将军收讫。张有供，去年随将军赴任，
沿途将军折收羊价，兼收礼银，均有其事，皆系吉通、平安两人
经手，数目多少伊无由知等语。此讯明吉通收受银两转交将军之
实在情形也。查吉通等承受将军意指，为该将军逼勒各台银两至
盈千累百之多，计伊等婪索入己之赃应亦不少。复讯据吉通供，
与周万邦、陈玉山、曹富同充将军巡捕，沿途伊等羊价共折银
二百三十三两，随时分用。伊名下分得银五十八两二钱五分，又

213

将军节次赏银四十六两五钱，至喀拉喀将军辖境二十台，每台送伊前站费银五两，共银一百两。此外尚有兵丁王连魁等十二人，共折羊价银三百五十九两，已由该兵等分用。伊所得前站费银，抵乌城后被将军全数要去等语。质之平安、张有供，尚非捏饰。据平安供，伊等沿台所折羊价计银一百二十二两五钱，均交将军收存分赏，抵任后伊得银六十两，张有、师姓各三十两，但不知冯姓分给多少。据张有供，伊得过银三十两各等语。此讯明该将军随行人等所得台站银两之实在情形也。至原参该将军包揽货物向该商索取脚价责令各台按站驮运一节，现由吉通账簿查出，实有揽货情事。讯据吉通供，将军驻口月余，方起程赴任，念跟人甚苦，准揽商货收取脚价，由台站支差驮运。伊等代将军揽到兴隆和等铺货驮，总计将军及该革弁等共揽货驮六十九个半，行去头台，沿途传用驼驮八十八只。除将军衣装、食品及随人分搭行李用驮十八个半外，余俱驮载所揽兴隆和、义顺德两铺烟茶各货。提讯兴隆和铺民王仲纲、义顺德铺民赵荣据供，去年正月有官差吉通等向伊两铺揽运乌城杂货，兴隆和铺计发红茶二百一十箱、砖茶一百二十箱，用驮四十六个，每个脚价十四千文。义顺德计出砖茶九十三箱、红茶八箱、红烟八箱，用驮二十三个，每个驮价十六千文，均如数交讫，今蒙传讯，实非积惯偷漏。除红烟曾经完税外，所有偷漏茶箱，均愿补缴正厘，认罚十倍各等语。随提到该二铺账簿核对，所发各货及驮价钱文数目均符。此讯明该将军及随行人等揽带货物之实在情形也。原参该将军于喀拉喀各站索马二匹一节，据吉通供，自四十五台抵六十四台，将军谕令每台送马二匹，台员因无好马，许俟夏季呈送。到乌城后，将军因伊代揽货驼，每驼较别人短索驼脚价钱二千文，将伊委骁骑校革去，递回绥远城。此后各台有无送马，伊不得知等语。据平安供，将军行至辖境二十台，每台令送好马二匹，秋间各台马俱送到，将军挑留十数匹，闻说发价。伊于去冬蒙将军赏给五品功牌，改名永安，派京差，今春回至口上即被传案等语。此讯明该将军勒派所辖各台之实有其事也。查吉通账簿，于羊价、礼银、驼价之外，复有揽带跟役一款，收过制钱一百二十千文。讯据吉通供，去年正月，将军在口尚未起程，由周万邦等揽来跟役八名，内四名每名收钱二十千，四名每名收钱十千，共收制钱·百二十千文，均拨存东绅店，将军随时支用。该跟役等出钱，随时驰驿借省川资，沿途并未滋事，抵乌城后各自散去，当时未问姓名，不敢妄报等语。质之平安、张有，供亦相同。此查明该将军于原参揽带商货外复有揽带行人冒为跟役得受钱文滥传驿马之实事也。以上各节，奴才亲加提讯，各供前情不讳，应即拟结。查将军托克湍，于属员勒索台站，包揽商货，滥索驼马，通算得赃三千余两，为时甚久，为数甚多。若非有意纵容，何以当时并不举发，自不得以失察论。事后人言籍籍，希图卸罪，竟敢捏造家人陈有之名欺饰入奏，审实并无其人，更不得以检举减议论。当此台站疲累之际，膺边寄者宜如何洁己率属，体恤蒙情，以副朝廷绥养藩部之意。乃该将军资吉通为牙爪而珍肆其贪求，吉通借将军之威权而益张其凶焰，以至厮与走卒争相效尤，重重转噬，所过骚然，台众蒙员无不痛心疾首。迹其纵容属员，揽货分肥，骚扰台站，倚势勒索驼马，威吓多赃，且有通同婪索欺饰入奏各情节，殊属辜负天恩，营私溺职。惟系一品大员，应如何惩处之处，伏候圣明严断，非奴才所敢擅拟。其赃银照例请旨饬部追缴，分别入官还主。已革骁骑校吉通，充当将军前站随员，勒索各台银两，通计婪入赃款至三千四百余两之多，皆伊一人倚势用强威逼所得，并敢代该将军揽货渔利，扰累经过地方。核其情节，种种荒谬，实为此案罪魁。定律，监临官吏挟势求索所部内财物，强者计赃准枉法论。该犯系有禄人，得受台费、羊价及将军赏银二百零四两七钱五分，又包揽商货，分受制钱二十八千文，折银二十八两，通算已入之赃，共银二百三十二两七钱五分，应照名例准枉法论。

罪止杖一百流三千里。律，拟杖一百，流三千里，系职官，从重发往新疆充当苦差。据称所受前站费银已被将军索去，其余赃银仍照例追缴。惟该犯情罪较重，不准援限内完赃之例免罪。家人平安即五品顶戴永安，分受羊价银六十两，又分受揽货脚价制钱七千文折银七两，共受赃银六十七两。张有分受羊价银三十两，又分受揽货脚价制钱七千文折银七两，共受赃银三十七两。准枉法论，平安即永安罪名应杖一百，流三千里。无禄人减一等，拟杖一百，徒三年。张有罪应杖八十，徒二年。无禄人减一等，应杖七十，徒一年半。照例均限一年全完免罪，不完再限一年勒追全完，各减一等发落。如不完即行发配。乌里雅苏台绿营外委陈玉山、周万邦、曹富、兵丁郭振雄、张贵、薛振贵、马兆瑞、褚润、褚廷魁、李献廷、田玉喜、王春魁、马喜林、焦金宝、姚喜，共十五人，均经分用折收羊价银两暨包货脚价钱文，外委雷英、王连魁、马献吉、兵丁刘万宝、何兆明、刘福永、夏玉、李成林、常林中、存仁、李生枝、杨金仁、杨万金、赵宽，共十四人，均经分用包货脚价钱文，各有应得之罪。惟相隔三千八百余里，人数众多，势难纷纷提讯。拟请饬下该管将军、大臣就近讯明，分别定拟以省拖累。师姓等缉获另结。兴隆和、义顺德二铺，补抽正厘并罚项共银一千四百六十两零，俟勒限追齐，专咨报部听候指拨，起出账簿，分别存案发还。又奏，口外台站支应各项差使，本极纷繁，而近年过往大小各差每每不遵定章，多传廪羊、驼马，蒙古素性驯顺，惧以误差获谴，虽罗掘净尽，亦必勉力支持，以致各城弁兵均视驰驿为利源，奉差为调剂。虽不尽为吉通之贪横，而借为渔利，久已习为固然。奴才到任以来，各台呈报苦累情形求为拯恤者不一而足。若不亟图整顿，严定限制，少纾台力，诚恐日积月累，益将不支，设遇紧要差徭，贻误非浅。可否由奴才详察情形，酌拟章程数条，奏明请饬部核议，通行各处以为遵守，借苏积困而禁多求，大局幸甚，蒙民幸甚。上谕，前据御史文郁奏参乌里雅苏台将军托克湍于赴任时有勒索台站骚扰地方情事，当谕令奎斌确查具奏。旋据托克湍自行检举，请交部议罪。并据奎斌查明委员吉通收受各台银两，请送部严究。复经先后谕令该都统确查研讯，并将家人陈有严拿到案，彻底根究，定拟具奏。兹据奎斌奏查明将军托克湍被参各款，提讯吉通及家人平安、张有等，供认该将军勒索骚扰等情均有实据，请旨分别惩办等语。此案乌里雅苏台将军托克湍，于经过台站时竟有勒索羊价、礼物，纵容属员、家人揽货分肥，勒派驼马，复捏造家人陈有之名希图卸罪，实属贪黩徇私，辜恩溺职。托克湍，着即行革职，仍追缴赃银分别入官归还。已革骁骑校吉通，着从重发往新疆充当苦差。所有分收赃银之家人平安、张有，均着照拟惩办。外委陈玉山等，即着该都统咨行各该管将军、大臣就近审明，分别定拟。余着照所议办理。另片奏酌拟章程整顿台站等语。即着该都统悉心酌核妥议具奏。该部知道。

（总 2928 — 2935）

51. [甲寅]，以永德为乌里雅苏台将军，吉升阿为察哈尔副都统。

（总 2935）

秋七月

20. [癸酉]，额尔庆额奏，奴才查塔城开花炮队，现有格林炮二尊、开花炮五尊、额设汉兵六十名、蒙兵六十名，共一百二十名。均由各营挑拨，不另给饷。枪炮为行军利器，尤须平日训练精熟，致远命中，以期有备无患。现在汉队既经交割一千五百名，所存人数较少，实属不敷分防。所有抽拨各营兵额一百二十名，拟令添补足额以便操防。惟兵额既添，而炮队经费尤须另为设法。每年应加银四千余两，奴才拟由塔城军台项下量为裁减以资挹注。似此通融办理，于营务边防两有裨益。如蒙天恩俯允，容奴才再将议定饷章奏咨立案，以便遵守。得旨，如所请行。

（总 2943 — 2944）

八月

7. [甲午]，奎斌奏调理藩院员外朗润朴来口办理牧地。得旨，清查牧地并非紧要事件，所请着不准行。

（总 2954）

8. [甲午]，奎斌、永德奏，奴才奎斌于上月查复乌里雅苏台将军托克湍参案，附陈台站苦累亟须整顿情形，钦奉谕旨，即着该都统悉心酌核妥议具奏等因。钦此。仰见圣明轸恤边氓肃清邮政之至意。查奴才衙门所辖阿尔泰军台，额设四十四站，系乌里雅苏台等处及外蒙古来往冲途。凡驰驿大小官员以及换防弁兵、公文、折报，均由此经过。差务本极稠密，更增以库伦驻防练军，供亿益繁，始犹免力支持，近则日形竭蹶。驼马疲于奔走，略无休养之期，人丁困于送迎，复有诛求之酷，而台站至今日遂苦累极矣。奴才等详察情形，细心酌核，推原其弊，约有二端。一由各城驰驿之例外需索也，一由各盟帮台之托故避差也。查帮台不到，节经历任都统及奴才永德护理任内迭次奏催，现虽有陆续拨送者，惟图什业图（汉）[汗] 部落至今阙然。本台额设驼马无多，独力支差，何以持久。除由奴才等酌拟办法另片具陈请饬理藩院核议外，惟滥行驰驿，例外需索，实为近日台站第一弊端，亟应切实清厘，规复旧章，变通尽善。查理藩院邮政例载，驰驿官员，均按品级支给马匹、羊只，兵部勘合，亦标明骑马数目，定制綦严。无如每遇将军、大臣赴任，该处必派兵弁多人至京迎接，及将出口。该将军等开具所需驼马、廪羊数目，由奴才衙门

218

发给传单，相沿已数十年，几如成例。迨行至各台，于传单外，驼马复任意加增，廪羊亦沿途折价，且有包运口内商货揽带行人借此渔利之事。该大臣等身受厚恩，涊膺显秩，宜知自爱，或不肯视颜为此。而随行兵弁，积惯走差，稔习蒙情，尤工勒索，机变百出，防不胜防。此在顾恤大体者，仅能廉价自持。而如已革将军托克湍者，竟至以朋婪败检，损朝廷之威重，滋蒙民之口实，抑又甚焉。他如由京派出换防官员，亦多以蒙古谨厚可欺，恣行婪索，少不如意，鞭棰立施。台站既疲累不堪，而蒙民生计亦因之重困矣。至口外回差，向由该将军、大臣等自发传单，核其所传数目，均不遵照例章，竟有视出口时更加甚者。然大员往返，终岁无多，京旋换班，亦非恒事。所最为台站苦害者，莫如乌里雅苏台、科布多、库伦三处各项杂差，亦复滥行驰驿，此来彼往，无日无之。上官既借差遣为市惠之端，差员亦视台站为共财之薮，甚至一采办纸笔而奉委或至数人，一关领饷银而催提竟至屡起，并有不能指实之事率称公干者，络绎不绝，频年供亿，其何以堪。且蒙古苦累，非特奴才所属四十四站为然也。即如乌里雅苏台、科布多、库伦、绥远城以及西北路各扎萨克之有关台站旗分者，莫不财殚力竭，生计索然。近年蒙古积弱，未必不由于此。溯查同治年间，西北军兴，征调日棘，各台力穷供亿。竟有溃散者，赖奏拨帑金，前后需款至百余万两之多。始克招集散亡，复通邮驿。现当无事之时，若不亟为整顿，稍留余地，俾有生机，设遇缓急，其患何可胜言。前事之不忘，固宜殷鉴也。奴才等统筹全局，不敢不披沥直陈，谨拟章程八条，恭呈御览。仰恳饬下户、兵二部、理藩院复核，咨行各城将军、大臣及奴才等一体遵照。现在护理乌里雅苏台将军崇欢、科布多参赞大臣魁福、库伦办事大臣安德等，志切匡时，必能遵奉部章，共持大局。倘奉差人员尚有阳奉阴违，于定章之外别立名目仍前婪索者，应由各将军、大臣暨奴才等互相稽察，随时纠参，庶挽颓风而除积弊。再，本年口外各台，六月中旬始得透雨，青草甫生，疲累情形，刻下尤甚。章程一日不定，差务一日不能轻减。并恳天恩饬该衙门速议施行，蒙民幸甚。此外尚有未尽事宜，容俟办有端绪，续行陈奏，合并声明。得旨，该衙门速议具奏，单并发。

（总 2954 — 2955）

12. [丁酉]，以额尔克舒诺为乌梁海散秩大臣。

（总 2955）

九 月

5. [甲子]，先是讷清阿奏，私立烧锅一项，例禁綦严，为其上侵国课，下妨民食。上年直省被水成灾，奉旨暂止烧锅一年，仰见朝廷轸念民生之意无微不至。及奴才风闻蒙古敖罕扎萨克王达木林达尔达克，于本年正月间，在热河承德府建昌县哈拉都哈地方，私立烧锅两座，且盗买该处常平仓谷，并不报明该管府县交纳税课。即民间所存粮米，亦恃势强购。小民受累，有赴都统衙门暨府县控告者，皆畏其势大，莫敢传质。现又于附近各镇店意欲多立烧锅，且有指俸由理藩院借银作为成本之事。伏思该藩身膺王爵，世受国恩，值此歉岁，反私立烧锅，希图渔利，至妨民食。而常平仓谷乃备荒要需，岂容少有侵蚀。拟请旨饬下理藩院确切查明严禁，以恤民隐而重积储。上谕军机大臣等，御史讷清阿奏蒙古藩王私开烧锅请饬查禁一折，着理藩院查明具奏。旋理藩院奏称，臣等查该御史所称敖罕扎萨克王，系昭乌达盟敖罕扎萨克多罗郡王达木林达尔达克，在热河建昌县私立烧锅二座，盗买该处常平仓谷，不报府县交课，强购民间粮米，小民赴都统暨府县控告，皆畏其势大莫敢传质等语。是否属实，远在千里，臣院无从得知。拟请饬下热河都统就近逐细详查奏明办理。若果有私立烧锅及盗买仓谷等项情事，应由该都统立即饬令赶紧停烧关闭以重民食。至常平仓谷亦应令其如数偿补，勿得稍有拖欠以符定制。又原奏内称，且有指俸由理藩院借银作为成本，该藩身膺王爵，值此歉岁希图渔利一节，臣等查该王上年具呈，因伊先祖坟茔年久失修，恳请支借俸银五年，经该盟长查明报院。虽与例案相符，惟因近畿一带被水成灾，内外筹拨各处放赈，当此需款浩繁之际，自应先其所急，业由臣等酌拟暂缓奏借俸银，由上年八月间札行该旗遵照在案。是该王并未借有俸银作成本之实在情形，谨恭折复奏。上谕军机大臣等，前据御史讷清阿奏敖罕扎萨克王达木林达尔达克在承德府建昌县哈拉都哈地方私立烧锅，盗买仓谷，指俸借银作为成本各节，当经理藩院查明具奏。兹据奏称，该王恳借俸银，并未照准。至私立烧锅是否属实，请饬热河都统就近查奏等语。即着德福按照原参各节确切查明，据实具奏，毋稍徇隐。讷清阿折、理藩院折各一件，均着抄给阅看，将此谕令知之。至是德福奏，奴才率同兼护热河道承德府知府启绍密商，查建昌县在热河东北距都三百六十余里，该县地方周广计有七百余里之大，迤北即系敖罕王旗蒙古游牧。该游牧地方尤属辽阔，当经密派协领根龄、候补知县章荣邦前往建昌县会同税司、知县严密访查，并声明奴才衙门并无民人控告该藩王强购仓谷等情。业于三月二十九日恭折具奏，四月初九日原折赏回。奉硃批，知道了。钦此。钦遵在案。嗣据协领根龄等禀称，于三月二十七日驰抵建昌县，会同税司、知县，不动声色前往各处密为访查，如原奏内称敖罕扎萨克王达木林达尔达克于本年正月间在热河承德府建昌县哈拉都哈地方私立烧锅二座，且盗买该处常平仓谷，并不报明该管府县交纳税课，又于附近各镇店意欲多立烧锅各等语。查询建昌县所属，并无哈拉都哈地方，并详查该县烧锅总册内，共计开设五十一处，亦无哈拉都哈地名。惟查敖罕王旗有小哈拉道口地方，开设保和永烧锅一座，原名永盛广，曾于光绪十四年四月间系敖罕旗喇嘛官宝扎布、台吉格什喜吉莫在税司报开升课。又查玉田皋地方，有宝泉涌烧锅一处，原名长盛隆，系民人赵树芳等开设，光绪十六年十一月间关闭，拆给敖罕王旗游牧，在建昌县迆北相距五百余里。当即会同前往小哈拉道口并县属各地方逐一严密访查，佥称宝和永烧锅系敖罕扎萨克王达木林达尔达克王之胞弟喇嘛官宝扎布、台吉格什喜莫所开，业经报明升课。宝泉涌系台吉格什喜吉莫生母玉兰氏所置，因原铺长盛隆拖欠玉兰氏钱债，无项归偿，情愿将铺产作抵，立有契据，虽系改名宝泉涌，尚未开市。该敖罕扎萨克王达木林达尔达克并无私人成本，密询附近居民，众论如一。随取具喇嘛官宝扎布、台吉格什喜吉莫并该乡牌、铺商人等甘结，复查敖罕旗兰萨处地方，有该王旗常平仓一处，当即往查，并无敖罕王盗买仓谷情事，随取具该协理那逊托克图切结。又如原奏内称该敖罕王恃势强购民间粮米，小民受累，有赴都统衙门暨府县控告者，皆畏其势大莫敢传质等语。当即会查塔子沟税司、建昌县两处，该敖罕王并无被人控告案据，密询该处乡民人等，佥称该税司、知县并无控不受理情事。并据税司奎禄、建昌县知县章奏凯出具印结等情禀复前来，查该敖罕王旗蒙古游牧地方辽阔，且距郡远在百里，耳目难周，恐有不实之处。复札饬该管盟长达克沁等认真查明呈复以凭核办，并札取两处烧锅原主字据查验去后，兹于八月十七日据敖罕扎萨克王达木林达尔达克备文呈送两处烧锅原主字据前来，当经查验属实。并据该盟长等查明呈复，均核与该协领等所查无异。即饬查承德府衙门亦无控告敖罕王强购民谷案据。奴才当经率同热河道廷雍、承德府知府启绍、理刑司司员格图铿额等，按照所禀各节逐一详查。此案既据该协领等密为访查，小哈拉道口有宝和永烧锅一处，系敖罕王达木林达尔达克之弟喇嘛官宝扎布、台吉格什喜吉莫开设，已于光绪十四年报明税司升课。玉田皋有宝泉涌烧锅一处，系台吉格什喜吉莫之母玉兰氏折抵账目，并未烧酒售卖。此两处该敖罕王均无私人成本，亦无强购民谷及在建昌县并税司呈告实据。明查暗访，众论佥同。并据税司、知县、该旗协理、乡牌人等出有印甘各结，尚属可信。伏思该敖罕王虽经查明既并无私立烧锅、强购民粮、盗买仓谷情事，惟喇嘛官宝扎布、台吉克什喜吉莫既系该王之弟，开设宝和永烧锅业经于数年前报明升课，究属不能查明拦阻。虽与哈拉都哈地方不符，该御史所奏不为无因。该敖罕王达木林达尔达克并该台吉、喇嘛均系蒙古，久居塞外，例案未明，一闻查禁，深知悚惕。其外均查无实据，自应遵照理藩院奏请将该烧锅饬令即时关闭，以重民食而符体制。并严饬塔子沟税司、建昌县知县不时认真稽察，按季呈报以凭存案。嗣后倘查有私行开设烧锅情事，定行据情严参以申例禁。惟该游牧地方周历千数百里，甚属辽阔。并因伏夏大雨，山林阻滞，往复详查，均须多延时日。是以具奏稍迟，合并声明。下所司知之。

（总2967—2970）

8. [丙寅]，予故库伦办事大臣喜昌于易州建祠。

（总2970）

12. [戊辰]，杨昌浚、魏光焘奏，塔尔巴哈台分隶协标汉队一千五百名，前由臣光焘饬准补塔尔巴哈台屯防副将张怀玉赴任接管，查照抚提镇各标营制饷章，体察情形分设马步各旗，并将驻扎处所妥筹办理，业经奏明在案。兹据张怀玉会同署塔尔巴哈台厅同知石本清拟议详情核办等情，臣等查该处地居极边，幅员辽阔，东北与科布多、蒙古、乌梁海各部落犬牙相错，南连库尔喀喇乌苏，西界伊犁精河。其中或地势扼要，或路径纷歧，弹压巡防，均关紧要。拟设协标中、左、右步队三旗、前、左、右、后马队四旗、中营副将一员、管带步队一旗，左营中军都司一员，带步队一旗，均驻绥靖汉城。右营都司一员，带步队一旗，分防西路牛圈子。前旗守备一员，带马队一旗，驻汉城南门处。左旗守备一员，带马队一旗，分防沙尔霍罗斯及石纳扎台。右旗守备一员，带马队一旗，分防南湖、头台两处。后旗守备一员，带马队一旗，分防南湖并新地。共设副将一员、都司两员、守备四员，并各旗哨应设千总三员、把总十四员、巡查经制外委七员。总共设官三十一员，步队三旗、马队四旗。除火勇外，共设正勇一千四百七十八名，岁需饷银一十万二千二百一十两四钱二分。该处汉、回、蒙、哈错杂而居，应添设蒙文书办一名，蒙古、缠回、哈萨克通事各一员。塔尔巴哈台甫议招垦，尚未启征。各官例马所需料草，拟暂支折色，总共各旗官弁岁需十成俸薪、蔬红、廉费、马干料草折价及书办、通事口食等项银一万一千七百五十三两七钱二分六厘，共合岁需兵饷官俸杂支等项银一十一万三千九百六十四两一钱四分六厘。据署布政使饶应祺议复请奏前来，谨缮具清单恭呈御览。仰恳饬部核议施行。下部议奏。

（总 2970 — 2971）

冬十月

40. ［癸丑］，德福奏热河匪徒窜扰朝阳，请先将道府交部议处并自请议处。得旨，德福、廷雍、启绍，均着先行交部议处。

（总 2998）

51. ［丙辰］，谕，德福奏十七日匪徒窜入州街焚烧教堂各等语，既称匪众约有数千，何以监狱、衙署、民居、铺户全无扰害。既称兵寡匪众，未敢穷追，何以数千之贼不战自散。情节重重支离，显有饰词规避情事，着确切查明，据实复奏。

（总 3000）

53. ［戊午］，谕军机大臣等，热河贼势窜扰，势甚猖獗。直隶沿边各口径路纷歧，亟须加意防守以杜内窜。应如何调派各军各路驻扎，着李鸿章统筹全局，妥速布置，不得稍有大意。

（总 3001）

十一月

1. [辛酉朔]，调奎斌为热河都统，以惠铭为察哈尔都统。

（总 3001）

6. [壬戌]，谕军机大臣等，德福奏官军剿匪获胜一折，览奏均悉。此次官军连日剿贼，尚称得手。即着德福、叶志超督饬派出各队节节进剿，务期早日歼除，毋留余孽。另片奏敖罕王旗请兵会剿等语。再本日理藩院奏喀拉沁扎萨克郡王旺都特那木吉勒呈报被扰情节，大略相同。着李鸿章迅饬叶志超分兵驰赴该王旗等处实力防剿，认真保护，以卫藩服而靖地方。

（总 3001）

7. [癸亥]，叶志超奏，奴才前将官军连日剿捕贼匪擒斩多名，夺获枪械、旗帜、马匹无数，既击散三十家子伙匪，保援建昌等情，均已奏明在案。现在调派马步各营俱已先后到防，当饬管带亲军马队右营参将刘运昌、管带古北练军马队后营游击夏青云两营由建昌一带节节进剿朝阳，并派前敌营务处记名提督江自康、管带古北练军左营参将韩照琦、管带正定练军右营参将叶玉标协同防御双禄酌带马步队伍，会合相机进剿。并饬副将潘万才管带马队二营，由五虎、马梁、老河川攻剿喀拉沁王旗贼匪。奴才仍扎驻平泉州街，西距热河一百八十里，南距喜峰口一百九十里，东距建昌一百八十余里，北距喀拉沁王旗二百余里，实属适中之地，足堪四面策应。逐日饬派官军四出搜捕，战无不克。除临阵杀死不计其数外，现生擒审匪百余名，均经讯明正法。兹于十月二十九日据参将韩照琦等禀称，于二十七日丑刻据探报，贼匪二千余名，在建昌东南之瓦房店地方盘踞，意欲攻取建昌县街。当经参将韩照琦、刘运昌、叶玉标、游击夏青云、驻建练军马队帮带记名总兵兰福喜等协同管带热河队官防御双禄，整队起程迎击。行至五官营子，见贼匪蔽野而至，执竖五色大旗，势甚猖獗，我兵严阵以待。该匪胆敢先放大炮，攻扑前来。我军枪炮齐施，奋勇争先，并力抵御，相持二三时之久。贼势不懈，并见有贼首着道巾衫衣，执剑作法，状若疯癫。经参将韩照琦、叶玉标等奋不顾身，督队直进，将该逆击毙，贼众惊慌。复经刘运昌、夏青云两翼攻击，该匪腹背受敌，当经聚歼五百余名、骡马百余匹。该匪缘山奔逃，我兵跟踪尾追。复经击毙贼匪暨坠岩跌死者三百余名，遍野横尸，血污满地。生擒数十名，询悉击毙贼内有贼首十数名，夺获大炮三尊、贼马数十匹，抬枪、火枪、旗帜、刀矛、衣物无算。我兵亦有阵亡二名，受伤兵二十余名，打毙官马十余匹，现在医治等情，禀报前来。伏查此股贼匪，自起事以来，妄称妖术，煽惑愚民，始则烧杀蒙古、教堂，继则强抢良民，杀伤日甚，分股窜扰，势成燎原。幸赖我皇上天威，将士用命，先聚歼此股前敌悍贼。现在平泉郡街暨附近各处渐就安静，市井安复如常。该匪等经此一番惩创，即另股谅必闻风胆落，可期一鼓歼除，堪以上慰宸廑。奴才初抵平泉之郊，深虑贼众兵单，剿捕恐难得手。幸经督臣李鸿章调派各处马步队伍，各选精锐，克日拔队前来，相距七八百里之遥，四五日之内，皆能先后到平泉。奴才接见该统领营官等，颇形劳顿，未容休息，即令带队进剿。查统领芦台练军各营记名提督聂士成，久经战阵，谋勇兼优，应令督率马步各营前往建昌、朝阳一带相机进剿。此股贼匪，当可早歼以除臣患。然后路自不宜空虚，尤当妥为布置，以免疏虞。拟派游击沈大鳌带步队一营，暨奴才马步旗绿亲军队，驻守平泉弹压搜捕。至平泉州与承德府接壤之老婆子山等处贼匪，经派管带热河驻防马步队协领根龄、佐领春和等前往搜捕，选据拿获多名，解送来营，讯明正法。其各处地方，统由奴才布置周妥，再行察酌情形，前往建昌督剿。所有奴才到平泉屡获胜仗异常出力官弁，合无仰恳天恩准由奴才会同直隶总督李鸿章、热河都统德福先行请奖以示鼓励之处，出自逾格鸿慈。其阵亡兵丁，容俟奴才查明，再行咨部请恤。受伤兵丁，由奴才分别等次先行给予银两饬医调治务期速痊外，其现在驻扎喜峰口之通永镇总兵吴育仁，已由奴才飞咨令其就近截拿平泉、建昌等处击散之贼，理合恭折驰陈。得旨，所有出力官弁，着先行存记，汇案奏奖。

（总 3001-3003）

8. [癸亥]，科尔沁博多勒噶台亲王伯颜讷谟祜卒，赏银五千两治丧，以其孙阿穆尔灵贵承袭亲王。

（总 3003）

14. [甲子]，……以文兴为镶黄旗蒙古副都统。

（总 3004）

19. [丙寅]，额尔庆额奏。据总办城工局务额鲁特游牧领队大臣总理营务处前塔城屯防副将白占春等呈称，窃领队等承办塔尔巴哈台城工局，开办以来，已届三载。盖因边地早寒，作辍相半，致羁时日，已于去年十月中旬将城身筑成，尚有城楼、瓮洞、炮台、角楼、垛口等项尾工未完，本年极力督催，未敢稍懈。兹于八月二十三日各工一律告竣，共用过经费银十九万八千三百余两，除另造具细数清册外，理合出具保图印结，呈请奏报。并请派员勘验查收，以昭核实。当经奴才檄饬署塔城抚民同知石本清前往验看查收。旋据该署丞详细履勘，计修绥靖新城一座，周围五里三分有奇，城身高二丈二尺，底宽三丈六尺，收顶二丈二尺，大城楼三座，月城楼三座，大炮台一座，腰炮台六座，角楼四座，护庙基一座，城门、瓮洞、垛口俱全，均系工坚料实，所报丈尺做法均属相符，无偷工减料情弊，加具印结申复等情前来。奴才查塔城远处极边，百物昂贵，较之他处实相倍蓰。当开工之际，诸事创始，需费尤多。木料则自行派人砍伐转运，砖瓦则临时开窑烧造。工匠多雇之新省，器物或购自远方。且地气极寒，每年至三四月始能工作，九月冰合，即须停工。经该委员等督饬弁勇、

227

工匠等并力合作，始于本年八月二十三日各工一律告竣。共用过经费银十九万八千三百余两，并经奴才饬令承办各员赶造各项银两细数清册，另案报部核销，以重款目。至原设城工总局，已于完工之日即行裁撤，以节糜费。奴才伏念塔城自逆回变乱以来，旧城沦陷，居民流徙，仅有孑遗。近年会匪游勇偶布流言，则人心惶惑。经奴才察看情形，奏蒙圣明洞览，准其择地建城，以资捍卫。兹幸城工告竣，颇极崇墉。从此巩固金汤，与伊犁各城声势联络，隐然为西北重镇，借以纾宸廑。惟该文武员弁等，承办要工，毫无贻误。或跋涉于冰天雪地之中，备尝险阻。或操作于烈日炎风之下，历受辛勤。前后三年，始终如一。实属异常出力，似应量加奖叙。查新疆各处修建城工，凡属在事人员，一经该督抚等陈请，无不仰沐恩施。今塔城修建新城，事同一律。可否仰恳天恩俯准将在事文武员弁、勇丁等择尤从优保奖以示鼓励之处，出自逾格鸿慈。得旨，着准其择尤保奖，毋许冒滥。

（总 3004 — 3005）

20. [丙寅]，定安等奏，热河朝阳县匪徒滋事，奴才等前于得报后，即经会商派兵堵剿，会同恭折由驿驰陈。奴才裕禄于十月二十一日奉到电寄谕旨，并将大概情形先行奏明，复于二十五日钦奉寄谕，又经钦遵恭禄分饬丰升阿等各营实力会合援剿各在案。兹于十月二十四日据记名总兵聂桂林电报，二十日至朝阳县，探得该匪在八角山地方与朝阳练勇接仗，随即统带各队驰往夹攻，先后毙贼二百余名，生擒十数名，贼众逃窜。二十一日追及该匪于朝阳东六十里之桃花吐地方，尽力攻扑，毙贼五十余名，当有六品军功张万禄阵亡，外委王富贵身受重伤，该匪乘夜逃窜。二十二日，仍督队追剿，该匪聚约二千余人，胆敢列阵迎敌。聂桂林当饬帮带阎文魁与哨官杨进山督所带马队由东路攻打，哨长赵玉良、哨官周廷顺、锦州捷胜营马队扎兰书林等由西路攻打。并饬中、后两营步队哨官杨永安、张奎元、吴朝祥、哨长李天收等由中路攻打，自辰刻接仗，鏖战四时之久。我军奋力迎击，至未刻，贼势不支，大败奔溃，追出三十余里，枪毙贼匪七百余名，生擒三十余名，夺获抬枪、长矛等械二百余件、大小十字令旗二十余杆。收队后查点，受伤兵丁七名，贼匪往北逃窜，天黑未能穷追。现复带队赶往朝阳县城东北西官营子一带追剿，二十三、二十五等日，据记名总兵耿凤鸣电报，二十二日晓，带队行抵朝阳界距清河门六十里之老崖沟地方，遇另股贼匪约三百余名，当即带同各队直扑而前，毙贼四十余名，生擒首匪郭泗湄等二十九名，烧死百余名，夺获旗械甚多。余贼奔逃大庙、三家子、珠勒格歹等处。又于二十四日追至珠勒格歹，贼复聚约一千四百余人，各执器械迎拒。该总兵督率各队由辰攻打至申，贼始大败，毙贼数百名。余贼抢山逃窜，现仍追踪探剿。又据义州城守尉义秀、知州陈荣昌于二十七日禀报，该尉、州等探闻边外有贼东窜，于十九日会派把总张起德、捷胜营扎兰科兴额带兵沿边探缉，行至水泉屯地方，适遇贼匪七八十名，内有女贼随同执持枪械，蜂拥而来。该扎兰等分队迎击，贼势少却，退入院中。该把总同扎兰闯入，被贼将张起德砍伤左右手，科兴额左手亦受重创，仍复督队攻扑。当时击毙男女贼匪各一名，并将教首杜把什打毙，又连毙男贼七名、女贼二名。贼首杨明乘隙逃逸，擒获伙匪杨利、王莠、刘笙三名，并继获匪首杨明、伙匪贾连山二名。又于二月十七日据佐领依桑阿电报，该佐领于二十五日在朝阳界大庙与贼接仗，杀死贼匪七八十名，生擒二十名各等情。所有派出各队，在朝阳一带分投剿捕，勇往直前，各有斩获，所办尚为得手。惟据探报，此项教匪，朝、建、平三州县伙党正众，处处响应，股匪甚多。奴才裕禄现复于二十四日添派总兵衔山东补用副将程楠森带领所部步队一营驰往朝阳，相机接应。仍当督饬各该营互相知会，合力堵击，不准稍涉松劲。惟现据探报，北路附近新立屯、哈拉套力改等边外，亦有股匪焚杀抢扰。该处切近奉省广宁、新民厅之彰武台门土厂边门，诚恐纷窜肆扰。而康平一带，道路处处相通，地面尤属辽阔。奴才等复经会商，于二十四日添派提督衔记名总兵张永清带领所部步队暨调到东边马步各队，前往彰武台门至哈拉套力改、新立屯以及库伦街一带防剿堵击。并添派盛军步队两营暨捷胜营、镶白旗马队，统交三省练兵行营翼长果权带往法库门、康平县、辽海屯暨科尔沁蒙藩部落等处会合防剿，以厚兵力。一面知照丰升阿相机督率，分投剿办。除俟得有续报，再行随时具奏。上谕，前据德福奏热河朝阳匪徒滋事，当饬令李鸿章、定安、裕禄各派弁兵分投剿捕。旋据直隶提督叶志超奏在建昌县三十家子等处剿贼获胜。兹据定安、裕禄、李鸿章同日奏报迎剿教匪屡获大捷情形，览奏均悉。十月二十至二十五等日，奉天所派总兵聂桂林、耿凤鸣等在朝阳县界连获胜仗，生擒匪首郭沕渭、杨明，歼毙教首杜把什，阵斩贼匪千余名，余贼败溃。现复添派总兵张永清等前往彰武台门一带会剿，叶志超所派各队，于二十五日在建昌所属五官营迎剿教匪，格杀大头目传连信、彭太和，并毙异服诵咒道匪多名，贼尸枕藉，夺获器械、马匹无算。平、建一带贼匪顿息。现由建昌至朝阳节节攻打，并派马队由喀拉沁王旗西北一路兜剿，办理尚为得手。此次直隶、奉天派出各军，奋勇争先，每战皆捷，深堪嘉尚。仍着李鸿章、定安、裕禄分饬诸将领，乘此声威，合力进剿，迅将朝阳踞匪一鼓歼除，毋留余孽，以靖地方。

（总 3005 — 3007）

21. [丙寅]，吏部奏，军机处交出热河都统德福片奏，此股匪徒，纷窜肆扰，实因与敖罕旗蒙古人挟仇酿成事端，以致窜入朝阳，将县衙焚烧。该县虽无城池可守，距城六百里之遥，仓猝滋扰，迫不及援，究属疏于防范。除该处文武员弁容俟查明分别参办外，查热河道廷雍、承德府知府启绍，有整饬表率之责，咎有应得。请旨将热河道廷雍、承德府知府启绍均交部议处。奴才德福既系兼辖热河道、承德府所属州县，亦不敢辞咎，恳请一并交部议处等因，于光绪十七年十月二十四日奉硃批，德福、廷雍、启绍，均着先行交部议处。钦此。钦遵到部。查定例，野贼苗蛮扰害地方及无土官管辖之生苗为盗，如有焚劫乡村抢掳男妇杀伤兵民者，兼辖官降二级调用，统辖官降二级留任，督抚降一级留任，俱公罪。又官员处分，事关军务。惟失守城池，统带兵勇所得处分不准查抵等语。此案据前热河都统德福片奏，此股匪徒窜入朝阳，将县衙焚烧，虽无城池可守，究属疏于防范。请将热河道觉罗廷雍、承德府知府启绍交部议处并自请一并议处等因。钦奉硃批，德福、廷雍、启绍，均着先行交部议处。钦此。臣等查该都统此次奏片仅请将县衙焚烧并声明无城池可守，至地方如何被扰及攻陷情形，片内未据叙入。俟查明文武员弁另参到日再行一并核议外，所有此次处分，自应先行比例核议。拟请将承德府知府启绍比照野贼苗蛮焚掠乡村兼辖官降二级调用例，先行议以降二级调用。热河道觉罗廷雍比照统辖官降二级留任例，先行议以降二级留任。前任热河都统德福比照督抚降一级留任，先行议以降一级留任。查热河都统现经简放有人，德福所得降一级处分，应行注册。再德福及廷雍、启绍等所得处分，均系公罪。惟匪徒窜扰，焚烧县衙，应否照事关军务例虽系公罪不准抵销之处，理合声明请旨，恭候钦定。上谕，吏部奏遵议处分一折，热河都统德福，着降一级留任。现在开缺，照例注册。热河道廷雍，着降二级留任。承德府知府启绍，着降二级调用。均不准抵销。

（总 3007—3008）

35. [己巳]，谕军机大臣等，朝阳于十月十三日失事，该县廖伦明并无禀报，直至二十九日始行具禀收复，所称接仗受伤各节，殊难凭信。难保非当时逃匿，事后捏词避罪。着李鸿章确切查明，如有潜逃捏禀情事，即着严参治罪。

（总 3009）

36．［庚午］，以桂祥为镶黄旗蒙古副都统。

（总 3009）

41．［辛未］，叶志超奏，奴才进驻平泉州督饬各军剿捕道匪捕
获胜各情形，业于十月二十九日、十一月初三等日先后陈奏在案。
兹于十一月初五日承准军机大臣传谕，光绪十七年十一月初二日
奉上谕，德福奏，官军剿匪获胜一折，览奏均悉。此次官军连日
剿贼，尚称得手。即着德福、叶志超督饬派出各队节节进剿，务
期早日歼除，毋留余孽。另片奏敖罕王旗请兵会剿等语。再本日
理藩院奏喀拉沁扎萨克郡王旺都特那木吉勒呈报被扰情节，大略
相同。着李鸿章迅饬叶志超分兵驰赴该王旗等处实力防剿，认真
保护，以卫藩服而靖地方等因。钦此。遵旨寄信前来，奴才跪诵
之下，钦悚莫名。伏查喀拉沁王旗在平泉州西北二百数十里，敖
罕王旗在州东北五百余里。兹据报称，知各该处均被匪扰，适督
臣李鸿章所派铭军马队两营于十月二十八日驰至，当饬该统领副
将潘万才迅即拔队由五虎、马梁一带节节进剿。并于建昌获胜后，
飞饬记名提督聂士成多带马步各队由叶柏寿一带节节进剿，即分
赴该王旗等处将窜匪扫除各在案。现据潘万才禀报，十月二十九
日行至中途，即据阿公府胞兄及蒙员等纷纷求救，情词迫切。当
令导路前进，至甸土地方，遥见东北火光四起，知贼在榆树林一
带焚劫，相隔七十余里，时已日暮，当饬人马暂住就食。派弁同
蒙员海元等驰探，一面连夜疾驰，途斩贼探三名，夺马三匹，黎
明抵榆树林。据海元等迎报，街内步贼约一千七八百名、马贼
二百余名，附近各村亦有贼踞。贼首系伪王李妖师，并有伪领兵
侯孙惠等多名等语。探闻兵至，堵塞街口，放枪拒敌。当即挥队
奋击入街，短兵相接，毙贼一百余名。该处有当铺一所，围墙两
层，高大坚厚，几同营垒，贼即退踞其中。当督营官都司蒋广栋
等分率劲旅四面围攻，贼以枪炮抵死抗拒，施放不绝，炮如雨落。
血战两时之久，始毁墙而进，枪击刀砍，将该匪悉数歼除，并枪

毙贼马数十匹，夺获贼马一百余匹，大炮、劈山炮、抬枪、小枪、刀矛等械五百余件，剥取黄衣十余件，黄令旗、令箭十余面。其附近各庄踞贼，闻信拼命来援，马步约二百余名。经派队分投迎击，并饬蒙员海元等在后助剿，又阵斩黄衣贼目数名，击毙马贼五十余名、步贼一百余名，夺获枪械二百余件、伪教神铜像一个、逆首牌二十个。据蒙员及乡民指出，击毙马贼内有伪王李妖师、伪领兵侯孙惠、杨升、张惠、王永元等五名。查点兵勇，阵亡三名，受伤六名。该副将探闻榆树林西北五十里西桥头地方有贼盘踞，随即整队驰剿。又据记名提督聂士成禀称，十一月十三日，探闻建昌迤东之叶柏寿一带有匪首刘怀等纠集党羽一千余人，在彼盘踞杀掠。即督参将叶玉标、刘运昌、游击夏青云等马步各队驰往击剿，该匪胆敢列队迎拒。当饬叶玉标步队居中，刘运昌、夏青云马队分左右两翼直前奋击，枪炮互施，鏖战一时之久，击毙贼匪三百余名。该匪仍抵死不退，遥见大红帅旗之下，有匪首持械指挥，当将该逆击毙。匪势不支，始纷纷溃散。各队跟踪追击，又毙贼一百余名。余贼越山奔窜，时已昏黑，未便穷搜。计夺获抬枪三杆、鸟枪十余杆、刀矛五十余件、大小车四辆、骒马九十余匹、战鼓一面、旗帜十余杆、令旗两面，上书刘怀字样。生擒贼匪二十余人，当就军前正法。并讯知刘怀业经枪毙。查点兵勇，阵亡二名，受伤三名。收队就叶柏寿暂扎，确探贼踪，赶紧搜捕。并据另禀，探闻黑水地方有股匪千余人踞扰，该处距叶柏寿约二百余里，该提督拟酌留兵队搜捕余匪，一面亲率马队驰往击剿各等情，先后禀报前来。奴才查榆树林、叶柏寿之匪，均系强悍，枪械复多，自起事以来，蒙部遭其蹂躏，不堪言状。潘万才、聂士成等将该匪剿除后，复进至西桥头、黑水一带雕剿。喀拉沁王旗西南地面，现可稍安。已飞饬该提督等沿途扫荡，分别迅向该王旗等处进发。目前有此两捷。平泉、建昌等属，要路渐通。虽敖罕王旗相隔较远，尚不难转战而前。奴才自当严督将士迅赴戎机，以冀早安藩服。至口外地势，复冈叠嶂，山岔纷歧，向为匪徒出没之区。一有乱萌，遂即乘机窃发。际此官军四集，尤当实力搜捕，以期尽绝根株。上谕，叶志超等奏官军进剿榆树林等处教匪获胜情形一折，前因喀拉沁旗等处被贼滋扰，谕令叶志超分兵防剿。该提督派令副将潘万才由五虎、马梁一带逐节进剿，十月二十九日行抵榆树林地方，与贼接仗。该匪二千余名，堵塞街口，抵死抗拒。当经都司蒋广栋分率劲旅，四面围攻，鏖战两时之久，将该匪悉数殄除，夺获马匹、器械甚多。附近各庄之贼，闻声来援，各队分投迎剿，阵毙黄衣贼目数名，击毙马步贼匪一百余名，伪王李妖师、伪领兵侯孙惠等五名，均经击毙。随令进剿西桥头踞匪。又建昌迤东之叶柏寿一带有匪首刘怀等率党千余人盘踞杀掠，本月初三日，提督聂士成督队进剿，参将叶玉标等左右奋击，阵毙匪首刘怀并匪四百余名，夺获枪马车炮旗鼓多件。贼众纷纷败溃。聂士成现率各队驰往黑水等处雕剿另股贼匪，现在平泉、建昌等属要路依旧疏通，办理尚为得手。仍着叶志超督饬各营将弁乘胜进攻，合力兜剿，务将窜扰蒙旗各股匪悉数殄除，毋留余孽，以绥藩服而靖地方。

（总 3012 — 3014）

42. [辛未]，叶志超奏，据喀拉沁扎萨克公旗他卜囊那穆吉勒喜拉布来营禀称，榆树林之贼现被剿除，大名城一带已觉平定，公府之西寸金沟、马连图各沟、八座台等处，向有匪徒肆起劫杀。又据乌公旗熙贝勒府专差来营报称，距该府四十里之大马营地方，现有贼首赵玉恒聚党千余人抢掠，势甚猖狂。贝勒府恐为扰害，各请派兵往剿等语。奴才查寸金沟一带，距西桥头不远。当饬参将傅廷臣，迅带步队数百名于初四日驰往，会合潘万才马步分投进击，即饬该蒙员导路前进。并飞饬记名提督江自康、参将韩照琦、防御双禄等迅由建昌各带马步队驰往大马营一带击剿，务将各该处匪党一律歼除，以安蒙众。又奏，正在缮折间，据距平泉一百四十里之建昌所管高尔磴地方蒙古王禄、相林喇嘛等呈报，该处所有贼首，同伪军师裴姓等率领数百人，在彼烧杀蒙古二百余人，肆行扰害等情前来。奴才已派通永练军两哨及热河练军一哨前往该处，会同续调之山海关练军现驻汤道河中营管带记名总兵曾腾芳一同会合剿捕。如何情形，再行恭折驰陈。报闻。

（总 3014—3015）

48. [癸酉]，德福奏，查平泉、建昌等处剿匪连日接仗获胜并据朝阳县禀报收复情形，已经提督叶志超暨奴才先后驰奏在案。奴才查朝阳县前虽据该县禀报收复，仅止县街平靖，而四乡贼匪，仍多扰乱。道路不通，尚在督军进剿。查探确实，再行续报。兹复据该县知县廖伦明禀称，于前月二十一日会同奉省练军统领聂桂林督率兵勇，前往剿捕另股合伙在下桃花吐地方盘踞之逆匪，我军分路至该处围攻，贼匪突出，列阵拒敌。官军奋勇接战，毙贼五十余名，该匪败走。至上桃花吐，聚集悍贼二千余众，负嵎抗拒。我军并力围杀，毙贼数百人，生擒三十四名，夺获军械、马匹无算等情。又据禀称，于前月二十五日会同守备于鸣谦，已将赵胡子沟盘踞贼匪六七百名击散，擒斩一百余人。现在贼势虽迭经大创，惟各处逆匪随地诱胁，尚恐滋蔓。奉省练军为数无多，县街无城可守，仍属岌岌可危，迅请大兵合力剿办等情前来。奴才当即飞咨提督叶志超迅派援军前赴该县合力剿办。现准提督叶志超来咨，记名提督聂士成等已督兵前进。大兵一到，自必一律荡平。至平泉、建昌以北之榆树林子等处贼匪一千余人，大名城州判于甫筠带勇抵敌，初犹奋勇死战，后因众寡不敌，全军尽没，该署州判同时阵亡。现经统领副将潘万才由五虎、马梁一带进剿，于十月二十九日抵榆树林子地方，将该贼匪歼除殆尽。现复带队前往西桥头地方剿捕。而西桥头即系喀拉沁王旗地界，前于大兵未到之先，由东向西窜出一股，约有二百余人，经该王督同辅国公淋沁都尔吉等带领蒙古乡勇截击，尽数杀毙，逃者仅二三十人。

现在奴才所派密云马队、驻园马队、各练军并续派之热河步队，均已齐集。该王府地方无虞疏失。并严饬赤峰县知县李鸿猷严加堵御。倘该匪等被击西窜，即知会各路官军合力截剿，勿令蔓延为患。各处贼匪，屡经惩创，自必心寒胆破，不难扫荡。热河地方，自闻各处获胜之信，民情现极安谧。所派各路防剿旗绿各营兵弁，均能用命，可保无虞。至滦平县属之老虎沟、偏桥子等处教堂，已经奴才饬派旗绿各营官兵分往保护。理合恭折具奏。报闻。

（总 3015 — 3016）

63. [丁丑]，叶志超奏，奴才前派马步各队剿平榆树林子、叶柏寿等处踞贼各情形，业于本月初七日具折驰奏声明副将潘万才即赴西桥头一带搜剿等因在案。兹据潘万才禀报，本月初二三等日，探确西桥头之贼，闻官军获胜，退并毛家窝铺一带起事之处，合力踞守。并据阿公府以贼势猖獗，派弁乞援。随于初四日带队驰往该处，两庄毗连，重垣复壁，固如营垒，背山面河，甚得地势。庄前排设大炮并抬枪八九十根，竖立伪帅红黄大旗，踞有各处马贼三百余名，合道匪马步共有二千余人，据为巢穴，负固死守。一闻兵至，即列队以待。官军排队前进，贼燃大炮相拒。烟焰冲天，子如雨集，声闻数十里。当饬营官蒋广栋、潘万才（锺）督率各哨官等分为三路，以一路攻其中坚，左右两路包抄横击。并派随营帮办分省补用知县汪鹏、蒙员海元等各带马队、蒙兵随后助剿，以壮声威。贼众我寡，枪炮复多，鏖战颇久。当饬弁勇下马步战，督令奋力直前，有进无退，又力战一时之久。官军勇气百倍，杀贼甚多。并击毙贼目多名，贼始披靡，退至庄内凭墙死拒。弁勇三面攻击，当将贼巢击破，阵毙督战之逆目伪大王赵金贵、徐小枝及伪领兵侯陈忠等十余名。又阵毙窜来之马贼三百余名，生擒带伤之伪大王刘献堂一名、步贼五百余名，击毙贼马六七十匹。夺获大炮、抬枪八十余根、鸟枪二百余杆、贼马三百余匹、旗帜、刀矛无数。查验刘献堂受伤甚重，未能解送。适有阵亡州判于甫筠之子于冲河，因痛父情急，自愿随队击贼。知伊父死于刘献堂之手，泣求明正典刑，免逃显戮。该逆本难久活，遂即正法枭示。余贼俟讯明后再当分别办理，总期剿抚兼施，不敢滥杀。查点我军战马，被贼击毙五十四匹，弁勇受枪炮伤十八名，内队长邢万长等三名，子皆透骨，受伤尤重。现令赶紧分别医治。又据续报，收队后派骑四出，与蒙员确探贼踪。后探悉榆树林子起事贼首之王廷照、宋学智、宋洛大三名，当官军进剿时，因先期率党出掠，未被歼除。现纠众潜踞二十家子地方，伺隙蠢动。该副将恐其闻风逃窜，即一面派队由东南、东北两路向杜家窝铺进发。于初六日黎明时掩至二十家子地方，出其不意，将该逆王廷照、宋学智、宋洛大一并擒获。饬据海元等认，确实系起事头目，即于讯明后正法。其胁从之众，概令保释。现在平泉西北喀拉沁王旗、中旗地面渐已平静各等情，先后禀报前来。奴才查此股道匪，人数既众，枪炮复多。又勾结马贼多名，就险要地势踞以为巢，逆焰甚炽。当其四出焚掠，各处匪徒响应。喀拉沁王旗一带，诚觉岌岌可危。此次痛剿后，该王旗、中旗等处均可粗安。奴才拟于拜折后察酌情形，向东北一带进发，就平泉、建昌、赤峰、朝阳等适中之处驻扎，以便督饬各军节节进剿，冀可早日荡平。又奏，前据建昌县属高尔磴等处蒙古喇嘛等呈报匪首佟杰等集党约数百余人在该处一带烧杀等情，当经派队驰往，会合调防汤道河之记名总兵曾腾芳实力兜剿，附片奏明在案。连日迭据曾腾芳暨派出之副将杨元昇、佐领全龄等禀报，汤道河之东及建昌迤南一带，烂泥沟、苇子沟、柳条沟及南北等处，迤逦至高尔磴一带，山崇岭竣，沟涧重岔，深林密箐之中，多有匪徒盘踞。十月二十九日，曾腾芳探明烂泥沟贼巢，即乘夜越山掩击，枪毙贼匪二十余名，生擒四十余名，余匪向苇子沟一带逃窜。夺获抬枪、鸟枪、旗帜、刀矛多件，起获金丹道盟簿符咒等件，讯明着名贼匪八名，即就军前正法，余交乡社暂押另办。初二日黎明抵苇子沟，贼已闻信窜往北山。旋令土民导路，分队登山，瞭见深谷有炊烟透出，知系贼巢，即往剿捕。击毙贼二十余名，生擒带伤者二十余名，内有匪首于刚绰号于大力，供认在高尔磴等处杀掠，当即正法。焚毁贼巢草屋十数间，夺获刀矛十七件、鸟枪八杆。随于初三日带兵进剿柳条沟、金沙沟一带贼巢，枪毙贼匪十余名，夺获骡马五匹，余匪向三官庙一带逃窜。适杨元昇、全龄等带队驰至，正在会商间，适喇嘛鲍忠报称，二十家子匪首林玉山与军师宋先生暨伪平西王佟杰之子佟老耗等被官军击败，窜至高尔磴一带与三官庙道士吴广生之党相会，约有二百余人，现与太平乡社互相攻打等情，随令导路前往。该社团勇势正危急，官兵排枪齐击，鏖战一时之久，毙贼约一百余名，吴广生等集其死党，退入三官庙踞守。兵勇四面围攻，将该匪等悉数歼除，高尔磴一带现已平静。并另据帮带练军马队总兵蔺福喜禀报，在建昌附近将佟杰拿获交县讯办各等情前来。奴才查高尔磴在建昌西南，与汤道河相近。现为官军后路，颇有山险可据。该处贼既歼除，即无后顾之虑。除饬曾腾芳妥为搜剿余匪并令全龄等带队回营另行调遣外，所有高尔磴一带贼匪现已次第歼除缘由，理合陈明。上谕，叶志超等奏官军进剿毛家窝铺贼匪获胜暨剿除高尔磴一带贼匪各折片，本月初二三等日，西桥头之贼退并毛家窝铺一带，纠合道匪共有二千余名，负固死守。初四日经副将潘万才饬营官蒋广栋等率队分路攻击，杀贼甚多，并击毙贼目多名。贼始退入庄内，凭墙抵拒。官军复三面攻击，当将贼巢击破，阵毙伪大王赵金贵、徐小枝及伪领兵侯陈忠等十余名、并马贼三百余名、道匪一千余名。夺获枪炮、马匹、旗帜无数，并生擒伪大王刘献堂，正法枭示。复于初六日在二十家子地方将起事贼首王廷照、宋学智、宋洛大三名一并擒获，均经讯明正法。又建昌县属高尔磴等处匪徒盘踞，经总兵曾腾芳等率队在烂泥沟、苇子沟及三官庙各地方迭次获胜，毙贼多名，并起获金丹道盟簿符咒等件，生擒匪首于刚及著名贼匪八名，均已正法。并将道士吴广生一股悉数殄除。又据总兵蔺福喜禀报，在建昌附近将伪平西王佟杰拿获，交县审办。高尔磴一带现已平静，剿办甚为顺手。仍着叶志超督饬各营将弁乘胜进攻，合力兜剿，毋留余孽，以靖地方。

（总 3018 — 3020）

64. [丁丑]，定安、裕禄奏，热河朝阳县匪滋事，前经奴才等将派队援剿接仗情形暨探闻北路附近新立屯、哈拉套力改等边外亦有股匪焚杀抢扰，该处切近奉省广宁、新民厅所属之彰武台门至哈拉套力改、新立屯以及库伦街一带防剿堵击，于十月二十九日恭折驰奏在案。兹于十一月初三、初七等日据记名总兵张永清禀报，该总兵于二十八日行抵新立屯，探得近边界之朝北营子一带有贼窜扰，当即会同东边马队营官候补游击尤得胜及在新立屯驻扎之奉军营官候补游击杨建德，带领马步各队赶往迎击。时该处居民业经逃避，该匪等占踞烧锅当铺之内。当率各军分布环攻，该匪等抵死抗拒。自辰至午，攻打两时之久，歼除甚多。贼势不支，有纷纷逃窜者，有恃当铺院墙高固，占踞护院高台拼命抵拒者。一面拨队分路追击逃匪，一面派队力攻占踞当铺高墙之贼。时已昏黑，见贼坚拒不出，马队哨官杨建胜、哨长徐绥廷、奉军步队哨官黄占标、李国胜各带兵五十名，奋勇从围墙东、西两隅觅地攀登而上，该总兵与尤得胜分投督队，一时枪声并发，四面交轰，扑上高台，贼乃纷纷下窜。各队杀入院中，枪击刀砍，擒斩贼匪二百余名，逃出余匪无几。其先时逃散之贼，亦经杨建德与哨长韩起发、郝营升等督率马队追踪奋击，毙贼一百五十余名。至四更后始行收队。计先后擒斩约共一千余名，夺获枪炮、锣鼓等物九十余件、骡马二百余匹。查点我兵，阵亡马兵四名，受伤十名，步队受伤四名。该总兵等复加搜捕，朝北营子一带已无贼踪。复行督队前进探剿，于十一月初三日行抵五家子北二十五里，有蒙古人报称，照树沟地方现有匪首李洛道聚匪百余名在彼盘踞。该总兵当与东边步队营官游击衔补用都司张兆熊督队驰抵该处，见有住房一处，上插十字红旗。队伍到彼，匪徒等胆敢踞守墙头，放枪迎拒。该总兵与张兆熊督队分东、西两面攻打，自申至戌，始将外门攻开，贼众奔溃。各队兵勇争先夺击，杀毙贼匪二十余名，其未逃出之贼，犹从窗隙暗中放枪。当将外存柴草点燃，用火攻击，烧毙贼三十余名并搜获首犯李洛道及前在朝北营子败窜贼匪四名，夺获刀枪、旗帜等械三十余件，并在各屋搜获妇女五十余口。讯据李洛道即李教明供称，住居边外照树沟南四五里之石佛沟地方庙中，向用五圣道工夫又名学好已三十余年，现在勾结朝阳县匪徒，由照树沟赴朝北营子等处窜扰。朝北营子败后，仍想招伙党，意图再举各情不讳。该总兵于讯明后，即将李洛道等在军前正法。所有搜出妇女，讯皆被贼抢掠而来，均系附近居民，分别妥遣回家。现在北路边界人心渐臻安定，仍当加意严防，搜捕余匪，并再向前捕剿。其援剿朝阳之队，接据总统丰升阿先后来电，该总统于十月二十五日行抵义州清河门，即据佐领依桑阿将前在大庙打仗所获贼目陈洛滨、道士盛信沧等二十名并阵获旗帜、伪印、马匹、刀械等件呈送到营。当经讯明将该犯等于军前正法后，该总统即带同盛字营马步各队并耿凤鸣所部各军，由大庙贝子府一带探剿。附近零星股匪，均皆闻风逃散。沿途搜剿歼毙贼匪一百三十一名，并获匪首潘岳淋一名。现仍分督各队，四路巡缉。又据聂桂林禀称，前报赴西官营子追剿，匪等见官军追至，分向西窜。该总兵追至兴隆洼，阵斩贼匪一百四十五名，余匪溃奔炮手营子窜入小八沟地方。二十七日，该总兵带队赶上，匪徒列阵回战。该总兵分队夹攻，又枪毙贼六百余名，生擒贼目侯可均一名，夺获枪刀、旗帜二百余件、马一百余匹。查点我军，阵亡马兵一名，受伤十六名。现仍赴四家子一带追剿，并将所获之匪目侯可均就近解送锦州府讯办各等情前来。奴才等伏查边外皆蒙民杂处之地，据各处禀报，此等匪徒以在理等教诱惑愚民，散布村落，借称与蒙古有嫌，凡遇蒙古人及喇嘛庙宇，无不烧杀抢毁。而于民人则但图裹胁，且称相从入教，则从此不受蒙古欺侮。愚民无知畏害，以致被其诱胁者甚多。奴才等现饬派出各军，务须查明首要，悉力歼除。仍于剿捕之中随处晓谕愚民，解散胁从，俾免煽惑诱聚。并饬于经过蒙古地方加意抚绥，毋致蒙古与民人再启猜嫌，以靖边围。现闻直隶官军已抵平泉、建昌一带进剿，仍当饬令奉省各军互相知会，会合兜拿，以期迅速殄灭。其聂桂林获解之匪目侯可均，现据署锦州府知府福培讯据该犯供明，在匪徒王惠明名下充当谋士，勾引愚民入教，同到敖罕贝子府烧毁房屋，杀毙喇嘛多名，抢掠财物各情，与聂桂林所报在营讯供相符，已禀由奴才等批饬将该犯正法。前后打仗获胜异常出力各员弁兵丁，由奴才等分别存记，汇请奖叙。并俟各有续报再行随时具奏。上谕，定安奏官军击散朝阳窜匪续获胜仗一折，热河股匪前在朝阳县界滋扰，经定安等派出各军会剿，叠次获胜。该匪窜至朝北营子一带占踞，经总兵张永清等于本月初三、初七等日督饬马队进剿，擒斩千余名。复乘胜进剿照树沟贼匪，生擒匪首李洛道即李教明正法，北路边界人心安定。统领丰升阿由大庙贝子府进剿，擒获贼目陈洛滨、道士盛信沧等二十名正法，沿途殄毙贼匪百余名，并获匪首潘岳淋一名，仍分督各队四路巡缉。总兵聂桂林追贼至兴隆洼等处，斩贼一百四十五名，复分队攻击，又毙贼六百余名，生擒贼目侯可均讯明正法。各队剿办情形均属得手。仍着定安、裕禄等督饬诸军会合直隶官军迅速进剿，务将各股窜匪悉数殄除，毋留余孽。所有打仗出力各员弁，着该大臣分别存记，汇案奏请奖叙。该部知道。

（总 3020—3023）

65. [丁丑]，定安等奏，奴才裕禄接据东土默特旗扎萨克达尔罕贝勒色陵那木吉勒汪宝呈称，该贝勒于本年十月十九日突闻旗属红帽屯地方有贼千余人，由朝阳县窜出，抢掠人民，焚毁房屋，势甚猖獗。当即率领蒙古官兵二百人前往迎剿，与贼接仗三时之久，蒙古兵伤亡六十余人。二十日复整队迎敌，攻击半日。虽毙贼二十余人，而贼众兵单，蒙古兵又伤亡一百余人。众寡不敌，力难取胜。因携带印信，率领余兵二三十人退至马儿营子，即具文呈报理藩院、热河都统及盟长等处，讵送文兵弁又皆在路被贼杀害。并探闻十九日贼匪分股将该贝勒住宅占踞，所属境内已占三分之二，房屋、庙宇、军粮尽被焚烧。该旗所管官员、兵丁除杀贼伤毙外，余皆逃散，不知所往。该贝勒本拟亲赴热河求救，奈相距八百余里，道路梗塞，不能前进，不得已奔至奉省请兵援剿。并称该贝勒今岁正值年班，现在患难之际，无力赴京当差，恳请据情代奏等情前来。奴才伏查该东土默特旗在热河朝阳境内，与奉天边界之清河、白土厂等边门相近。奉省现已派拨马步各队赴彼援剿，应饬各军会合直隶官军节节兜击，实力剿除。应饬该贝勒将该旗逃散蒙古人民妥为招集安抚，毋任流离失所。至该贝勒属境突遭土匪窜扰，猝不及防。所称贼多兵少，迎击未能获胜，该贝勒住宅被贼劫抢，蒙古人民逃散，现值年班无力进京各情，奴才详加查核，均系实在情形，理合据情代奏。仰恳天恩准将该贝勒色陵那木吉勒汪宝本年年班免其进京以示体恤之处，出自鸿慈。得旨，色陵那木吉勒汪宝，着免其本年年班以示体恤。该衙门知道。

（总3023）

71. [辛巳]，定安、裕禄奏，热河朝阳匪徒滋事，前经奴才等将击散图窜奉省北路边界股匪暨在朝阳界内援剿各队续报接仗情形，于十一月初十日恭折具奏在案。兹于十一月十二日接据总统丰升阿报称，该总统前于拿获匪首潘岳淋，讯据供有该股东窜各匪，均约会聚于黑城子地方，该处本有土城，匪等复加修筑以图久踞各情，当经一面将该犯潘岳淋解省，一面带领各军驰往剿办。初九日抵朱力各支，将兵分为三路，派盛字营右翼马队佐领依桑阿会同奉军候补副将程楠森带领马步队由南路进剿，盛字营左翼马队佐领常恩会同奉军记名总兵耿凤鸣带领马步队由北路进剿。该总兵亲督盛字营右翼统领协领德源、营官佐领依凌阿、开复协领音登安及营务委员陈斌、希兰都等，带领镶白、镶蓝两旗步队官弁兵丁（丹）由中路进剿。初十日寅刻齐抵黑城子，见该处旧有土城，经匪等修理甚固，城之东南两面安有炮台。临城左近，自蒙古王府收租地局房屋二处，亦皆被贼踞守，以备抵御官军。我兵先攻土城外分踞之贼，队伍将次临近。该匪枪声齐发，各官弁兵丁奋不顾身，直前扑剿。立毙贼匪二三百名，该匪力不能敌，纷纷退进土城，仍敢与城内之贼齐在城墙以上施放枪炮，列队拒敌。陈楠森率队首先登城，夺获炮台。各队同时继进，枪毙贼匪四五百名，匪等退败，复奔守贝子府迤东宽润公所。该处院落墙垣高大，内筑有炮台两座，仍然踞上放枪，拼死抵拒。该总统当督德源、耿凤鸣、陈楠森等，各率步队由东、北、西三面围绕攻打。并派两翼马队在城四外巡查以防逃窜。由卯至未，攻击四时之久，贼势不支。陈楠森复带队越墙，将炮台夺获，各队悉力攻进，又枪毙贼二三百名。城内各屋窝藏之贼，亦经各队夹攻，击毙无数。该总统带队生擒匪首于发等四十一名，程楠森带队生擒王振芳即王洛师等二十七名，耿凤鸣带队生擒伙匪一名。其由黑城子西门逃出贼四五十名，亦经马队追杀多名。所余二三十名向黑山口逃逸。统计是月先后歼毙贼匪一千余名，生擒六十九名。查讯此股逆首张尽先即张洛师，已死乱军之中，认明尸身，枭首悬示。所获之王振芳即王洛师，身受重伤，与生擒各匪一并军前正法，在新尔色地方枭首示众。搜出妇女三十余口，讯皆附近良民被贼裹胁，均令各找妥人保送回家。阵前夺获枪炮、旗帜无算、马四十余匹。陈楠森所部受伤哨官赵云生一员、步勇一名，盛字营练兵受伤一名，均饬妥为调治。贼巢平毁后，匪徒已歼尽大股，余贼逃窜无多，现仍加意搜捕。并督饬各军再行向前探剿。其聂桂林在朝阳援剿之队，据报十一月初五日追至四家子地方，余贼闻风奔窜，该总兵督率马步各队于初六日追至大障子地方，有马步贼二百余名列阵以待，先行开枪。我兵奋勇攻击，约一时之久，贼力不敌，退入该村墙内，负嵎死拒。我兵跳墙攻进，贼又退入佛堂，我兵得手，即将佛堂焚烧。计阵毙头目王廷瑞、于廷顺二名，生擒三十余名，当即阵前正法。夺获旗械多件、贼马八十余匹，此股剿除净尽。现仍前往各处探剿。其记名总兵张永清捕获贼首李洛道即李教明正法后搜捕余匪，据报复于十一月初五日在石佛沟地方拿获在朝北营子击败逃窜匪首于振声、韩永桂即韩达子并伙匪韩永起等六名，讯各供认均在敖罕贝子府伙同抢杀各情不讳，当在军前正法。该总兵即带队赴哈力套改、库伦一带查探剿捕各等情前来。奴才等伏查黑城子地方，距奉界之清河边门一百余里，此股匪徒，前经夺踞蒙古贝子府，就原有土城重加修筑，安设炮垒，意图据为巢穴。经总统丰升阿统带各军奋力攻击，殄除首要多名，立将贼巢攻毁，余贼脱逃无几，剿办甚为得手。其聂桂林、张永清等军，亦均续报获胜，斩擒首要各犯。奉天边外东北一带渐次肃清。刻下直隶官军由建昌、平泉分路进剿，仍当督饬奉省各军由朝阳东、北两路节节前进，会合夹击。现奉军统领左宝贵已由差次调回，由彰武台门出边驰赴军前，并饬该统领督带所部各队与丰升阿相机并力迅速剿办。至丰升阿前获贼首潘岳淋，于十一月初九日派员解送到省。讯据该犯供，因砍伐山木，素与蒙古积有嫌怨。于十月间入教匪齐洛道即齐保山党内，伙同烧抢敖罕贝子府，复与齐保山图窜奉省边界，在朝北营子拒敌官兵，被击败散。齐保山经官军在阵歼毙，该犯受伤脱逃被获各情不讳，已由奴才等饬将该犯即行正法。除此次获胜出力员弁仍由奴才等分别存计外，所有援剿各队攻克贼巢歼擒首要各缘由，谨会同恭折由驿驰陈。上谕，定安、裕禄等奏官军剿贼获胜情形一折，朝阳匪徒盘踞黑城子地方，本月初十日经裕禄、丰升阿、副将程楠森、总兵耿凤鸣三路进攻，击破贼巢，余贼退踞贝子府公所，抵死抗拒。复经官军奋勇进攻，先后生擒匪首于发等暨王振芳即王洛师等九十名，歼毙一千余名。其大障子地方匪徒，亦经总兵聂桂林进剿获胜，阵毙贼目王廷瑞、于廷顺二名，生擒三十余名。总兵张永清亦在石佛沟拿获于振声、韩永桂即韩达子等正法，即着该大臣等乘此声威，饬令派出各军会同直隶官军迅将余匪搜除净尽，毋任遗孽。余着照所议办理。该部知道。

（总 3026 — 3028）

75. [癸未]，谕军机大臣等，叶志超奏，官军连战皆捷，现由东北一路进捣贼巢，并三家子地方击贼获胜情形各折片，览奏均悉。各股匪徒经官军击败后，分路窜逸赤峰县城东、南、西三面不下十余起，又有马贼千余人窜至乌丹城占踞贝子府。经副将潘万才等会同进剿，迭获胜仗。黑水一带之贼窜回喀拉沁洼，经提督聂士成在朱碌科一带接仗获胜，跟踪追剿，将逆首王殿发、李坤击毙，夺获枪炮、器械甚多，余贼窜并下长皋。现在派队向杨家湾抄击，断贼接济。办理尚合机宜。建昌以南，地方业已粗安。平泉后路现调吴育仁一军驻扎。复据李鸿章奏添派副将吕本元等率领马队五营驰往助剿，声势尤壮。即着叶志超身临前敌，激励众心，分派各路将领四面兜击，务将各股匪徒迅速殄除，毋任勾结窜扰。一面出示解散胁从以孤贼势，仍将办理情形随时具奏，用慰廑系。

（总 3028 — 3029）

81. [己申]，谕军机大臣等，理藩院奏蒙众被扰恳恩赈济一折，喀拉沁旗突被匪徒窜扰，蒙民颠沛流离，殊堪轸念。着户部拨银三万两，解往热河交奎斌遴派妥员会同该郡王旺都特那木济特妥为抚恤。

（总 3030）

92. [己丑]，以恩佑为镶蓝旗蒙古副都统。

（总 3032）

95. [己丑]，叶志超奏，奴才所派东北一路官军追击下长皋踞贼迭次获胜各缘由，业于十一月十七日陈明在案。兹于十九日奴才行抵朱碌科地方，距下长皋一百二十里，接据提督聂士成禀报，十三日派队抄袭杨家湾一带匪党，以断下长皋之援，幸已得手，拟即令扼扎。旋因兵力见单，复令折回合剿。随据探报，贝子府之贼现率悍党千余名来扑官军，下长皋之贼亦出圩合队而来，当饬各营以五成守营，以五成迎击。刘运昌、叶玉标率步队直前，夏青云居左，江自康居右，聂士成自带马步小队在后督战，三面齐攻，往来冲突。是日自申至酉麈战两时之久，毙贼甚多，贼势不支，纷纷败退。下长皋之贼仍闭门死守，援贼东奔，追击十余里，杀贼二百余名，夺获骡马一百余匹、抬枪、鸟枪三十七杆、大黄旗四面、刀矛二百余件。阵亡兵勇三名，受伤五名。十四日寅刻，下长皋之贼分三股来扑，以两股攻聂士成之营，以一股攻叶玉标之营，势甚凶悍。当饬整队迎击，夏青云、刘运昌亦带马队分路驰至，前后夹攻，贼复退踞圩内。我军尚未收队，突有大股马贼三千余名由贝子府一带蜂拥而来。比令刘运昌、叶玉标严守西南一面，总兵余有云、补用都司于鸣谦各带勇队兵队守东北一路，夏青云、江自康仍带马队分居左右，聂士成自率马步小队居中策应。布置甫定，贼已麈至。大半用墨涂鼻，红线为须，口念咒语，向前直冲。施放枪炮，子如雨点，十分凶悍。聂士成等督带马步往来包抄冲击，枪炮齐施，麈战多时。贼前仆后进，歼毙虽多，仍抵死不退。我军随身子药施放几将一日，渐次用尽。幸贼之枪炮被我军夺获，其火器亦属无多，当令兵勇拔出枪头洋刀，直前击刺。短兵相接，有进无退。呼杀之声，撼震山谷。贼伤亡既众，势不能支，始率余党仍向贝子府窜逸。追杀三十余里，涂鼻之贼约有千余，歼除殆尽，时已昏暮，未便轻进。夺得大炮两尊，鸟枪、抬枪数百杆、骡马三百余匹，生擒七十余名。讯悉此起之贼，系最悍贼目冯天祥率领前来，其中死党甚多。故是日之战，尸横遍野，斩杀极众。遁去之贼约不过二三百人。我兵阵亡七名，受伤三十余名。兵勇连日血战，杀贼甚多。此后援贼多寡，尚难预料。士成督队紧攻，虽遇风雪，满地冰霜，未敢休息等情前来。查下长皋距敖罕贝子府四十四里，贼以该处为门户，故迭出悍党应援。现经官兵痛剿，虽下长皋未破，而敖罕悍贼因赴援被创，斩杀已多，似宜设法分兵进击，以免为其牵掣。奴才拜折后即亲往督剿，相机筹办。所有官军连日击贼获胜情形，理合会同大学士直隶总督臣李鸿章先行恭折驰陈。得旨，览奏剿办情形尚属得手。着即亲往督剿，务期迅扫逆氛，毋留余孽。

（总 3033 — 3034）

十二月

12. [乙未]，叶志超奏，奴才于十一月二十日业将连日击贼获胜及拟定亲往督剿各情形奏明在案。二十一日驰抵建昌所属之敖罕旗四家子地方，接据记名提督聂士成禀报，下长皋之贼，既多且悍，现被官兵围困多日，该逆匪等必思起反攻之心。至泉盛烧锅围墙过于坚厚，胖似营垒，猛而攻之，徒伤精锐，合而围之，势必死守。更有由贝子府来援大股贼匪不时而至，倘有疏虞，反受其困。必当冒险出奇，先捣贝子府老巢，方不至劳兵糜饷，庶可一鼓歼除。兹于十七日议定，分饬记名提督江自康、参将叶玉标、刘运昌等照常加意围攻，勿稍松懈。即抽拨各营马步队伍一同游击夏青云于十八日子时冒雪驰往，急行四十余里，至贝子府天尚未明。贼早凭墙死守，见我兵突至，该逆等一面喧呼，一面默放大炮、鸟枪向外环击。夏青云绕攻其后，记名提督聂士成督饬马队，勒马持枪，四面围之，以防冲突。并檄饬步队合力仰攻，鏖战三时之久。贼始力不能支，而我军勇气百倍。亲军小队首先登陴，各营乘势前后一鼓而入，立毙贼首王正、王福、冯二老师等数名，枪毙刀砍五百余名。余贼纷纷越墙逃窜，夺路逃命。复经预先派定马队四面围攻，追杀十数里，又毙贼三百余名，夺获大炮八尊、火枪、刀矛不计其数、旗帜、号衣多件、贼马二百五十余匹、大小车二十四辆。此役统共杀贼将及千人，并无一名漏网。而我兵因奋不顾身，阵亡八名，受伤四十七名。当酌留马队驻守。该提督聂士成赶紧折回下长皋，将至午正。该逆等在围内高处瞭望，见我官兵大队自贝子府折回，窃悉已将逆匪老巢克复，各自惊慌无措。且被围八九日，人众食少，粮草缺乏，若不乘胜急攻，势必潜逃他处扰害。我军未得片刻休息，即派副将张复成、参将韩照琦进攻东面，叶玉标进攻西面，该提督聂士成自率副中营进攻前面。其各营马队，亦分三面密布，乘马待追窜出之贼。并严饬各营哨弁，不克此围，誓不收队。分排甫毕，各营同心齐进。而该逆仍自凭墙死守，大炮、鸟枪向外齐施，子如雨落。各营并不稍退，当用过山炮将前门攻破。步队杀入。贼始惶恐，各自奔逃。生擒军师孔庆广一名，击毙贼首王勋、徐如、李亮等三名、伙贼一千数百名。其余贼匪被击情急，投井而死者、跳墙跌死者不计其数。并用炮击破逆贼药篓，被轰死者亦不为少。间有逃出之贼，意欲扒山而遁，均被各营马队四面用快枪围击，又毙一千余名。我军阵亡二十一名，受轻重枪炮、刀矛伤一百四十七名。夺获大炮十二尊、抬枪三十余杆、鸟枪、刀矛不计其数、骡马四百余匹、大小车六十余辆。余贼所逃无几，潜匿深山穷谷之中，当隆冬天气冰冻之际，谅不至再成巨患等情前来。奴才于二十一日接禀后，即带领旗绿两营亲军各小队前往，路经上下长皋地方，但见贼尸枕藉，满地血污，其为官军连夜击毙无疑。驰抵敖罕贝子府地方，查得贝子府坐落北山根，房屋约有一百余间，十分坚固。附近蒙古亦有数百余家，自十一月十一日被贼占踞，至今已及四十日。所有蒙古男妇大小，被贼杀害诚为不少。其贝子府及蒙古民房墙垣，被贼焚毁殆尽，惨苦情形，不

堪言状。询悉居民，有言固山贝子父子数人逃在库伦者，尚难凭
信。当饬记名提督聂士成派妥员往该处探寻，若能寻获，保护回
旗。其长子色丹那莫济喇，在后山水泉东沟已经被贼杀害，当将
其尸身交该旗看坟之刘长莘收殓。奴才伏查查平泉、建昌、赤峰、
朝阳四州县，东连奉省，西接热河。南靠迁安。北通藩部，方圆
数千里，地诚辽阔。自金丹道五金门假以劝人学好为名，煽惑日
众，集数万余人，到处烧杀抢掠，随意威逼裹胁。并胆敢妄立伪王、
伪侯名目，其为谋反大逆，实属无异。若非赶紧剿办，势必酿成
大患。幸赖我皇上天威，各路将士皆能用命，于旬月之间，在风
天雪地之中，昼夜舍死忘生，奋勇转战。统计先后得获大胜八次，
保全敖罕等旗及平泉、建昌、赤峰等州县，克复贝子府等处，逆
贼所杀不下万余处之多。其被胁之人，均经饬令乡社分别保释。
其余小股或四五百名，或二三百名，均已随时剿灭，不计其数。
现在敖罕、喀拉沁两旗均已稍安，尚可仰慰宸廑。惟奴才所带各
营官兵，自奉调以来，役无不战，战无不克。旬月之间，转战方
圆数千里，手持枪炮，足履寒冰，衣不解带，马不离鞍，临敌奋
不顾身，有进无退，备尝艰苦，不一而足。或攻克坚围，或临敌
亲战，每于枪炮雨露之中，皆能不避生死，冒险取胜，奋勇可嘉，
实属异常出力，未便没其微劳，谨遵旨汇案保奖。如蒙俞允，准
其照拟给奖，出自逾格鸿施。再，各营出力哨弁暨后路冒险转运
文武各员，俟肃清后再行汇案请奖，合并陈明。上谕，叶志超奏
官军克复贝子府老巢，击破下长皋贼围，现将敖罕旗踞匪剿杀殆
尽请将出力员弁奖励一折，敖罕贝子府及下长皋等处，前被贼匪
盘踞，经提督聂士成等议定先捣贝子府老巢，十一月十八日驰抵
该处，督饬将领四面环攻，鏖战多时，贼势不支，我军奋勇突阵，
各营乘胜攻入，阵斩贼首王正等数名，殄毙匪党五百余名。余贼
纷纷逃窜，经马队跟踪追剿，伤毙三百余名，夺获枪炮、刀矛、
旗帜、车马甚多。当将贝子府克复，官军乘胜回攻下长皋。该逆

抵死抗拒，我兵枪炮齐施，贼众奔溃。生擒伪军师孔庆广，击毙逆首王勋等三名，伙贼千余名溃窜，搜杀殆尽，被胁难民分别开释。现在敖罕、喀拉沁两旗一律安谧。在事出力员弁，均属奋勇可嘉，自应从优给奖以昭激劝。仍着叶志超饬令聂士成等分派队伍搜剿窜匪，毋留余孽以绝根株。余着照所议办理。该部知道，单并发。

（总 3036 — 3038）

17. [戊戌]，定安、裕禄奏，前经总统丰升阿督饬奉省官军击败窜聚黑城子踞匪并聂桂林等剿捕大幢子等处匪徒获胜情形，经奴才等于十一月十五日恭折奏报在案。自黑城子踞匪击灭后，奉省近边一带亦无贼踪。奉军统领左宝贵出边与丰升阿会商，督饬各军分路向前进剿。十一月十八、二十五、二十九等日，先后接据左宝贵、丰升阿报称，派出由北路进剿之奉军营官尽先游击金得凤等探闻库伦正西之三道洼子聚有贼匪三百余人，当即带队驰剿，该匪闻风逃窜。十一月初九日戌刻，追至相距库伦一百八十余里之开太庙地方，贼匪在庙屯聚。金得凤等乘夜与马队营总托克通阿直前围击。该匪知觉，列队出拒。我兵奋勇争先，枪毙贼匪一百余名，生擒马占双、王有山、双喜三名。讯据供称，此股系王俊、孙亭仪二人为首。阵毙各匪有孙亭仪在内，王俊带领余匪窜往鄂尔土板。并讯悉鄂尔土板一带盘踞股匪甚多，当将该犯等正法。其时马队营官尤得胜、步队营官张兆熊由哈拉套力改进剿之队相离不远，即约会分路进攻。十一月十三日丑刻，尤得胜、张兆熊先驰至距鄂尔土板八里之衙门营子，整齐马步队伍直抵贼巢，督饬由东、西两路分进。并派营弁王瑞岐等带队由丛林中暨各巷口堵截，以防逃窜。维时村外贼匪数百名，列阵抗拒。各队一拥上前，杀入贼队，阵毙贼匪五十余名。贼势难支，退入该处当铺房内，恃其墙垣高固，据墙死拒。我军四面扑上，刀砍枪刺，复毙贼一百五十余名。适枪火燃及西南草堆，贼匪惊溃奔窜。复经王瑞岐等在于街外截杀多名，其未逃出者亦多烧死火内。当时生擒伪元帅王凤得、伪先锋王二黑等，讯明即在军前正法。十四日早，侦得白姑土即宝各图有马贼三百余人、步贼八百余人前来鄂尔土板救援。尤得胜等带队迎击，该匪蜂拥而至，列分七队拒战。我军步队趁势攻击，马队包抄其后。正在攻击之间，适金得凤督队亦至，会同夹击，由斜刺杀入。该匪腹背受敌，力不能支，遂大溃乱。各军枪击刀砍，毙贼四百余名，贼众奔逃。复经马队帮带高成、哨官杨建胜等追杀六十余里，又毙贼一百余名，余匪四散奔窜。在陈家窝棚、河甸子等地方，正遇副将陈楠森、游击马占鳌、佐领常恩等赴鄂尔土板一带之队，复各截杀五六十名，并经陈楠森等擒获贼目徐英暨伙匪二十余名，常恩擒获伙匪赵发等二十余名。讯据所获徐英供出，贼首齐凤即齐保山又名齐洛道，在朝北营子经官兵在阵枪击受伤，右腿击断未死，被余匪救出，逃至煤窖沟藏匿养伤。陈楠森随即亲带队伍驰至煤窖沟查拿，将村围住。该处尚聚有匪徒百余名，出而抵拒。陈楠森督队进攻，立毙贼匪三十余名，生擒伪先锋李洪才等二十余名，即将匪首齐保山即齐洛道一并擒获，并夺获黄伞一柄。是时左宝贵驰抵军前，当将徐英、李洪才暨前获各匪讯明正法，并将齐凤即齐保山派弁押解送省。查看鄂尔土板、宝各图之贼已经搜剿殆尽，探闻距宝各图六十里建昌县界之干沟子地方，有贼盘踞甚多，穴墙安炮为负嵎之计，近村六屯各有踞匪相为犄角。左宝贵当即带领陈楠森、金得凤、尤得胜、马占鳌、杨建德、张兆熊、魏希古、王占魁等马步各队，直薄干沟子贼巢。该匪列阵迎敌，马贼约有三百余人、步贼约千余人，分三队来扑。左宝贵督饬马队上前迎击，相持一时之久，歼毙马贼二百余名，贼势溃退。我军马队分抄邀击，步贼亦俱溃败，退入围内，据墙固守，枪炮并施。我军奋勇前进，立将五处围墙同时攻破，毙贼六百余名，余匪逃入西岸教堂。系该匪老巢，其中贼目极多，围墙高固，枪炮如雨。各营哨官领队争先,杨建春、托克通阿、涂景涛督队继至。各弁兵奋勇直入,枪刀并举,立毙多名,举火焚烧,又毙五百余人。自未至酉,前后共毙贼一千四百余名,阵斩黄袍贼目一名,生擒贼目黄洛师等三名、教匪二百余名。其中身带朱符纸咒者,经左宝贵讯明立予正法。并查内有裹胁百余人,当即交附近该处之会首保释。搜获妇女一百余口,讯系近村居民,亦交会首分遣回家。此处贼匪余剩无多,均向东西敖金分窜。十八日,左宝贵复率同各营官跟踪追剿,迨至敖金,贼俱闻风逃窜。沿途搜获逃匪十四名,均讯明正法。是时总兵聂桂林、张永清、耿凤鸣等,亦各带队而至助剿。探悉直隶官军已将西路榆树村、朱碌科、东西长桥、贝子府等地方贼巢次第攻破。其头目多逃聚于二十家子杨太平、杨太安之大教堂。左宝贵商令聂桂林、耿凤鸣带队扼住白塔子一带,防贼分窜。即于十九日三更后亲督各军直捣二十家子贼巢。一路山径崎岖,溪沟歧出。五更始抵该处,见贼倚山为垒,防卫周备。左宝贵相度地势,令张永清攻其左,金得凤攻其右,杨建德、尤得胜、魏希古、王占魁、徐玉生各马队由山后分剿贼垒之背。左宝贵亲带委员涂裕光、涂景涛、杨建春等,督率各队直攻垒前。讵该匪探知我军将至,已先伏马贼七八百名于山坡之间,我军攻垒,垒内之贼发炮外击,山坡之贼突出包抄。并有山南教堂之贼据高施放枪炮,整队相援。左宝贵急督攻垒之勇还击马贼,相持数刻,枪毙落马者无数。适杨建德、尤得胜由山后驰下,合力奋击。共毙马贼约二百余人,擒获领队伪元帅于化汶、伪先锋孙发二名,余贼分途奔窜。当饬马队分追,擒获坠马之贼百余名。乘胜环攻贼垒,贼匪闭门死踞。金得凤队长张朝第攀垣先登,夺踞炮台,众兵踊上,快枪轰击,共毙贼无数。各军环垒攻击,破门扑入,刀砍枪击,共毙步贼八九百名,生擒教头宋明、伪军师张惟一、贼目杨连元及伏匪三百余名。其山南教堂援贼三四百名,因见陈楠森、马占鳌、张兆熊督兵扑剿,退入围内,亦经陈楠森等攻破，枪炮环击，斩杀殆尽，并该匪教堂均经焚毁。查讯擒匪所供，此次奸毙匪内有伪开国府杨悦春之伙党杨二少师及头目张诰、姜幅、徐立、冯金祥、黄会，皆中枪身死。当将生擒教首宋明、伪军师张惟一、于化汶、孙发四名解省讯办。其余所获伙匪，均在军前正法。讯明裹胁者分别保释。统计连获胜仗六次，先后夺获贼马、旗帜、枪炮、火药、器械、车辆等项无算。我军阵亡之兵丁五名，受伤四十余名，当饬妥为调养。至是一战之后，头目奸毙过半，余贼不复成股。所有败残余匪，均奔往赤峰县乌丹城一带。左宝贵已派金得凤、杨建德、魏希古各带马队跟踪追捕。直隶亦有马步各军东来迎剿，不难尽为奸灭。左宝贵于十一月二十二日与直隶提督叶志超在敖罕贝子府地方会面商明。现虽大股逆匪已平，而败逃余贼急须分路搜除，务期根株尽绝，免再复有啸聚。所有敖罕贝子府以东各路，由奉省各军分路严缉，并将蒙、汉民人妥为安抚。现左宝贵带同所部马步各营暂驻山湾子一带，丰升阿带同所部马步各营暂驻清河边门外一带地方，互相联络，易于调度。派令总兵聂桂林在下洼子一带，总兵张永清在鄂尔土板、福兴地一带，游击尤得胜由下洼子东北草地以至库伦一带，都司张兆熊出宝各图东南以至新立屯一带，协领德源、佐领依凌阿由贝子府以至朱立各屯、黑城子一带，记名副都统魁多在新尔色一带各地方扼要分扎，严行搜捕以清余孽。办理情形随时续报等情前来。奴才等伏查朝阳各股匪，经奉、直官军连次剿办获胜，大股贼匪俱经珍灭。所有逃匿匪党，搜除净尽。现经丰升阿、左宝贵分布各军扼扎分缉，并将被难灾黎随处妥为安抚，办理尚属周密。除饬仍将余匪实力搜缉勿使稍留余孽外，所有奉军续报获胜，大股贼匪俱经珍灭，现在分布各军严搜余匪各缘由，谨会同恭折由驿驰陈。上谕，定安、裕禄等奏援剿朝阳各军迭获胜仗大股逆匪俱经珍灭现在分兵追捕余匪一折，奉天官军，自击败黑城子踞匪后，近边一带已无贼踪。提督左宝贵与副都统丰升阿等督饬将领分路进剿，十一月初九日至二十二等日，迭在开太庙等处地方获胜，阵毙匪首孙亭仪等多名。复在鄂尔土板、煤窖沟擒斩伪元帅王凤得等，珍毙伙匪甚多。并将贼首齐保山即齐洛道拿获正法，鄂尔土板、宝各图之贼搜剿殆尽。干沟子为该逆老巢，经左宝贵等督队齐往直薄贼垒，该逆抵死抗拒，我军奋勇齐进，立将五处围墙同时攻破，杀贼一千四百余名。其头目均逃聚于二十家子地方，经左宝贵督队进攻，毙贼十余名，生擒伪元帅于化汶、伪先锋孙发、教头宋明、伪军师张惟一等及匪党三百余名。统计连获胜仗六次，先后夺获贼马、旗帜、枪炮、火药、器械、军辎无数。败残余匪不复成股，夺往乌丹城一带。经左宝贵派队进攻，直隶各军亦东来迎剿不难尽数珍除。即着定安、裕禄饬令在事各军分路穷搜，务将败匪克日珍除，毋留余孽。此次奉天派出各军，奋勇剿贼，与直隶各军同奏肤功，深堪嘉尚。所有出力员弁，着定安、裕禄核实保奏，候旨施恩。该部知道。

（总 3039 — 3042）

18. [戊戌]，定安、裕禄奏，齐保山即齐凤又名齐洛道，系在朝阳、敖罕旗起事首要之犯，前经拿获该犯同伙匪首潘岳淋供称，该犯在朝北营子经官军在阵歼毙。嗣于十一月十七日副将陈楠森在陈家窝铺擒获贼目徐英，讯出该犯齐保山在朝北营子受伤未死，经其伙党救出，逃至煤窖沟藏匿养伤。当经陈楠森带队前往将该犯拿获，呈由左宝贵解送到省。查验该犯右脚断落，讯据供称，该犯系建昌县人，在敖罕贝子旗居住，素习金丹教，名曰学好，传徒惑众。去年十一月、本年五月，该犯胞弟、胞侄在黑山私砍柴草，先后被蒙古旗拿获惩办身死，心怀忿怨。本年十月间，金丹学好教匪起事，该犯同潘岳淋与蒙古旗均有仇恨，亦纠邀同伙教党一千余人，十月十一日同至敖罕贝子府烧抢，杀死蒙古多人。后该犯与潘岳淋带领伙匪前往东土默特地方抢夺贝子府，沿路烧杀蒙古村屯无数。十月二十七日窜至朝北营子，即被官军击败。该犯右腿腕被枪子打折，右脚断落，落马坠地。经其伙党将该犯救出逃散，潜至煤窑沟地方同教李洪才处藏匿养伤，不料被官兵查知拿获到案等语。其由左宝贵解到伪元帅于化汶、伪先锋孙发、伪军师张惟一、伪教师宋明，亦俱逐加严讯。据供同被杨四即杨悦春纠邀入伙，习学金丹学好教。本年十月间，杨悦春等起事，令该犯于化汶为伪元帅，孙发为伪先锋，均带白旗队。张惟一为伪军师，代为打仗择日，宋明管理车辆、器械。均烧抢蒙古，拒敌官兵。在二十家子打仗，被官兵擒获各情不讳。查该犯齐保山、于化汶、孙发、张惟一、宋明等五名，系习教匪徒，屡次烧抢劫掠，拒敌官军，实属罪大恶极，未便稍稽显戮。奴才等当于讯明后将该犯等即行正法，并将该犯首级悬竿示众以昭炯戒，理合附片陈明。报闻。

（总 3042 — 3043）

25. [辛丑]，叶志超奏，十一月二十八日承准军机大臣字寄，光绪十七年十一月二十三日奉上谕，叶志超奏官军连战皆捷现由东北一路进捣贼巢并三家子地方击贼获胜情形各折片，览奏均悉。各股匪徒经官军击败后，分路窜逸赤峰县城东、南、西三面，不下十余起。又有马贼千余人窜至乌丹城，占踞贝子府。经副将潘万才等会同进剿，迭获胜仗。黑水一带之贼窜回喀拉沁洼，经提督聂士成在朱碌科一带接仗获胜，跟踪追剿，将逆首王殿发、李坤击毙，夺获枪炮、器械甚多，余贼窜并下长皋。现派队向杨家湾抄击，断贼接济。办理尚合机宜。建昌以南地方，业已粗安。平泉后路，现调吴育仁一军驻扎。复据李鸿章奏，添派副将吕本元等率领马队五营驰往助剿，声势尤壮。即着叶志超身临前敌，激励众心，分派各路将领四面兜击，务将各股匪徒迅速殄除，毋任勾结窜扰。一面出示解散胁从以孤贼势，仍将办理情形随时具奏，用慰廑系等因。钦此。遵旨寄谕前来，跪聆之下，感悚莫名。奴才进驻敖罕贝子府地方，业将潘万才、傅廷臣先后进剿北路各处股匪迭获全胜合兵一处攻打乌丹城等处各缘由，于二十六日驰奏在案。兹于二十七日接据潘万才、傅廷臣禀报，该营于十四日驰至梧桐华地方，探悉逆首伪扫北武圣人李国珍自十一月初十日占踞乌丹城，旬日之间，诱胁马步贼匪四五千人，十分凶悍。自乌丹城迤北至那林沟、巴林王旗地面接连八十余里妄立二十余营，按八卦方向混立名目。每营马步贼或二三百名或一二百不等，各有伪军师、伪将帅、副帅带领，俱听李国珍号令。自东翁牛特王府地面遭其焚掠，马匹并枪炮、火药尽为贼得。胆敢广布逆示，编造叛逆妖言。于次日四鼓传齐马步队急驰六十里，黎明抵乌丹城。该处北大寺，重垣高厚，十分坚固。逆贼占为老巢，一闻兵至，率领马步贼一千余人出寺列队以待。即督饬帮带潘万铨、哨官缪自成各率本队攻其中坚，营官蒋广栋及各哨官等分为左右包抄横击，鏖战逾时，毙贼五百余名。该逆退踞寺内，枪炮外击。官军以车代梯，奋勇齐上，立将寺院攻破，又击毙多名，生擒梁贵成父子二人及伙党难民，令乡社认明，分别保释。夺获大炮四尊、抬枪十五杆、鸟枪、刀矛、器械五百余件、贼马二百余匹。我军受透骨重伤六名，受轻重枪刀伤八名。讯据梁贵成供称，逆首李国珍，因平泉北及赤峰一带股匪迭被官军歼除，该逆拥众三千余人，意欲直犯赤峰北面，希图再行裹胁。留梁逆在乌丹城北大寺，以防后路官兵追袭，复被梁逆焚掠东翁牛特王府等情。于讯明后将该逆父子及生擒贼匪一并枭首示众，以快人心。随于十六日四更商同起程，因朔风迎面，步队难行，挑选一半，即将所得贼马分给乘骑。其余步兵留驻乌丹城北大寺，以备缓急。黎明驰行五十里，擒获贼探四名，讯知逆首伪将帅张双、伪副帅周宽等率领八百余贼，在七颗树地方围攻合成烧锅。经宣化练军营官郭万隆、徐立川偕同克什克腾旗蒙兵各带队伍击退，现在那林沟盘踞。与我军仅隔一山，约有四里余。即将贼探斩首，一同督兵驰往。该逆在山下遥见官军，胆敢列队庄前，枪炮迎拒。潘万才带同潘万铨、缪自成率劲队攻其中坚，傅廷臣、蒋广栋率领队伍分为四路，用快枪横攻，击毙贼首伪将帅张双、伪副帅周宽等多名。贼始披靡，退入庄院，合齐步贼，凭墙复拒。经官军分路进攻，越墙而进，枪击刀砍，共毙贼五百余名。正在搜捕间，距相隔十里之头分地之贼六七百人蜂拥来援，饬令即用知县汪鹏、蒙员海元及阵亡州判于甫筠之子于冲汉、哨官尚鸿恩、林荫元搜击匪党。潘万才、傅廷臣率队迎击。该逆燃炮攻拒，血战逾时。毙贼甚伙，逆众败退。我军追杀十余里，尸横遍野，共毙贼六百余名。夺获枪炮不计其数、贼马二百余匹。我军随即整队前进，至头分地地方。该处前后两庄相连，各有踞贼约三四百名。沿墙炮眼极多，向外施放，子如雨集。潘万才、傅廷臣明知近逼猛攻，本非善策。然前后皆贼，若不乘胜急攻，稍有迟缓，必至反受其困。潘万才仍亲督潘万铨等进攻前庄，傅廷臣进攻后庄，各自奋勇直进。正在猛攻间，遥见八里之安家窝铺来贼二三百人，前来救援。复经汪鹏、于冲汉、尚鸿恩、林荫元各率兵勇扼要堵截，击毙马步贼八百余名。余贼四散奔逃，我军追杀殆尽。潘万才血战逾时，全队继进，立破前庄，击毙三百余名。其后庄之贼尚有三四百名，亦被傅廷臣同时攻破，又击毙三百余名，无一漏网。得获大炮二尊、抬枪、鸟枪甚多、贼马百余匹、大小车四辆。我兵阵亡五名，受伤十三名。当令暂驻，五更哨探兵丁报称，逆贼约有数百呐喊而来。我军整队出庄，俟贼逼近，号令一声，快枪齐击一时之久。犷悍之贼击毙甚多，逆贼溃散。夺获大炮十尊、抬枪十二杆、鸟枪、刀矛三百余件、大红围朱轮车一辆、小车六辆、大车十二辆、贼马三百余匹。并于车内搜出逆匪往来书信、黄蟒袍一件、逆示多张、纪效新书冬明历万全通各一本及伪神牌等件，阵擒伪元帅牛呈祥一名。讯知此次妖师李国珍拥众前来，欲乘官军竟日血战兵力疲乏，就势取胜。不意官军变化策应如此勇猛。讯明后立将该逆斩首。查点我军，马队哨官缪自成、步队哨官尚鸿恩、哨长林荫元，均受枪伤。阵亡四名，受刀矛重伤者十一名，赶为医治。此连日不分昼夜奋勇击贼，数战皆捷，沿途剿灭贼踞村庄，首要悍贼枪毙其多，余贼漏网无几，所有贼之火药、枪炮、器械尽为我获之实在情形也。十七日，宣化练军营官郭万隆、徐立川暨蒙员阿弥各图率队前来头分地，当与晤面。据云知我军已将北路贼匪剿灭，前途已无贼踪，该军在克什克腾界内暂驻搜捕。兹据留驻乌丹城北大寺步队巡检傅丙南、从九品武尽美等督率兵丁出寺，枪打刀砍·百余名，生擒八十余名。查验多有受伤，讯悉是被我前敌击败之贼，传齐乡社，认出伪扫北武圣人李国珍一名，右胁已受洋枪重伤。又有伪军师孟姓一名，逾时因伤毙命。余贼全行杀戮。共得贼马百余匹、枪炮、刀矛二百余件等情，飞报前来。潘万才与傅廷臣商议，北路既无贼氛，于十八日撤回乌丹城，提讯妖师李国珍。供认十月十二日，在敖罕地方与张双、周宽、薛殿宽等五百余人起意倡乱，烧杀蒙古，抢夺枪炮、马匹，谋为不轨。比至小河沿，旬日之间裹胁数千人，群推妖师李国珍为扫北武圣人，分掠东翁牛特各旗，盘踞乌丹城北大寺为巢穴，分党占踞数十里，积草屯粮，挟众抗拒官兵等情不讳。查该逆倡乱以来，焚烧两王府，数百里蒙部均被蹂躏，惨不可言。本应解赴行营，惟该逆身受洋枪重伤，奄奄待毙，恐其幸逃显戮。于讯明后将该逆押赴通衢，凌迟枭示，以昭炯戒。刻下乌丹城一带贼匪全数荡平，仍不时派兵侦探贼情。如有蠢动，再行进剿。正在缮折间，又据潘万才、傅廷臣禀报，二十一日自乌丹城东行至敖罕扎萨克王府，已无贼踪。当拨兵看守王府。二十二日至建昌所管岗营子，据赤峰练总尽先把总滕凤鳌拿获妖师张才及贼首刘凤林等六名解送前来。当即讯明实系倡乱之贼，立即正法。二十三日行至元宝洼，适敖罕扎萨克王前来，当与晤面，缕陈被贼扰害各节。并交所获贼首张幅八名，讯明正法。二十四日至腾克力，勘验该王坟墓尽被掘焚，暴弃尸骸，惨苦情形不可言状等情前来。

奴才伏查妖师李国珍，为赤峰一带总逆首，旬日之间，聚积数千人，到处焚烧蒙古，不分老幼，一并杀害。并胆敢将敖罕王祖墓及公主陵寝均为掘弃，实属罪大恶极，难逃显戮。幸赖我皇上天威，将士用命，于数日内不分昼夜，将此大股道匪扑灭。现在乌丹城一带地方稍称安谧，堪慰宸廑。上谕，叶志超奏官军进攻乌丹城一带股匪擒获逆首并剿灭大股情形一折，逆首李国珍，纠合伪军师孟姓、伪帅张双等，裹胁贼众四五千人，在敖罕地方倡乱，分掠东翁牛特各旗，踞乌丹城北大寺为老巢，留伪帅梁贵成父子驻守，势甚凶悍。十一月十五日，副将潘万才、傅廷臣督军驰抵北大寺，该逆列队迎敌，鏖战逾时，斩贼五百余名。该逆踞寺内凭墙死拒，我军奋勇齐登，立将寺院攻破，生擒梁贵成父子正法，殄毙那林沟踞逆张双等多名。乘胜攻克头分地贼巢，阵擒伪帅牛呈祥，贼众无一漏网，沿途击斩援贼甚多。该逆李国珍率众折回老巢，经巡检傅丙南等出队奋击，枪毙伪军师孟姓，生擒逆首李国珍，正法枭示。其余贼党张才等十余名，亦经把总滕凤鳌等拿获解营正法。统计是役先后毙贼无算，夺获枪炮、车马不计其数。乌丹城一带股匪全数荡平。合之贝子府、下长皋之捷，东北、西北两路均就肃清。提督叶志超，调度有方，将士用命，两月以来，所向可捷，用能迅扫逆氛，深堪嘉尚。叶志超，着加恩赏穿黄马褂并赏给云骑尉世职，以示优奖。仍着分饬各营将弁搜捕余匪，务净根株以靖地方。该部知道。

（总 3046 — 3049）

26. [辛丑]，叶志超奏，奴才自剿办贼匪以来，询悉各处蒙汉人等无不知杨悦春为起事叛逆之首，所擒道匪颇多，均称杨悦春为伪开国府总大教师，于十一月二十六日，业将前悬赏格，督饬各路官兵购线访拿伪开国府总大教师杨悦春总期务获各等情，于二十六日附片陈明在案。兹于二十七日访得逆首杨悦春，自官军进围下长皋之时，该逆已先期赴北路纠邀伙匪救援，因知官军围困甚密，未能来援。即逃赴色力虎金厂沟山洞之内潜藏，欲俟官军撤队再出煽惑。当饬提督聂士成密饬各队连夜竭力驰往，至黎明赶到，将金厂沟土山四面严围，按洞搜查。经官民等在洞内将逆首杨悦春父子叔侄六名一并擒获，刻即押解来营。奴才提审该逆首杨悦春，供认妄立金丹道教多年，平泉、建昌、赤峰、朝阳四州县愚民，被其煽惑者诚为不少。并因蒙民素有嫌隙，假以仇杀天主堂为名，乘间起事。于十月初间，闻贝子调派蒙兵一千余人，讬词打猎，实欲剿杀金丹道教，即聚伙党数千人，乘蒙兵未齐，将贝子府攻破，烧杀蒙古大小男妇不可胜数。旬日之间，裹胁数万。自官兵出口剿办以来，逆贼迭被惩创，所有强悍道匪，均为杀戮殆尽，现今又被拿获等情不讳。奴才伏查逆首杨悦春为金丹道教起事总教首，佯修善事，煽惑愚民，将藩服烧杀，并掘墓抛尸，罪大恶极。所有数万生灵，尽被该匪杀害。若不悬赏设法严密拿获，实难尽绝根株。今幸被官兵擒获，足昭天谴而快人心。现在敖罕各王旗一律肃清，已电达大学士直隶总督臣李鸿章先行代为电奏。其在事出力擒获逆首之员，除照前分别给赏外，谨缮清单，恭呈御览。如蒙俞允，准其照拟给奖，出自逾格鸿慈。上谕，叶志超奏官军擒获逆首敖罕各旗一律肃清请将出力各员奖励一折，逆首杨悦春，倡立金丹道教名目，煽惑愚民，蔓延平泉、朝阳、建昌、赤峰四州县，并因与蒙古有隙，辄敢假仇杀天主堂为名，纠党滋事，焚烧抢劫，数万生灵，遭此毒害。先后经叶志超督军进剿，迭获大胜，该逆被剿穷迫，逃赴色力虎金厂沟山洞藏匿，意图乘间复出窜扰。经提督聂士成带队驰往严搜，将逆首杨悦春父子叔侄六名悉数擒获，洵足以伸天讨而快人心。现在敖罕各王旗一律肃清。所有单开擒获逆首出力之副将杨元昶，着免补副将，以总兵交军机处记名，遇缺请旨简放并赏给健勇巴图鲁名号。参将张复成，着免补参将，以副将尽先补用并赏给奋勇巴图鲁名号。守备缪自成，着免补守备，以都司尽先补用并赏戴花翎。卫守备聂鹏程，着免补都司，以游击尽先补用并赏换花翎。文童范家麟，着以主簿不论双单月遇缺即选并赏戴蓝翎以示奖励。该部知道，单并发。

（总3050—3051）

27. [辛丑]，叶志超奏，口外马贼道匪肆行滋扰，奴才迭饬管带练军马队中营参将张锡禄调集分防各队合力进剿，并侦探贼踪，随时飞报。乃该参将株守一隅，置若罔闻，并不会合进剿，亦不探明贼情切实具报，实属不知缓急，贻误事机。若不从严参办，不足以示惩儆。相应请旨将副将衔尽先参将张锡禄即行革职永不叙用，以儆玩忽。得旨，如所请行。

（总3051）

33. [壬寅]，叶志超奏，口外地面辽阔，出路纷歧，自金丹道匪由敖罕倡乱以来，煽惑愚氓，残害蒙部，纠集党羽，妄立伪号，显系叛逆。旬月之间，由数千聚至数万，人心摇动亦属不少。分陷朝阳，焚署劫狱。平泉、建昌、赤峰三州县及接壤之奉省沿边一带，大小股匪同时响应，或多至二三千人，少亦数百人。盘踞险要，蹂躏地方，势成燎原。若进兵稍迟，承德府不堪设想。幸大学士直隶总督臣李鸿章，久经军事，全局在胸。一阅朝阳警报，即电饬各军挑选精锐，预备调遣。并饬军械、练饷各局筹备军火粮饷，源源接济。电报则消息灵通，铁路则转运迅速。而各军将士，相距口外千余里，山路崎岖，皆能宵征不惮，数日内先后赶到。当奴才由古北口驰赴热河，正值人心惶恐，仓猝购办粮草，殊属不易。比商前任热河都统臣德福，即饬热河道廷雍、前承德府知府启绍随处设局，委员经理，以足兵食。而沿边各隘口，复经直隶督臣李鸿章调饬通永镇总兵吴育仁分兵防堵，后路无忧。俾奴才专心兵事，督饬各将士奋勇前进，极力攻剿。诸将皆能临敌用命。匝月以来，大小数十仗，转战于冰天雪地之中，追贼于深山穷谷之内。风餐露宿，堕指裂肤，均能不避危险，鼓勇争先。幸

261

赖我皇上天威，迅能殄灭丑类，扫荡贼氛，藩服既绥而地方复靖。皆直隶督臣李鸿章善于谋划，各员弁勇于从役之力也。所有身临前敌并严防后路员弁及冒险转运军火、粮饷文武各员，均系异常出力。当与直隶督臣李鸿章会商请奖。其阵亡官兵，饬令造册奏请照例分别从优议恤。受伤弁兵，已由奴才饬令各将领分别轻重等第给赏并饬妥为医治。惟敖罕贝子府一带，为逆匪起事老巢。其间居民，或为煽惑，或为胁从，入其党者居多。虽经提督聂士成督率马步各营节节攻克，并潘万才、傅廷臣及奉天练军在各处共枪毙阵斩逆贼二万之多，其解散胁从及经乡社认明分别保释者不知凡几。虽经苦口开道，遍贴晓谕，准其改过自新，各安生业。犹虑梗顽难化，习气未除。若不留兵弹压，诚恐死灰复燃，后患渐萌。当饬聂士成统率武毅副中营步队暨游击黄青云练军步队后营驻扎贝子府之杨家湾子一带，总兵蔺福喜练军马队中营驻扎朝阳，参将傅廷臣练军右营驻扎建昌，游击沈大鳌练军前营驻扎平泉，参将叶玉标正定练军右营驻扎建昌之杨家杖子、东平房一带。其赤峰一处，已咨商热河都统衙门酌派旗营马队前往驻扎。建昌与迁安交界之汤道河、高尔磴地方，咨由直隶督臣李鸿章饬吴育仁留派通永练军一营驻扎弹压。其贝子府后面至朝阳东北与奉省毗连各处，经奴才与统领奉军广东高州镇总兵左宝贵会商，留派奉军三营扼要分扎。并饬留驻各营分哨轮流巡缉，不准骚扰地方。时与奉军约期会哨，遇有缓急，不分畛域，互相剿办。俟明春天气和暖，耕作俱兴，可期民心安定，再行察看情形，撤队回防。所有现在应撤各营，已饬由前经有贼盘踞剿平之处分路搜剿，缓行回防。至于抚恤被害蒙、汉及办理一切善后事宜，均关紧要。奴才已咨由直隶督臣李鸿章并热河都统衙门遴选明干大员亲临被贼扰害各属，督饬文武地方官认真筹办，编查保甲，务期蒙、汉守望相助，联络一气，不至再生事端。奴才拟拜折后即由贝子府起程赴建昌、平泉清理后路转运事件，理合会同大学士直隶总督

臣李鸿章恭折驰奏。上谕，叶志超奏官军剿办贼匪热河及王旗地
方一律肃清酌留兵队弹压抚绥并起程日期一折，筹办尚属周妥，
着依议行。热河教匪倡乱以来，妄立伪号，纠集党众，毒害生灵。
旬月之间，延及四县并各王旗地方，势甚猖獗。经官军分路进攻，
迭获大胜。首从各犯次第殄擒，各股逆匪斩馘殆尽。甫逾二月，
捣穴擒渠，全功告藏，剿办甚为妥速。除叶志超及聂士成、潘万
才、傅廷臣等已加恩奖外，李鸿章于该逆起事之初，一闻警报，
立即调兵拨饷，遴派将领，迅赴戎机，尽殄丑类，实属调度有方。
定安、裕禄，均着交部从优议叙。热河被贼蹂躏各处，民情困苦，
着李鸿章筹拨赈款，拣派明干大员前往会同热河地方官，妥为施
放。并将善后一切事宜会同奎斌认真经理，以拯凋敝而惠闾阎。
此次匪徒滋事，焚毁教堂，仇杀蒙古，蓄谋已非一日。该地方文
武，先事毫无觉察，临事疏于防守，以致变起仓卒，贻害民生，
重烦民力，实堪痛恨。着李鸿章、奎斌查明失事各员，据实严参，
毋稍宽纵。该部知道。

（总 3052—3053）

53. [癸丑]，上御紫光阁阅善扑营官兵贯跤，赐蒙古王公等宴。

（总 3059）

54. [甲寅]，以那彦图、载漪为总管大臣。

（总 3059）

56. [乙卯]，定安、裕禄奏，奉天援剿各军前在开太庙、鄂
尔土板、宝各图、于沟子、二十家子等处连次大获胜仗，大股贼
匪俱经殄灭，分布各军扼要驻扎严搜余匪各情形，业经奴才等于
十二月初二日恭折奏报在案。嗣据丰升阿、左宝贵先后据报分扎
朝阳诸路各军连日搜捕余匪，经丰升阿、左宝贵、张永清、聂桂
林、陈楠森、金得凤等，督率弁兵陆续缉捕逃匪二百三十一名，
内如伪九门提督聂珩、伪兵马大元帅冯今详、传教头目杨汰平、
杨汰官、冯今碌、刁明即刁洛道、刁照即刁希诚、王茂、张奎元、

尚甸甲、冯善里、冯全碌、齐顺、尚甸增、姜俊、李好然即李三机匠、郭甸栋、郝泳才、徐茂亭、薛殿四、赵得广、徐广五、高幅升、郝泳幅、王美、高谦、刁振纲等，均系著名匪首。其余伙匪，亦供系屡次烧杀蒙古拒敌官军之犯，均各认明，即行正法枭示。其被直隶官军搜获者亦复不少，余匪漏网无几。地方俱已肃清，一切善后事宜，应由直隶总督、热河都统委员妥办。所有奉省派往援剿各军，自应撤调回省。惟直隶提督叶志超与左宝贵面商，以边外山崇岭峻，沟汊分歧。地方甫经平定，仍须留兵驻守，俾资弹压搜捕。议由敖罕贝子府迤北朝阳之东北叶莫套海、敖金、下洼子、宝各图、黑城子一带，统归奉军酌留马步各队择要分扎。其由敖罕贝子府及朝阳之西南暨平泉、赤峰等处，由直隶官军留队分扎。统俟春融农夫兴作之时，地方静谧，察度情形，再行撤除。由左宝贵禀经奴才等批饬即于派出援剿朝阳奉军内暂行酌留马步三营，交总兵聂桂林带领，在于朝阳地界扼要分扎以资巡缉，明春察看情形，再行撤调回省。其奉省之清和、白土厂、彰武台各边门以及近边之新立屯、哈拉套力改适中地方，带领各队弹压本省边界，兼为边外声援。仍令左宝贵随时联络，督率往来稽查。其余马队各队，即令丰升阿、左宝贵分饬各将领管带回省，各回原驻处所，以重操防。现在边外肃清，全功告竣。此次奉省派出各军出境援剿，驰驱于冰天雪地之中，无不奋勇争先。所向克捷，生擒匪首多名，股匪殄除俱尽，实属异常出力。盛字营总统乾清门侍卫护军统领副都统丰升阿、奉军统领记名提督广东高州镇总兵左宝贵，任事忠诚，谋勇素裕，身亲行阵，督率有方。可否仰恳天恩均赏穿黄马褂，丰升阿并请赏给勇号，左宝贵并请赏给头品顶戴以示优奖之处，伏候圣裁。其余在事出力员弁，容奴才等详细查明，汇开清单，续行具奏，吁恳恩施以示鼓励。又奏，奴才裕禄接据敖罕郡王达木林迪尔达克咨称，该旗界居朝阳、建昌、平泉等州县，本年十月间教匪迭起，蒙古老幼被害无数，并将贝子府及扎萨克等衙门家宅一概焚烧。虽经东翁牛特扎萨克副盟长达木楚克苏尔隆及该郡王达木林迪尔达克带领蒙古各旗兵丁接仗数次，杀毙逆匪百余名，奈贼势愈加，兵力不敌，幸经直隶、奉天官军驰抵该处将贼匪剿灭。查看该郡王达木林迪尔达克先茔坟墓，均被逆贼掘毁，死生俱遭残害。现在蒙古民人回旗者，毫无生活之产，困苦难名。请将该旗蒙古台吉、壮丁被难情形代为具奏恩施赈恤以资拯济。又据奈曼郡王玛什巴图尔咨称，朝阳教匪于十月初十日起衅，烧毁敖罕贝子府，十五日窜入奈曼旗界，约有四五十名，先行占踞扎萨克衙门，所有庙宇、房产、财物、档案均被烧毁，并将旗仓备存仓粮、军械抢掠一空。幸蒙奉、直官军剿除逆匪。现在该旗被难台吉、壮丁等十室九空，该郡王无力救济，恳请代奏恩施赈恤。又称，该郡王于本年五月遇丁母忧，八月间又患寒疾，曾经报明理藩院请假。今复遭此患难，无力赴京，并恳据情代为奏明，恳恩赏假安抚地方各等情，咨请代为转奏前来。奴才伏查此次热河教匪滋事，扰乱蒙古各王旗，甚至祸及王墓，被害最为惨烈。现据总兵聂桂林禀报，已于十二月初六日在敖包、兴隆洼地方，将挖掘敖罕郡王祖茔坟墓开棺焚尸之逆犯杨泳凉、杨真山、张米三名拿获，并起获殉葬之朝珠金镯、时辰表、银酒杯、翠钳等物，当经讯明正法，将首级解赴该王坟茔各地方悬竿示众。并将起获之物送交该郡王认领，掘墓逆犯未经漏网，亦可稍纾幽愤。其所称兵燹以后该数旗被难蒙古台吉、壮丁等生计困苦，均属实在情形。现在筹办善后事宜，自应一体抚绥，应请敕下直隶总督、热河都统饬属妥为查明赈恤，以苏雕敝。至奈曼郡王玛什巴图尔所请奏恩赏假之处，可否恩准给假暂免进京，俾资安抚地方，出自鸿慈。上谕，定安、裕禄奏派赴朝阳各军援剿事竣分别留防撤回并请将尤为出力员弁奖叙一折，此次奉天派出援剿热河各军，叠次攻克贼巢，斩擒要逆。续又搜获逃匪多名，一并讯明正法枭示。余匪殄除殆尽，地方一律肃清。在事出力员弁，奋勇可嘉。自应量予奖叙以示鼓励。另片奏敖罕郡王、奈曼郡王各旗被贼蹂躏情形困苦恳恩抚恤等语。着李鸿章、奎斌饬属筹款妥为赈抚。余着照所议办理。该衙门知道。

（总 3059 — 3061）

58. [丁巳]，奎斌奏，奴才接管卷内，钦奉寄谕，理藩院奏据昭乌达副盟长呈报该盟被扰盟长暨印信均无下落一折，着该都统迅即派员确查，据实覆奏等因。钦此。遵即分札各属并委员驰往该旗确切详查，一俟查报到日再行覆奏。又奉十一月二十五日寄谕，理藩院奏蒙众被扰恳恩赈济一折，喀喇沁旗突被匪徒窜扰，蒙民颠沛流离，殊堪轸念。着户部拨银三万两解往热河交奎斌遴派妥员会同该郡王旺都特那木济特妥为抚恤等因。钦此。当经札饬热河迅速筹办。此项赈济银两，昨据顺天府委员如数解到，拟即遴派妥员采买米石，解往该旗会同散放并严密稽查，务期实惠均沾。得旨，该衙门知道。

（总 3061 — 3062）

59. [丁巳]，李鸿章奏，准热河都统臣奎斌咨称，口外各属现报肃清，平泉、建昌、朝阳、赤峰四州县被贼蹂躏，几无完土，难民逃匿山沟，饥寒交迫，间有结党剽掠苟延目前者，实与倡乱匪徒绝不关涉，亟宜妥筹抚恤等因。臣前据提臣叶志超迭次函咨，亦称被贼州县难民困苦情形，深堪悯恻。查该地方经贼匪窜扰之后，焚掠一空，值此岁暮严寒，失业贫民，流离冻馁。若不亟筹抚恤，则弱者无以全生，强者流而为匪，殊非遏绝乱源绥辑边氓之计。现蒙古被难各部，已由理藩院奏奉特恩赏拨部帑三万两以资赈抚。所有平、建、朝、赤四属被难穷民，自应及时设法抚恤。若待奏请指拨，筹解需时，诚恐缓不济急。热河系臣兼辖地方，未敢稍分畛域。当饬筹赈局于赈余项下赶紧凑拨银三万两、棉衣一万套，遴派廉明耐劳熟悉筹赈之候补州县四员赍解前往，听候都统臣酌派印委会同分投查明极贫户口，认真散放，俾垂毙之民早得拯济，以仰体朝廷轸念灾黎之至意。如各属难民过多，款项尚有不足，再由奎斌体察情形，随时奏拨。报闻。

（总 3062）

60. [丁巳]，奎斌奏，查热河所属平泉等四州县暨蒙古各旗，前因教匪倡乱，地方蹂躏，前后调集马步官兵防剿各路，两月于兹，地方幸就平靖。兹准提臣叶志超来咨，现在各处贼匪剿珍净尽，地方肃清。惟胁从民众，虽经晓谕开导，许其改过自新，各安生业。仍恐梗顽难化，死灰复燃，当于平、建、朝三州县及敖罕贝子府等处各留练军驻扎，其赤峰县由热河派兵前往驻扎等情，咨会前来。奴才当即饬派佐领富龄管带马队一百名、步队一百名驰往赤峰，会同该县李鸿猷督饬乡团认真搜捕。并据喀拉沁王呈报，现在军务虽清，仍恐有伏莽潜藏，乘机煽惑，请留兵协助等情，奴才当将前次派赴该旗剿捕之密云马队一百名、热河驻防步队一百名，饬令密云原派之协领玉和、热河防御常和分别管带，驻扎该旗，督兵防守。并严饬该协领等，如查明果有匪徒踪迹，即行禀请添兵助剿。至老虎沟、偏桥子二处，前派保护教堂官兵一百六十名，现拟酌留一半，分驻保守。又，前由热河驻防练军内挑选一百五十名，派令佐领全龄管带，随同提臣叶志超前往剿捕。此项练军曾抽调五十名驻扎喀拉沁王旗，现调赴赤峰。其余马队官兵一百名，现准提臣叶志超咨会，仍令佐领全龄管带，驻守敖罕贝子旗。此外派出随同提臣叶志超军营打仗及各路防剿之兵现在既报肃清，自应一律撤回归伍。前由密云调来马步官兵三百名，除派赴喀拉沁旗，马队一百名仍留该旗驻扎。其热河驻扎密云步队二百名，又密云派赴古北口防守官十员、马步兵丁一百十二名，白马关、大水峪、朝郝庄、董谷庄等处共派驻防官十一员、马步兵丁一百八十六名，应一律撤回密云归伍，以节饷需。报闻。

（总 3062 — 3063）

61. [戊午]，李鸿章、奎斌奏，臣等伏读光绪十七年十二月十二日上谕，此次匪徒滋事，焚毁教堂，仇杀蒙古，蓄意已非一日。该地方文武，先事毫无觉察，临事复疏于防守，以致变起仓猝，贻害民生，实堪痛恨。着李鸿章、奎斌查明失事各员，据实严参等因。钦此。伏查热河近年蒙汉民教积怨已久，该地方官因循玩愒，漫不经心，致报失事各情节，知萌蘖实非一朝。仰见圣明烛照靡遗，跪诵之余，莫名钦感。该州县等，律以官守之责，均属法无可宽。朝阳滋事最先，平泉、建昌被贼较重，蒙古受祸尤酷。并有焚杀教堂教民之案，为中外指摘之丛。臣奎斌履任之初，即访闻该州文卜年、该县廖伦明、章奏凯，声名均属平常，因将该三员撤任听候查办。臣鸿章前奉十月二十五日寄谕，德福奏十七日匪徒窜入州街焚烧教堂各等语，既称匪众约有数千，何以监狱、衙署、民居、铺户全无扰害。既称兵寡匪众未敢穷追，何以数千之贼不战自散。情节种种支离，显有饰词规避情事，着确切查明据实覆奏等因。钦此。臣鸿章先接据该州禀称，即以情节支离逐层斥驳，并批行该管道府严加查察。续奉寄谕交臣鸿章与德福查明覆奏，当即恭录转行钦遵查照，德福旋即奉旨开缺。臣奎斌到任后，据该道府委员查明禀称，此股教匪与天主教民素有嫌隙，十月十六七等日焚毁建昌三十家子教堂后，纠党乘夜前来，潜从北面闯入州衙，勾结本处匪徒，十八日黎明，约有二百余人奔赴教堂纵火，共烧教堂大小六十八间，教民避去，未经遇害。乌合之众，愈聚愈多，难以数计。并将致中和京货店、利益增粮食店抢掳一空。其时监狱、衙署有吏目张其昌率同捕盗撤夜严防。该匪亦以大股未到、器械不齐、未敢动手。十八九二十等日分窜四乡瀑河沿、聂门子等处，烧杀教民多寡不等。二十日闻大兵将至，遂于二十一日五鼓间向三十家子一带窜去。当夜事起仓猝，火光之下未辨贼众多少。该州遽以约有数千具报。张大其词，已属意存捏饰，禀报复称前往验看火迹，见地窖内有幼孩尸身无数，均系无眼珠无心等语。臣鸿章当以日前南省教堂滋事，皆由匪人造作此等谣言，又细查皆无证据，批令该道府等派员详细检查。兹据覆称，止抄出孩尸三具，日久溃烂，并非挖去心眼，与该州原禀迥殊。乃德福遮饰以上闻，该州并据以出示摇惑人心，实由于该州轻信讹言，缘饰捏报。臣等查该县文卜年在热河服官多年，年逾六十，著名巧滑。虽无实在劣迹，而遇事善于应付，工于支饰。教堂近在县街，不能实力保护，厥咎难辞。又，臣鸿章前奉十一月初九日寄谕，朝阳于十月十三日失事，该县廖伦明并无禀报，直至二十九日始行具禀收复，所称接仗受伤各节，殊难凭信，难保非当时逃匿，事后捏词避罪。着李鸿章确切查明，如有潜逃捏禀情事，即着严参治罪等因。钦此。伏查朝阳失事之初，臣鸿章迭据锦州等处电禀，俱称知县不知下落，二十一日奉军驰赴朝阳，该县廖伦明已先回至县衙，是该县并未远逃，且旋即收复，尚属可信。朝阳并无城池，固不得以失守论。贼匪并未久踞县衙，亦不得以收复论。至前后禀报稽迟，实由朝阳失事以后，贼匪四面并起。朝阳距承德六百余里，中间平泉、建昌一带并是股匪麇聚之区。当时各路乞援，送信弁兵多被截杀，是以德福驰奏失事情形，仅据平、建各义武称报。而收复之禀直至二十九日始报，前因道路梗塞，文报不通，禀内所称贼到时拒战受伤，难保其非捏报。而随同打仗之巡检李耕心所受炮伤属实，是该员等曾经与贼接仗，尚非虚拘之词。查吏部议拟朝阳失事兼辖统辖官处分一折，系比照定例野贼苗蛮扰害地方焚劫乡村杀伤兵民者，兼辖官降二级调用，统辖官降二级留任，督抚降一级留任例定拟。该县系专管官，罪止革职，且甫经到任，兵单力竭，收复又在一月之内，于例均得减议。惟查该员廖伦明，平日在官赋诗饮酒，不理民事。历任口外各厅，虽无贪酷劣迹，而常向富民借贷，债累甚多。其由赤峰调任朝阳，至为商民遮留。经后任出为调停作保，始得赴任。实属卑鄙不堪，有玷官箴。至建昌县知县章奏凯，于所属三十家子等处教堂被毁，教民被杀，防护不及。查该处起衅之由，实由本年四月间有天主教民向各铺借粮，该庄社首林玉山、徐荣偕往理论口角，徐荣登时被教堂枪毙，林玉山逃脱。其时教堂知林玉山先入在理，党羽众多，恐纠众报复，于七月间在堂铸炮设备。该县章奏凯闻信曾往看视，当时并未预筹办法，以致酿成焚杀巨祸。事后复报起于迁安县属之阳道河，并不将三十家子焚杀情形据实禀报，意存诿卸，实属庸懦无能，居心巧诈。以上三员，叠据该道府及查办委员等先后禀覆，既有实迹可凭，未便稍事姑容，自应先行参办。臣等往返函商，酌加拟议。其朝阳县知县廖伦明，应请革职永不叙用。建昌县知县章奏凯，应请革职。试署平泉州知州文卜年，应请敕令休致以示惩儆。此外失事文武各员，俟详细查明，再行分别奏参。上谕，李鸿章、奎斌奏遵查朝阳县等处失事各州县据实参劾一折，此次热河匪徒倡乱，朝阳、平泉、建昌被贼较重，蒙古受祸尤酷，并有焚杀教堂教民之案。该州县等平日因循玩愒，漫不经心，以致各匪乘机煽惑，酿成巨变。律以官守之责，均属法无可贷。兹据查明，朝阳县知县廖伦明，虽无闻警先逃情事，惟平日在官赋诗饮酒，不理民事。并屡向富民借贷，债款甚多。由赤峰调任朝阳，至为商民遮留，实属贪鄙不职，有玷官箴。建昌县知县章奏凯，于匪徒起衅之初，毫无防范。事后又不将三十家子焚毁情形据实禀报，意存诿卸，居心巧诈。署平泉州知州文卜年，著名巧滑，遇事工于文饰。教堂近在县衙，不能实心保护。其报贼众数目，又复张大其词，于焚毁教堂情形，轻信讹言，捏报出示，摇惑人心。该三员贪诈庸劣，贻害地方，深堪痛恨。该督等请将廖伦明革职永不叙用，章奏凯、文卜年分别革职、勒休之处，尚觉轻纵。廖伦明、章奏凯、文卜年，均着革职发往军台效力赎罪，以示惩儆。余着照所议办理。该部知道。

（总 3063 — 3065）

光绪十八年壬辰（1892年）

春正月

10. [甲子]，宴蒙古王、贝勒等于柴光阁。

（总3068）

二月

18. [戊申]，李鸿章奏，提标八沟营参将所属之建昌营、赤峰营各都司、朝阳营守备，遇有缺出，例应于满员内拣选题请升调。查建昌切近喜峰口一带，赤峰则壤接围场，朝阳则界连奉省，实为热河保障，畿北屏藩。各该营所辖汛地，均迥环二千余里，山径错杂，马贼出没靡常，缉盗卫民，责成极重。兼以近年蒙汉民教结怨寻仇，致上年冬酿成巨乱，数万生灵均遭荼毒。苟非官军赴机迅速，必致滋蔓难图。兵燹以后，尤赖将备会同牧令认真巡防抚辑。冀可弭患未形，非精明干练勤于缉捕之员，不克胜任。现在口内旗缺，都司、守备多系部推人员，或初任尚少阅历，或边防未经习练。若仍拘守成例，循资迁转，控制稍不得力，贻误实非浅鲜。夫地方情形，今昔既异，立法须因时变通。即如口外州县，向系专用旗员。嗣因蒙民杂处，狱讼繁多，改为满汉兼用，俾资治理。仰见朝廷用人不拘成格，文武事同一律，自应斟酌时宜以善其后。臣前因多伦诺尔孤悬塞外，盗贼滋纷，请将该协中、左、右三营都司、守备改为满汉兼用，经部覆准在案。热河大难甫平，人心未定，伏莽犹多。举凡弹压浮嚣，缉拿贼匪，修明武备，整饬军规，均为目前急务。边防之重，实较多伦诺尔为尤甚。惩前毖后，未便稍涉因循。所有建昌、赤峰、朝阳三营都司、守备员缺，应请援照多伦成案改为满汉兼用。嗣后遇有缺出，在于通省现在都司、守备、千总内拣选谙练戎机讲求捕务之员，分别请调请升。如一时不得其人，即以在直年久熟悉边情之候补人员请补，以收人地相宜之效。臣与提督臣筹商至再，意见相同。此亦热河善后应办之一端，仰恳天恩准照所请办理，实于口外时局大有裨益。下兵部议奏。

（总 3086）

20. [辛亥]，谕军机大臣等，沙克都林扎布奏蒙古台站递送公文折报任意耽延请饬整顿等语。台站递送公文折报，例有程限，岂容稍涉延误。若如所奏各节，疲玩成风，毫无稽察，尚复成何事体。着永德、惠铭、魁福、阿兴阿严饬各属台站，遇有公文折报，务即随到随递，勿许片刻稽留。倘敢仍前玩泄，即着从严惩办。原片均着抄给阅看，将此各谕令知之。

（总 3086 — 3087）

三月

8. [辛未]，以热河匪徒剿平，予出力人员聂士成等奖叙有差。

（总 3089）

16. [辛巳]，谕，胡聘之奏革员亏短交代请查抄备抵等语。山西已革通判荣昌，前在署清水河厅任内亏短正杂各项银两，业经奏参革职勒追，迄今并未完解，实属延玩。着该护抚将该革员即行监追，并将历过任所寓所资财先行查抄，一面提集经手丁胥人等严讯惩办，并着镶蓝旗满洲都统将该革员家产一并查抄备抵，以重库款。

（总 3092）

夏四月

4. ［辛卯］，谕，前据奎斌奏敖罕贝子被匪戕害应否赐恤请旨办理一折，当交该衙门议奏。兹据理藩院核议具奏，此案昭乌达盟长敖罕贝子达克沁阖家被贼戕毁，情形甚为惨烈，深堪悯恻。达克沁，着加恩赐恤，应得恤典，该衙门察例具奏。所遗贝子，即着伊孙德色额他布承袭，伊长子色丹那木济尔，以身蔽母，遇害更惨。孝行可风，着准其旌表。三子喇嘛色丹拉珠，为护侄远归，不避艰险。义仆那逊巴土，负主避难，应如何分别优给奖恤之处，着该衙门议奏。

（总3096）

5. ［辛卯］，李鸿章奏光绪十八年正月二十二日上谕御史徐树钧奏条陈热河善后事宜一折，前因热河朝阳等处剿匪事竣，特谕李鸿章等将地方善后事宜认真经理。兹据该御史陈奏，吏治武备宜分途专任，府县分任而治，并量减税务，整顿州县，慎选牧令，联络蒙民，训练旗营各条，所奏有无可采，着李鸿章体察情形妥议具奏等因。钦此。窃维热河近年政务纵弛，商民重困，蒙汉积怨，酿成乱阶，致烦用兵剿定。兵燹之后，元气待复，自应及时整顿，以拯雕敝而遏乱萌。臣前奉谕旨，令会同都统臣奎斌经理善后事宜，当将筹办赈抚各节叠次陈奏在案。数月以来，饬据各营将领及派往查勘委员等，于所过地方，访察情形，随事禀陈。僚属中有自热河来者，臣于接见时复细加询问。奎斌到任后，目击向来积弊，与臣往返筹度补救之方及经久之策，函牍相继，于目前亟应举办之事考核颇详。正拟条列上闻，复蒙饬议前因，臣查该御史徐树钧奏内量减税务以下五条，与臣拟办各节大略相同。而所言未能详备，其第一、第二两条，轻改旧制，则实窒碍难行。如原奏吏治武备分途专任各等语。热河都统一缺，设自嘉庆十五年。伏读是年四月上谕，口外地方，内地民人在彼耕种，流寓渐多。承德所属各州县，属直隶总督统辖，地方辽阔，于吏治察核，刑名审转，诸多不便，当另设一大员专令统辖等因。钦此。旋经部议，裁去原设专管驻防官兵之副都统，改设都统，相沿至今。道光七年，前督臣那彦成覆奏，以七属刑钱等件统由都统奏咨。此实因时制宜，斟酌尽善，庙谟廷议，炳然简册，岂容轻议更张。该御史拟令都统专管驻防旗营，则与从前之副都统何异。今日蒙汉杂处，讼狱日繁，藩部属下人等并归都统管辖，若令不管地方事件，遇有交涉词讼，道员何所禀承，总督亦难遥制。查嘉庆、道光年间部臣、督臣各原奏已有鞭长莫及之言，令总督兼管洋务海防，视从前倍为繁赜，更难兼顾。若以热河全境专归道员统辖，则官阶较小，事权过重，实于体制未宜。又，原奏府县分任而治各等语。查乾隆四十三年前督臣周元理遵旨妥筹承德府升州事宜案内，议定不设附郭首县，仿照各省直隶州例自理刑钱，其六州县事，由府审转考核，相承已百余年。各直隶州皆自治其地，兼辖属县，于考察表率本无所妨。今拟移滦平县于府治，徒取备官，无关政体。况滦平县所治喀喇河屯，地当冲要，差务络绎，号为殷繁，断非府经历微员所能弹压。以上两条，均应毋庸置议。兹就臣见闻所及，博访众论，参稽案牍，该御史原奏内有可采者一并议入，复与奎斌往返商榷，意见相同，拟定办法六条，缮具清单，敬呈御览。一都统公费宜增定也。热河近年，政以贿成，婪索相竞，自大府以至牧令，罕能以廉公自持。取之僚属者，节寿有贺仪，到任有规礼，补缺署缺有酬谢。取之商民者，街市铺户有摊派，变本加厉。上下相沿，不以为怪。推原其故，非必贪婪成性，实由缺分太瘠，无以养其廉。即如都统一缺，每岁廉俸公费折实仅二千二三百两，无论如何节省，断不敷用。此而责以洁身率属，中人以下势必不能。查前署盛京将军崇实条奏奉天改制事宜，详论该处贿赂公行，与今日之热河情形无异。而推本于兴廉善养，诚为扼要之言。当时奏增将军养廉八千两，府尹养廉六千两，此外尚各有公费数千两。则府尹约及万金，将军万金以上。热河都统，事寄之重，与盛京之将军、府尹相同，至少亦须比照奉天府尹之例，增给养廉六千两，乃足敷办公之用。奉天加款，系由山海关道支解作正开销。此款即拟由津海关道于洋税项下按年拨解。其道府以下，亦应筹给津贴。迭据奎斌函咨，现拟仿前湖北抚臣胡林翼在鄂办法，通饬所属，将属内出入各款彻底查清开报，应裁者全行禁革，应留者化私为官，酌定数目，改为公费。使各有自然入款，乃能责以一意奉公。如再稍涉贪婪，即当从严参办。于事理则为名正言顺，于治术则为正本清源。统俟饬查明确，再行奏明办理。一道府宜改为边要调缺以期得人也。热河地方辽阔，仅设一道一府，热河道经理刑名钱谷，实兼两司之任。承德府审理本属词讼，勘转一厅六州县刑名，责重事繁，均非曾任地方通晓吏治之员不能胜任。向例道府三年俸满，即与内地实缺满蒙人员互调。每以无人可调，请旨简放。甫出京曹，即膺繁剧，往往不能称职。其有才可造就者，历练渐习，又届调回。盖以关外苦寒，缺又贫瘠，初定互调之法，本为调剂之宜，窃谓设官当为缺择人，不应为人择缺。况以边要重地，道府大员，于将调则视若畏途，既至则等诸传舍，求其尽心奉职，势必不能。今当大乱之余，整顿之始，自非略为变通，崇其品秩，慎其选择，难望得人。拟请将热河道承德府改为边要调缺，遇有缺出，不分满汉，于通省道府内，察其才守兼优者调补。俸满称职，会奏请旨存记，遇有应升之缺，开列在前，即令留任候升，不必调回内地。夫口外道府州县所以定为满缺者，因地系蒙古，是以专用旗员。其八旗人员，大半不习蒙古言语，实与汉员无异。是以道光七年前督臣那彦成因口外佐杂均用汉员而推及于州县，同治四年前都统骐庆因州县参用汉员而推及于道府。查阅各原奏所陈情事，备极详明。乃州县既用新章，而道府仍循旧制。本末轻重，似不相维。

且奉天、吉林并系将军管辖之地，而近年道府各缺，均许兼用汉员。仰见朝廷慎重边方，不拘成格，热河事同一律，亦应及时变通。从前一厅一州五县，例于直隶丞倅牧令中，不拘原官，随宜拣调。以直属一百数十余厅州县，通融拣调七缺。那彦成犹云必须满汉并用，选择始不至乏人。若知府之缺不及十分之一，道员则更少。即以现在而论，除霸昌、口北两道外无一旗员，知府则仅一人。故常有无人可调之虑。必应比照奉、吉近例改为满汉并用，然后取材略广，乃可尽选择之宜。此为今日热河吏治根本所关，不能不改。至热河道曾经那彦成奏定，仿照镇迪道之例，将七属刑钱事件统归审转督催，详报都统题咨。应如御史徐树钧所奏，照近日镇迪、台湾道例，加按察使衔。一州县补缺俸满章程宜量为变通以收实效也。热河州县，辖境广阔，政务殷繁，向例缺出先尽内地人员拣调，取其曾任实缺，谙练公事，立法本极周详。自有佐杂保升留补及请拣发之例，遂绝少调自内地。而佐贰纷纷营谋保升，竟有初任即补边要调缺。如此次贻误地方身被重劾之建昌县章奏凯者，御史徐树钧奏内极论佐贰升补州县之弊，自系指此等而言。至谓补缺应先尽拣发正途，则于向例实未详悉。同时劾去之廖伦明、文卜年，何尝非由正途拣发。奎斌深知历年积习，方欲规复内地拣调旧章。惟以内地实缺人员，既历边俸三年，便须撤回另补，转令闲居待缺，未免向隅。拟请此后口外州县俸满时，准以内地相当之缺调补，仍令在任候调，免其开缺。围场厅同知亦照此例。如此则官有久长之治，身无内顾之忧。乃能责以整顿地方，尽心民事。再，热河与直隶本是一省，从前本有由直分拨差委之员，近年此例全停。遂若划分疆域，实因二三保升候补州县者，希图自便，夤缘改章，吏治官方，由此敝坏。奎斌到任之始，即与臣函商，拟在直隶调员前往差遣，应请援照派分顺天差委之例，由都统指明咨调。遇有缺出，准酌量叙补。情形既能熟悉，贤否亦易周知。较之由部拣发之员可冀得力。一税课应改归州县征收并将税额量为酌定也。热河、八沟、三座塔、乌兰哈达四处，自乾隆十三年设立税额，由理藩院派员征收。近年除乌兰哈达外，其余三处无不报亏，而八沟为尤巨。固由物力盈绌今昔不同，亦因税员二年一换，初到情形既不甚悉，及至渐习，又届换回。以致中饱偷漏各弊端无从觉察，亏额累累，历任皆然。若改归州县常年经征，呼应既灵，稽查易密。从前商贾之偷漏，税书巡役之把持，逐一清厘。当有起色，易任之时，互相交代，责成亦专。御史徐树钧条奏将税务就近改归州县管理，实系深知利弊之言。大乱之后，商贾裹足，民困未苏。该御史请将税额量减，以待将来规复，亦是审度时势之见，应请如所议办理。该四处税额，尚系乾隆年间所定。今则市面之盛衰既异，即收数之盈歉悬殊，原额或少或多，应由都统就近体察各处情形，酌为增损。惟目前甫经兵燹，未可据以为衡。请俟该州县试办一年后，再察酌奏明定案，将来议定税额如有亏短，即严参着赔。其应交户部税课及理藩院饭银，均按期解由都统汇解各衙门兑收。再，税员向与地方官分治，蒙古、汉民各分畛域，遇有交涉案件，必须会讯，往往意见不合，经年不能拟结，蒙、汉俱受拖累，实为弊政之尤。查乾隆四十三年改设六州县，均兼有理事同知、通判职衔，本为讯断蒙旗案件。因有四税司员专理蒙古，旧例相沿未改，遂致政出两歧。今既裁撤税员，遇有案件，均归该州县一手经理，可以随到随结，于公事尤为有益。一蒙古、客民结怨已深宜设法解释以弭衅隙也。热河郡县，本系外藩部落。蒙古不谙耕种，借客民佃种以收租息。又赖商贾贸易以通有无。从前风气浑朴，每为汉民所愚，是以流民趋利若鹜。数十年来，同居共处，蒙古之人渐染汉习，亦知诈力相尚。在蒙古王公等，世守藩服，未必尽有苛虐客民之心。惟属下人等倚势侵扰，强霸取材，在所不免。秋成以后，攘夺余粮，抢劫牲畜，比比皆是。客民良莠不一，狡黠强横者遂出而结党抗拒。又有金丹及在理教从中煽惑。凡受屈辱者，皆愿入教以为覆庇。此祸变之所由来也。若不设法解释，仍恐报复相寻。查蒙古与客民交涉易起争端者，一在佃种之交租，一在商贾之欠债。亟应更定新章以弭嫌衅。此后佃种蒙地者，由都统派员会同地方官，查明每户佃种若干亩，每年应交租银若干，以及田地四址、催头姓名，编立鱼鳞结册，畀以执照，秋成之后，照内地州县代征王公庄田之例，皆为征收，由蒙古王公派员赴州县衙门领取。如有抗欠之户，由地方官严传比追，勿任拖欠。其随租小费。仍照常付与蒙古属下人等，以免怨尤。倘该州县从中侵渔，或加倍重征，一经发觉，即严参治罪。至商民领取蒙古资本贸易，或彼此赊欠致由亏折之事，亦应送地方官持平论断，毋稍偏倚。蒙古人如有私行责罚攘夺作抵者，亦即按律惩治。如此办理，凡有交涉事件，皆由官为主持，则蒙古、汉民自可相习无事。近据喀喇沁王、公两旗呈请将所属租地具册移交税员代为经征，是该王、公等亦深知起衅根由，意存弭隙。惟向例税员与州县分管蒙古、汉民，而州县原有理事职衔，本为兼管蒙古事件，田租系汉民交纳，应归州县征催。现议裁撤税员，自当责成州县认真经理，应请饬下蒙古王公各旗，一体遵办，以杜争竞而遏乱萌。

一要隘宜酌驻防营以资镇摄也。御史徐树钧原奏内振作旗营各等语。查驻防兵力太单，虽有抽练旗兵一营，为数本少，既无精利枪械，又不谙习教练，难期得力。绿营尤极寒苦，缓急均不可恃。去岁教匪骤起，见贼即溃，派往平泉防堵之兵，计程百八十里，七日尚未到防。若非准练各军征调迅速，大局不堪设想。剿定之初，经臣奏明酌留防营借资弹压。各营均系海防劲旅，春融后便当逐渐撤回。惟热河甫经扰乱，人心未定。自应酌拨营队扼要分驻以便巡防。查朝阳东与奉天毗连，马贼不时窜扰。围场袤延千余里，亦是贼股出没之区。平泉、建昌一带，山谷丛杂，伏莽未净。现拟就近由提标派拨练军马队、步队各一营，在朝阳及平、建之间择要驻扎。有事归都统调遣，平时由直隶提督训练布置，不至另筹饷项为难。围场原有马队驻防，据奎斌函称，缉捕尚为得力。该处西与多伦厅接壤，为宣化练军分驻之地，遇事就近征调，可资应援。得旨，该衙门议奏，单并发。

（总 3097—3101）

6. [壬辰]，以援剿热河朝阳匪徒，予魏希古等奖叙有差。

（总 3101）

12. [戊戌]，谕，沙克都林扎布、魁福奏特参大员病假期内微服冶游请旨惩儆一折，科布多帮办大臣阿兴阿，前因腿伤举发，奏请赏假，当经允准。兹据沙克都林扎布等奏称，该大臣请假期内步履如常，闲游街市，不知检束，有玷官箴。阿兴阿，着即行革职。

（总 3103）

14. [己亥]，命额勒春为科布多帮办大臣。

（总 3104）

31. [丁巳]，李鸿章奏，热河兵燹之后，伏莽犹多，善后事宜须随时妥筹布置。惟地处塞外，臣与都统函牍相商，非十余日不能往返，每虞延误事机。至朝阳界连奉省，去直更远。设有缓急，呼应不灵。必须添设电线，以期消息灵捷。饬据天津电报官局道员余昌宇委员分往勘明各线路，绘具图说核议禀覆前来。臣查天津至热河承德府线路，计由津至通州二百余里，可借商局电杆挂线。其自通州出古北口至承德府四百一十里，中隔长城，距河既远，料物必需陆运，山多岭峻，道险难行。口外村镇荒凉，车辆亦不易雇。兼以越岭设线，山石嵯峨，凿孔立杆，甚为费力。朝阳电线，应由奉天锦州官线就近接设。计程一百八十里，均以山道运料施工，与热河同一棘手，迥非内地电工可比。然事关军国大计，未便因缔造艰难，稍从缓办。已饬该道将需用机器、电线、钩碗各件速致外洋分别订购。其应立电杆，口外亦无合用木植，并派员赴迁安山内采办，分运工次，加油屯布。俟各料齐备，克

279

日开工。一切经费，饬令设法搏节，事竣由海防支应局核实报销。所有线路经由之处，应请旨敕下盛京将军、热河都统、顺天府尹转行旗民地方文武一体照料保护，勿任阻挠损坏。其运送杆线电料，由臣给发护照，沿途关卡一体查验放行。将来应设分局报房常年经费及巡费等项，容俟照章核定，咨部立案。得旨，如所议行。

（总3109）

五月

25.［乙酉］，谕军机大臣等，有人奏，热河平泉等四州县，去岁被匪蹂躏，商民凋敝，该处向派差费及发商生息银两，请分别裁撤宽免等语。着奎斌体察情形酌量办理。原折着抄给阅看，将此谕令知之。

（总3116）

闰六月

25.［甲申］，谕，奎英奏厅员任意虐民有违定制请旨革职一折，署理山西归化厅同知张心泰，审理蒙民案件，不分曲直，辄用重笞，并有擅造非刑情事，实属任意妄为，故违定制。张心泰，着先行革职，该员现有应查之款，并着山西巡抚按照奎英所咨，查明参办。

（总3132—3133）

九月

24.［癸卯］，谕，沙克都林扎布奏遵保哈巴河安提蒙、哈出力人员请旨奖励各折片，着该部议奏。

（总3161）

十一月

26. [庚戌]，谕，前因山西归化城副都统奎英奏参署归化厅同知张心泰任意虐民擅造非刑情事，当将张心泰先行革职，交胡聘之按照奎英所奏各款查明参办。兹据胡聘之奏称，详查各款，除并无科敛勒索均毋庸置议外，惟所设刑具，用过七眼枷一次，系属因时救弊，尚非违例虐民可比。恳准免其革职仍送部引见之处，着不准行。该护抚称，以后遇有蒙民交涉事体，非命盗重案归旗员自理者，不得率行派员会审，如果厅员审理不公即咨由巡抚查明参办等语。嗣后遇有地方公事，着照定例和衷商办，毋得各存意见，致滋贻误。该部知道。

（总3183）

十二月

6. [辛酉]，谕，本日理藩院据敖罕郡王呈报公主园寝暨该郡王坟墓、祠宇、府第等处被贼焚毁，该郡王无力修葺，呈请据情代奏吁恳恩施等语。上年热河匪徒纵扰，敖罕王旗被害情形，殊堪悯恻。着赏银一万两，由户部拨发。交该郡王达木林尔达克祗领，在公主园寝各处赶紧修理，用示体恤。

（总3188）

25. [戊寅]，上御紫光阁，赐蒙古王公筵宴，并阅善扑营贯跤。

（总3195）

34. [甲申]，上御保和殿，赐蒙古王公宴。

（总3197）

光绪十九年癸巳（1893 年）

春正月

11．[甲午]，御紫光阁，赐蒙古王公筵宴。

（总 3201）

24．[甲辰]，谕，明年恭逢慈禧端佑康颐昭豫庄诚寿恭钦献皇太后六旬万寿，所有应行来京祝嘏之蒙古王公、台吉等，其间有年班者，着该班之王公、台吉来京，不该班之王公、台吉等，均着不必来京。内扎萨克乾清门行走之王公、台吉等有年班者，着来京。御前行走有情愿来京者，着来京叩贺。

（总 3204 — 3205）

二月

10．[己未]，谕，杀虎口监督恩浩奏差满回京赍交盈余银两一折，所得盈余等项银一万六千六十二两零，均交广储司，恩浩，着毋庸赏给。该衙门知道。

（总 3209）

19．[庚午]，谕军机大臣等，克蒙额等奏归绥地方上年荒歉兵食缺乏请拨款买米以济军困一折，着张煦速筹之款，发交该粮饷同知采买米石接济兵食，毋任缺乏。克蒙额等原折，着抄给张煦阅看。

（总 3210 — 3211）

三月

1. [甲申]，谕，张家口监督溥颐奏差满回京赍交盈余银两并请减成赔缴亏短盈余银两一折，所得盈余银五千九十两零，着交广储司，其所请减成赔缴之处，着户部核实具奏。

（总 3212）

21. [癸卯]，谕军机大臣等，热河剿平股匪后，伏莽仍未净尽，深虞乘间窃发，并分窜奉天、吉林等处，滋蔓难图。着裕禄、长顺督饬营汛地方各官，实力巡防，认真搜剿，务当合力兜拿，有犯必惩。

（总 3216）

夏四月

17. [壬申]，命冈勒铭额充塔尔巴哈台参赞大臣，保年充锡伯营领队大臣，以钟亮为伊犁副都统。

（总 3221）

五月

13. [丙申]，李鸿章奏，臣于上年三月间筹议热河善后事宜，以乱后伏莽未净，酌留古北口练军各营择要分驻巡防，奏明在案。该军本系提标抽练劲旅，近岁海防关系重要，提督常驻芦台，所部练军五营，先有一营出驻朝阳，一营留驻古北口，其余三营，均调赴芦台驻扎，环顾大沽口、北塘口后路，未便久留塞外，致海口要地转觉单寒。窃维热河地方，周围二千余里，东连奉、吉，西接多伦，北近围场，实为京畿屏蔽。该处流民四集，客匪错居，

283

向多马贼出没，每以数十骑联镳疾走，到处劫掠，飘忽异常。兵燹之余，蒙汉积仇未解，民教构衅相寻，时欲乘机起事。叠据留防各将领禀报，随时访拿严办，迄未能净绝根株。建威销萌，全在兵力。臣悉心体察，非有常驻之主兵，不足以资镇摄。非练得力之马队，不足以备搜巡。伏查直隶练军马队章程，系前督臣曾国藩及臣先后斟酌奏定，饷章营制，损益得宜。迄今二十余年，各营遵守规条，操巡认真，缓急可恃。上年剿办朝阳教匪，克期扫荡，全赖练军之力，成效昭然。现拟仿照办理，就地抽练马队，专为热河防围之兵。全滦地面太广，防范本属难周，仅练一营，则不敷分布。若练两营，则饷需过巨，难于支持。惟有因地制宜，酌量变通，期于饷项可以节省，而兵力又能兼顾。查承德、滦平、丰宁、围场，为河屯协副将汛地，平泉、建昌、朝阳、赤峰，为八沟营参将汛地，均隶于古北口提标。其弁兵素习地利，尚能耐苦。叠与都统臣奎斌、提督臣叶志超往返筹商，拟于该两营内，每营抽调精壮一百五十名，各练成马队一旗，分为三哨，即以该副将、参将为管带。现署副将谭兴魁、署参将汪隆元，俱久任边缺，晓畅营务，可期得力。官则原营，兵皆土著，配给精利枪炮，督令认真操练，平时查拿奸宄，缉捕盗贼。一遇有警，朝发夕至，便于赴机。较之添练客兵，实为事半功倍。该营兵将，本隶提标，仍由提督督饬训练。有事则归都统节制调遣，与原有朝阳马队一营及围场之马队百名互为援应，足壮声威。俟成军后，即可将新派出防之芦台练军，察酌情形，陆续撤回。如此则边防常有精练之师，而海防亦无空虚之虑，洵为永远至计。现两旗管带即是本营将领，以后必须慎选精悍能战之将，俾充是职。月支薪水公费马干等银，应照练军奏定章程各半支领，字识薪水，照章减一两五钱。其帮办官、哨官、督队等官薪水、马干及什长、亲兵、正兵等口粮马干，均照章给发。计马队六哨，大建月需薪公饷干柴草等银二千七百二两有奇，小建月需银二千六百二十四两有奇，每岁约共需银三万一千九百六十余两。除原有底饷银五千一百六十八两五钱二分抵支外，实需添拨银二万六千八百余两。直隶饷源虽极支绌，事关边防大局，自应竭力代筹。此项应添饷需，即饬由练饷局设法匀拨，径给该管带官领放以归划一。至成军之初，制办旗帜、号衣等项，照章由局核给一次。此后即由管带官自行设法修换。其兵丁、马匹辔价银，照章由局暂借，在各兵应领饷项内分月扣还。统由练局汇案造报。得旨，如所请行。

（总 3225 — 3226）

17. [辛丑]，依克唐阿奏，奴才准会典馆咨，钦奉上谕开办会典，所纂图说，于直省沿革、疆域、天度、城署、山水、乡镇、屯站各条，均须详实。查黑龙江送到十册，所开多有未能详细画一者，逐层指驳二十一条，并附表格式样以为程式，咨行迅派干员分投履勘详查，比较躔度，严催赶办，以期确实等因前来，当即通札各城，一律派员遵照赶办去迄，叠据各城报送遵照馆咨附表格程式绘造图册到省，随饬承办各员细加核对。所有黑龙江、墨尔根、呼伦贝尔、兴安城、布特哈五城图册，均属未能详实。且与程式仍多不符。其天度一条，无人通晓，未经照办。而呼兰、巴彦苏苏、北团林子三城图册，亦未能急切照办。奴才伏念奉旨钦办事件，未便以本省无人通晓天度，敷衍迁就，当即电致天津，代访精于测量之人北来襄办地势躔度。惟黑龙江幅员辽阔，山则有内兴安岭正干，自喀尔喀、车臣汗、科尔沁部界之索约尔济山，东入呼伦贝尔界。其支干或分或合，环绕于黑龙江右岸、松花江左岸，为五城盘舆之山，诸河发源之本。其脉络连绵，或起或伏，宽厚有千余里者有数百里者不等，长大总在六千余里。其间重冈叠嶂，乱峰丛拔，树木葱萨，溪涧错杂，不可胜计。水则有黑龙江、松花江、额尔古讷河、克鲁伦河，环绕三面，为全省诸水归宗巨川，计其长远亦在万里之外。其中之嫩江、海拉尔河、喀尔喀河、漠河、瑚玛尔河、呼兰河、伊春河诸大水，悉发源于岭之四面。水之小者，千派百流，尽行汇萃而注之江。溯其源头，流过龙口各地方，均属不能切实。且秋冬积雪，坚冰至四五尺，行人不能践履。春夏泥泞坑漩，深莫能测。又兼大河无渡，阻隔不通，实为人迹难到之区。今既派员分往周历履勘，必须相机前进，亲临山麓水源所在，方能测其水之深浅，山之高斜。上与天度符合，绘图注说，乃能得实。然事为地限，人力亦有不能施。将来承办各员，任此艰难事件，能否悉合馆章，非奴才所敢悬揣。即使往返履勘，详实测绘，或与表格程式大致相近，而逐条按图核对，详注总分各说，尤非朝夕所能竣事。合无仰恳天恩俯念边省地方广远，创办测绘图册事事维艰，相应请旨宽予展缓限期，容奴才督饬测绘各员分往各城按照馆章测量，绘成图册，再当派员送馆。得旨，如所请行。

（总 3226 — 3227）

六月

3．[丙辰]，热河都统廷斌卒，赐恤如例。

（总 3231）

4．[丁巳]，以庆裕为热河都统。

（总 3231）

秋七月

20．[壬寅]，谕军机大臣等，御史褚成博奏山西口外七厅赈务已毕请饬办积谷并严禁收粮积弊一折，据称，该省赈务完竣，尚多余款，请酌提银两作为收买积谷之用，由官发给章程，责成公正绅耆实心经理。大青山后一带钱粮，向归粮差甲首征收，每多浮索情弊，亟应实力禁革等语。着张煦按照所陈各节妥筹办理，原折着抄给阅看，将此谕令知之。

（总 3242 — 3243）

八月

1. ［壬子］，以熙敬署镶白旗蒙古都统。

（总 3243）

18. ［丁卯］，沙克都林扎布奏，本年四月初一日承准军机大臣字寄，本年三月二十一日奉上谕，热河剿平股匪后，伏莽仍未净尽，深虞乘间窃发，并分窜奉天、吉林等处，滋蔓难图。着裕禄、长顺督饬营汛地方各官实力巡防，认真搜剿，务当合力兜拿，有犯必惩等因。钦此。时值将军长顺校阅水师出省，当经奴才钦遵转饬严密巡缉去后，嗣据吉林五六七起练军统领庆禄督同员弁、兵勇等，在滨州界东山八里川地方搜获朝阳要逆伪副将焦痣绰号振东并获盗苏材即彪子、刘发即北霸天共三名，呈由阿勒楚喀副都统咨报前来，既经奴才咨准该副都统将苏材、刘发二名就地正法，将焦痣派弁押解到省发交发审局讯供后，奴才亲提研鞫。据供，朝阳县人，在迷立营居住。光绪十七年二月，在县属木头城子苏万深家，为盗匪李教明所惑，练习金丹邪教。十月初二日，该逆复听从李教明赴苏万深家聚议谋反，公举李帼珍为伪主，苏万深置备洋炮、旗帜，约会建昌教首齐保山、潘姓、平泉州教首梁贵成同日举事。十二日，聚集二百余人，齐赴县城，沿途裹胁居民一千八百余人。十三日，闯入县衙，拒捕杀官，开放狱犯，焚烧衙署。李帼珍遂在衙内盘踞，伪称扫北武圣人，苏万深伪称九门提督，该逆与王坤伪称副将，张双、周宽为伪参将。各带大队，朝阳四面受敌，遂议分兵占地。该逆家向与喀拉沁王旗有仇，二十日带队至喀拉沁焚烧王府，搜杀蒙古不计其数。二十七日，该逆在五官屯与古北口官兵接仗败走，仅五六十人，仍归李帼珍股内。十一月初一日，随李帼珍攻夺乌丹城，升为伪元帅，张双、周宽各队归其统带。十六日，在那村沟拒杀

287

官兵，张双、周宽均中枪身死。该逆知事败，只身潜逃入山隐匿。本年二月间，逃至吉林江北，与苏万深之胞侄苏林并盗匪刘发会遇，共议入山纠合盗党以图再逞。先在北魁界间家店伙劫，得赃俵分。四月二十日，行抵宾州里川地方，遂被擒获。奴才察看该逆言语狂悖与夫桀骜不驯之气，其为逃逆无疑。奴才当派全营翼长文元，恭请王命，督同营员将焦痣绑赴市曹凌迟处决，以快人心而昭炯戒。一面咨会热河都统严缉犯属务获拟解。查吉林山深林密，自马贼肆扰以后，伏莽至今未靖。前者热河教逆之变，漏网甚多。其东窜来此，无非欲勾结盗党滋事，希图死灰复然。焦痣所供纠合贼众以图再逞，非空言也。奴才自当遵旨严饬地方文武各官实力搜捕，有犯必惩。惟此次在事出力员弁，不无微劳足录，例得随案奏保。合无仰恳天恩准照异常劳绩给奖。下部议奏。

（总 3247 — 3248）

30. [戊寅]，以魁斌为正黄旗蒙古都统。

（总 3249）

九月

9. [乙酉]，以那彦图、载漪为御前大臣。

（总 3251）

10. [乙酉]，调寿荫为吏部左侍郎，克们泰为兵部右侍郎，凤鸣为工部左侍郎，志颜为理藩院左侍郎，以英年署工部右侍郎。

（总 3251）

11. [乙酉]，以那彦图为镶白旗蒙古都统。

（总 3251）

14. [丙戌]，调裕德为镶黄旗满洲副都统，海绪为镶蓝旗满洲副都统，载澜为正红旗蒙古副都统。

（总 3251）

十月

13. [戊午]，依克唐阿、增祺奏，黑龙江前送会典各图册，程式不合，经馆指驳，现拟筹款拣员另办。查上年案准会典馆咨，奉旨续修会典，并发来绘图表格式样，按照从速开办，汇成图册送馆，嗣准咨驳二十一条，限三个月详细另办造册送馆。惟黑龙江所属呼伦贝尔、布特哈、兴安各城，向习满文，于汉文素少学习。无论星度测量之法无人通晓，即求一精通文艺殚见洽闻者，亦难其人。况疆域宽阔，山川荒远，履勘测绘，既非朝夕所能蒇事。而馆驳图册，逐条更须详细力求相符……

（总 3261 — 3262）

十一月

2. [辛巳]，庆裕奏，据喀拉沁多罗郡王旺都特那木吉勒呈称，调兵发饷，例有明文。我国家深仁厚泽，无论何项差役，从不吝惜帑项。而于蒙古藩服，恩宠尤渥。光绪十七年冬，口外教匪倡乱，势甚猖獗，焚烧蒙古各旗。距热河仅有毛金坝一梁之隔，园庭所在，关系匪轻。当将本旗现有蒙兵三百名饬派辅国公林沁多尔济等督率迎击，一面分饬各管箭扎兰等分路募勇，随防随剿。彼时驿路隔绝，外无援兵，内无粮饷，岌岌可危。当劝谕附近铺商量力垫发兵饷勇粮，得以一力攻剿，并不掣肘。地方赖以保全者，商民之力也。查同治九年户部奏准蒙古官兵每名日给口分银一钱三分，每马一匹日给马干银五分。本旗因商民垫办维艰，极力撙节。每兵每名日给银一钱，库特勒减半，每马日给马干银五分，勇目每名日给银一钱，勇丁日给银八分。除所需军装、军火、旗帜、号衣由旗自行备办外，统计各铺商垫过饷粮共银

一万二千四百六十五两零。凯撤以后，当即造册呈请前任都统代
奏偿还垫饷。该旗苦遭兵燹，商民困累，均属实情，非不愿代奏
乞恩。惟蒙兵剿贼系分内之事，招募兵勇，从无办过成案，部议
恐难照准，碍难代奏，饬令自行筹款还垫等因，伏思本旗世受国
恩，食毛践土数百余年，此等兵饷勇粮，分应捐垫。奈蒙古地方，
今非昔比，近来水旱频仍，连遭荒歉，困苦情形，已属堪怜。继
又遭此焚掠，产业荡然一空。若再加派兵费勇粮，必致流离逃散。
如今责令铺商赔垫，势必关闭歇业。左右思维，难筹巨款，用敢
不揣冒昧，详细沥陈，伏乞据情代奏偿还垫款等情前来。案查光
绪十七年十一月间朝阳教匪剿平以后，据喀拉沁多罗郡王旺都特
那木吉勒以募勇剿匪垫过粮饷共银一万二千余两呈请代奏，经前
任都统奎斌驳令自行筹款还垫去后，兹据复陈前情，仍请代奏前
来。奴才查前年教匪倡乱，扰及各旗。惟喀拉沁受害最重，彼时
调派官兵尚未到境，全仗该旗蒙兵自行防剿，实与贼匪对敌接仗。
虽有斩获，其阵亡亦复不少。蒙古官员、兵丁，向无俸饷，一旦
驱遣应敌，势难枵腹从公。其由商民垫发粮饷，事所实有。该旗
近年连遭水旱，又被兵燹，其困苦情形，人所共闻共见，委属无
力筹此巨款。既据复恳代奏，未敢壅于上闻，所有喀拉沁旗垫过
兵饷勇粮情形，理合恭折具陈。伏乞皇上圣鉴训示，其应否赏款
归垫之处，出自逾格恩施，无任悚惶待命之至。得旨，知道了，
所有喀拉沁旗垫过兵饷，着准其由户部拨还。

（总 3271 — 3272）

十二月

31. [庚申]，谕，镶白旗满洲都统符珍等奏革员伤病身故吁恳
恩施一折，已革乌里雅苏台将军托克湍,前赴乌里雅苏台将军任时，
勒索骚扰，被人参劾，经奎斌等查明覆奏，当经降旨革职。托克湍

获咎情节较重，该旗辄为奏恳恩施，殊属非是，所请着不准行。

（总 3295 — 3296）

62.[乙亥]，谕，朕钦奉慈禧端佑康颐昭豫庄诚寿恭钦献皇太后懿旨，明年正月二十五日慈宁宫筵宴，予入座时，皇帝在纳陛下东行三叩礼，入座，总管进奶茶，赏皇帝奶茶时，茶房侍卫等由殿门外捧进，交总管递与皇帝。皇帝在陛下跪受，行一叩礼，饮毕，复行一叩礼。以次赏诸王大臣等，俱由侍卫分派，赏庆郡王奕劻进爵。赏皇帝及王大臣等酒，照前仪。俟蒙古乐曲进殿时，皇帝登纳陛上，总管递与皇帝酒，皇帝跪受，行一叩礼，饮毕，复行一叩礼，仍下纳陛入座。以次御前大臣晋祺、奕劻、那彦图、载漪、军机大臣世铎、额勒和布、张之万、孙毓汶、徐用仪、睿亲王魁斌、郑亲王凯泰、肃亲王隆勤、庄亲王载勋、怡亲王溥静、蒙古亲王色旺诺尔布桑保、德本楚克多尔济、郡王旺都特那木济勒、那木济勒旺楚克、察克达尔扎布、达木临达尔达克、乌太、布彦乌勒哲、依多尔济帕拉穆等，分左右上纳陛，总管以次赏毕，仍各入座。俟舞狮人上，总管太监撤宴桌毕，皇帝在纳陛下居中向上行三叩礼，诸王大臣等随行三叩礼。

（总 3303 — 3304）

光绪二十年甲午（1894 年）

春正月

8. [辛巳]，谕。朕钦奉慈禧端佑康颐昭豫庄诚寿恭钦献皇太后懿旨，予六旬庆辰，在廷臣工业经降旨加恩，因念各省文武大臣，有久膺重寄，卓著勤劳，允宜同膺懋赏。……绥远城将军克蒙额、伊犁将军长庚、定边左副将军永德、热河都统庆裕、察哈尔都统惠铭、直隶提督叶志超，均着交部议叙。……

（总 3306 — 3308）

9. [壬午]，谕，朕钦奉慈禧端佑康颐昭豫庄寿恭钦献皇太后懿旨，本年六旬庆辰，允宜特沛恩纶，厘廷中外，懋赏之典，首重亲贤。……喀尔喀扎萨克亲王那彦图，着赏穿黄马褂并赏用黄缰。……御前行走奈曼郡王玛什巴图尔，着交该衙门从优议叙。贝勒裁濂，着赏穿黄马褂。喀拉沁贝勒熙凌阿，着赏用紫缰……科尔沁辅国公那苏图，着赏穿黄马褂。科尔沁辅国公博迪苏、固伦额驸公符珍，均着赏用紫缰。……

（总 3308 — 3309）

10. [壬午]，谕，朕钦奉慈禧端佑康颐昭豫庄诚寿恭钦献皇太后懿旨，本年予六旬庆辰，中外臣工业经降旨加恩，军机章京，承书谕旨，夙夜在公，允宜量予恩施。……理藩院即补郎中多寿，着俟补郎中后赏加三品衔。四品衔理藩院即补郎中志朴，着赏戴花翎。……同知衔理藩院题署主事丰升额，着赏加四品衔。……理藩院即补郎中特图慎，着赏戴花翎。……四品衔理藩院员外郎承佑，着俟补郎中后赏加三品衔。……

（总 3309 — 3310）

11. [癸未]，谕，朕钦奉慈禧端佑康颐昭豫庄诚寿恭钦献皇太后懿旨，本年予六旬庆辰，率土胪欢，蒙古王公等，自应一体加恩，以彰庆典。科尔沁和硕图什业图亲王色旺诺尔布桑保，着赏穿带嗉貂褂。乌珠穆沁和硕车臣亲王阿勒坦呼雅克图，着赏用紫缰。喀拉沁亲王衔多罗都楞郡王和硕额驸旺都特那木济勒，着每年加赏银一千两。苏呢特亲王衔多罗都楞郡王那木济勒旺楚克，着赏穿带嗉貂褂。敖汉亲王衔多罗郡王达木林达尔克，着赏用紫缰。科尔沁多罗郡王那兰格哷勒，着赏穿黄马褂。扎赉特多罗郡王旺喇克帕拉齐、敖汉多罗郡王察克达尔扎布、喀尔喀郡王衔多罗贝勒贡桑珠尔默特，均着赏穿亲王补服。翁牛特郡王衔多罗达尔汉岱清贝勒德木楚克苏隆，着赏用黄缰。阿巴哈那尔多罗贝勒额外侍郎达木定扎布，着赏戴三眼花翎。阿巴哈那尔贝勒衔固山贝子多特诺尔布，着赏用紫缰。鄂尔多斯贝勒衔固山贝子扎那济哩第，着赏戴三眼花翎。喀尔喀固山贝子托果瓦，着赏穿黄马褂。扎鲁特镇国公达瓦宁保，着赏戴双眼花翎。科尔沁镇国公喇什敏珠尔，着赏用紫缰。郭尔罗斯辅国公图布乌勒济图，着赏穿黄马褂。喀拉沁头等塔布囊多罗额驸贡桑诺尔布、喀拉沁二等塔布囊和硕额驸那木扎勒色丹，均着赏加辅国公衔。科尔沁硕卓哩克图亲王丹色里特旺珠尔、翁牛特亲王衔多罗都楞郡王赞巴勒诺尔布，均着赏用紫缰。科尔沁多罗扎萨克图郡王乌泰，着赏穿黄马褂。科尔沁多罗宾图郡王敏噜布扎布、阿巴噶多罗郡王扬素桑，均着挑在御前行走。阿巴噶多罗卓哩克图郡王布彦乌勒哲依、浩齐特多罗额尔德呢郡王都昂东僧格，均着赏戴三眼花翎。土默特郡王衔多罗贝勒色陵那木济勒旺宝，着赏用紫缰。扎鲁特郡王衔多罗贝勒桑巴，着挑在御前行走。科尔沁多罗贝勒济克丹达克齐瓦，着赏用紫缰。科尔沁多罗贝勒凯毕阿噜、科尔沁多罗贝勒巴咱尔济哩第，均着挑在御前行走。苏呢特多罗贝勒索特那木多布沁，着赏戴双眼花翎。鄂尔多斯多罗贝勒喇什扎木苏，着赏用紫缰。鄂尔多斯贝勒衔固山贝子察克多尔色楞、喀尔喀固山贝子敏珠尔多尔济，均着赏戴双眼花翎。杜尔伯特固山贝子喇什彭苏克，着赏穿黄马褂。巴林固山贝子杜莫固尔扎布，着挑在御前行走。阿巴噶固山贝子贡多桑保，着赏戴双眼花翎。鄂尔多斯固山贝子阿尔宾巴雅尔，着赏用紫缰。郭尔罗斯镇国公噶尔玛什第、乌喇特镇国公色楞那木济勒、乌珠穆沁辅国公图普钦扎布，均着挑在御前行走。敖汉头等台吉色凌端噜布、翁牛特头等台吉色连，均着赏加辅国公衔。苏呢特头等台吉衔协理二等台吉察克都尔色楞、郭尔罗斯二等台吉阿木尔霍毕图、乌喇特二等台吉索特那木旺珠尔多尔济，均着赏给头等台吉。郭尔罗斯四等台吉齐木特萨木丕勒，着赏给三等台吉。阿拉善和硕亲王多罗特色楞，着赏穿带嗉貂褂。喀尔喀多罗郡王晋丕勒多尔济、喀尔喀多罗郡王多尔济帕喇穆，均着赏穿亲王补服。喀尔喀多罗贝勒车凌桑都布，着赏戴三眼花翎。青海多罗贝勒拉旺多布济，着赏穿黄马褂。喀尔喀固山贝子普尔布扎布、喀尔喀固山贝子旺楚克察克达尔，均着赏用紫缰。阿拉善镇国公阿吉尔扎布，着赏加贝子衔。喀尔喀贝子衔辅国公达什拉布坦，着赏穿贝勒补服。察哈尔辅国公济楚克扎木苏、青海辅国公车林端多布，均着赏穿贝子补服。喀尔喀贝子衔头等台吉勒旺呼克津，着赏加贝勒衔。喀尔喀公衔二等台吉巴保多尔济，着赏加贝子衔。喀尔喀车臣汉德木楚克多尔济，着赏用黄缰。喀尔喀图什业图汉那逊绰克图，着赏穿黄马褂。喀尔喀和硕亲王那木济勒端多布，着赏用紫缰。喀尔喀多罗郡王鄂特萨尔巴扎尔，着挑在御前行走。青海多罗郡王翰柯济尔噶勒、青海多罗郡王棍布拉布坦，均着赏用紫缰。青海固山贝子棍楚克拉旺丹忠，着赏加贝勒衔。青海固山贝子吹木丕勒诺尔布、喀尔喀贝子衔镇国公车林呢玛，均着赏戴双眼花翎。阿拉善镇国公沙克都尔扎布，着挑在御前行走。喀尔喀辅国公德哩克多尔济，着赏戴花翎。喀尔喀辅国公贡楚克扎布、青海辅国公罗布桑端多布，均着赏戴双眼花翎。察哈尔辅国公车旺呢克靖，着赏戴花翎。伊克明安铺国公巴克莫特多尔济，着赏戴双眼花翎。喀尔喀镇国公衔头等台吉车林端多布、喀尔喀镇国公衔头等台吉那逊布彦济尔噶勒，均着赏加贝子衔。喀尔喀公衔头等台吉呢朗瓦尔、喀尔喀公衔头等台吉洞多毕拉布帕喇木多尔济、阿拉善公衔头等台吉勒旺布哩克济勒，均着赏加贝子衔。喀尔喀头等台吉桑旺车林多尔济、喀尔喀头等台吉哈丹，均着赏戴花翎。喀尔喀头等台吉车林多尔济，着赏加辅国公衔。阿拉善二等台吉普勒忠、呢什尔，均着赏给头等台吉。

（总 3310—3312）

22. [丁亥]，上御紫光阁，赐蒙古王公筵宴。

（总 3315）

30. [壬辰]，谕，吏部等衙门会奏遵议处分一折，总管内务府大臣大学士福锟、镶黄旗蒙古都统容贵……应得降二级留任处分，均着不准抵销，嗣后该大臣等，务须督饬司员将常年用款核实撙节开支，毋令任意靡费，致干咎戾。

（总 3319）

36. [乙未]，谕，朕钦奉慈禧端佑康颐昭豫庄诚寿恭钦献皇太后懿旨，本年予六旬庆辰，各省文武大员情殷祝嘏，业经降旨，于各省将军、督抚、副都统、提镇、藩臬内每省各酌派二三员来京庆祝。着派盛京礼部侍郎文兴……察哈尔副都统吉升阿……绥远城将军克蒙额……着于十月初一日以前到京，恭候届期随同祝嘏。其未经派出各员，毋庸再行吁请。

（总 3320）

48. [壬寅]，追予前安徽寿春镇总兵陈国瑞附祀僧格林沁祠。

（总 3330）

50. [癸卯]，以敬信为兵部尚书，崇礼为理藩院尚书，裕德为左都御史。

（总 3335）

51. [癸卯]，以……溥良为理藩院左侍郎，会章为理藩院右侍郎，文琳署刑部右侍郎。

（总3335）

54. [乙巳]，以……玉璋为镶蓝旗蒙古副都统。

（总3335）

夏四月

14. [癸丑]，谕军机大臣等，有人奏劣员盘踞把持公事为害地方据实纠参一折，据称三等台吉车林多尔济，久在库伦，无恶不作。经前任办事大臣喜昌驱逐回旗，乃该员仍敢盘踞库伦，干预公事，扰害地方，逼令呼图克图远居他境，几酿命案。经四部落蒙古联名禀报库伦大臣查办，该大臣被其挟制，代为弥缝，各蒙古等不得已遂报乌里雅苏台将军代奏等语。所奏是否属实，着永德确切查明，据实具奏，毋稍徇隐。原折着抄给阅看，将此谕令知之。

（总3394）

27. [壬戌]，允休致人员前理藩院尚书松森等随班祝嘏。

（总3398）

五月

42. [癸卯]，谕，张煦奏解审发回绞犯中途逃脱请将签差护解不慎之厅县交部议处一折，山西丰镇厅绞犯武殿汶即武全仔，由省审勘发回监禁，该签差护解各官，并不慎选妥役，小心防范，致该犯中途逃脱，实属非常疏忽。署丰镇厅抚民同知刘鸿逵、怀仁县知县王文员，均着先行交部照例议处，仍勒限严缉逃犯武殿汶，务获究办。倘限满无获，即行从严参处。余着照所议办理。

（总3421）

46. [乙巳]，谕军机大臣等，总理海军事务衙门会奏遵以黑龙江将军等奏收笼鄂伦春牲丁酌拟章程变通办理一折，览奏均悉。所拟将原设总管等概行裁撤，五路佐领等悉仍其旧。布特哈总管改为副都统，并于黑龙江、墨尔根、呼伦贝尔、布特哈四城各添设协领一员分司经理各节，均依议行。即着依克唐阿按照此次变通章程，督率各城新设副都统、协领及原设佐领等认真经理，设法抚绥。予限三年，各该员办理如有成效，准由该将军奏明请奖。倘限满无功，即着严参惩办。原折着抄给阅看。将此谕令知之。

（总3422）

六月

29. [辛酉]，谕，张煦奏革员亏短巨款避匿无踪请旨通饬拿办一折，已革山西托克托城通判汪尔舻，前因亏短正杂各款，逾限未缴，先后降旨革职监追。讵该革员已先期闻拿避匿，难保不匿迹原籍或原飏他省，着山东巡抚及各直省一体严拿务获，解赴山西监追审办，以重库款而儆藐玩。该部知道。

（总3430）

秋七月

37. [丙申]，以崇欢署乌里雅苏台将军。

（总3450）

八月

32. [癸亥]，以庆裕为福州将军，崇礼为热河都统。

（总3458）

36. [乙丑]，以启秀为理藩院尚书，寿荫为盛京兵部侍郎。

（总 3460）

九月

19.［辛巳］，命理藩院员外郎奎显、主事恩惠驰赴依克唐阿军营听候差委。

（总 3468）

27.［丙戌］，永德奏，奴才前于本年四月二十七日承准军机大臣字寄，光绪二十年四月初七日奉上谕，有人奏劣员盘踞把持公事为害地方据实纠参一折，据称，三等台吉车林多尔济久在库伦，无恶不作。经前任办事大臣喜昌驱逐回旗，乃该员仍敢盘踞库伦，干预公事，扰害地方，逼令呼图克图远居他境，几酿命案。经四部落蒙古联名禀报，库伦大臣被其挟制，代为弥缝。各蒙古等不得已遂报乌里雅苏台将军代奏等语。所奏是否属实，着永德确切查明，据实具奏，毋稍徇隐。原折着抄给阅看。将此谕令知之。钦此。钦遵寄信前来。经奴才已将风闻库伦哲布尊丹巴呼图克图因修庙宇需用木料等项，照依旧次拉运办理，不意竟被三等台吉车林多尔济独自持阻，以致物议沸腾，怨言啧啧。并据扎萨克图汗部落盟长等联衔呈报各节，亦与前情相同。当由奴才分饬查明声覆，再行核办等因奏明。旋奉硃批，知道了，着即认真查办。钦此。钦遵跪读之下，奴才自应钦遵饬调两造彻底根究，认真查办。惟哲布尊丹巴呼图克图系奉旨晋封大喇嘛，特谕督率众沙毕喇嘛等常川讽经。倘若遽调，尤恐众蒙见疑，滋生枝节。嗣据图什业图汉、车臣汉、三音诺彦各盟长等先后联衔呈报各情，核与扎萨克图汉部落所报确凿无异。既据四盟盟长、王公等咸称被闲散公衔三等台吉车林多尔济把持阻滞哲布尊丹巴呼图克图拉运修庙木料，以致震动众心，怨言啧啧，实属暴虐，尤堪痛恨。请由奴才将该台吉从重奏参，以示儆戒，俾抚众心等情，联衔呈报前

来。奴才详查此案情词相同，除将哲布尊丹巴呼图克图修庙自行
采运木料等项由奴才径饬四盟转饬各旗一体毋得阻止，其余不准
假名拉运，致扰各该旗。其沙辛章楚布毁骂台吉车林多尔济一节，
橄饬该营尚卓特巴径行责惩发落外，所有台吉实属貌视师尊，有
违谕旨。若不从严惩办，不足以释众怨。相应拟将公衔三等台吉
车林多尔济请旨革职，交该旗严加收管，毋得再行滋生事端，稍
示薄惩，以崇黄教而杜刁风。得旨，如所请行。

（总 3472 — 3473）

56. [庚子]，谕军机大臣等，奎英奏绥远城将军克蒙额私娶
属下土默特蒙妇为妻，妻弟巴图纳逊等出入衙署，肆行无忌，复
敢串通将本旗蒙女配与克蒙额之子为妻，请将土默特蒙古骁骑校
巴图纳逊、额德力库、绥远城镶红旗满洲佐领巴图隆阿、正蓝旗
满洲防御吉瑞一并革职等语。所奏是否属实，着张煦确切查明，
据实具奏，毋稍徇隐。原折着抄给阅看。将此谕令知之。

（总 3483）

冬十月

3. [甲辰朔]，镶黄旗蒙古都统容贵因病乞休，不允，予假
一月调理。

（总 3485）

24. [庚戌]，奎英奏，前于本年七月二十五日准山西巡抚
咨开，钦遵谕旨，咨饬大同镇统带驻扎包头之大同练军马队四
旗、步队一营克日赴通，行令酌调绥远旗兵派员管带，暂行驰
驻包头以资镇慑，一俟添募新兵到防再行调换归旗等因，当经
奴才克蒙额饬令管带马队委营总春普等，分为四起，督率所带官
兵二百十四员名，配齐军火器械，于七月二十九日起程，驰往包
头暂行扼扎以便巡防等因，当经奏明在案。嗣于八月二十五日准

299

署大同镇总兵沈玉贵咨称，奉文责派署左营游击郝发先将调到附近营外之兵，管带数百名趱程前进，务于八月杪驰抵包防，替换绥远之兵归旗等因前来。奴才即饬绥远马队官兵，一俟署游击郝发管带营兵到包接防后，迅即整队起程，沿途小心约束兵丁，不准稍有需索滋扰。今管带马队官兵委营总春普等督率所带官兵于九月十五日回城报到，奴才体察地方情形，归绥所属地面辽阔，迤北大青山一带及迤东丰、宁二厅所属大路，时有外来游匪勾结本地马贼，聚众持械，邀劫道路，肆行抢掠。叠经派令该马队官兵不时分路四出巡缉，严密访拿。盗风始见稍息，地方赖以安堵。今该马队官兵现已替换回城，拟请仍旧留防。奴才督饬该官兵常川操练，以资防御而裨地方。详查绥远城原设留防马队官兵二百十四员名，月支饷干银两，所有带队官员按照察哈尔换防支饷章程支领，其马队兵丁月支饷干，前自光绪九年正月起，遵照部定章程，冬春两季每兵月支银七两，夏秋二季每兵月支银四两六钱，并照湘平每两核扣银四分给发。至晋省每年充拨防饷银一万两，归绥道库征收税课项下每年拨充防饷银九千余两，按照拟留官兵月支饷银数目，核计尚敷需用，合并声明。下兵部知之。

（总 3490 — 3491）

十一月

7. [丁丑]，以刘树堂为河南巡抚，那彦图为内大臣。

（总 3503）

14. [庚辰]，以崇欢为乌里雅苏台将军，志戴为乌里雅苏台参赞大臣。

（总 3504)

23. [壬午]，庆裕奏蠹役鱼肉乡民，为害地方，请饬部严定罪名。得旨，热河地方自平定后元气未复，何可复容此辈肆行荼毒。着严密查拿，一经审实，即予杖毙，毋庸刑部再议。

（总 3505）

30. [乙酉]，谕军机大臣等，庆裕奏统筹热河全局一折，据称，热河地方，自教匪剿灭后，防营不敷分布，道府州县并无自然之利，不敷办公。拟添募马勇四五百名，并筹给地方官津贴每年需款五六万两。该将军前在福建藩司任内，稔知闽海关洋税每年协拨各省饷项一百余万两，请于协饷内每年抽拨五六万两协济热河，作为招募、津贴两项之用等语。该将军所筹，系为整顿吏治保卫地方起见，即着庆裕于到任后体察情形。所有闽海关洋税每年协饷项下是否可以抽拨之处，再行奏明请旨办理。将此谕令知之。

（总 3506）

十二月

55. [辛酉]，以永德为绥远城将军。

（总 3528）

69. [乙丑]，谕，理藩院奏蒙古王公等捐输军需银两开单请奖一折，该王公等情殷报效，洵属急公。三音诺彦扎萨克亲王特固斯瓦齐尔、车臣汉扎萨克郡王多尔济帕拉穆，均着赏用紫缰。扎萨克图汉贝子衔扎萨克辅国公达什拉布坦，着再赏给贝子衔一辈。三音诺彦扎萨克辅国公德里克多尔济、扎萨克图汉贝子衔扎萨克头等台吉昵朗瓦尔，均着挑在御前行走。

（总 3532）

71. [丙寅]，谕，理藩院奏扎萨克台吉捐输军需请旨奖励一折，贝子衔扎萨克头等台吉那逊布彦济尔噶勒报效军需银五千两，洵属急公，着照章赏给双眼花翎并加恩赏用紫缰，以示嘉奖。

（总 3532）

光绪二十一年乙未（1895 年）

春正月

4.［乙亥］，谕军机大臣等，定安等奏吉林、黑龙江练军改步为马，大凌河牧群马匹不敷挑选，请由察哈尔改拨一折，着德铭于商都达布逊诺尔暨两翼太仆寺各牧群内挑选战马二千五百匹，迅速派员解交定安等应用，务须一律膘壮，毋得以疲乏充数，致误戎机。原折着抄给阅看，将此谕令知之。

（总 3535）

36.［丁亥］，谕，理藩院奏蒙古亲王捐输军需银两请旨奖励一折，该亲王情殷报效，洵属急公。科尔沁扎萨克和硕图什业图亲王色旺诺尔布桑保，着赏换黄缰。

（总 3539-3940）

二月

2.［丁未］，谕，理藩院奏蒙古郡王等捐输饷需银两请旨分别奖励一折，四子部落郡王勒旺诺尔布、头等台吉勒沁旺楚克，情殷报效，洵属急公。勒旺诺尔布之弟二等台吉图布沁色楞，着赏戴花翎，勒沁旺楚克，着赏给镇国公衔。

（总 3551）

夏四月

19.［辛亥］，谕，理藩院奏蒙古亲王等倡捐军需银两悬恩奖励并集捐衔名开单请奖一折，该亲王等情殷报效，洵属急公。锡

302

林郭勒盟长苏呢特扎萨克亲王衔多罗都楞郡王那木济勒旺楚克，着该衙门查明移奖，乌珠穆沁亲王阿勒坦呼雅克图，着赏换黄缰，余依议，单并发。

（总3584）

闰五月

29．[甲子]，谕，御史联锦奏劣员把持勒索请饬查办一折，据称，理藩院司员通同书吏，于图什业图亲王等报效承袭各案取巧营私，废公索贿，请旨饬查等语。着理藩院堂官按照所参各节确切查明，据实具奏。

（总3631）

六月

7．[乙亥]，恩泽奏，吉林地处边隅，倚山滨海，夙为逋逃渊薮。二十年来，重法惩治之盗犯，数以千计，而劫掠仍不稍戢。推求其故，盖因齐鲁之莠民，航海而来者，每年不下数万。直北之教匪余党，潜踪蒙古部者，实繁有徒，通名之曰跑骷。不能服苦耒耡，得间即啸聚抢劫，狼奔豕突，飘忽靡定，此拿彼窜，终未净绝根株。……

（总3634）

秋七月

8．[丙午]，库伦办事大臣安德因病乞休，允之。

（总3640）

13．[丁未]，赏桂斌副都统衔，作为库伦掌印办事大臣。

（总3640）

八月

30. [丁亥]，准热河都统崇礼开缺回旗调理。

（总3661）

42. [癸巳]，以寿荫为热河都统。

（总3662）

45. [甲午]，崇欢等奏，前奉兵部来咨，现因纂辑会典，奏奉谕旨令各直省将驿站、程途、山川形势查清，绘图帖说咨部，以便纂入则例。光绪十四年，经前任将军杜嘎尔因乌里雅苏台自失城后档案焚毁，无凭查核，仅以将军、大臣等出京所领车价照六十里为一台声复。兹于本年七月又奉部咨催取各省图说，奏明奉旨限三个月一律查清，造册送部。窃查乌里雅苏台所属之南二十台、北九台、西七台，均系外扎萨克游牧之地，与内地情形不同，夏日安台则在河边水草丰茂之处，冬日安台则在山河雪厚草深之处，不独一年四季向无定所。即历年安设亦皆随水草迁移，里数从无一定。即使丈量勉强测绘，夏令与冬令不合，此年与彼年互异。况纵横数千里，万山丛杂，路路可通，毫无险要可纪，裹粮入山。八月即大雪封山，实亦无从措手。兼之经费无出，一时未能举办。查当年定例，凡将军、大臣应领车价，惟照六十里一台核给。盖即因游牧与内地迥异，或远或近，忽东忽西，安台必因水草为转移，故图说不能据台站为定准也。部咨谓科布多已详具图说咨复，查科布多台站向不挪移，与戈壁情形相等，其丈量测绘均有一定所在。乌里雅苏台未能仿照一律办理，相应奏请皇上恩施俯允仍就当年所定车价章程饬部纂入会典则例。当日既可以六十里定车价，今日即可以六十里定台程，较之徒事纷繁，勉强测绘，仍不能据为典要者，似属简便可行。得旨，如所请行。

（总3663）

48.[丙申]，熙麟奏，承办蒙古王公官员出继承袭，为理藩院专责。闻承办司员并不遵照定章办理，惟蒙混回堂，以必待阖族无争公结，饰辞延宕。如卓索图盟喀拉沁东旗扎萨克，悬缺已逾五年，致有扎萨克公乌凌阿之族侄珠隆阿，接奉假文，冒昧袭职，畏罪自尽，及其妾乌桂氏妄欲以妾冒领诰封之事。是名为待其无争，实启其争也。夫承继，除孤子例不得出嗣他人致绝本支又长子为本支大宗亦不得出嗣外，其余尽可以房分长次辈分尊卑递推。该院既有承办之责，岂于该族支分茫然不知。诚使办理与例相符，该族何从置喙。若必待公具无争之结，则该族人人生希冀之念，即人人怀观望之心。而未定之缺既可久署，无主之产并可侵夺，虽再待五年，此结何能具到。是直将占据扎萨克之缺，倾破该扎萨克之产，以巧为把持勒索之地而已，殊失朝廷抚绥怀柔至意。况理藩院则例内开，出缺人员如无亲兄弟，将该王公、官员支分绘谱奏请钦简，何以该院并不遵照及时办理，竟至悬缺五年之久，岂以阖族无结，虽经钦简亦不足息该族之争耶。奴才所闻，此其一事，其类此者窃恐尚多。应请饬下该堂官确切访查，严参催办，以符定章而除积弊。上谕，御史熙麟奏蒙古王公、官员出继承袭请饬理藩院遵照定例办理等语。嗣后遇有蒙古王公扎萨克等缺出，着理藩院将例应出继承袭之人按照例章定议，毋稍延宕。其卓索图盟喀拉沁东旗扎萨克一缺，仍着该院查明办理，以符定章。

（总 3664）

九月

24.[丁未]，谕，崇欢等奏蒙古台吉控告盟长借端索贿讯办情形一折，据称，扎盟沙尔套台吉那逊布彦吉尔噶拉呈称，因伊被崇欢申饬，盟长遂向该台吉需索银两，代为关税。讯据盟长镇国公阿育尔色德丹占扎木楚供称，以该台吉受人主使致送银两有意栽赃为辞，两造争执，请旨办理等语。此案盟长阿育尔色德丹占扎木楚，借端索贿，台吉那逊布彦吉尔噶拉，多事钻营，均属咎无可辞，着交理藩院严加议处。将军崇欢，于该台吉致送贺仪，虽经拒绝，未即奏参，办理亦有不合，着交部议处。

（总 3671）

43. [癸亥]，德铭奏哲布尊丹巴呼图克图报效战马一千二百匹已照数验收。报闻。

（总 3675）

冬十月

29. [庚寅]，谕军机大臣等，现在甘肃回匪猖獗，军事方殷，所有军营文报，关系戎机，递送不容迟缓。着崇欢、志锐、魁福、额勒春、德铭、吉升阿体察蒙古台站情形，设法整顿，并严饬各台，遇有军营文报等件，务当迅速接递，毋得稍有贻误。将此由四百里各谕令知之。

（总 3688）

39. [壬辰]，谕，给事中文郁奏蒙古王公年班来京差竣回旗向无期限请饬明定章程一折，据称，昭乌达盟帮办盟长翁牛特扎萨克郡王赞巴勒诺尔布，本年正月差竣，并未回旗，任意在京逗留，罔顾体制，不知检束，直至九月初间始潜行出都等语。着理藩院查明具奏。至蒙古王公差竣回旗应否明定期限，并着理藩院议奏。另片奏蒙古涉讼事件，如两造均系蒙古，请仍归该盟自行提讯等语。着理藩院一并议奏。

（总 3690）

十二月

19．[乙亥]，谕，御史齐兰奏蒙古御史缺分壅滞请量为变通一折，着吏部议奏。

（总3717）

27．[辛巳]，赏达新副都统衔作为科布多帮办大臣。

（总3720）

54．[乙未]，上御保和殿，赐蒙古王公筵宴。

（总3729）

光绪二十二年丙申（1896 年）

春正月

16. ［丙午］，上御紫光阁，赐蒙古王公筵宴。

（总 3735）

26. ［辛亥］，上御保和殿，赐蒙古王公筵宴。

（总 3736）

三月

11. ［癸卯］，谕军机大臣等，有人奏酷吏滥动非刑逼伤妇女一折，据称，库伦办事大臣衙门司员承审已故扎萨克台吉车林多尔济之妻妾争产一案，拷审扎萨克之妻，擅用酷刑，肢体成废。又复妄造供招，拖累多人，请饬查办等语。着桂斌确切查明，据实具奏。原折着抄给阅看，将此谕令知之。

（总 3763）

37. ［辛酉］，谕，奎顺奏回匪窜往青海蒙古贝子力战阵亡请旨优恤一折，西宁上互庄地方，前经官军将回匪击败后，该匪窜扰青海，蒙古贝子纳木希哩带兵截击，众寡不敌，该贝子力战捐躯，又阵亡章京阿音奇一员，死事情形，实堪悯恻。蒙古贝子纳木希哩，素木章京阿音奇，均着交该衙门照阵亡例从优议恤，以慰忠魂。

（总 3777）

夏四月

47.［庚寅］，……以绵宜为理藩院左侍郎。

（总3790）

五月

16.［甲辰］，谕，朕钦奉慈禧端佑康颐昭豫庄诚寿恭钦献崇熙皇太后懿旨，本日礼部奏遵议醇贤亲王嫡福晋薨逝一切典礼分别条款请旨遵行一折……蒙古朝正来京王公例赐筵宴，照旧举行。廷臣筵宴，均着停止。……

（总3797）

33.［庚戌］，予故库伦办事大臣喜昌于原籍建祠，事迹交国史馆立传。

（总3798）

50.［乙卯］，谕，前据已革御史敬佑奏库伦办事大臣衙门承审已故扎萨克台吉车林多尔济妻妾争产一案滥动非刑逼伤妇女等语。当谕令桂斌确查。兹据查明定拟具奏，此案已革台吉车林多尔济之妾杨吉拉木，以争产细故，捏造重情，诬控多人，并有行贿情事。杨吉拉木应得罪名，并着照所议完结。余均依议办理。前库伦办事大臣安德，轻听捏造之词，收受银两，迨经该蒙妇控告，始将原赃退出，实属贪鄙。安德，着交部议处。邢逊绰克图，随同画稿，亦属不合，着交该衙门察议。花翎三品衔前五品官巴图成格勒，将诬告之案不问虚实，一味逼求，虽未受贿，实属不安本分。着革去翎衔，交该旗严加管束。

（总3801）

64. [癸亥]，命昆冈管理理藩院事务，毋庸管理工部。

（总 3804）

六月

12. [辛未]，赏连顺副都统衔作为科布多参赞大臣。

（总 3809）

秋七月

30. [癸丑]，追封御回阵亡青海蒙古贝子纳木希哩郡王衔，照郡王例赐恤。

（总 3842）

34. [甲寅]，予故吉林候补道李金镛于吉林长春府建祠。

（总 3843）

37. [丁巳]，谕，启秀等特参仓监督开放兵米掺杂不堪请旨惩处一折，本年七月分，南新仓应放镶黄旗蒙古兵丁甲米，据该都统等呈进米样，且称该监督一味支吾，任意刁抗。着仓场侍郎查明放米情形，据实具奏。仍将应放兵米迅行开放，毋误兵食。该仓监督何以仅止广瑞一员，其汉监督因何未经到仓之处，着一并查明具奏。

（总 3843）

41. [己未]，桂斌等奏，查库伦掌印办事大臣有抚绥两爱曼、照料呼图克图之责。奴才桂斌到任以来，凡于沙毕、爱曼各蒙众多年被累不堪之虐，无不加意剔除，谕以天理人情，务使安心而后已。仅知办所当办，无恤其他也。惟于哲布尊丹巴呼图克图往还体制未能认真，数月以来，迄无定议。彼此相见之际，多俟参商。而公事之间，备极融洽。若此因循日久，究非所宜。检查理

藩院则例，仅有西藏通志一条内载驻藏大臣总办阖藏事务与达赖
喇嘛、班禅额尔德尼平行等语。至库伦大臣品秩是否与驻藏相埒，
哲布尊丹巴较之达赖、班禅分位是否相同，应否一律并行，抑或
别有专例，相应请旨饬下理藩院查明咨复，以便恪遵。下所司知之。

（总 3844）

八月

13. ［戊辰］，谕，前据启秀等奏参仓监督开放兵米掺杂不堪
请饬惩处一折，当谕令仓场侍郎查明具奏。兹据祥麟、廖寿恒奏
称，南新仓本年七月应放镶黄旗甲米，系遵照部章二陈一新搭放，
满监督广瑞并无支吾刁抗情事。惟措词失当，殊属不合。汉监督
刘启翰，是日因非值班之期，到仓稍迟，究有应得之咎。广瑞、
刘启翰，均着交部议处。

（总 3847）

45. ［丙戌］，寿荫奏，奴才钦奉谕旨饬查金银矿地，设法兴
办以供国用等因。钦此。遵查热河矿务招商采办，始自咸丰三年，
当经奏定章程，尽采尽解，并无定额。每得沙炼银一两，以十成
计算，以三成为正课，以三分为耗银，以一分为解费，余银归商
工本。矿苗丰旺，加增课额。沙线隐闭，奏明封禁。其蒙古地方
各矿得银，亦按十成计算，系以两成五分为正课，三分五厘为耗
银，一分五厘为解费，一成为蒙旗抽分。如矿系民地，按亩给予
地价，蒙古地亩，则给抽分。民矿设局招商，由热河道给照，详
明都统核办。蒙古旗分之矿，由各该旗自行招商，呈明都统给照
升课。民矿课银，解交热河道衙门兑收，听候拨用。蒙古矿课，
解交都统衙门兑收，就近抵拨兵饷，年终统归都统奏销。其金矿
系由商人易换银两，照章纳课。铜铅各矿抽收课耗，派员解交户
部兑收，余铜余铅官为收买，并解部库。此系热河矿务例章，历

311

久遵行在案。先年开招之矿，如承德府属遍山线、窑沟等处银矿，平泉州属之锡蜡片银矿、银洞子沟铜矿，丰宁县属之牛圈子沟银、铅并出之矿，喀拉沁王旗土槽子、罗圈沟蒙古银矿，喀拉沁中旗蒙古金矿，均经先后奏明升课。嗣因洞老山空，或商力未逮，陆续奏明封禁。仅有遍山线、土槽子两处升课银矿，前因商力不支，经直隶总督李鸿章派员前来接办，照依旧章按年纳课，曾经奏明立案。此外尚有补用道徐润请开平泉州属之转山子、建昌县属金厂沟，候补道李宗岱请开滦平县之宽沟、丰宁县之大营子等处金矿，均因出沙不旺，尚未具报升课。并有翁牛特王旗呈报开采该旗之红花沟、水泉子沟、拐棒沟等处金矿，机器尚未运到，已经奴才札饬催令赶紧兴工开采。奴才于钦奉谕旨后，即分饬所属及蒙古各旗钦遵办理，并派委热河道湍多布为督办，承德府知府福谦为帮办，候补知县缪桂荣为总办，令其广为踩勘。无论金银，凡有可采之区，迅速呈明开办。其奴才衙门经理矿务奏咨事宜以及稽核矿务，仍照旧章责成理刑司员认真经理，以昭详慎。兹据热河道湍多布转据总办委员缪桂荣，以勘得建昌县属之各里各并与宁连界双山子、朝阳县属之五家子等处金矿均可开采详请核办前来。现当库款支绌，既有可采之区，自应即时兴办，期收实效而广利源。除现在升课之遍山线、土槽子暨已经呈明开办各矿照依旧章另行办理外，所有各里各、双山子、五家子等处金矿，即由该道府责成总办委员缪桂荣广招商贾，多集资本，刻期兴工，认真采办。奴才仍不时催查，予限一年之内即行照章奏明升课。至热河地方煤矿，向系奏明办理，由热河道给照，按年纳课。其已经领照纳课之矿，毋庸再行查办。得旨，知道了，并着督饬委员等认真开采，以兴利源。

（总 3859 — 3861）

九月

19. [癸卯]，召桂斌回京，调连顺为库伦办事大臣，赏宝昌副都统衔作为科布多参赞大臣。

（总 3868）

冬十月

7. [丙寅]，陶模等奏，官军前在玉门、安西等处获胜，业经臣等具折会奏，奉旨，刘四伏窜匿盐池湾，当及早扫除以防勾结。……刘四伏即刘同春，西宁苏家堡人，初与韩文秀谋叛，残杀汉民，韩文秀伏诛，遂接充伪元帅，屡抗官军，穷凶极恶，实为回逆之魁。马吉，西宁上五庄人，驼毛、茶根即格尔及，西海蒙古人，马起溃，西宁苏家堡人，冶山正，山西宁县人，均皆充当匪目，助逆拒战，凶狠胜常，实属同恶相济。臣于七月二十七日饬将刘四伏凌迟处死，马吉、茶根、马起溃、冶正山均斩枭示众，以伸国法而快人心。玉门、安西、敦煌及罗布淖尔山内，遍搜俱无一贼，关外一律肃清。臣查湟回自二月初水峡出窜，共七八万人，皆刘四伏兄弟领之。刘三专主念经，刘四伏最强悍，主战事，马吉等助之。在青海复会合驼毛、茶根二千余人，张成德、冶八简、朵木匠皆自为一股，悉听刘四伏调遣。由青海柴达木窜王子营，为蒙兵所阻，值三月大雪封山，无处掠粮，冻死饿死以数万计。……

（总 3884 — 3889）

8. [丙寅]，董福祥等奏……而逆目刘四伏等，胁众从水峡窜出七八万人，由青海柴达木间道蔓延关外，势甚猖獗。臣奎顺会同魏光寿、董福祥各派马队裹粮跟追。臣奎顺并飞饬蒙古王公派蒙、番各兵合力堵击。……

（总 3889 — 3891）

十一月

29.［丁巳］，察哈尔都统德铭以病免。

（总 3917）

31.［己未］，以祥麟为察哈尔都统。

（总 3917）

十二月

32.［壬午］，谕，桂斌奏参赞久悬请饬理藩院开单请简一折，着理藩院查明具奏。至所奏车臣汉盟长呈称已报未袭台吉有六百余员之多，并着该衙门迅速查核办理，不准积压。

（总 3932）

44.［庚寅］，上御保和殿，赐蒙古王公筵宴。

（总 3933）

光绪二十三年丁酉（1897年）

二月

5. [乙丑]，谕军机大臣等，理藩院奏青海年班来京之王、贝子等呈称回逆掳掠复被旱灾请赏给赈银据情代奏一折，青海地广人稀，究竟情形如何，能否酌给赈款，着奎顺派员查明速奏，原折着抄给阅看，将此谕令知之。

（总3940）

19. [庚辰]，寿荫奏，前经奴才具奏开办热河矿务情形折内声明，据委员候补知县缪桂荣勘得建昌县属之各里各并与抚宁连界之双山子、阳县属之五家子等处金矿均可开采。当经奴才饬委热河道湍多布等督同该委员请资兴工认真采办去后，嗣据该委员等禀复，建昌县属之五家子两处，虽有矿苗透露，或隐或现，尚未追获正槽，惟与抚宁连界之双山子一处，颇有起色。但该处一切做法，稍有未合之处，奴才现拟饬派热河道湍多布前往查勘，就便酌度情形，妥定章程，认真采办，以收实效而利饷源。报闻。

（总3943）

20. [壬午]，以延曾为热河都统。

（总3943）

夏四月

7. [癸亥]，谕军机大臣等，崇欢等奏邻境命案久悬尸亲两次呈诉据实直陈一折，据称，光绪二十年科布多所属杜尔伯特王旗有民人张子全被害一案，经尸兄张子异在科布多控告，并未认真审讯，上年张子异前来乌里雅苏台呈诉，当经该将军等将原案

315

解送科城办理。现又据尸叔张元茂来乌里雅苏台呈诉，张子异在科城候案身故，尸侄张邦振又在科城被押各情，并风闻该处司员有受贿情事等语。着宝昌于抵任后，提集全案秉公研讯，务得确情定拟具奏，毋稍徇纵延宕。原折着抄给阅看，将此谕令知之。

（总 3956）

12. [戊辰]，谕军机大臣等，国子监司业黄思永奏，内蒙古伊克昭、乌兰（布通）[察布]二盟，牧地纵横数千里，土田沃衍，河套东西尤属膏腴。山西缠金牧地，如令民多私垦，不如官为经营，请饬筹办等语。着王文韶、陶模、胡聘之、魏光焘体察情形，详晰筹划，妥议具奏。原片着抄给阅看，将此各谕令知之。

（总 3956）

秋七月

19. [丁酉]，谕，崇欢、志锐奏扎萨克不候结案擅离职守请饬惩儆一折，扎萨克镇国公阿育尔色德丹占扎木楚前经因案被参，追缴银两，延不遵交，复声称进京引见，不候盟长给咨，径行由牧启程，实属糊涂成性。阿育尔色德丹占扎木楚，着革去扎萨克之任，令该公之子苏伦承袭。

（总 3980）

八月

11. [乙丑]，赏裕祥副都统衔，作为科布多帮办大臣。

（总 3985）

14. [乙丑]，以怀塔布署正蓝旗蒙古都统，魁斌署镶白旗汉军都统。

（总 3985）

34．[庚辰]，谕军机大臣等，理藩院奏，昭乌达盟长呈报贼匪肆扰该盟所属各旗，马贼聚至二百余人，各持炮械，纵横肆扰，掳掠伤人，该盟长亲督剿击，请兵援救等语。着王文韶即行知照直隶提督聂士成派拨精兵两三营，飞速前往，迅将此股贼匪合力兜拿，毋令蔓延为患。该盟兵力不足，并着寿荫体察情形，饬派热河练军，会同协剿。将此各谕令知之。

（总3988）

40．[丙戌]，谕军机大臣等，前据理藩院奏，昭乌达盟长呈称蒙古地方贼匪肆扰，当谕令王文韶知照聂士成派拨精兵两三营前往兜剿，并着寿荫饬派热河练兵会同协剿。兹据该盟长复在该衙门呈报，统带练兵剿捕，该匪等竟敢聚众抗拒，并有戕害弁兵情事，实非寻常可比等语。蒙古地方辽阔，若不将此股贼匪迅速扑灭，势必蔓延为患，复蹈朝阳故辙，重烦兵力。朝廷轸念藩部，仅系实深。着即派聂士成酌带精兵数营，克日起程，亲往督剿。乘此贼势未盛，剿除尚易为力。该提督务当督饬队伍，视贼所向，一鼓歼除，迅速蒇事。剿办情形，准聂士成专折奏报，并着寿荫督饬练兵认真防范。原折着抄给阅看，将此各谕令知之。

（总3989）

九月

11．[辛卯]，电谕依克唐阿，昭乌达盟马贼肆扰，已派聂士成带兵驰往会同敖汉王剿办，现据探闻，贼匪均逃奉天东山等处潜匿山中等语。马贼声气相通，此拿彼窜，是其惯技。着依克唐阿饬属派兵追捕，务绝根株，毋使屯聚勾结为要。

（总3990）

21．[乙巳]，电谕依克唐阿，前因马贼窜匿奉天东山，即饬依克唐阿派队搜剿。现在情形如何，该处系辽阳地方，与蒙古毗

317

连，聂士成现驻朝阳，亟可彼此照会，合力剿拿，以期速了。

（总 3991）

30．[癸丑]，谕军机大臣等，有人奏蒙古郡王贪残横暴据实纠参一折，据称，昭乌达盟长郡王达木林达尔达克，以练兵为名，杀掠汉民，苛派勒索，纵令蒙弁横行聚敛，并有杀死佃民轰毙人命控案。又捏禀公主园寝被焚，请款冒销，贿讬理藩院越次请补副盟长之缺。购买洋枪浮开价值，勒令各旗摊办，请饬查办等语。着寿荫按照所参各节确切查明，据实具奏，毋稍徇隐。原折着抄给阅看，将此谕令知之。

（总 3995）

十一月

7．[丙申]，准乌里雅苏台将军开缺回旗。

（总 4004）

11．[戊戌]，以贵恒为乌里雅苏台将军。

（总 4004）

十二月

29．[甲申]，上御保和殿，赐蒙古王公筵宴毕，诣慈禧端佑康颐昭豫庄诚寿恭钦献崇熙皇太后前请安。

（总 4016）

光绪二十四年戊戌（1898 年）

春正月

9. [庚寅]，谕，依克唐阿奏蒙古王旗借占地土借词狡执碍难办结一折，博多勒噶台亲王旗借地一案，事隔多年，诸多葛藤，必须确切查明，方可核办。着理藩院检查乾隆四十六年原议案据图说，另派干员，前往查察情形，会同该盟长按旗切实开导，取具各结。由依克唐阿派员帮同换照，迅速完结，以息争端。

（总 4024）

16. [甲午]，上御紫光阁赐蒙古王公筵宴。

（总 4033）

18. [乙未]，谕，前因御史崇荫奏昭乌达盟长郡王达木林达尔达克以练兵为名，杀掠汉民，苛派勒索，纵令蒙弁横行聚敛，并有杀死佃民轰毙人命控案，又捏称公主园寝被焚，请款冒销，贿讬理藩院越次请补副盟长，购买洋枪，浮开价值，勒令各旗摊办各节，当经谕令寿荫确查。兹据查明复奏，被参各款，均系属实。该盟长种种荒谬，实出情理之外。达木林达尔达克，着先行革去盟长，交理藩院看管，听候查办。折内所称巴咱尔济里第充补副盟长有越次贿讬情事，并所查各款，着派荣禄、刚毅确切讯明，据实复奏。

（总 4033）

47. [癸丑]，理藩院左侍郎绵宜卒，予恤如例。

（总 4044）

50. [甲寅]，以清锐为理藩院左侍郎。

（总 4048）

三月

40. [辛亥]，谕，荣禄、刚毅奏遵旨查明敖汉郡王达木林达尔达克被参各款及另案被控派取银两情事据实复陈一折，此案已革昭乌达盟长敖汉郡王达木林达尔达克，原参于所属贝勒巴咱尔济哩第补放副盟长，并无嘱令贿托越次请补之事，其擅伐围场树木私造令旗等项，或得自传闻，或查无实据，均着毋庸置议。至修葺园寝，购买快枪，所用银数未能核实，尚非任意浮冒。盖造府第，亦未勒索贺仪。惟因练兵苛派蒙众，既有十旗印文可凭。又另案折罚翁牛特旗银两，显系故违定例，借端骚扰，实属咎无可逭。敖汉郡王达木林达尔达克，业经革去盟长，着再革去扎萨克，开去御前行走，撤销三眼花翎、黄缰，以示惩儆。翁牛特郡王赞巴勒诺尔布，滥用印纸，不知慎重，亦有不合，着交该衙门议处。另片奏，达木林达尔达克纵令蒙弁杀害佃民一案，着寿荫就近提集人证，秉公讯结具奏，再行降旨。达木林达尔达克，着即赴热河听候传质。

（总 4071）

五月

10. [丙辰]，予故正蓝旗蒙古都统和硕额驸扎拉丰阿祭葬。

（总 4100）

22. [己未]，以凯泰为正白旗汉军都统，载勋为正蓝旗蒙古都统。

（总 4104）

六月

33. [庚子]，谕，连顺奏蒙古王公等报效银两可否照章奖叙
并卡伦总管等报效银数各折片，前因图、车两盟蒙古王公及哲布
尊丹巴呼图克图、沙毕喇嘛等报效银二十万两，当经谕令归入昭
信股票办理，兹据该王公再三陈恳，不愿领票，具见急公奉上之
忱，深堪嘉尚。着理藩院会同户部，照章核给奖叙。该卡伦总管
等所捐银两，亦着一并给奖。嗣后各处奏报捐助昭信股票银两者，
仍着归入股票章程一律办理。

（总 4152）

34. [辛丑]，予故察哈尔副都统依崇阿祭葬。

（总 4152）

秋七月

19. [庚申]，谕，刚毅奏提讯敖汉郡王达木林达尔达克被
参案件谨就现办情形先行拟结一折，前据理藩院奏敖汉郡王达木
林达尔达克呈称赴热河听候传质，惟恐冤抑莫伸，请派员讯
办。当谕令荣禄、刚毅确切研讯，据实具奏。兹据刚毅奏称，
讯据案犯各供，该郡王所递供词其中疑窦滋多，自非传集证佐。
四面环质，不足以成定谳。惟乌拉白依一犯，迭经严催，尚未
到案。李长安等犯，该管各官纷纷禀报病故脱逃，无从质讯，
请先行拟结等语。敖汉郡王达木林达尔达克，于傅思文一案，
虽系奉天派弁往缉，并无纵令杀害情事。惟所派弁兵枪毙多命，
该郡王不能约束，致酿重案，实属咎有应得，着交理藩院议处。
其余要证，并着该都统查明，指名参办。李长安、乌拉白依、
赵秀，仍着寿荫、理藩院转饬迅速解送讯办。余依议。该衙门

321

知道。

（总 4164）

21．［辛酉］，谕，贵恒奏查明扎萨克镇国公呈诉被参各节并无冤抑，又该公盗取印文私借银两请饬归案解台讯办各折片，前扎萨克镇国公阿育尔色德丹占扎木楚，在理藩院呈诉被参冤抑，曾经谕令贵恒到任后确查具奏。兹据奏称，该镇国公被参索贿苛派及私赴库伦各节，均系实有其事，并无冤抑，显系饰词呈诉，图泄私愤。阿育尔色德丹占扎木楚，前已革去盟长并扎萨克之任，着交理藩院照例议处。至该公盗取印文，私借银两，既据该台吉呈控，自应切实追讯。据称该公现仍在京，并未回旗听候查办。着理藩院查明该公因何在京逗留，赶紧解送乌里雅苏台，以便讯办。余着照所议办理。该衙门知道。

（总 4164 — 4165）

46．［丙寅］，谕，理藩院奏敖汉郡王呈诉冤抑牵涉贿讬言官并将原呈呈览一折，据敖汉郡王达木林达尔达克呈称，东翁牛特郡王赞巴勒诺尔布因事陷害，并蒙古奸员贿讬御史参奏冤抑莫伸各节，所呈情形是否属实，着派刚毅确切查办，据实具奏。

（总 4172）

50．［丁卯］，以寿荫为广州将军，色楞额为热河都统，调寿长为正黄旗满洲副都统。

（总 4173）

92．［甲戌］，以松鹤为镶红旗蒙古副都统。

（总 4182）

95．［甲戌］，贵恒奏，乌里雅苏台距京六千余里，外盟二十台，山路崎岖，内盟四十四台，沙漠旷邈。向系遇有紧要折件，由驿驰递，即将寻常折件附入并奏。若派专弁赍递，传付驼马廪羊，于台站倍形烦扰，拟请仍照旧章由驿行走。得旨，如所请行。

（总 4183）

101．[乙亥]，谕，廷茂奏遵查将军长顺代奏前办夹荒被参各员呈诉冤抑情形据实复陈各折片，据称，该省查办夹荒一案，委员张呈泰等前定增租办法至今沿用，其议并非必不可行。该委员等有擅改蒙民原议、勒验佃民文契情事，至乡民聚众抗拒，以致匪徒乘隙勾结。文允职司地方兼总办局务，会同张呈泰等具禀请兵弹压，自系分所当为。文允会同明顺、丁春喜等带队前往，谕解不从，始行纵击，生擒首从，分别保释，自不得谓尚欠详慎。前将军恩泽查参处分，均未免失之过重，请饬部更正等语。着该部详核案情议奏请旨。另片奏已革州同秋桐豫等三员被参各节，查无实在劣迹等语。着该部一并议奏。

（总 4185 — 4186）

八月

60．[乙未]，调启秀为礼部尚书，以裕德为理藩院尚书。

（总 4206）

九月

4．[癸丑]，调英信为镶红旗满洲副都统，以钟秀为正白旗蒙古副都统。

（总 4225）

35．[癸亥]，贵恒病请解任，允之。以连顺为乌里雅苏台将军。

（总 4237）

37．[甲子]，赏兴廉副都统衔作为库伦掌印办事大臣。

（总 4238）

71．[乙亥]，赏那彦图、载漪、刚毅在西苑门内骑马。

（总 4248）

冬十月

23. [丙戌]，谕，江苏试用道张翼，着督办直隶全省及热河矿务，并准其设立公司，并将筹办情形随时禀由办理铁路矿务大臣查核具奏。

（总4258）

31. [壬辰]，寿荫奏，热河地方辽阔，周环数千里，所在皆有矿苗，惟沙线微细，隐现靡常。又兼办理未能尽善，以致不能垂久。而原定课额又复过重，所以难期推广。是以奴才前经奏定金矿二十四股章程内开，以十股升课，以十股归股东余利，以四股作为办事司员花红奖赏，核与向章稍为轻减。兹详核各矿册报销款繁重，若照二十四股升课，仍难望有起色。缘口外地方，山高谷险，石性坚硬，锤錾均不易施，往往所得不抵所费。若再令升课过重，势必裹足不前，殊非开利源而裕课款之道。奴才博访周咨，互相比较，非再稍为变通，难期兴旺。拟请嗣后无论金银各矿，均以出数多寡计算升课。金矿每得金一两征课金六分，银矿每得银一两征课银八分，并不另提耗羡。矿务一切开销，均由矿商自行办理。自升课日起，由总局派员前往督办稽察，以免偷漏。如此变通，庶可以广招徕而欲饷源。得旨，着督办矿务大臣查核办理。

（总4260 — 4261）

46. [庚子]，调崇光为正白旗满洲副都统，载瀛为镶蓝旗满洲副都统，以那苏图为镶黄旗蒙古副都统。

（总4264）

十一月

43.[辛未]，连顺奏，五金之产，本天地自有之精华，极边之区，尤宝藏之所蓄积。迭次奉谕旨饬令各省筹办矿务，复蒙简派矿务大臣于京城设立总局，专理其事。凡所以尽地利而厚民生者，莫不上仅宵旰勤劳，内外臣工，均应仰体圣怀，力任艰难。伏查库伦西北至恰克图一带，毗连俄境，土脉丰腴。频年以来，内地人民出塞谋食者，率以租地垦荒为名，偷挖金沙，分运销售，获利倍蓰。附近之俄罗斯人，亦多越边潜采，近已实繁有徒。每滋事端，官难查禁。而地方辽阔，即严予驱逐，终属具文。历经奴才分派妥员履勘，究竟有金矿若干处，如果开采，有无弊窦，是否可行土法抑须机器，成本约需若干，饬令详细查明，据实呈复。迭据禀称，蒙古图什业图汗、车臣汗各旗界内，据库伦东北六台，地约合三百四十余里，西自鄂尔河、哈拉河至额能河，共有金矿三处。又西北九台，地约合五百三十余里，北自色垤河至伊鲁河，共有金矿二处，周围约二百余里，金苗甚旺。其间以伊鲁河所产为最佳，金质实在漠河金厂以上。其余成色或八九分不等。惟均产自河内，水势颇深，人力掬取，所得有限。必用西法以机器汲水，雇工开挖，其利方厚。第滨临沙漠，人烟较稀，购食招工，均须借资内地。若仅采一处，徐图扩充，则旷日持久，徒糜薪工。似宜招集巨款，延聘矿师，购运机器，相地开采，同时举办。于居中扼要之处设一总厂，以资兼顾，综计成本约须银三百万两。各该处均隶荒远，匪特无碍蒙旗游牧。且系有利无弊确有把握之事，并绘具图说检取金砂呈送。复据三品衔天津税务司俄人柯乐德利库西称，蒙古金矿各苗，中国集款兴办，俄人情愿附股，仍可代为招集，悉遵中国所立章程办理。如用俄人，应听中国官员约束各等情前来。奴才复查泰西各国富强之由，大率经营矿务。蒙旗产金之处，偪近俄疆，久为俄人所艳羡。防维杜绝，智力俱罢。若拒闭太深，恐启攘争之渐。何若豫为之地，犹得操纵自如。前次乌里雅苏台属境唐努乌梁海各界内，俄人造屋挖金，盘踞多年，反客为主，事经查办，禁绝仍难。前鉴匪遥，尤当预筹至计者也。

奴才每于接见蒙古王公，详询开矿有无窒碍，佥称蒙人生齿日繁，生计日蹙，近来只恃洋商贩运羊毛驼只，装载砖茶出境，岁获数百万金，可资挹注，始知利之所在。端赖人谋，果能开拓利源，实与蒙旗有益，蒙旗亦必有附股之人。奴才参以时势，证以蒙情。是蒙古开矿一事，既无碍于蒙旗游牧，且为蒙旗兴无穷之利，似属难缓之图。惟是资本过重，断非一人之力所能成。若仅用土法开挖，实虑骤难著效。自当招商集股，始可收众擎易举之功。现在中国商情，筹款不易。然既有此自然之利，不应弃之于地，徒令两国无业游民私挖械斗，或酿衅启端。边庭利害所关，良非浅鲜。俄人既愿附股，不若因势利导，转可就我范围，未始非固全邦交之一助。奴才通盘筹划，所有蒙古图什业图汗、车臣汗各旗界内鄂尔河等五处金矿，拟请招商集款，合力开采，由中国自行举办。有矿之处均近俄界，并准附招俄股，仍按中国所定章程办理，以免事权旁落。倘股款不足，应请协拨官款，查照矿务向章，按年付息。厂中所用工匠，除矿师及管理机器等可聘用洋人外，其余淘沙工人，悉募蒙众及内地民人，不得雇募俄人，免妨中国穷民衣食之计。但一经开办，诚恐他商见利争趋，未免侵碍矿本。宜先议定年限，所办各矿概归该厂经理，他人毋得揽夺。将来开成之后，除去付还股份本息暨各厂一切薪工经费，所得矿利应分十成，以四成报效国家，解交户部，以一成津贴蒙古王公，以五成分归股东，俾得利益均沾。惟地隶蒙古边要，事关中外交涉，与别省情形不同。必须官督商办，应请旨简派大员专司督率。一切事宜悉归统辖。择廉干委员驻厂监查。每年将各厂采金实数，收支款目，造具清册，呈送查核。仍咨报京都矿务总局稽考，以杜弊端而垂久远。如蒙恩准开采，似于边务大有裨益。不仅推辟财源已也。合无仰恳天恩敕知总理各国事务王大臣复议具奏。俟奉俞允，再行妥拟详细章程，分绘四至界图，奏咨立案。一面招商集股，购置机器，设厂兴办。其乌里雅苏台所属唐努乌梁海各界内金矿，如能一律开采，俟奴才抵任后再当察看情形，奏明请旨定夺。得旨，着总理各国事务衙门会同矿务大臣妥议具奏。

（总 4283 — 4284）

53.［丁丑］，色楞额奏，奴才承准军机大臣字寄，光绪二十四年十月十七日奉上谕，现在时局艰难，练兵为当务之急，热河、察哈尔均属边疆要地，所设额兵，着该都统认真训练，并督同协佐等员将一应军实整顿齐备。各该旗余丁精壮可用者谅必不少，亦着逐名挑拣，随同训练。仍将办理情形随时具奏。将此由四百里谕令知之。钦此。遵旨寄信前来，奴才跪读之下，仰见皇上整军经武筹边弭患之至意。当即传集协领营务各员公同筹议。据称，热河额设弁兵二千二百名，又设炮兵一百名，历经前任都统崇礼、寿荫先后奏请，由前锋马甲内抽练鸟枪步队五百名、马队三百名，又于余丁内挑练壮丁二百五十名。其余额兵派充各处堆拨暨经理旗务奏咨书算等事。此外围场尚有旧练马队一百名，嗣又将原练步队二百名改为马队一百名。奴才复加查核，系属实在情形。伏思热河地处边疆，内屏京师，外控蒙部，兼以园庭所在，尤须加意保卫，方足以昭慎重而备不虞。奴才到任后，校阅驻防各营，操演尚有可观。惟本境常川训练之马步各兵仅一千五十名，统计所属一府一厅六州县两盟十七旗，衺延数千里，马贼游勇伏莽未除。近又矿务大兴，处处需兵弹压，实有不敷分布之势。亟应钦遵圣谕，于余丁内挑选精壮随同训练。现将余丁传集，逐名挑拣。除已练壮丁二百五十名不计外，其精壮可用者复挑选二百五十名，拟合前练之壮丁共为一营，一律训练。其稍幼各余丁，仍饬该佐领训练，以备日后陆续选用。口外地方山岔纷歧，道路纡远，必须多练马队，庶几梭巡游击，呼应较灵。拟由前锋马甲抽练二百名，合前练之马队三百名，共为二营。其额设炮兵一百名，向按春秋两季操演。嗣后亦拟常川练习，务使演放炮位手眼娴熟。至原有养育兵一百名，本属加恩添设，现在率多幼稚，其中强壮者亦令及时选练。此外未经抽练之额设各兵，其派充园庭外围三十九处堆拨狮子园兼喀喇河屯行宫以及热河各库各庙等处堆拨暨二十佐旗务奏咨书算各差者，自应分饬该协佐督令于办公之暇随时教练，务使一兵可得一兵之用。奴才窃以治军之道，筹饷为先。欲使其效命疆场，必先厚恤其身家。在旗兵蒙国家豢养厚恩，原与招募者不同。然招募或仅止一身，而旗兵则咸有家室。现在银贱物贵，兵丁生计尤艰。此次拟添练之马队壮丁，拟请援照缉捕成案，每名月给饭食银二两八钱，原练鸟枪一营，亦皆按期操练。先前原拟每名月加饭食银一两五钱，嗣因银项不敷，减为一两，未免向隅，拟请每名每月再酌加银一两。炮兵一百名，改令其常川练习，亦拟月给饭食银一两，以示体恤。若遇征调，仍按照十七年出师章程动支行饷。至各营应需器械，尤为紧要。近年口外马贼土匪，均有无烟枪、快枪等械，兵丁若无利器，无从训练精熟，难期制胜。容俟奴才咨商北洋大臣，饬令军械所发给新式枪炮及一切应用之件，以期得力。如此量为变通，庶兵归实用，饷不虚糜。倘蒙俯准，则各营该管各官亦拟陆续量为添派，以专责成。通计新练各兵，每年约需饭食银三万二千八百余两，合之原设各营每年支银三万四千余两，共需银六万七千余两。查福州船政洋税各项下每年应拨协饷银六万两，自奉拨以来，连年仅解其半。现在时局艰难，练兵诚为至计，部库既形拮据。热河民贫商瘠，实属无款可筹。相应请旨饬下福州将军应解协饷赶紧如数筹拨，并将历年短欠银九万五千两迅筹补解，以济要需。其不敷银七千余两，为数无多，可否由户部指拨之处，出自圣裁。奴才受任岩疆，责无旁贷，自当督率在事各员，共矢血诚，力求整顿，以仰副圣主慎重边防之至意。一切未尽事宜，容俟奉旨后办有端倪，再行随时具奏。下部议奏。

（总 4286 — 4287）

十二月

18. [丁亥]，钦奉慈禧端佑康颐昭豫庄诚寿恭钦献崇熙皇太后懿旨，本日召见来京之蒙古王公敏鲁布扎布、旺喇克帕勒齐、棍桑诺尔布、察克达尔扎布、杨桑、多昂东僧格、贡桑珠尔默特、巴咱尔济哩第、杜莫固（为）[尔]扎布、托果瓦、那木札勒色丹，均着加恩在西苑门内骑马并乘坐拖床。

（总4291）

21. [戊子]，钦奉慈禧端佑康颐昭豫庄诚寿荫恭钦献崇熙皇太后懿旨，本日召见来京之蒙古王公布彦乌勒哲依、额尔德木毕哩克图、济克丹达克齐瓦、察克都尔色楞、贡多桑保、阿尔宾巴雅尔、那逊绰克图、勒旺布哩克济勒、车旺哩克靖，均着加恩在西苑门内骑马并乘坐拖床。内扎萨克台吉色凌济噜布、勒钦图布齐、外扎萨克台吉特木尔、车林多尔济、那木凯多尔济、内扎萨克贝子图们巴雅尔、克什克希吉木，均着加恩赏坐拖床。

（总4291）

26. [辛卯]，钦奉慈禧端佑康颐昭豫庄诚寿荫恭钦献崇熙皇太后懿旨，乾清门行走苏呢特多罗贝勒索特那木多布沁，加恩着在西苑门内骑马并乘坐拖床。乾清门行走喀喇沁辅国公僧格扎布，加恩着在西苑门内乘坐拖床。

（总4293)

53. [乙巳]，钦奉慈禧端佑康颐昭豫庄诚寿荫恭钦献崇熙皇太后懿旨，盛京将军依克唐阿着加恩赏还花翎并法什尚阿巴图鲁名号、杭州将军济禄前得降二级调用处分、直隶总督裕禄前得五次降二级留任又革职留任处分、察哈尔都统祥麟前得革职留任处分、山西按察使锡良前得革职留任处分，均着加恩开复。

（总4303）

光绪二十五年己亥（1899 年）

二月

13.［癸未］，谕，前据兴廉奏呼图克图报效银两请赏龙伞各项等语，当经谕令理藩院检查成案。兹据该衙门查明复奏，哲布尊丹呼图克图于昭信股票案内报效巨款，实属深明大义，着赏给龙伞一柄、龙缎靠被一分，以示优异。贝子衔巴特玛车林，且着加恩赏换双眼花翎。

（总 4327）

27.［己丑］，以那彦图为总理行营事务大臣。

（总 4336）

三月

13.［丙辰］，谕，本日吏部奏吉林长春府知府谢汝钦请仍俟到本任后再行计俸一折，业经降旨依议。惟此项事件，该部系于上年十二月间奉到，现在迟至两月有余，始行陈奏，殊属延玩。嗣后各衙门遇有应办应议及复奏事件，务当迅速办理，不得似此泄沓。将此通谕知之。

（总 4349）

17.［己未］，恩泽等奏，江省电报系属南北干线，计自茂兴站起，历省城墨尔根，以迄爱珲、黑河屯止，未尝分枝旁及呼兰、呼伦贝尔等处。迩来中俄会修铁路，东西穿贯，该两城皆所必经。而时值兴工，呼兰尤称繁要，当经派员履勘。据禀，茂兴站距兰最近，线道仅四百余里，应由该站干线之上添挂枝线，东达呼兰，即在该站设一报房，呼兰设一分局，创始既易，局用亦轻等情。

奴才等因一面电商督办电报事宜大理寺少卿盛宣怀，请其代购线料，一面饬由驻兰右路统领定禄就近觅购电杆。现在电杆将次购足，线料亦由盛宣怀饬运营口，三四月内即可接运到江。伏查光绪十二年江省创设电报之初，原议官局办理，其时杆木由江自采，料则北洋代筹，然莫非出自公款也。兹准盛宣怀电复，线机钩碗诸物，价银五千余两。电杆一项，虽未据定禄详报，价值闻尚不甚昂贵。但以料件数万斤之重，行水路数千里之远，劳费可知。此外运木需工，通盘合筹，大约必需银一万数千两。明知时事艰难，何敢动言请款。特以边事利钝所系，不得不勉为设法。议者或谓呼兰为商务会萃之地，将来商报必旺，成本尚可归还。斯言固系实情，然亦难预必。奴才等拟于本省司库存款内暂行动用，容俟开局以后，体察情形，如可分年缴还，自是正办。否则遇有别项余款，再为奏明随时弥补。俾臣先其所急，速欢厥成。呼伦贝尔地方为后日铁车所必经，亦应及早筹及。意俟呼兰办毕，再为相势续图接办。现须添设之呼兰分局一处、茂兴站报房一处，月需员司报生勇役薪饷等项银二百二十两，拟再按照本省各官局章程，仍在厘捐项下开支，以期经久。得旨，如所请行。

（总 4350 — 4351）

夏四月

15. [庚寅]，三宝多病，请解任，允之。以其子察罕伯勒克为阿拉泰乌梁海副都统。

（总 4365）

30. [戊戌]，赏丰升阿副都统衔作为库伦办事大臣。

（总 4368）

五月

11. [辛亥]，恩泽、萨保奏，查光绪十五年十月内会典馆咨恭颁钦定舆图格式，限一年期满，测绘全图附说送馆。遵于光绪十六年依限咨送，因体例未合，准会典馆咨驳二十一条，据称须另添妥员详细查测。经前任将军依克唐阿奏请展限，并咨调北洋武备学生六人来江办理。嗣因依克唐阿出师辽、沈，调出学生二人，所余四人经前护理将军增祺改派入营充当枪炮教习。于二十一年正月二十五日附片陈明，俟军务平定，再行详细测绘舆图。二十二年正月十六日奴才等附片奏请将工部候补主事屠寄暂留江省，总纂舆图。先后奉旨照准各在案。查奴才未到任以前，江省六城舆图，惟呼兰一城草图粗就。到任以后，令各员合测布特哈一城草图，半载始毕。此外齐齐哈尔、黑龙江、墨尔根、呼伦贝尔四城，地方辽阔，测员四人不敷调遣。准图局总纂主事屠寄等呈请，选八旗聪颖西丹十六名，责成原在北洋武备学生崔祥奎、昕夕在局教以三角测量之法，于二十三年正月学成，即派崔祥奎等分作四起，每起各带西丹四名，分城查测，限令一年内竣事。崔祥奎测呼伦贝尔，张士元测齐齐哈尔，刘恩鸿测墨尔根，均依限将三城草图测绘完竣。惟单世俊一起出测黑龙江城，地面较各城尤为辽阔，江左留驻之五十五旗屯错在俄界。而馆章又颁将咸丰八年以前江左山川、古城一切查绘，不得不深入俄境详细测查。至七月底始竣回省，曾经咨明户部、会典馆各在案。于时各城草图始全，八九两月因得合拢成径寸方图底本，再将底本缩成小幅，日夜催钻，本年正月十五日一律完竣。一面誊清，一面按底本撰次说表，注写地名或山川脉络。偶有可疑该委员等未能身到之处，主事屠寄搜罗金矿各图及通肯、克音等处大荒之图，随时将底本更正，故底本尤为详确。因江省周围万余里，处处与俄罗斯、内外蒙古毗连，诚如馆咨图成可作筹边之用之说，不得不加意详慎。然内地省府州县以次递详，图与表说可以互见。江省除呼、绥两厅外，并无州县分图。而各城辖境既广，馆格限于尺幅，不能详注，特归十里方图底本格外考订详明，一并誊清送馆，以备参考。凡为总图一，副都统城分图六，呼兰、绥化两厅分图二。黑龙江城新旧辖境最广，折之为四，呼伦贝尔南北袤长，折之为二，共十有三幅，装为十三册。审中外之形势，挈山川之大纲，成总图说一，建置沿革折衷正史，地志此累搜诸纪传。审其用兵之迹，定其至到之方，通译音以正名，访古迹而必究。凡方式济、西清、和秋涛之书，是者从之，误者勿录。说山仿伯益之经，叙水拟道元之注，诸部语解，本钦定三史之译音，中外殊名，遵内府旧图之正字，成六成分图说六，厅图表二，装成九册，并图都为一函。又以极边冲要紧接俄、蒙，鄂博、卡伦新旧繁密，细流支阜，曲折蜿蜒，馆颁图格不及备载，别绘径寸十里方底本图六十一幅，装成九册，都为一函。……

（总 4375 — 4377）

35．[庚午]，文兴、晋昌奏，上年十月十八日准户部咨，会议遵旨详查京旗徙户开屯计口授田各节查照成案酌拟办法开单具奏一折、单一分，于光绪二十四年九月三十日具奏奉上谕，奕劻等会奏遵议京旗徙口开屯查照成案酌拟办法开单呈览一折。近年八旗生齿日繁，生计日蹙，从前所筹京旗移屯之法，本属切实可行，亟应接续举办。开垦边屯事宜为京旗妥筹久远之计，该王大臣等所拟办法各条，尚为详备。惟兹事重大，经营伊始，事理极为纷繁，必虑始图终行之无弊，方为一劳永逸之举。着依克唐阿、延茂、恩泽、永德、裕禄、色楞额、祥麟等按照单开各该处荒地，可移京旗屯垦者实有若干亩，并着八旗都统迅将各该旗人丁愿到屯耕种者查明实在数目，奏明请旨办理。原折、单均着抄给阅看。将此各谕令知之。钦此。计单开盛京之大凌河、养息牧、大围场，除前已放荒屯垦外，究竟尚有闲旷地亩若干可以开垦耕种，迅即详细奏报。此外各属，凡系地旷人稀，壤沃泉甘，足供旗丁屯种者，应一并指明地方，查清亩数，报部核办等因，咨照前来，当经依克唐阿分饬各属勘查，未据复齐，因病出缺。奴才等接任后，博访周谘，细加筹度，伏查养息牧荒田，计已放过生熟地六十一万八千八百二十四亩一分，尚有余荒八万九千六百四十九亩，余地三万五千三百一十九亩。余荒一项，作为蒙、汉杂居牧放厂甸，余地则饬令蒙古翼长抚恤无告穷民，均经奏明有案。大围场前经奏准招民开垦四十五围，其余四十围依旧封禁。现此四十围业奉上谕安插金州租界内迁徙旗民，虽丈放伊始，尚觉人浮于地。惟大凌河一处，悉属草甸，从未开垦。然牧政攸关，前经户部会同上驷院议奏，奉旨，仍行封禁。当此国家整饬武备，未便改牧为耕。此养息牧、大围场并无荒地及大凌河未能垦荒之情形也。奴才等复以时关京旗生计，敢不慎重周详，以仰副朝廷加惠旗仆至意。爰通饬各属详查，现据陆续报明，均无闲旷荒地可以迁徙京旗。盖奉天昌图一府，本属蒙荒借以养民，已无余地。东边通、怀两属与海龙一厅，虽系新荒初辟，早经开垦成熟，丈报升科，并无成片荒段可以屯垦。各属所报俱无荒地，自系实情，与奴才等所访均属相符。除咨部查照外，理合恭折复陈。下部知之。

（总 4383 — 4384）

八月

21.[癸巳]，谕，杀虎口监督弼良奏税务疲弊请严禁绕越力裁陋规一折，杀虎口关税，近年以来收数短绌，绕越偷漏之弊，均所难免，总由于守口弁兵禁缉不力，甚至有得贿卖放情事。着何枢、魏光涛转饬所属文物地方官，认真协同整顿，毋得仍前玩愒。至所请将羊群、绸缎、砖茶等税，由归化城木税局就近抽收，黄甫川税局移设谷县城各节，着户部议奏。

（总4423）

九月

5. [庚戌]，谕军机大臣等，禄祥奏科布多参赞大臣宝昌办理张子全命案，听信司员麟镐向杜尔伯特旗索贿银数千两，并将理藩院章京缺使麟镐充补，又有盗卖军粮放差纳贿及采买米面多方阻扰，并借端不给兵丁奖札等事，请饬严查各折片。前因贵恒等代奏禄祥呈称司员麟镐与宝昌交往种种贪鄙情形，曾经谕令贵恒等查办。贵恒旋即交卸，未及复奏。着连顺到任后即行按照先后指参各节，确切查明，从严参办，毋稍徇隐。原折片均着抄给阅看。将此谕令知之。

（总4427）

27. [辛酉]，以清锐为盛京刑部侍郎，景沣为理藩院左侍郎。

（总4434）

28. [辛酉]，弼良奏，查杀虎口每年应征正课盈余额锐银共四万四千四百零五两零二分四厘，从前税源畅旺，额征足数。近十余年来正额无亏，盈余短征，多至一万八千余两，少亦一万一千余两，历经关税各员任满奏报，并准户部片奏。本年更换杀虎口差，临期验看，不到者竟有十一员之多。素称优差，今乃视同畏途。则该关近来亏短吃重情形已可概见。应缴短征盈余银两援案议令减四成，并请免予议处等因，于光绪十一年八月十二日奉旨依议。钦此。钦遵在案。光绪二十四年十月，奴才奉命管理杀虎口税务，任事以来，悉心体察，短征情形约有数端。一因绒毛皮张税，洋商执持照单按约免税。一因进口羊群税，绕越杀虎口关径由归化城赴张家口。一因绸缎税暨出口砖茶税，现俱绕越杀虎口关由草地径运归化城出口。即此四宗，侵削征额岁

335

以万计。此外病课之端有二。一边墙偷漏。东西边墙毗连山西、陕西两省，自新平至神木共边口三十九，内大关、得胜口、河保营、黄浦川等四处抽收沿边出入牲畜、货物税课，其余各口尚不设局，而例禁货物出入，所以杜绕越防偷漏也。惟边墙辽阔，道路纷歧，丁书巡役不敷分布，全恃守口弁兵、沿边州县协同巡缉。乃日久弊生，弁兵巡缉不严，甚者得贿卖放，州县禁缉不力，甚者托词徇庇。其意谓不曾设局之口，即不当以偷税论罚，殊与例意相背，而禁止出入之口，转为商贩走私之途。一陋规侵占。向因文武各官有协同巡缉之劳，分季致送数十金不等，名曰季规。各局丁书巡役本有工食，又于正课内提出三成均分，名曰批赏。税署所需器皿，书役托词供应，任意开销，名曰安设。解交户部、工部钱粮规费尤巨。其余滥支之款琐屑难以枚举，要皆侵蚀正课者也。从前税收畅旺，原可稍沾余润，今则正课尚且不敷，安可坐视漏卮因而不改。奴才抵任后，体察情形，将季规、批赏、安设、部费等项，即悉数革除，力求撙节。凡关正项钱粮尽数入库，非照例应销之款不得动用丝毫，综计裁汰之数约在六七千两之谱。此奴才力所能及者也。惟边墙延袤一千二百余里，丁役远出查拿，奸商恃众往往抗拒，有时拿获交地方官审办，则谓经过边口并无税局，难以偷漏论罪，非经行释放即延不解关。以是拿不胜拿，禁不过禁。恭查雍正十二年二月初六日奉上谕，直省关税监督于地方官不相统辖，一切呼应不灵，而大小口岸甚多，监督一人势难分身兼顾，嗣后凡有监督各关，着督抚兼管，所属口岸饬令该地方文武不时巡查，如有纵容滋扰情弊，听督抚参处，至监督征收税课及一切应行事宜，亦应听督抚节制，如此庶几有专司仍无歧视等因。钦此。同治二年十二月十三日奉上谕，杀虎口监督俊达奏，请严禁奸商绕越，由地方官协查，并禁东西边口私行出入货物各一折，杀虎口征收税课，向以边墙及黄河为界，近年各边守口弁兵多不在彼值班稽查，以致奸商屡有绕越偷漏之案，实属玩懈，着沈桂芬、张集馨转饬所属文武地方官，自杀虎口起东边一带至新平口，西边一带至陕西神木口，所有私行出入货物、牲畜均着严行禁止，并饬守口弁兵常川驻守，实力盘查，毋得仍前玩忽，余着照所议办理等因。钦此。奴才查照成案，当于抵任后恭录谕旨，咨呈山西巡抚、陕西巡抚钦遵转饬在案，无如沿边地方文武久已视为具文，贿放纵容，弊难骤绝。惟有吁请明旨申明定章，始收实力奉行之效，此绕越偷漏之亟须严禁者也。又包头镇迤南之皮张、麻油等货水运进口者，在河保营内纳税，陆运进口者，在黄浦川纳税。乃山路逐渐开通，商贩熟谙捷径，近年俱改由孤山口外之沙梁运至陕西府谷县行店转发，黄浦川税局致同虚设。征税以便商为要，与其惩办于拿获之后，莫如就征于荟聚之区。前以杀虎口迤东边口未设分局，商民不便，经户部奏大同府属得胜口准其开通，听商贩运。于乾隆五十八年六月初五日奉旨钦遵在案。拟请援案将黄浦川税局移于陕西府谷县地方，在商民不病行途，而巡役勿庸远涉。又有畿辅一带至归化城，凡出口进口之货，向以杀虎口为抽分正路，归关查验货物，执杀虎口照票者例不收税，执张家口照票者例不免税。归化城茶庄金龙社以茶商永全裕由草地发城，禀请究治，经前任监督恩长从重惩办在案。查绕越张家口之羊群，因沿途水草蕃滋足资喂饲，绕出张家口之绸缎、砖茶，因草地牛车运货载重价廉，商民称便。治商民以偷漏之罪其理顺，使商民多费成本以遵功令其势难。徒张示禁，必至阳奉阴违。多派缉私，亦虞骚扰生事。奴才再四筹思，惟有于归化城就近抽收，庶于整顿税课之中尚寓体恤商民之意。查崇文门税务衙门，因东坝之茶税西行绕越张家口，咨行由西截留查办。嗣据茶商禀称，情愿在口补交东坝税银。经崇文门监督于同治元年正月十四日据情奏明委员前往张家口，补收东坝应征税课。今绕越杀虎口之羊群等税与绕越东坝之茶税事同一律，拟请援案由归化城木税房就近抽收，俾原有之税渐次规复。又杀虎口关吏役向视监督如过客，敢于侵占把持，奴才视事后，择其尤无状者严惩一二，以冀挽回痼习，每月收数比较往年有赢无绌，再加裁汰之六七千两，按照通年应征定额，可不至如前亏短。以上奴才筹拟各条，倘蒙见诸施行，不敢谓成效遽著，一二年后办理得宜，似可涓滴归源，日有起色。正拟恭折具奏间，光绪二十五年六月初四日奉上谕，各省关税厘金盐课积弊太深，亟宜力筹整顿等因，钦此，由户部恭录飞札遵办前来。伏维频年亏短盈余，久荷圣明洞鉴，是杀虎关情形与他处不同，中饱陋规之病犹轻，而绕越偷漏之弊为重。至于酌提归公，亦须遵办足额之后。目前补救之法，惟有力求整顿，据实奏闻。合无仰恳天恩俯准，将绕越之羊群、绸缎、砖茶等税援崇文门成案，由归化城木税局就近抽收，将黄浦川税局移设府谷县城，以期无碍商情有裨税课。并请旨饬下山西巡抚、陕西巡抚严饬沿边文武地方官遵照旧章，实力协查，毋得串通贿放，拿获漏税即行解关究治，毋得纵容徇庇。如有前项情弊，一经奴才咨会，认真分别究惩，以儆效尤。如蒙俞允，府谷县税局即由奴才筹款移设，免其造册报销，所遗黄浦川一局留以稽查左近各员，实于税务大有裨益。下所司议奏。

（总 4434—4436）

光绪二十六年庚子（1900年）

春正月

16. [乙卯]，增祺、志彭奏，上年冬间钦奉懿旨举办团练，所有筹办情形等因，经前任将军依克唐阿、护理将军文兴、署副都统晋昌等并奴才增祺于本年八月间复陈地方紧要事宜折内先后陈明各在案。……两三月间，计一百四十余屯三万余人，办成二十二团，即朝阳附近各屯亦多归附联络，声势为之一壮。其凤凰等厅县时值中秋，并皆一律办齐。综核通省二十五属，计二千五百余团，团丁十万数千余家，如承德、兴京、怀仁、广宁、辽阳、复州、铁岭、开原、奉化、海龙、怀德暨各旗界所属乡团，各奋勇击贼，或随时缉捕。核其报明有案者，已获盗一百余名。昌图、义州、通化、锦州不特团丁一律精强，且能选擒巨盗。为成效之尤著者，所有出力勇丁或经随时给奖功牌顶戴，或酌量批给银钱，受伤阵亡亦与官兵给恤无异，俾其奋兴观感，更不难日起有功。……

（总 4470）

27. [辛未]，恩泽奏，天下大利，首在兴农。边塞要区，允宜辟土。盖土辟则民聚，民聚则势强。此实边之要道，兴利之良法也。奴才自到任以来，即详查本省属内之扎赉特、都尔伯特、郭尔罗斯后旗等蒙古部落，地面辽阔，土脉膏腴，可垦之田实多。虽该族均以游牧为生，而近年牧不蕃息，蔓草平原，一望无际，闲置殊觉可惜。况值新修铁路，自西徂东，直注于三族之地。他日横出旁溢，未必不有侵占之虞。论慎固封守之义，亦应先事预防。故奴才屡经函商各该族，并于上年派员前往劝谕出放。只递岁雨水为灾，致应办一切事宜，动多濡滞，是以未克成议。

今夏五月间，准户部咨开黑龙江副都统寿山陈奏六条，内有请放爱珲沿江上下及蒙古各族荒地一节，现在能否议垦，咨由奴才体察情形先行奏明办理。查现在帑项绌绌，苟有可筹之款，自当亟亟图维。且本地所出之粮，向即不敷本地之用。近更有外人搜买一空，粮价愈形奇昂，贫苦小民皆有不能糊口之势。使非多开荒地，奚以救此燃眉。况各蒙族之荒地均极饶沃，若照寻常荒价加倍订拟，以一半归之蒙古，既可救其艰窘。以一半归之国家，复可益我度支。而民户乐于得荒，更无不争先快领。日后升课收租，亦于其中酌提经费，为安官设署之用。诚一举而数善备之道也。遂经札派分省通判张心田、云骑尉舒尔干等，先赴扎赉特王族剀切劝商，该蒙族已欣然乐从，情愿将其属界荒地，南接郭尔罗斯前旗东滨嫩江之四家子、二龙梭口等处，指出开放，具有印文请奏，并派员进省会商前来。奴才饬张心田、舒尔干等连日订拟章程，呈请复核，尚觉妥协。约略估计，若放毛荒一百万晌，扣足实荒七十万晌。除蒙古应得之一半价不计外，即可为国家筹现银四十九万两。其后来升科收租所提经费，为数亦有可观。而此举一成，各该蒙部深知有利可图，即都尔伯特、郭尔罗斯两旗亦尚有报请开办者。倘均次第招放，不仅集成大宗之款，从此边围旷土，巨利尤在无形。总之，蒙古本我一家，休戚相关。祖宗之厚泽深仁，沦肌浃髓。故年班宿卫诸王公久安世仆之常，与前代之稍一强大即为边患者，迥乎不同。近因牧政渐弛，多有贫弱之虑。以奴才愚意计之，若自大东以至大西，使沿边各蒙旗均能招民垦荒，则强富可期，一带长城即无虑北鄙之警矣。下所司议奏。

（总 4478 — 4479）

二月

22. [癸巳]，何枢奏，准部咨光绪二十五年六月初四日钦奉上谕，各省关税、厘金、盐课积弊太深，亟宜力筹整顿，务就地方情形，责成司道监督及局员等，将现在收数无论为公为私，凡取诸商民者，一并和盘托出，即由该管将军、督抚详细钩稽，悉心总核。究竟裁去陋规中饱之数若干，酌量提归公用之数若干，专案奏报等因。钦此。当即严饬司道监督暨各局员，将出入款切实查明，和盘托出，不准稍有隐匿去后，伏查晋省关税，一曰杀虎口，一曰归化城。杀虎口向由钦派监督专管，归化关于乾隆三十四年改归巡抚兼管，历系归绥道兼充监督，额征常税正余银一万五千两。光绪二十三年经前抚臣胡聘之奏明添派委员帮同归绥道实力稽查，严杜中饱，现已长收银五万数千两，业经奏准作为机器局经费。此晋省关税之情形也。……

（总 4486 — 4488）

五月

19. [乙卯]，以景沣为刑部左侍郎，那桐为理藩院左侍郎。

（总 4518）

六月

30. [甲午]，喀拉沁扎萨克多罗[都]楞郡王贡桑诺尔布奏，奴才于光绪二十五年十二月初八日面奉皇太后懿旨，认真练兵，务要速成劲旅，报效国家等因。钦此。奴才跪聆之下，感奋莫名。当此时事多艰，强邻逼处，蒙古尤为切肤之患。奴才世守边疆，受恩深重，敢不殚竭血诚，力图报效。惟念练兵必先筹饷，奴才旗属，自光绪十七年兵燹之后，艰苦异常。又值国家库款支绌之际，遽请筹拨，殊属不易。再四思维，惟有就地筹饷一法。查奴才旗属地面内有贺连沟、大小槽碾沟、除虎沟、朱家沟、板桥子

341

五处,金苗甚旺。此外熟金矿产尚多。若能逐渐开采,其利甚厚,但资本不轻。近来华商往往与洋商合股,流弊滋多。奴才心窃恨恨,自当首先禁绝。遴委妥员,专集华股,仍用本地土法,将各矿次第开采。既可养无限之兵民,又可收无穷之地利。至于商股余利,仍查照京师路矿总局定章,按一百分提二十五分报效国家。可否仰恳天恩,俯念筹款维艰,准将奴才旗属贺连沟等处金矿用土法次第开采。即将报效一款留为奴才练兵饷需,一俟积有成数,随时奏报。就饷源之多寡,陆续挑练兵丁若干,认真训练,俾成劲旅。无事则慎防守,有事则备征调。如蒙俞允,奴才遵即将矿务、练兵各事宜赶紧筹办。应如何因地因人务求实效之处,再行妥议详细章程缕晰具奏,并由奴才分咨该管地方官查照办理。得旨,着照所请。该部知道。

（总 4529）

八月

3. [壬申],谕,毓贤,着开缺另候简用,山西巡抚着锡良补授。

（总 4538）

闰八月

10. [癸卯],调怀塔布为镶红旗满洲都统,崇绮为镶蓝旗满洲都统。以善耆为镶黄旗蒙古都统,芬车为镶白旗蒙古都统,博迪苏为镶蓝旗蒙古都统,载卓为镶红旗汉军都统。

（总 4550）

九月

16．［乙亥］，以世续为正红旗蒙古都统。

（总 4564）

十二月

1．［戊戌朔］，理藩院尚书怀塔布卒，赐恤如例。

（总 4599）

4．［辛丑］，以世续为理藩院尚书。

（总 4599）

5．［辛丑］，以善耆为镶红旗满洲都统，溥伦为镶黄旗蒙古都统。

（总 4599）

13．［乙巳］，奕劻、李鸿章电致行在军机处，驻俄杨使俭电，宙密，外部廿二归晤与订晤，改期至再，似有所待，又似计划未决。户部密谈，拟定之款如下。一、兵费偿款在京核定，铁路偿款另算。一、东省我常设巡捕兵，其数须与俄商定。一、简放将军先与商明。一、每将军处俄派文武二员，武稽巡捕兵数，文办铁路等事。一、满蒙暨北省（利益）各项利益不得让他国。一、满蒙等处我不得造铁路。一、金州城归入租界。一、俄代理满洲税关，由我派员稽查进款。一、陆路进口纳税后，免内地税。一、中俄借款应改每月付息。一、兵费赔款未清，我无权赎回东省铁路。一、俄欲购我山海关至营口铁路，该价即在兵费赔款内扣算。所余之数，每年应还利息，即在满洲税关进款内扣算。一、俄保路之兵订明分期撤退，各款均伊口述，儒告以万难全允，赔款固宜清算，他事总须持平。辩论良久，伊称细节可商，大旨难改。应劝中国允从，

343

勿以疯愚视俄等语。细绎各款，暨户部之言，善自为谋，乘虚图我，情形显然。查兵权利权与派官之权，三者损一，已失自主，何况全损。东省权利尽去，已觉不堪，何况牵涉蒙古暨北省。一国如此，他国效尤，保全中国之谓何。窃以俄如和平商办，作一榜样，应速与订定。如挟此成见自便私图，宜暂延缓，且俟各国订约再商。否则，倘英于长江一带，德于山东全省，均欲援例，何以应之。东省不守，难议交收，坚拒非宜，曲从不可，事处两难。所宜通筹定夺，既经户部谈及，合先电陈梗概，乞代奏，请示机宜等语。查俄户部维特主持国是，外部听命，所言如此，殊难就范。现日本使倡言如照周冕旅顺所议，东省虽曰交还，实同占据，则英必占长江，德必踞山东，日本亦必图据地。大局扰乱可危，似应如杨儒所议，宜暂延缓为便。上谕军机大臣等，奕劻、李鸿章江电，并杨儒俭电均悉，交还东省，种种为难，自应照杨儒所拟，从缓商办。

（总 4600 — 4601）

27. [辛亥]，奕劻、李鸿章电致行在军机处，前据英使函称，英绘图官周尼思于本年六月由山西包头地方行至归化城，即无下落，请饬查明。当咨察哈尔都统就近详查，旋准查复，周尼思确于六月十九日在归绥道署西门外被杀。惟该道禀系绥远城将军派小队传令箭将周尼思正法。该将军咨，风闻是日午后道署西门外杀一洋人，不知情由。两署互相推诿，复经密咨察哈尔都统派员再往确查。兹准该都统奎顺复称，查明绥远城将军委无派小队传令箭将周尼思正法之事，归绥道始则诿为将军之令。迨经确查，又谓被拳民殴毙。采诸舆论，准以案情。其为该道所办之事毫无疑义，咨请核办前来。查该道于过境洋员任意杀害，实属荒谬已极。英使业已访知，意在以该道拟抵，但尚未查确。兹据前情，若不先予严惩，断难与议。应请旨将署归绥道郑文钦先行革职，听候查办。案关重大，将来如何拟结，容俟奉旨后照会英使，再与竭力磋磨。请代奏。上谕军机大臣等，奕劻、李鸿章文电悉，署山西归绥道郑文钦，着即行革职，听候查办。

（总 4605 — 4606）

44．[庚申]，调魁斌为镶白旗满洲都统，溥良为正黄旗蒙古都统。

（总 4610）

56．[丙寅]，调世续为礼部尚书，以阿克丹为理藩院尚书。

（总 4617）

光绪二十七年辛丑（1901 年）

春正月

3. [己巳]，奕劻、李鸿章电致行在军机处，顷据英萨使照会称，归化城武官周尼思一案，今得亲眼目睹该员被害细情之人供称，华历本年六月十八日，周尼思经中国兵队由包头送往归化城，该城兵队将周尼思带至同知署，复带往道署，郑道文钦不肯保护。周尼思投宿旅店，次早复往道署请照，未发。郑道赴绥远城见将军永德，遂派旗兵五百往归化城，郑道回署。周尼思再往道署，郑道坐堂列兵，令其长跪，询何国人，所司何事，答以游历画图，呈图请阅。郑道令兵将周尼思捆缚，或云周尼思手插入袋，郑道疑取手枪，挥令下堂，行至署外。有人从背后推跌，兵即持刀向斫，登时遇害。该兵至客寓，将从人四名押禁厅狱，二名旋饿死，二名解回湖南原籍。周尼思行李被抢，书籍被焚。九十冬月屡有公文侦询，将军、巡道均诿不知等情。查周尼思系本国大行君主钦命之员，护照载明请各处官员照约保护。该员因中国所允查考铁路，沿途各官皆照约相待。不图将军、巡道故悖成约，安心谋杀，将无辜游历者无端狡谋陷阱，惨杀毙命。无论如何措辞，毫无可原之处。本大臣意见，业已声明。合将所讨抵偿各情，即行指出。四天之内，应由八百里加紧驿站飞饬将该将军永德，立即捕押监禁，当于英武官周尼思被杀处所，与既已监禁之巡道郑文钦一同斩决。尚有讨者，该二员因何获罪，如何惩办，由军机处发抄，所拟抄稿，于未发之前，先行送与本大臣阅看等语。前据奎顺查复，郑文钦将周尼思延至道署问话，送至西辕门，即被拳匪杀毙。委员原禀亦称该道以拳匪释责，语属难信，其为该道擅杀毫无疑义等语。则郑文钦擅杀无辜，按诸中国律例，亦应拟抵。绥远 [城]

将军永德派兵至五百名之多，是否意在杀害英官。虽无证据，惟事前轻派兵队，事后又诿不知。今英使有词，殊难折服。况该使悍戾险很，迥异寻常，当惩办首祸大案未定，适滋多口。合将英使照会拟请以永德、郑文钦拟抵各情，电请代奏，伏候宸断施行。上谕军机大臣等，奕劻、李鸿章东电悉，前据奎顺查复，署归绥道郑文钦戕害过境洋官周尼思属实，自应从严惩办。郑文钦，着即行正法。惟绥远城将军永德，据奎顺查无派兵之事。论洋官一人，亦何至派五百名之多。究竟是何实情，自应确切查明再办。永德，着先行革职，听候查办。该亲王等即就近传旨，令奎顺复查实在情节，如果永德实有纵令戕害洋员确据，定行重惩。俟定案明发谕旨时，先行送与英使阅看，再行发抄。即着奕劻、李鸿章照此办法，切告英使，即行电奏。

（总 4619 — 4620）

9. [壬申]，先是，奉天将军增祺代递黑龙江将军寿山遗折称，据蓝翎五品顶戴黑龙江正白旗汉军西丹庆恩呈称，窃生父前署黑龙江将军世袭骑都尉寿山，于本年八月初四日在任殉节，当危急之际，授有遗疏稿并片稿共三件，命于出险后缮写禀呈所在地方官恳请代奏。现将灵柩浮厝于杜尔伯特蒙旗界内，因道路不通，迟至于今始抵奉省，将遗折一件附片两件，呈请代递前来。伏查寿山由河南知府蒙恩擢任黑龙江副都统，旋奉谕旨署理黑龙江将军。到任以来，整顿旗务，办理边防，其任事勇敢，久在圣明洞鉴之中。本年夏秋之间，拳匪肇乱，边衅遽开。其战事始末，具详该前署将军遗疏，无事再述。惟其见危授命，死事之惨烈，尚无亏于大节。谨将遗折片代呈御览。寿山奏，北路官军于七月十五十六等日，自黑龙江城之头站退守北大岭，并在岭东战胜。西路官军，亦于七月初九以后，自呼伦贝尔城之海拉[尔]、依敏两河东岸退守雅克岭。均经先后奏陈在案。……其雅克岭一路，自护理呼伦贝尔副都统全德、统领保全、吉祥等退守后，俄兵亦

即跟踪继至，该各统将锐意恢复，遽于七月十六日商以保全所部
镇边练军步队中路中、前、左、右四营，吉祥所部义胜左路中、
左马步两营，出镇截战。奴才得信，业已追止不及。据报初战极利，
于十七十八十九等日，连获胜仗三次，踏破俄营九座，压追二百
余里，无如深入无继。二十日黎明进至呼伦贝尔城不远之小桥
子、黑山嘴一带，俄人援师大至，漫山遍野。全德、保全分路抵
御，吉祥以其义胜左路马步队居后策应。战至日昃，俄人四面包
抄，愈裹愈厚。保全大呼陷阵，策马于敌兵枪炮密处死之，所部
弁兵伴随战殁。仅全德、吉祥与镇边营官傅岐标、张毓芳等溃围
而出。自是雅克岭仅有义胜左路五营暨由省续发之义胜中路左、
右两营，防务益形单薄。……抑奴才更有陈者，事平之后，如江
省不能赎回则已，如能赎回，伏求皇太后、皇上简任英毅严断任
劳任怨之大臣，来镇是邦，必如崇实之于奉天，铭安之于吉林。
而后内政孔修，外侮足御。省城暨呼兰、通肯两副都统所治之城，
亟宜添设民官。呼兰、绥化两厅员缺，亟宜改归外补。旗地蒙地，
均应招放民荒。沿边两城，尤须变通兴垦。……

（总 4621 — 4626）

11. [癸酉]，奕劻、李鸿章电致行在军机处，杨使卅电约稿
十二款，节去闲文电陈：……八、连界各处，如满、蒙及新疆之
塔尔巴哈台、伊犁、喀什噶尔、叶尔羌、河阗、于阗等处矿路，
及他项利益，非俄允许不得让他国或他国人，非俄允许中国不得
自行造路。……细绎二款：留兵名为保路，实注意末四款禁运满
洲军火禁用外人练兵，并及北省水陆师。蒙、满、新疆均有金矿，
矿路利益，一网打尽。……上谕军机大臣等，奕劻、李鸿章豪二
电悉，俄约已允将满洲全行交还中国，吏治照旧。第七款内将金
州自治之权废除，显系据我土地与全行交还之约相背，八款内连
界各处，如满、蒙及新疆之塔尔巴哈台、伊犁、喀什噶尔、叶尔羌、
和阗、于阗等处矿路，及他项利益，非俄允许不得让他国或他国

人，非俄允许中国不得自行造路，除牛庄外，不准将地租与他人，尤侵我自主之权。顷据刘坤一电称，日、英两国之意，以中国此时与某一国定立条约，不可允其独享利益以及壤土之权，必须与各国商办，方能保全等语。李鸿章从前曾与俄订密约，中俄交际情形，最为熟悉，近日该国复到国书，情词逾常肫恳，声明不侵我主权，现在事机万紧，朝廷惟该大学士是赖。杨儒虽派全权，其约内极有关系之处，仍须先与俄使切实磋磨，一面将刘坤一电称各节，悉心体察，设专顾俄约，而英、德、日各国援以相争，是以一俄而掣动各国，后患将不可胜言。着奕劻、李鸿章设法统筹兼顾，能将俄与各国各不相下之处，销融无迹，斯为妥善。将此电谕知之。

（总 4626 — 4628）

13. [甲戌]，调崇善为绥远城将军。

（总 4628）

17. [丙子]，奕劻、李鸿章电致行在军机处，顷俄格使来鸿章寓中，痛陈俄京约款一事，中国如听各国谗言，不愿立约，则东三省必永为俄有。试问东省系何国所占，系由何国交收，各国岂能挽越，告以约款有过当处，应由杨使与各部驳辩。如六款北境水陆师不用他国人教练，前使巴德罗福曾有照会，总署并未允定。十二款自干路或支路造路直达长城，巴使亦有此说，并未明言至京，今忽添向京二字，此二节并非已允成议。八款蒙古、新疆连界各处矿路利益不得让他国，是归俄垄断。他国若见此约，必犯众怒。其实蒙古、新疆并无他国觊觎矿路利益者。各国禁运军火，正拟商改年限，东省亦不应永禁。凡此皆当由杨使逐细磋磨，贵国切勿性急。格遂谓交还东省，本国兵部及武官皆不愿，幸外户部力持，若听各国浮言，犹豫不定，两国邦交大局，甚有窒碍。且各国无以此语告我政府者，独以不干己事与中国为难，必当置之不理。除电杨使外，请代奏。上谕军机大臣等，奕劻、

349

李鸿章阳电悉，俄使以此事与各国无涉，中国当置之不理，其势固做不到。若竟将俄约延宕不办，则三省必不愿交还，各国将相率效尤，大局不堪设想。朝廷体察情形，若能乘机借力各国，以图牵制，将必不可允者。除来电所指各款外，如第七条内将金州自治之权废除一款，一并力与辩论，但能做到勿占据我土地，勿垄断我利权，俾各国不致借口，或亦权益结束之一法。着奕劻、李鸿章详加参酌，妥慎办理。一面婉商各使，开诚布公，协力劝俄相让，勿徒与我暗中为难，方臻妥善。仍转电杨儒酌办。

（总 4630 — 4631）

28. [乙酉]，奕劻、李鸿章电致行在军机处，今日傍晚，格使来言，俄廷电问中国何日定议画押，答以杨使电应俟各国答复再议。各使亦向敝处声明，不可遽许。格谓……连界各处蒙古、新疆矿路不得让他国，若前数年英议定长江利益不许让他国，德议定山东利益不许让他国，日本议定福建利益不许让他国，中国皆已允行，何独靳于俄，尚虑他国效尤耶。……

（总 4636）

33. [壬辰]，奕劻、李鸿章电致行在军机处……又据张之洞电陈俄约效尤之害。一、俄路驻兵令我供房屋、粮食，若效尤则芦汉、奥汉铁路洋兵布满中国。二、东三省只准设巡捕不准设兵，若效尤则京城及直隶全省皆不准设兵。三、东三省撤台禁炮，若效尤则京师及直隶全省皆无一炮。四、大纲十二条原有禁军火一条，前与英、德使电商须定年限，英、德使复电均云可以商酌。今东三省另立禁军火一约，与内地有碍。五、北省沿边蒙古、新疆皆不准中国及他国人开矿造路，须商俄人，北边数万里，已非我有。假如各国效尤，英于长江，德于山东，日于闽，法于滇，皆不许中国自开矿路。中国全国政治、土地、理财、行兵之权，皆为人有。且我于东北、西北各省，准他国人开矿造路，尚是牵制维系之策。亦不能允俄人阻断他国之请，任其垄断，待其吞噬。

中国一线生机，只在各国牵制一语，岂可自行划断。六、直修铁路到京，俄有护兵而不准我设兵，此永远危险，不待效尤等语。所论尚为透彻，奕劻、李鸿章、杨儒务当详加参酌，总期中国政权利权不至全失，毋使各国效尤为断。

（总 4637 — 4638）

34．[甲午]，奕劻、李鸿章电致行在军机处，顷接杨使漾寅电，删改约稿如下……最要者如七八两款已改，十二款声明缘由，亦难借口。总之视原稿删改过半，不但免各国效尤，即蒙古、新疆利权已保全不少。……

（总 4638 — 4640）

二月

6．[辛丑]，谕军机大臣等，盛宣怀电悉，自张家口至京电杆全被毁失，亟须修复，应用电杆木约五千根，拟援照前案，由多伦诺尔所属围场采办等语。着照所请，即由盛宣怀咨行李鸿章、奎顺，派员点验，毋稍迟延。

（总 4642）

11．[甲辰]，调崇善为江宁将军，信格为绥远城将军。

（总 4645）

23．[乙卯]，奕劻、李鸿章电致行在军机处，日、美、法、英、德、奥、比、义、日本、荷兰十国公使照送查明外省确犯重罪应请严惩各员清单，署山西归绥道郑文钦、阳曲县白昶、直隶滦平县文星、浙江衢州府都司周之德、均拟斩决。山西汾州府徐继孺、忻州徐桂芬、和林格尔通判毛世黼、托克托城通判樊恩庆、署归化城同知郭之枢……均拟斩候。如贷其一死，至轻改发极边永不释回。……蒙古（塔）[达] 拉特王、绥远 [城] 将军永德，拟革爵职永远监禁。……惟严惩各员内，除郑文钦已奉旨正法，在逃

351

未获，永德病故，先另电请旨，喻俊明亦据报病故，应请扣除外，可否俯允所拟，先行降旨，以凭传示各使速议他款，早定和局。请代奏。上谕军机大臣等，奕劻、李鸿章谏电悉，续办各员，不免过重，如阳曲县白昶、滦平县文星，罪关斩决，必须有戕害洋人确情。如郑文钦所犯之事，方可加以重辟，应由该王大臣查核所注证据，是否情真罪当，再行拟办电奏。……又蒙古（塔）[达]拉特王系属外藩，尤宜格外保全，究竟情罪若何，即使果有应得处分，亦不过至革爵而止。该王大臣等务当切实磋磨，力顾大局。首祸已严办多人，勿再多所株连，重伤国体，大失人心，是为至要。仍速妥办，以期早定和局。

（总 4648 — 4649）

27. [辛酉]，奕劻、李鸿章电致行在军机处，……上谕军机大臣等，奕劻等敬电悉，俟奏到酌办。惟（塔）[达]拉特王究属蒙部，所注情罪，尚须查办，即予处分，更未便监禁。……

（总 4650 — 4651）

三月

16. [丁丑]，谕，上年拳匪肇乱，京畿一带多被扰害，以致各省人心煽动，焚毁教堂，伤害教士教民之案，层见叠出。朝廷屡降谕旨，饬令妥为保护。乃地方官奉行不力，致酿事端。自应分别情罪轻重，予以惩处。山西归绥道郑文钦……均着斩立决。……（塔）[达]拉特王，着革爵查办。阿拉善王（中喀）[准噶]尔王，均着传旨申饬。……署归化城同知郭之枢……和林格尔通判毛世韛、托克托城通判樊恩庆……均着革职，发往极边，永不释回。……山西归化城副都统奎成……着即革职。……其余应查情形及姓名各员，俟各该省督抚查复到日，再行分别轻重办理。

（总 4657）

23. [壬午]，谕军机大臣等，据岑春煊电称，晋山后一带，谣传蒙古四子王部落调兵仇教，近以洋兵经过，蒙兵开枪，经竭力排解息事，现归绥道与教士商办教案，甫有端倪，深恐蒙兵滋事，致碍和局等语。本日已电饬理藩院转饬蒙古四子王，将所部兵民妥为约束，即着奎顺就近认真查察，毋任滋生事端，是为至要。将此由六百里谕令知之。

（总4659）

夏四月

25. [壬子]，谕，前因盛京副都统晋昌……署归化城同知郭之枢、和林格尔通判毛世蕭、托克托城通判樊恩庆、宁远州司狱李鸣和等，纵匪仇教，致酿事端。降旨将晋昌、鄂英发往极边，充当苦差，隆文等发往极边，永不释回。……

（总4669）

38. [庚申]，……上谕，本日奕劻、李鸿章具奏各国议定滋事地方停止文武各考试五年一折，据称顺天、太原地方乡试，仍应停止。其单开山西省之太原府……归化城、绥远城……等地方，均应停止文武小试五年，着各该省督抚、学政遵照办理，出示晓谕。

（总4673 — 4675）

五月

11. [己巳]，奎顺奏，奴才于光绪二十七年四月初五日承准军机大臣字寄，三月二十六日奉上谕，据岑春煊电称，晋山后一带谣传蒙古四子王部落调兵仇教，近以洋兵经过，蒙兵开枪，经竭力排解息事，现归绥道与教士商办教案，甫有端倪，深恐蒙兵滋事，致碍和局等语，本日已电饬理藩院转饬蒙古四子王将所部

兵民妥为约束，即着奎顺就近认真查察，毋任滋生事端，是为至
要。将此由六百里谕令知之。钦此。钦遵奴才即札派防御凯英、
察罕托罗盖军台参领绷楚克那穆济勒驰赴蒙古四子王部落，认真
查察去后，兹据防御凯英等查明禀称，奉札后即于四月初六日兼
程前往，于本月十四日驰抵四子王旗，先在于附近蒙民一再询访，
随于次日谒见四子王。据该王声称，本旗原设防兵，为数无几，
去年夏间，曾奉理藩院来文暨绥远 [城] 将军来文，檄令练兵备
防在案。兹复奉理藩院来文并都统衙门委员，又均以约束兵丁免
滋生事端为要，自应遵照办理。惟本旗防兵，仅有百余名，已照
绥远城将军来文，于四月十一（日）十二等日悉数遣撤。际此和
议方成，所有兵丁，自应严加约束，断不敢稍形疏忽，以免滋生
事端，致碍大局。至洋兵经过蒙兵开枪一节，查本旗防营左近驻
扎，并未遇见洋兵，亦无开枪之事。再三询问，毫无异词。按诸
众论，亦属大略相同。由该员等查明据实禀复前来。奴才复核无
异。得旨，该衙门知道。

（总 4679）

秋七月

9. [己巳]，谕，上年拳匪肇乱，京畿一带多被扰害，以致
各省人心煽动，焚毁教堂，伤害教士教民之案，层见叠出。朝廷
屡降谕旨，勒令妥为保护。乃地方官奉行不力，致酿事端。业经
择要先行惩办五十六员在案。兹据奕劻等具奏，请将情罪较重者
十员及查明更正各员，再行宣示，并将全案议结续惩各员一并开
单呈览前来。盛京副都统晋昌……署归化城同知郭之枢、和林格
尔通判毛世藩、署托克托城通判李恕、署宁远州通判沈荣绥，均
着定为斩监候罪名，贷其一死，发往极边充军，永不释回。樊恩
庆、李鸣和查明实系错误，着即更正，以李恕、沈荣绥抵罪。……

山西归绥道郑文钦业经正法。……山西归化城副都统奎成……均
着革职永不叙用。……（塔）[达]拉特王，着革爵查办。阿拉善王、
（中喀）[准噶]尔王均已传旨申饬。……蒙古十一员，均俟查明
再行办理。……

（总 4691 — 4693）

12. [癸酉]，命琦璋为科布多帮办大臣。

（总 4694）

八月

19. [癸丑]，先是刘坤一、张之洞奏，臣等钦奉光绪二十六
年十二月初十日上谕，法令不更，锢习不破。欲求振作，当议更
张。着军机大臣、大学士、六部、九卿、出使各国大臣、各省督
抚，各就现在情形，参酌中西政要，举凡朝章国故，吏治民生，
学校科举，军政财政，当因当革，当省当并，或求诸己，或取诸
人，如何而国势始兴，如何而人才始出，如何而度支始裕，如何
而武备始修，各举所知，各抒所见。……谨先就育才兴学之大端，
参考古今，会通文武，筹拟四条。一曰设文武学堂，二曰酌改文
科，三曰停罢武科，四曰奖励游学。……乾隆年间，西域同文志，
兼列清、汉、蒙古、西番、托忒、回部之书。……再蒙古生计，
以游牧为主。近数十年来，蒙部日贫，藩篱疏薄。亦请敕下蒙古
各部落王公暨该处将军、大臣，酌拟有益牧政事宜，奏明办理。
至向章每年内地各省出口买马者，须在兵部请领马票，进口后仍
须赴部烙验。章程甚密，道途亦多周折。购马之费既多，则马价
必求减省，故口马之销路不旺。查北省耕地兼用马，运载多用骡。
若内地马多，于农事亦有裨益。方今蒙古之与腹省，情同一家，
似不必设限制。拟请敕部酌议，请将领马票之例，量加改定。
贩马入口贸易，商民出口购马者，均听其便。但令贩马商民，于

本省报明咨部，并由各口具报数目，以备稽核。则口马之销路既旺，而蒙古生计，亦可稍纾矣。……

（总 4727 — 4771）

九月

7. [丁卯]，谕，升允奏喀尔喀亲王奴仆殴辱职官据实纠参一折，据称本月初四日据潼关厅同知赵乃普面禀，该厅委员候补巡检李赞之经派委照料亲王那彦图行台，因随从人等攫取铺店什物，该委员向前理阻，致被捆缚殴辱等语。前迭经降旨，谕令随扈王公百官将随从人等，随时严加管束，不准滋扰。乃那彦图所带亲随竟有殴辱职官情事，该亲王未能约束，着交理藩院照例议处，并将滋事之人即行交出，着升允严讯惩办，以肃法纪。

（总 4773）

43. [辛卯]，谕，昨据世铎等奏参升允殴辱侍卫一折，当经谕令升允据实复奏。兹据奏称，该抚于二十六日迎驾后，乘马先行，忽有大车并轨奔驰，几被冲倒。查坐车人系属旗员，诘问姓名，坚不肯说，经照例鞭责等语。侍卫海鸿，既在架前导引，即不应乘车奔驰，又不声明官职，咎有应得。那彦图并未查明实情，率行具奏，迹近报复。一经派员查询，不难水落石出。惟事属琐屑，姑免深究。该抚尚未查询明白，即事鞭责，亦有不合。升允，着交部察议。此后如有官弁、太监人等恃强滋事，仍着升允、松寿随时据实参半，以肃法纪。不得因此案稍涉瞻徇。

（总 4781）

冬十月

13．[丙申]，以贻谷为镶蓝旗蒙古副都统。

（总4783）

十二月

36．[丁未]，以祥年为正黄旗蒙古副都统。

（总4804）

77．[辛酉]，谕，土默特郡王衔多罗贝勒色灵那木济勒旺宝阿噜、科尔沁郡王衔多罗贝勒巴咱尔吉哩第，着加恩赏戴三眼花翎。敖罕固山贝子色赍都布、翁牛特镇国公旺布林沁，着赏用紫缰。翁牛特亲王衔多罗都楞郡王咱门巴勒诺尔布、扎噜特镇国公噜勒玛扎布、苏呢特辅国公特木尔、巴林二等台吉色丹那勒旺宝，着在御前行走。

（总4815）

光绪二十八年壬寅（1902 年）

春正月

9. [戊辰]，谕军机大臣等，色楞额奏朝阳县属民教不和聚众相抗请派兵分别解散剿办一折，直隶朝阳县属革生邓莱峰，借口教堂欺凌平人，辄敢聚众负固，掳禁教民，逞忿滋事，屡次派委营县，前往解散，该革生不服开导，势焰愈张，若不慑以兵威，势恐酿成巨衅，总兵杨玉书所统数营，诚恐不敷剿办等语。着袁世凯察酌情形，迅速添派数营，前往解散胁从，严拿首要，务令民教相安，以弭后患，仍不得卤莽从事。原折着抄给阅看。将此谕令知之。

（总 4823）

16. [辛未]，命御前行走科尔沁扎萨克多罗宾图郡王敏噜普扎布长子头等台吉棍楚克苏隆在乾清门行走。

（总 4824）

19. [癸酉]，谕军机大臣等，裕德奏驰赴哲里木查办事件随带司员一折，着即迅速前往，会同增祺，调齐此案卷宗人证，秉公讯办，详细查明，据实具奏。另片奏，请饬户部行文奉省拨给薪水，并乘坐火车前往各等语。均着照所请行。将此各谕令知之。

（总 4825）

39. [辛巳]，袁世凯奏，热河朝阳县革生邓莱峰聚众仇教抗官，谨将历次筹办并派员查防商添兵队情形，据实陈奏。得旨，着严饬所派兵队，相机妥办，毋许孟浪。仍将查探情形，随时据实具奏。

（总 4830）

44. [戊子]，岑春煊奏，晋边归化厅同知、通判各缺，经升任抚臣张之洞以地方紧要，事务殷繁，今昔情形不同，奏准改为抚民同知、通判，满汉兼用，并更定缺分，按边俸期满照例给咨赴部引见后回任候升各在案。兹查边厅吏治，自前此变通后，曾有起色。无如近来，时势变迁，治理之难，需才之亟，有非将实缺人员优予升途，不足以示鼓励者。故察核情形，约有数端。边外原来归化[城]、萨拉齐、托克托城、和林格尔、清水河五厅，仅管土默特数百里之地。丰、宁二厅，仅管原设丰川、宁朔各卫所及察哈尔右翼已垦二百数十里之地。近则垦地日广，不独右翼各旗，私垦各地寄居汉民词讼，皆来赴丰、宁各厅呈控。即伊、乌两盟境内商民控案，亦以归、萨二厅为汇归。远者有千数百里，近者亦四五百里。蒙汉错处，良莠不齐，散勇游匪，于焉丛集，土毫地棍，争相雄长。命盗各案，相验缉捕，均有鞭长莫及之虑。现在察界正办押荒，西盟议兴垦务，艰巨之集，十倍于兹。尤非长才，难资整理，此宜变通者一也。边地在咸丰以前，民风朴厚，土客无猜，既无交涉之端，且为外人踪迹所不至，是以中材皆能勉尽职守。近自传教之约，逐渐推行，教民之多，教案之重，甲于通省。往往争财争地，动辄争斗。上年拳教之变，口外最惨，揆诸其本，亦在于此。刻下调辑民教，筹办交涉，偶有不慎，辄生波折。而边外各缺。向称极苦，有不敷开支者，有尚须赔垫者。贤者患贿通牵挂之累，而未敢久居。不肖者存徼幸掩覆之怀，而惟图苟免。则何以修内政，何以笃外交，此宜变通者又一也。查定例，吉林宾州等厅抚民同知、长春厅抚民通判各缺，均俟一年俸满，着有成效，令该将军等详细查看，出具切实考语，具题到部，入于即升班内升用，仍在任候升等语。今晋省边厅各缺，治理之难，地方之要，与吉林情形相同。应援案均俟三年俸满，详加查看，出具切实考语，具奏到部，入于即升班内升用，仍在任候升等情，由署布政使吴廷斌、归绥道恩铭会详请奏前来。臣复查历来振兴吏治，必以鼓励人才为急务。今边厅事务之繁如此，缺分之累如此，若不设法变通，优于奖劝，其何以辑和民俗，绥靖边隅。合无仰恳天恩，俯将晋省归绥道属归化 [城]、萨拉齐、丰镇等抚民同知三缺，托克托城、和林格尔、清水河、宁远等抚民通判四缺，均照吉林章程，作为三年俸满，查看出考奏请入于即升班内升用，仍回任候升，以励人才而饬边治之处，出自逾格鸿施。下吏部议奏。

（总 4830 — 4831）

46. [辛卯]，谕军机大臣等，理藩院奏，台吉呈控盟长通匪据情代奏一·折，所控扎萨克图郡王乌泰敛财虐众，不恤旗艰，通匪抢掠，致将扎萨克印信不知去向，前后所报两歧，情节支离，亟应彻底根究。着裕德会同增祺，确切查明，据实复奏。原呈着抄给阅看。将此各谕令知之。

（总 4832）

二月

15. [戊戌]，谕军机大臣等，理藩院奏，科尔沁扎萨克镇国公喇什敏珠尔等呈报，扎萨克图王旗图古木地方，贼匪聚众，肆行抢夺，及派兵剿办情形，将原呈译汉呈览一折。卓索图 [盟] 土默特贝勒旗乱匪滋事，致毙蒙员多命，自应迅速查办。着裕德会同增祺，确切查明，归入前案，认真办理，据实复奏。原折呈均着抄给阅看。将此各谕八旗知之。

（总 4835—4836）

27. [丁未]，调永隆为正白旗蒙古副都统，以特图慎为正黄旗汉军副都统。

（总 4839）

29. [戊申]，谕军机大臣等，萨保奏江省开复蒙王无案可稽，请仍革任不准再管旗务一折，扎萨克图郡王乌泰前经参革，并无开复之案，情节种种支离，着裕德会同增祺，归并前案，认真查究，务期水落石出，据实具奏，毋稍徇隐。原折着抄给阅看。将此谕令知之。

（总 4839）

三月

13. [丙寅]，陈夔龙奏，臣维安民之道，莫先养民。……前史所载西北逐水草之利，有以山谷畜牛马者，畜牧可以立国，孳息岂曰小补。今蒙古游牧，仅存遗意，淮海荒地，讵云不宜。……

（总 4848—4849）

29. [己卯]，萨廉奏，奴才于光绪二十七年十月间专折奏派前湖南候补道周冕为铁路交涉总办，前往哈尔滨与铁路总监工商办交涉事宜。十二月十四日赍回原折，奉硃批，外务部知道。钦此，钦遵在案。当该员赴哈尔滨之初，其总监工茹格维志等，先以从前派员未协，并未保护为辞，意在诘难。经周冕极力辩白，于是总副监工等援照吉林新订章程，酌改旧章，拟有合同十一条。周冕详加斟酌，删其窒碍不符之语，而于黑龙江省关系重要之处，量为增入，再三商办草议章程十二条。该总监工等派其代办达聂尔偕同周冕赍送到省，奴才核妥定议。查章程内载，哈尔滨设立总局，各段监工处派专员，设立分局，均归总局节制。所有局中经费，仍照旧章，由该公司筹给津贴。惟前次设局专管铁路交涉，此次该总监工等所拟，凡关涉铁路及牵涉铁路之命盗杂案，均须归局经理，免致移交地方官会办，转多迟误。奴才查铁道横穿黑龙江省二千余里，惟呼兰、齐齐哈尔、呼伦贝尔三处，离城较近，此外或千余里，尚未设官，或数百里，本无村堡，遇有案件，不但该公司患其周折，即奴才与各城副都统，亦均有鞭长莫及之虞。盖铁路一通，中外杂处，较之从前治理旗民，其繁简难易，迥不相同。故当铁路干涉之事，悉归铁路交涉局经理，如其事情重要

361

及罪关流徒以上，均禀由奴才核夺。似于江省情形，较为妥协。且乱后通事之害最烈，故章程内必先提清名目，以免日后遇事狡脱庇护。至铁路公司购买应用地亩，以前未经稽核，旷土太多，尤易私占。并风闻有奸民嗜利，暗中指地售与俄国商民情事。所以此次定章，再三磋磨，增入一条，声明无论满汉之官地公地私地，凡系铁路购买，均将各色契据，送由铁路交涉总局验明盖印，既为补牢之策。而现在铁路两旁，赶紧招垦，冀可以严稽察而免蠢辖。此奴才派员总办铁路交涉察核章程增设定议之大致也。其各局一切经费，俟议定报明立案。得旨，外务部路矿大臣议奏，片并发。

（总 4855）

夏四月

29.［甲辰］，调荣禄为镶红旗满洲都统，溥伦为正蓝旗满洲都统，以奕谟为正黄旗蒙古都统。

（总 4868）

37.［庚戌］，理藩院右侍郎会章因病乞休，允之。

（总 4870）

39.［辛亥］，以儒林为理藩院右侍郎。

（总 4871）

40.［辛亥］，以锡良为热河都统。

（总 4871）

50.［甲寅］，升允奏，查光绪二十六年七月间，陕西宁条梁地方蒙人闹教一案，去夏经奴才派员会同绥远城将军所派委员暨蒙部各员，与该处教堂议和，往返筹商，磋磨再四，开议逾月，始获办结。计此案焚毁教堂四处，教民房屋六百余间，伤毙教士一人、教民十人，掠取教堂及教民器物、粮石、牲畜等件，为数颇多。议定不戮一人，共赔偿银十四万两。又乌审旗历年旧案，三旗另赔银三千五百两，归入此案并结，一了百了，均不得复有违言。其赔款应由鄂托克、扎萨克、乌审三旗分摊。鄂托[克]、扎萨[克]两旗，或即时措交现银，或以牲畜、地亩作抵。惟乌审旗素称贫瘠，无款可筹。因以大淖碱池暂押教堂，一面设法出租，上年十月、腊月、本年三月三期筹款赎淖。届期如办无端绪，教堂仍按三限索银，决不将淖池收留。当经该委员等同蒙旗及教士会议条规，妥立和约，取有永无翻悔甘结存案。此起初蒙洋议和之大概情形也。嗣因招商认租淖池，日久无人承领，而十月限期已迫。因札饬延榆绥道酌量妥筹，如招商甚难，即以大淖归俄，俄代蒙出赔款。旋据延榆绥道禀称，已由绥远委员招来晋商王同春，惟一时无此巨款，拟按四年分缴。后据驻扎神木部员明禄咨称，淖池归王同春承办，其银由王同春分期自交洋堂，现已互立约据等语。奴才以为偿款既有着落，自可相安无事。乃今正接阅该处教堂来函，谓去冬蒙旗应缴之银，一再愆期，闻欲将淖池出租王同春。此人最不安分，与教堂颇有宿怨，果尔当极力阻挡。并云第三期如不将款交清，彼时断难应允。奴才窃维此次蒙洋拘衅，幸经派员议款，复归于和。倘因该旗筹款无从，致启责言，彼直我曲，其将何术以解。且王同春既为教堂指摘，又无现银持交，自不能令其承办碱池，免生枝节。当饬司筹款五万余两，委员解赴榆林，于三月限期内如数兑交该处教士核收，赎回淖池，归官开办。良以大淖产碱最旺，在公家既非虚掷黄金。洋堂赔款缴清，在蒙旗亦可如释重负，两有裨益，是以毅然行之。此代蒙筹款结案之实在情形也。兹据驻扎神木部员明禄来文，据称王同春系该员招来，即使洋款定须一时清还，不允四年分期，亦应婉劝教士曲从，何得遽归官办。此皆绥远委员佐领扎拉丰阿揽权干预，又以小石碥地方，许给洋堂，必暗激成祸变。合先陈明，以免明禄将来获咎等因。接阅之余，不胜骇异。查佐领扎拉丰阿，乃奉委专办此次教案之员，凡放地筹款各事宜，是其专责，何得谓之干预。碱池既可归商，何独不可归官。以巨金济蒙之急，蒙人有何不利。至小石碥地方，乃上年会议租与洋堂之地，业经咨明外务部在案。此时自应指明地段界限，劝谕各蒙民迁徙，以期彼此相安，何得遽食前言，任意挠阻。明禄因淖池未归王同春承办，辄牵引蒙教相仇，大祸即在目前等语，希图挟制。殊不知教堂所切齿者，专属王同春一人，若复用之，适以挑蒙教之衅。明禄懵懵，乃为之力争。奴才固不敢谓其必受王同春贿赂，故听该商把持，而其徇私忘公，危言耸听，实属昧于情势，不顾大局。际此蒙教猜疑未泯，该员不思弹压调停，以期释嫌敦好，万一因民之怒，激成事端，其患何堪设想。焦思再四，惟有请旨饬下理藩院，将驻扎神木部员明禄速即撤回，以弭隐患。得旨，明禄着即撤回。该衙门知道。余依议。

（总 4872 — 4873）

五月

3. [庚申朔]，裕德等奏，遵查扎萨克图郡王乌泰叠被参控各节，讯明拟结暨该旗并科尔沁镇国公旗被匪情形。得旨，乌泰着革去扎萨克职，台吉巴图济尔噶勒革去协理职，均暂行留任三年，以观后效。余着照所议办理。该衙门知道，单并发。

（总 4874）

28. [丁丑]，升允奏，奴才前与护理抚臣李绍芬会商，拟将陕省应裁营勇，改充屯丁，以兴河套地利。于上年九月初八日合词奏恳，奉硃批，着照所请，该部知道。钦此。前护抚臣李绍芬未及举办，旋即卸事，奴才于今正回任以来，首以兴屯为急务，诚念时艰款绌，势须节饷裁兵，惟有速行屯田，尚得寓兵于农之遗意。第耕作非军卒所习，河套又远在北边，若从彼处发端，不如由近及远，庶几行之有效，风气渐开，然后人情不至疑阻。奴才诹之僚属，参以舆论，查得西安所属，除将军马厂尚须会勘外，其由草滩至咸阳一带，有督协两标马厂，可垦之地甚多。委员确查履勘，共得荒地一万一百三十余亩，可作水田者，约四分之一。当即派拨步队三旗，合力开渠，分段承垦。惟时节令甫届春分，饬其及时播种。并严申侵占之禁，明定惩劝之方。数月以来，兵屯颇为奋勉。奴才旋即轻骑亲赴屯所，巡行周视，见其榛芜尽辟，疆界以分。其地北滨渭河，西临沣水，引沣入渠，蜿蜒三十余里。溉田之余，泄之于渭东西渠口，设闸启闭，有灌溉之利，无漫溢之忧。但使三年以内，旱涝无闻，荒厂之区，不难变为沃壤。又北山之宜川、甘泉，西路之邠州、长武、永寿等州县，荒地颇多。但地气较寒，距河又远，可种旱田，难兴水利。即饬驻扎该处之防营两旗步队，各就防地左近，分拨试垦。并拟俟延榆绥道严金清赴任后，饬令与蒙旗议定地租，移军屯垦，则河套一带，必能逐渐推广，以尽地利而符原奏。至此次办法，约分数端。一曰明定课程。养兵既苦糜饷，故授以田畴。归农又患无兵，仍督之操练。兼斯二者，是为屯军。每营官一员，给地六十亩、帮带四十亩、哨官二十亩、勇丁每名十亩，无事则自食其力，有事则捍卫地方。末耜干戈，不可偏废。春耕秋获，农隙调操，儆惰奖勤，以收兵农合一之实效。其附近屯所一切巡守缉捕等务，仍令兼顾，不得推诿。一曰宽给资本。辟草之始，所需牛具籽种，为费不赀。每田百亩，借给官牛二头、籽种市斗三石，一切田器，发价置备。均责成营官哨长，连环具结，向农务局保领，限令一年还半，二年全还。遇有收成荒歉，届时酌量缓缴。如或逃亏无着，即令保领人认赔，以重公款。一曰分年节饷。试垦之年，牛籽农器，尚须公中借给，势难责其枵腹躬耕。故第一年常饷，应仍照发。迨至垦种成熟，先缴牛籽农器官本一半，所留赢余，为次年耕种资本。至第二年常饷，即可减半发给，收成后再使缴充官本一半。

倘能二年丰收，则第三年资本充裕，官本亦无蒂欠，便可全裁常饷。屯丁有业可守，安土之心自坚。一曰定限升科。查马厂本系标营公产，向免粮赋。第四年营屯开熟，拟定水田一亩，岁纳正供钱一百五十文，标营地租如之。旱地一亩，岁纳正供钱一百文，标营地租亦如之。均由地方官分别收解，不得额外需索。至民地例派差徭，此系兵屯，尚须效力公家，自应永远免徭，用示区别。以上四条，规模粗具。惟是创行之始，百务艰难，必须因地制宜，不敢谓一成不易。将来如有应行变通之处，再随时奏明办理。特就马厂荒地而论，屯田一事，无虑扞格不行。约计数年之间，应裁各军，可期一律化为屯勇。无养兵之费，而有可用之兵，其成效固可逆睹。得旨，着照所议办理，务当认真督垦，寓兵于农，仍随时考察训练，期有成效。

（总 4880—4881）

六月

15. [戊戌]，以吉升为正红旗蒙古副都统。

（总 4891）

22. [壬寅]，贻谷等奏，奴才贻谷前以西二监垦务，暂难就议，趁便先赴察哈尔筹办右翼四旗垦务各情，奏奉硃谕，着即将清垦事宜认真经理，为蒙旗开辟利源。钦此。奴才贻谷于五月十三日驰抵张家口，遵即与奴才奎顺悉心筹议。查该四旗蒙地，毗连丰镇、宁远两厅，自光绪八年经前任山西抚臣勘办押荒升科，于十一年奏结。后二十五年复行续办，迄今又三四年。现据丰宁押荒局呈报，丈清报垦地亩。仅三千余顷，几疑在事各员承办不力所致。及周历地界，参以闻见，考之卷宗，始知向来办理为难情形。大抵由于窒碍之多端，与事权之不一，今欲扩充办法，极应相时度势，量为变通。敬为我皇太后、皇上缕晰陈之。一曰清旧垦。

近年蒙古生计，不在牧而在租。或抵价而指段于人，或图利而私放肥己，或一地而数主。此租彼逐，或一地而数租，忽为予夺。而奸商知其可以利饵也，遂得乘间插入，肆行其侵渔之计。往往承领之地，未经与该旗议定，即行立契出卖。而田户爱地如金，便尔出价承买，以致有得契并未得地者，有契内数多而得地反少者，又有契系此地而混予彼地者。抑且有牛羊各群之牵混，王公牧厂之交错，教民教产之动成讼案，无穷辘辘，棼如乱丝。此次若不速行清理，日复一日，枝节尤多。拟即改委妥员，会同该管总、参、佐等官，同赴地所，核实勘办。其要尤在查其约证之虚实，出价之多寡，与耕种之后先，公同理断。倘有抗阻不服，仍前争执者，即严惩以儆效尤。此筹办变通旧垦之办法也。一曰招新垦。查从前各地商，向系私贿蒙旗，约领地段，往往招佃垦熟，多年不报矣。而官局尚须移会厅官，据以咨旗，订期会勘。而蒙旗又任意躭延，苟欲壑之未盈，即指交之无日。且旗厅局员中，一有不到，事即中格，旷日持久，难竟其功。职是之由，今拟力祛前弊，仿照上届办理王公马厂章程，将地归官勘办。一面札饬各该旗总管等，报明共有若干，分绘详图，注明纵横里数及已垦未垦大致数目，一面派员查勘，酌留随缺地及公共牧厂外，余均一律交出开放，该旗不得过问。并拣调各旗参佐一二员，常川来局当差，俾可随时差遣。庶操纵在我，不致诸多牵制。此筹议变通新垦之办法也。一曰恤蒙艰。蒙旗之穷日甚，俸饷有限，牧产无多。近将各地私行租放，久已视为利薮。一旦举以归公，若不预为之计，有坐困窘乡而已。查晋省垦地旧章，以三百六十弓为一亩，每亩交押荒银二钱。其升科正项，无论王公马厂及官荒空闲地，每亩均征银一分四厘，遇闰每两加银三分，每正银一两，随征耗银五分。王公马厂每亩随征私租银四厘，由该地主向官领取。至官荒空闲地，每亩亦加征归公私租银四厘，以充口外七厅捕盗营弁兵经费。如遇灾年，核实勘定分数。将官私各租一律豁缓。此向来办法，今应仍因其旧。惟查此次既将各旗地由官办理，是该旗地去而无所得，难免不生觖望。以后新放地亩，拟于每亩押荒二钱外，加收办公银一钱，以六分作官局经费，四分作该旗协同办理公费，以示体恤。如虑领户以加办公银或不乐输，不知户部原定押荒章程本分三则，上则每亩交银三钱，中则二钱五分，下则二钱，以右翼地亩，不难照上则押荒办理。而从前照收每亩二钱者，以地系民户私行承领，已出重资，不便再行多取。若此后由官放垦，一切私费，概予捐除。惟每亩加收办公银一两，核之从前私相授受，所省已多，必不因此一办公费之故，裹足不前。是毋庸过虑者。至各旗常年养赡，则又拟请恩准酌予官弁兵丁随缺地亩及公共牧厂，种田牧放，均可自由，岂尚不足资生。特不准将划留之地，再行私售。如仍前习，从重治罪。此筹拟无碍正供有济蒙困之变通办法也。一曰定限期。查向章交纳押荒后试种三年，始行升科，本指未垦荒地而言。而现在各旗地，有私垦业经有年，有仍复取巧不报，以缓交押荒，并借延升科。似此容心欺隐，大于国课有碍。拟即先行派员，分赴各地所，勘明未经丈清熟地若干，随时呈报。一面另委员司，挨次勘丈。丈清后限三月内交纳押荒银两，逾限不交，立将原地追缴另放。如其中实有牵涉他故，未经清结者，应令另行办理。至升科则分别已垦未垦，其已经垦熟之地，则统归试垦照章三年后升科。如此办理，庶使条目分明。此筹拟严防弊混而又易于遵循之变通办法也。一曰筹经费。查丰宁押荒局，未有经费专款，一切薪工局用等项，统由所收押荒银内，作正开销，约计每岁动用正款十分之一。然彼印委各员会旗勘界时，向由地商支应，所费不资，故地商遂敢借端诈骗。今则地归官办，其紧要关键，尤在丝毫不扰及地户，方足以感动愚蒙，而慑服刁健。此后事务日紧，用人日众，所有员司书役人等，薪水工食及车马川资等费，需款甚巨。若仍开支押荒银两，恐事竣而款亦无多，于国计何补。此项经费，前条拟于加收每亩之办公银一钱内以六分留充局用者，正期不动正款，又可借资应用。至征解常年升科粮银，应需倾镕火耗解费。查光绪十五年直隶续垦张、独、多三厅官荒厂地，独石、多伦两厅，每亩准予加收银二厘二毫，张（理）[家口]厅每亩准予加收银一厘八毫，均系为倾镕火耗解费之用。此次拟照独、多两厅旧章，每亩加收银二厘一毫，不准额外稍有需索，以示限制而杜流弊。此筹拟变通经费之办法也。一曰预储备。各旗地既逐渐开放，将来民户众多，不能不添设官汛，以资治理。办理一切善后事宜，在在需款。与其有事而始筹挹注，有临渴掘井之虞。何如及时而预为存储，无待米为炊之虑。查各厅捕盗营，有从前垦地所征四厘租银，足敷发放，毋庸再行拨款。以后所收官荒空闲地四厘收租一项，拟即另款收存，专备新开地方善后经费之需。惟地属公家，款归公用，似不得不有私租名目。拟改为四厘另租。除王公地如有续行报效其私租仍旧拨给外，所有官荒空闲地，每岁可收另租若干，于年季奏咨一次，以备考查。此筹拟变通储备之办法也。奴才等尤有进者，向来承办蒙地之人，名曰地商，曰户总，其办事地方曰地局，罔不养打手，制军械，弱肉强食，动辄争斗。近日口外散勇游匪，以此为逋逃之薮，往往有焚毁房屋杀伤人命重情。种种强暴，不咎其既往，不可不儆其将来。拟即严行谕示，去其地商、户总名目。其从前地商、户总有经手未报之地，无论已垦未垦，均饬遵照现办章程，即行交纳押荒，以凭分别升科，不准任意延抗，亦不准再有恃强越占及互相械斗情事。倘或不遵查办，定于重惩。是显以戢现在争端，即隐以弭无穷后患也。以上所陈，系查照向章，参以现今时事，而损益之。至押荒旧局，现已改为丰宁垦务局，自应饬将所收款项数目，及剩存部照若干，一并截清，接收办理，以清眉目。得旨，着照所拟办理。该部知道。

（总 4895—4898）

32. [辛亥]，调继禄为正白旗满洲副都统，恩寿为正红旗汉军副都统。以铁良为正黄旗蒙古副都统，庄山为镶白旗汉军副都统。

（总 4898）

38. [乙卯]，以绰克布为镶黄旗蒙古都统。

（总 4899）

秋七月

21. [庚午]，召色楞额入觐，以松寿署热河都统。

（总 4903）

31. [壬午]，调永隆为镶蓝旗满洲副都统，以诚全为正白旗蒙古副都统。

（总 4907）

八月

24. [丁未]，谕，贻谷着赏加理藩院尚书衔督饬各蒙旗，将开垦事宜，随时认真妥筹办理。

（总 4929）

九月

9. [丙寅]，调溥兴为镶蓝旗满洲副都统，以松寿为正蓝旗蒙古副都统。

（总 4932）

冬十月

10. [甲午]，赵尔巽奏，晋省边外各属，今昔情形变迁，幅员日广，历经升任抚臣岑春煊于两次请垦蒙地折内声明，拟增驻民官，即以内地太原、汾州各府同知移改，均先后奏邀圣鉴。旋又奏仿照吉林、云南成案，优定各属厅边俸升阶，以示鼓励，亦经奉部核准各在案。奴才伏维理民之道，察吏为先，设官之规，因时为要。晋省边外各厅，在雍正、乾隆建置之初，丰镇、宁远两厅，仅管丰川、宁朔诸卫所地。归化五厅，仅管土默特一旗地。计一厅地面广者不过百数十里，狭者尚有不及，是以治理较易。自察哈尔牧界议垦开荒，凡隶右翼四旗者，民蒙粮赋、词讼均归丰、宁两厅经理。自乌兰察布、伊克昭两盟牧界，私租私垦日多，凡寄居汉民词讼，皆归归、萨各厅审理。疆域日拓，事务日繁。奴才询之僚属，证之图籍，丰镇远通直境多伦诺尔各厅，萨拉齐远通阿拉善旗境，跨涉蒙疆，有六七百里千百余里不等。任斯土者，皆有查察不及，防范难周之患。自非分设厅治，未易收长治久安之效。考求其故，约有数端。丰镇各厅所属村落，远者距厅或六七日，或四五日，征赋听讼，皆致耽延。查阅各员禀牍，有谓讼案积弊需员襄理者，有苦照顾为难禀求交卸者。前黑龙江将军文绪奏呼兰分厅折内言，厅员方急南辕，复忧北辙，分身无术，枝节横生。晋之边厅，务殷事棘，亦实类之。此宜分治者一。边外辽阔，侨户杂处，蒙回错居，有民无官，渐同化外。土棍地豪，争相雄长，弱肉强食，视为固然。加以马贼游匪，不时出没，编户之保甲不行，兵役之防缉不密，盗风之炽，甲于全晋。揆度其本，由于官力难及，伏莽遂滋。昔奉天东沟、吉林金厂，皆以无官抚治，酿成巨乱。边厅情形，大类奉吉。不谋分治。将成乱阶。此宜分治者二。边外教堂教民，租垦甚广，坐落不一，全赖地方官随时抚缉。遇事解谕，方弭怨隙，不启争端。今则相距过远，情势暌隔，平时不能安辑于先，临事乃图防护于后，得失难易，判若霄壤。庚子之祸，强半由此。此宜分治者三。溯查奉天、吉林各省，近以地辟民聚，情形变迁，节经前将军崇实、铭安等请增设郡县，皆蒙恩准。吏治民风，因之大有起色。晋省事同一律，自应援案于丰镇厅之二道河、归化[城]厅之大滩、萨拉齐厅之大余太各移驻同知一员，宁远厅通判改设同知一员，所属之科布尔，即以通判移设，除原有通判一员外，计共移设同知四员。拟请以太原、汾州、泽州、蒲州四府同知移驻，均归归绥道管辖。该同知等所管矿务、水利，公事甚为简少。且查系各地方官应办之事，应仍责成该府县经理。二道河、科布尔即以原设巡检管司狱事，大滩及大余太应查内地简僻巡检移驻管司狱事。俸廉均支原缺银数，衙署监狱各项经费，均在新收押荒项下动支。其余划界址、定缺分一切未尽事宜，统俟分治奉准后，再行饬司议详办理。又查边外各厅，前因地广务剧，经前署抚臣奎斌议移巡检。前抚臣刚毅议驻文员，风会所趋，已开增置厅治之渐，即如东南郡县。恢自吴晋，九边郡县，复于国朝，历来郡县之增并，无不随时势为转移。今各厅缉教防匪，动关紧要，命盗词讼，数倍寻常，能吏廉吏，皆苦棘手。现拟分厅移官各节，系因地因时酌筹办法，冀上于国无增禄之费，下于边得治事之官，庶于地方，不无裨益。合无仰恳天恩，俯念晋省边外治理，关系重要，饬部核复，分设厅治，以澄治源而弭隐患之处，出自逾格鸿施。得旨，政务处会同吏部议奏。

（总4947—4949）

20. [戊申]，谕，奎顺等奏，科布多帮办大臣瑞璋假期届满病仍未痊恳请开缺据情代奏一折，瑞璋托病迁延，久不赴任，实属有意规避，着即行革职。

（总4953）

27. [壬子]，命英秀为科布多帮办大臣。

（总 4956）

十一月

17. [丁卯]，连顺等奏，边疆之要，首曰睦邻。凡一切事机，自应因时制宜，谋为久安之计。查乌里雅苏台，地处极边，与俄接壤，形势孤悬，头头是道，贸易俄商，络绎不绝。当此重订和好之际，边局益不能不慎，邻睦更不可不修。设商局而理商务，实为睦邻保边第一要义。溯查从前俄商来城贸易者，朝来夕去，交涉事少，暂归理藩院兼办。今则俄商在乌多设铺所，常年与蒙民交易。兼以乌梁海连界俄属之乌苏河套并恰克图，均设有俄官，与蒙古诸部落，近在咫尺，中无隔阂。以致喀尔［喀］四盟，无一旗无贸易之俄商。其所交易者，专以牛皮、獭子皮、牛只为大宗。每年由三、扎两盟，以货换买驼绒、羊毛进乌城者，不下三四百万斤。其由各和硕径运俄国者，为数尤巨。故近日交涉事繁，较昔不啻倍增什蓰。此时即派专员承办，犹恐有拮据不遑之势。若仍以理藩院兼办，实属顾虑难周。设有贻误，非惟有失邻睦，实于边局关系匪轻。奴才等熟筹再四，拟仿照科、塔两处成案，在乌城街市，设立中俄通商事务局，拟设承办章京主事职衔一员，额（尔）［定］笔帖式二员，专司其事，庶责有专归而无贻误。查乌城办公，向来事浮于人。此次设局办商，又关交涉，应委各员，非久历边疆通达夷务蒙文者，不克胜其任。所设承办章京一缺，拟由绥远城择其曾在西北路边区通达通商事务谙悉夷情之员，指调来乌委用，以资熟手而期得力。其笔帖式二员，即拟由在营旗员内挑选补用。至各员等升阶保案，暨应支盐粮加增等款，按照乌城额设主事职衔笔帖式等员之例，一体办理。惟乌城设立商务，系属创始，且俄官往来似应稍加优待。拟月给办公心红柴烛纸笔等项银四十两，书记四名，以备书写一切。招募巡兵十六名，以资巡查。倘蒙俄交易偶有口角，即便前往弹压，勿令酿成事端。每名拟月给津贴银四两。至中俄交涉，必须晓俄蒙翻语者，添募通事二名，方不误事。月支口分，每名按照六两发给。总计一年所需连闰不过二千二百余两。惟当此多事之秋，库款支绌，奴才等亦应共体时艰，变通办理。所有该员等应支各款，暂由乌城常年各项六分减平项下核发，仍归入常年经费造报，不令稍有浮冒，庶免部筹之难。如蒙俞允，拟按照科布多由奴才刊刻木质关防一颗，文曰办中俄通商事务关防，报部开用，以昭信守。其余一切设局开办暨支发各项银粮日期，并调员承办各情形，俟奉旨后，再行酌核，奏咨办理。得旨，着照所请。该衙门知道，片并发。

（总 4963 — 4964）

20.［己巳］，绥远城将军钟泰卒，予祭葬恤银，赏其子荣绅主事。

（总 4964）

21.［己巳］，以恒寿为绥远城将军，玉昆为凉州副都统。

（总 4964）

十二月

32.［丙午］，贻谷等奏，察哈尔左翼旗地奉旨会同开办，奴才贻谷前在张家口时，以该各旗之土地肥硗，界域广狭，与已垦未垦可留可放情形，必须逐加查勘，方可切实核办。当拟由奴才魁福亲带员弁人等出口周历，一面就张家口设局开办，曾经奏明在案。现在奴才魁福已周行镶黄、镶白、正白、正蓝四旗界所，并其间三王公马厂、台、群牧地，均已一并勘明回口。查得该四旗可垦田亩，以镶黄、正白为上，镶白次之，正蓝又次之，土性差逊于右翼。而地数有加，私垦较少于右翼，而弊端相似。奴才等核其情势，与右翼无甚歧异。此次既推广开办，同时并举，仍应事归一律，以免参差。查右翼垦地现章，以三百六十号为一亩，百亩为一顷，五顷为一号。每亩收押荒银二钱、办公银一钱，于办公一钱之内，以六分作局所经费，四分作蒙旗协同办垦公费。其升科正项，无论系王公马厂及各旗垦地，每亩均征银一分四厘，遇闰每两加银三分，每正银一两，随征耗银五分。王公马厂，每亩征私租银四厘，由该地主向官领取。其各旗荒地，每亩亦收归公号租银四厘，另款收存，专备办理一切善后事宜之用。若升科年限，分别已垦未垦。已垦之地，于收缴押荒之次年升科，新放未垦之地，则于缴纳押荒后试垦三年，再行升科，并征解升科粮银。应需倾镕火耗解费，每亩准予加收银二厘一毫，以示限制。此右翼垦务现行大概办法。左翼可仿照施行，无须另行变通者也。至蒙艰宜恤，左右翼亦复相同，仍请恩准酌予各该旗官弁、兵丁随缺地亩及公共牧厂，俾资常年养赡。他如旧垦之宜清，地商之宜去，押荒之宜定期催缴，蒙员之宜酌调派差，私费则概予捐除，支应则力求搏节。一切应行随时随地体察商办之处，奴才等前于会奏右翼办法折内，业经详陈利弊，仍当督饬局员认真筹办，以期东西一律就绪，广浚利源。得旨，着照所请。该衙门知道。

（总 4981 — 4982）

36. [己酉]，谕军机大臣等，理藩院奏，喀尔喀亲王那彦图呈请赏还牧地招佃垦种据情代奏一折，已降旨依议矣。此项牧地，雍正年间赏给该亲王之祖策凌，用酬劳勚，与别项牧场不同。着贻谷查明该亲王牧地，令其自行招佃垦种，以恤蒙艰。他处不得援以为例。将此谕令知之。

（总 4982）

375

光绪二十九年癸卯（1903年）

春正月

12. [丁卯]，理藩院尚书阿克丹卒，予祭葬，赏其子员外郎海锟以郎中即补。

（总4988）

13. [丁卯]，以奎俊为理藩院尚书。

（总4988）

18. [辛未]，增祺奏，奉省有自然之大利三，曰荒，曰矿，曰盐，荒与矿已渐次推行，而盐务亦宜及时整顿，俾财用不至匮乏。……又于通江口添一分局，每年开冻后，由总局陆续用船运盐至彼，供吉林、黑龙江、蒙古各商购销之数。盐价只略加运费，须与总局不甚低昂。此即常平盐也。……

（总4988—4989）

35. [辛巳]，调清锐为理藩院右侍郎，溥颋为户部右侍郎，儒林为盛京刑部侍郎。

（总4996）

二月

20. [壬寅]，外务部奏，光绪二十九年正月十一日热河都统锡良奏酌拟热河矿务专章一折，本日奉硃批，外务部议奏，单并发。钦此。当经军机处钦遵抄交前来，原奏内称，热河山多田少，矿产甚丰。近年风气大开，民蒙趋之若鹜，渐启争端。若不妥筹良法，厘定章程，不惟于地方有所不宜，即矿商亦大不利等语。查臣部于上年四月奏定矿务章程，系中国办矿通章，业经通行各直省，令其一律遵守在案。若各处地方情形各有不同，由各该管地方官详慎体察，另订专章，与通章相辅而行，亦未始非因地制宜之计。今该都统所拟热河矿章四条细目二十四条，臣等逐条细核，与臣部奏定通章尚无出入。惟开矿条规第七条所载，由官试办矿产所需成本即在矿税项下动支作正开销等语，应令该都统于派员试办时，先行估计征存矿税已有若干，现拟提拨成本若干，咨明户部核办，以重课款。第九条所载旧有各矿业经封闭，若易人承办，自与旧商无干等语，查矿山经官封闭，旧商原不得据为己有。惟所置机器、厂屋等件，皆系旧商实在成本，应令查明，若未经抵作官款，又委系尚堪使用者，自应秉公核实估计，令新商备价接收，以示体恤。第十一条所载照给蒙地山分一节，查热河地方，多与蒙旗犬牙交错，如矿山四至，向为蒙古王公征收钱粮之地，除照章给与山分外，应将所收课税，酌定提归各旗成数，以补钱粮之不足。其余各条，均属可行。应请旨饬下该都统遵照办理。得旨，如所议行。

（总 5000 — 5001）

21. [癸卯]，以荣庆为镶黄旗蒙古都统。

（总 5001）

三月

20. [乙丑]，以常山为蒙古副都统。

（总 5010）

33. [甲戌]，调世续为镶红旗汉军副都统，以继禄为正红旗蒙古副都统。

（总 5011）

37. [丙子]，调岑春煊署两广总督，以锡良署四川总督。

（总 5012）

五月

2. [乙卯朔]，吴延斌奏，查升任护抚臣赵尔巽，因口外各厅垦地日广，人民日多，原设各厅，鞭长莫及，奏请移设太原府同知等四缺于二道河、宁远、大滩、大佘太，移宁远通判于科布多等处，以惩治源而弭隐患。业经政务处吏部核准复奏，奉旨，依议。钦此，钦遵行知到晋，由赵尔巽转行布政使、归绥道，饬各印委勘明界址在案。兹据该司、道详明勘分界址大概情形，并以大滩拟设厅治，东距科布尔厅治仅八十里，未免过近，西距辖界四百余里，又嫌过远，应移拟分新厅地方酌中之翁滚旧城，以资控制，请遴各员先行署理，俾得就近筹办一切，以重边治。复据署布政使胡湘林、按察使丰伸泰，将委署各员衔名详请具奏前来，臣查前议分厅一案，原为边外地广，民每不靖，非设官分治，无以为绥边弭患之谋，长治久安之计。加以各处蒙汉错居，民教杂处，垦务议创，百废待兴。现既将界址勘有端绪，自非遴委熟悉边情之员，先行署理，无以收人地相维之效。当饬照该司等所请，以太原府同知移驻归绥道属丰镇厅治东一百八十里之二道河，拟名兴和厅抚民同知加理事衔一缺，委现署丰镇厅同知候补直隶州陈时隽先行署理，以汾州府同知移驻归绥道属萨拉齐厅治西三百六十里之大佘太，拟名五原厅抚民同知加理事衔一缺，委准补河曲县知县姚学镜先行署理，以泽州府同知移驻归绥道属归化[城]厅治北二百一十里之翁滚城，拟名武川厅抚民同知加理事衔一缺，委候补直隶州知州陈政司先行署理，蒲州府同知移驻宁远厅，拟仍名宁远厅抚民同知加理事衔一缺，即委现署宁远抚民通判准补凤台县知县朱鸿文暂行署理，以原有宁远厅抚民通判移驻归绥道属宁远厅治东三百六十里之科布尔，拟名陶林厅抚民通判加理事衔一缺，委候补知县沈守正先行署理，其二道河科布尔原有巡检二缺，遵照政务处吏部议复，均改为兼管司狱事，宁远厅原有通判司狱一缺，改为同知司狱，武川、五原二厅应设司狱，由何缺移改，俟署同知到后禀明办理。均先刊给木质关防钤记，暂资应用。并饬将辑民教，清词讼，编保甲，划田赋，立巡警，兴学校，建署狱，通邮驿，设分防，议公费。绘舆图各事，因地因时，次第筹办，俾图整顿。现当议改议分之始，兴革诸务，端绪宏大，条目纷繁，必须熟筹于事前，方免补苴于事后。得旨，该部复议具奏，单并发。

（总 5025 — 5026）

6. [戊午]，谕军机大臣等，长庚等奏议还借地一折，据称阿尔泰山地段，周围七百余里，从前借给塔城之案，缪辖多年，现经该将军秉公勘议，将原借地段，交还科布多参赞大臣管辖，其潜住之哈民，人随地归，住科布多境者，归科城管辖，住塔尔巴哈台境者，归塔城管辖等语，应如所请办理。即着瑞洵、春满迅即定期交收，妥为安插约束，和衷会商，悉心经理。其潜入新疆南北路之哈民，着潘效苏赶紧设卡查禁，并另派员会同科、塔两城派来之员分别收回，各归各牧，以免纷扰。余依议。

（总 5026 — 5027）

29. [丁丑]，外务部奏，蒙古地方，土脉雄厚，矿产富饶，久为外人所歆羡。其在图什业图汗、车臣汗各旗界内，西自鄂尔河、哈拉河至额能河，北自色坲河至伊鲁河，共有金矿五处，苗线尤旺。前经升任定边左副将军库伦办事大臣连顺拟请招集商股，购运机器，相地开采，并据前天津税务司柯乐德禀请代招俄股遵章妥办，当于光绪二十四年十一月间，奏奉硃批，着总理各国事务衙门会同矿务大臣妥议具奏。钦此。适侍讲学士贻谷，以连顺所请招商开采蒙古金矿有害无利等语入奏，奉旨，着归入连顺前折一并核议等因。钦此。旋经总理衙门会同路矿总局复奏，请特派大臣督办，并附片声明，先由图什业图汗界内设厂兴办。

奉旨，着即派连顺会同兴廉督率办理，余依议。钦此，钦遵咨行在案。二十五年四月间，复经连顺奏明筹办矿务情形，并派柯乐德购定机器，延聘矿师，招集洋股，以便招工开采。嗣于二十六年，因蒙古该旗盟长呈报有碍风水游牧，经理藩院奏奉谕旨，派大学士昆冈，驰往查办，奏请停止。奉旨，饬下连顺将柯乐德妥为遣散，并着丰升阿将矿地封禁等因，即经总理衙门咨行该将军等钦遵办理各在案。本年二月间，据总税务司函称柯乐德前办库伦图、车两盟金矿，办理年余，忽又奉饬停办，该员所置机器、矿师、工匠人等仍在彼守候，甚望转圜，俾得两益，并将柯乐德所具说帖呈请核办前来。当经臣部咨行库伦办事大臣暨定边左副将军查复去后，兹据该大臣丰升阿咨称，该员柯乐德虽经奉饬遣散回国，而以前办理年余，赔有巨款，迄未离开，机器房屋，依然尚在，矿师人等，留未资遣。事关洋员，各处又均有合股办矿之举，此则独禁，而强令任赔中止，诚恐别生枝节。查臣部议复热河都统锡良折内请将蒙古各旗矿产设法开采，又政务处议复山西巡抚赵尔巽折内，亦有内外蒙古矿产甚繁，兴利实边当务之急各等语，均经奉旨允准咨行到库，札饬各盟一体遵照。该盟长等已知开矿兴利之意，现柯乐德请仍续办矿务，亦应各无异言等因。并准该将军连顺，将该处开矿并无窒碍情形声复到部。臣等伏查蒙古图什业图汗、车臣汗两盟界内矿地，逼近俄疆，久为彼国游民私自偷挖，防维杜绝，智力俱穷。是以前出使大臣洪钧，曾有自行设厂控金，以防俄人越取之奏。即连顺原议，亦无非为兴利防害起见。只因蒙人赋性多愚，不免惑于风水之说。其实俄人越境私挖，仍难禁阻。设因驱遣之故，由其领事向我请办，则事关交涉，准驳均属为难。不如先自开采，准令俄人附股，犹得稍保利权。况近来风气既开，迭奉谕旨，兴办矿务，彼蒙民僻在边隅，亦渐知矿产之利，既据该大臣等查明矿情，均无异议，应请仍照原案办理。如蒙俞允，请饬下库伦办事大臣丰升阿，会商定边左副将军连顺，妥订详细章程，奏明办理。并照总理衙门原奏，先就图什业图汗界内开采，徐图推广，以裕利源。得旨，如所议行。

（总5031—5032）

闰五月

9. [戊子]，贻谷等奏，绥远城八旗牧厂，前经调任将军信恪奏明扩充垦务，钦奉谕旨，随时会商奴才贻谷办理。当因牧厂地界，与土默特尚有轇轕，未便率行开放。经奴才贻谷委员会同绥远城、土默特各员前往履勘，拟俟统行清丈后，按照道光二十三年奏案，将八旗应得地数，划归绥远城，分别开垦，留牧余地划出，另行垦放，业经陈明在案。伏查乾隆三年，由土默特地内恩赏绥远城驻防官兵牧厂，原系南北宽二百里，东西长三百里，旋于是年七月间，仍在大青山沟另指十处，作为牧厂，八旗两翼各分四，至中间空地，照旧归土默特。其牧厂界内，土默特蒙古亦准寄居，先系随同水草，公共游牧。后于乾隆二十八年，经将军蕴著奏明，在牧厂界外拜衡郭尔山前，另断土默特游牧地。而绥远城泥于从前公共之文，不免挽越，遂有道光二十三年互争游牧之案。将军奕兴、归化城副都统成凯先后具奏，奉旨着仍赏给土默特，其八旗马厂，仍循旧界，以杜争端等因。钦此。然判别于马厂之外者，游牧虽已各分，而错处于马厂之中者，地段依然相接，杂居日久，耦俱无猜，厂地渐就混同，土默特亦未尝考其界划。至去年奉旨扩充垦务，土默特参领等始以牧厂内当有该旗应得之地，赴奴才贻谷处呈请分别办理。奴才等调阅两处地图界址、里数，均多不合，详加询问。而绥远城、土默特官员，皆不能确指其应分地段。奴才等遂于七月间会委各员前往查勘，因地方辽阔，一时未能丈量。各委员就查勘所及，证以绥远城地图，用按里合顷之法，核计共三万二千余顷，照道光二十三年奏案，八旗马厂，除已放地亩外，尚有草地二万余顷之语，迥不相符。奴才等以非统行丈量，终难凭信。惟时值秋冬之际，天寒地冻，人力难施。本年二月间，拣派绳丈委员，分赴八旗两翼马厂，认真逐加勘丈。现虽未一律丈竣，而就各处册报，其地数较旧案实有增多。奴才等传同绥远城协、佐领公同商酌，拟照前奏，将绥远城牧厂，除已放粮地不计外，应得草地二万零一百四十一顷十亩划清，其余地亩仍划还土默特，该员等均无异词。此奴才等查明绥远城牧厂与土默特应行各清地界之实在情形也。至牧厂之地，乾隆六十年、嘉庆十一年、十四年因筹满城养育兵及孀妇孤女养赡钱粮，先后三次奏放，共计七千三百余顷，由归化厂按年征租，现在统为粮地。此外放荒地间有私垦，尚不甚多，迭次出示招报，迄今报者寥寥。奴才贻谷饬令委员到地时，一面丈量，一面清查，除粮地外，无论已垦未垦，一律满丈，按照定例，以二百四十弓为一亩。俟统行丈完后，先划足绥远城二万一百四十一顷十亩之数，分别垦牧。详察牧厂各地，以正蓝旗两翼土性为最，正白、镶蓝两旗次之，正黄、镶黄、正红三旗又次之，镶白、镶红两旗山多地劣，可耕之地较少。现拟照信恪原奏，略加变通，除去山河、道路、村镇及仅宜牧而不宜耕者，留作牧地，余均尽数开放，以三分计之，约计应分地亩不过二分上下，与原奏不甚悬。该处厂地，尚无旗员、地商串通私卖私租等弊，与察哈尔左右翼情形不同。应收押荒，即照他处稍增，民户亦当愿领。惟地性既分等项，荒价亦应有区别，庶上地不致贱放，次地不至滞销。参酌户部奏章，量为变通，上地每亩收押荒银四钱，中地三钱，下地二钱，先行试办招垦。如有窒碍，仍由奴才等随时妥议奏明。所收荒价，以四成留作办垦经费，以六成为建立学堂、改练新操等项之需。至部章押荒虽判等差，地租则统归一律。查向办开垦王公报效马厂章程，每亩征官租银一分四厘，另征私租银四厘。而绥远城前放成案，则系每亩征官租银二分一厘五毫。奴才等窃见承种粮地各户，因欠租报逃者不少。博访舆论，新垦厂地，若仍照二分一厘五毫征收，民力实有未逮。与其后来避租逃弃，使地亩仍旧荒芜，何如赋则从宽，使民户易于输纳。且口外放地，每亩多按三百六十号，而厂地则向按二百四十号，广袤既殊，租入尤应量为体恤。拟仍照各处开放马厂部章，每亩征银一分四厘，遇闰每亩加征银三分，每征银一两加耗银五分。既非王公报效马厂，即毋庸另征私租。其升科年限，分别已垦未垦，已垦之地，于收缴押荒次年升科，未垦之地，于缴纳押荒后试垦三年，再行升科。并解升科租银应需倾镕火耗解费，每亩加收银二厘一毫，以示限制。核计现定租银，专就牧厂而言，此旧额似形减少。若以东西各垦通盘筹算，各垦之定一分八厘租者，其地则以三百六十号为一亩。牧厂之定一分四厘租者，其地则以二百四十号为一亩。不能不因其旧，并不能不酌其平。奴才赒谷维持全局之心，实在于此。顷在口外添设厅治，分划地界，尚未奏定。此项定租，应归何衙门征收，俟随后详加体察，再由奴才等会同山西巡抚臣具奏。下户部议奏。

（总5037—5039）

六月

7. [丁巳]，以萨镇冰为广东南澳镇总兵。

（总5047）

9. [丁巳]，马亮奏，伊犁自承平后，士风谫陋，师道浸微，满营办事人员，通晓满、汉、蒙、回文义者，固不乏人。然兼通俄国语言文字，熟习交涉事务者，究难其选，现设义学，所教子弟，亦徒粗知满汉文义，未能会通中外文学，若不开通风气，培养才能，诚恐继起无人。……

（总5047）

秋七月

7. [戊子]，谕军机大臣等，有人奏热河赤峰县知县现署朝阳县知县缪桂荣，袒护拳匪头目喇嘛潘成，抢劫商民，伤毙教民，并在赤峰县任内得贿，释放马贼等语，着松寿按照所参各节，确切查明，据实复奏，毋稍徇隐。原折着抄给阅看。将此谕令知之。

（总 5058）

30. [乙巳]，谕，丰升阿等奏，哲布尊丹巴呼图克图本命年，向达赖喇嘛、班禅额尔德呢等祈福公文，请旨由军机处转递一折，哲布尊丹巴呼图克图光绪三十一年三十七岁，遇本命年，因年岁切实向达赖喇嘛等祈福，实属瑞事，加恩由伊向达赖喇嘛等祈福公文，即交军机处，着丰升阿顺便转行藏外。其达赖喇嘛、班禅额尔德呢往返咨行哲布尊丹巴呼图克图公文，着裕钢等仍照前转递军机处。

（总 5068）

31. [乙巳]，长顺奏，奴才等前因东三省铁路俄已修竣，意欲展修省城至长春枝路，以接干路，奏请专归中国自行兴修，以保利权，于光绪二十八年六月初七日专折密陈，奉硃批，外务部议奏。钦此。嗣经外务部奏复吉林省城至长春一段铁路，亟应筹款自筑，此段工费约计需银二百数十万两，应请饬下户部先筹的款八十万两，为之基础，不敷之数，即由吉林将军就地筹集，或招集华商股分等因。又经户部奏复，此款先据外务部咨商，当经臣部片复在案。……

（总 5068 — 5069）

32. [丁未]，贻谷奏，奴才于闰五月二十七日驰抵包头镇，时伊克昭盟所属如乌审郡王、鄂托克扎萨克等旗，经叠次文札严谕，并遴派晓事之员商及格（限）[根]喇嘛人等，络绎往说，始

各遣员到包，听候商办开垦。奴才当聚集详商，示之利益，仍一
面分饬该各王公等躬亲赴调，期于面宣朝廷德意，以免隔阂而释
猜嫌。现在达拉特旗贝子图们巴雅尔、扎萨克旗辅国公衔头等台
吉沙克都尔扎布均即遵调前来，晤商一切。观其抒诚效顺，已晓
然于办垦之果为蒙旗，当群情观望之余，几穷于操纵之术。乃奴
才此行，尚有此一二藩臣，趋来就见，亦以见蒙情虽玩，终懔天威，
自应结其欢心，以劝来者。当将该贝子等委令襄理西垦，借资得
力。而其未来之扎萨克等，或以疾辞，或以事告，虽不无托故饰
词之意，惟既各有派出之员持文报地，是所望于该旗者已得。彼
扎萨克等即未能一一亲来，固不必深求，以示宽大。查伊克昭盟
七旗，现惟盟长杭锦旗，前虽呈报杭盖地段，未经指交，近为乌
盟所唆，微露反复，已严札饬遵，并派员仍往守候交收，不得不
徐观其后。其余六旗，若达拉特议允开渠，准噶尔指报河北地段，
业经前次陈明。他如乌审现报之地，东西三四百里，南北七八十
里。扎萨克现报之地，东西百余里，南北一百四五十里。计该旗
辖地，已报有十之六七。至于鄂托克，一于两段中认开一处，一
于来文中并报两地，计长均百里以外，宽约二三十里四五十里不
等。以上先后报垦各地，全属河套。但使杭锦仍遵前议，不至始
终异辙，则伊盟所属，一例可开，现已分委各员前往验收。惟思
各旗土地，广漠无垠，延袤千有余里，距边远近既有不同。而土
性肥硗，亦复各异。执一例百，必扞格之多虞。并举兼筹，更鞭
长之莫及。上年奴才到晋，与升任山西巡抚臣岑春煊会筹办理西
垦情形，曾议及从乌拉特旗入手。今乌盟尚未就议，拟先尽达旗
指报河北各地，并力经营。该处附依大海，全资水利，度地开渠，
向为民蒙商户之所争。而即此次办垦之先务，奴才业经派员分赴
缠金后套，周历查勘，择稍易为力之处，先行试办。一面筹集官
商资本，备款招工，一面酌定租则，招徕民佃。俟办有端绪，即
行奏闻。此达旗之宜首先开办者也。其他各旗，则须由近及远，

次准噶尔旗，次郡王旗，又次扎萨克、乌审、鄂托克等旗，相距遥远，不尽为晋边之所及。惟有相时度势，各就民蒙土地之宜，依次分别办理，以期渐进有功。报闻。

（总 5069 — 5070）

33. [庚戌]，谕军机大臣等，春满电奏称，阿尔泰山交还科城一案，遵旨派令领队大臣图瓦强阿前往督饬办理交割事宜，兹据该领队函称，有科城委员溥涌等，因诈索科属科萨克总管不遂，将该总管锁押卡伦侍卫处，旋经哈众抢去，彼此战斗，互相受伤。该委员等专差持文到城，借调炮械，意欲复仇，经章京拒绝，风闻犹有在科城调兵之说等情。着瑞洵迅即驰往哈巴河、阿尔泰山一带，将安辑交收事宜，妥为办理。并弹压科属哈众总管等，各安游牧，毋庸滋事。委员溥涌等诈索情事，并着瑞洵查明参办，毋稍回护。

（总 5070 — 5071）

八月

2. [癸丑]，以溥润署理藩院左侍郎。

（总 5071）

13. [庚申]，外务部奏，光绪二十九年七月二十日热河都统松寿奏续修矿章推广办法一折，本日奉硃批，外务部议奏，单并发。钦此，钦遵由军机处将原奏清单抄交前来。查原奏内称，热河办矿章程大纲四条细目二十四条，经前都统锡良片奏明在案。近日官办商办，各有遵循，以故风气大开，呈请开采者，接踵而来，课款亦日有起色。然利之所在，弊即生焉。细绎原定章程，本为至周且密。但近来办矿黠商，往往从指明地段限制之外，任意侵逾，其经手之人，又或以多报少，冀图蒙混隐瞒。若不先事预防，流弊必种种不绝。至蒙旗山分之外，前经外务部核议，酌提矿税以示体恤，拟由官课内提给一成，并不取之矿商，以昭大信。此皆原奏未尽事宜，悉心酌议，应即续行添入。若铜、铅、锡、铁等矿，口外采者向属寥寥，故原定章程税则，止及金、银、煤矿，并未议及此项。若不明定章程，一经开办，必多狡执。应酌定办法，俾有遵循。谨续拟矿章四条，应请敕下外务部核议等语。臣等查热河办矿章程，业经臣部于本年二月间核议奏明在案。惟开办矿务，关系紧要，如有未尽事宜，自应随时厘订，以期妥善。兹据热河都统松寿续拟章程四条，臣等详加查核，其第一条所载开矿地界以围圆计算一节，矿地界址本应划清，以防侵占。现拟将原定大矿二十里小矿十里之界，均以围圆计算，并标明四至绘图立案，自足杜矿商影射侵逾之弊。其第二条所载矿局账目检簿核对一节，矿产采取多寡，原以矿局账目为凭，非详细核算经手之人，即不免以多报少，希图漏税。现拟将每月出数若干，核实登簿，盖用戳记，听候委员检簿查核，庶就矿征税，不至稍有隐匿。其第三条所载矿税一成提给蒙旗一节，臣部于议复前热河都统锡良奏拟定矿章折内业经声明，应将课税酌定提归各旗成数，以补粮之不足。现拟以税课一成提给蒙旗，核与臣部奏案相符。该款出自公家，于矿商课税并无加增，尚属公允。其第四条所载铜、锡、铅、铁各矿分别大小呈交押课银两，并照值百抽十升课一节，热河金、银各矿押课章程，大矿交银三百两，现拟将铜、锡、铅、铁各矿分交押课银，大者六百两，小者二百两，较金、银各矿为轻，应令如数交纳。至以值百抽十升课，则较热河金矿值百抽六、银矿值百抽八章程为重，不足以昭平允，应令均照值百抽五升课，作为暂行试办章程。俟另定通行税章，仍令一律照办。以上各条，除铜、锡、铅、铁抽收税课应照臣等所拟办理外，其余均可补原章所未备，自应准如所请。如蒙俞允，即由臣部咨行热河都统归入前定章程，一并遵照办理。得旨，如所议行。

（总 5074 — 5075）

16．[壬戌]，绥远城将军恒寿卒，予祭葬，赏其子员外郎崇福以郎中即补。

（总 5076）

17．[壬戌]，以贻谷为绥远城将军。

（总 5076）

18．[壬戌]，以德麟为库伦办事大臣。

（总 5076）

20．[癸亥]，以德峰为镶蓝旗蒙古副都统。

（总 5076）

35，[癸酉]，调溥兴为理藩院尚书。

（总 5088）

37．[甲戌]，调松寿为镶蓝旗满洲副都统，以塔克什为镶红旗蒙古副都统。

（总 5088）

39．[丙子]，谕军机大臣等，有人奏蒙古游牧开办盐场，请饬行查等语，着袁世凯查明情形，据实复奏。原折着抄给阅看。将此谕令知之。

（总 5088）

43．[戊寅]，贻谷等奏，奴才等筹办察哈尔左、右两翼各旗垦务，曾经先后奏明，给予各蒙旗官弁、兵丁随缺地亩及各苏木公共牧地等情，奉旨允准在案。惟此项缺地、牧地，如何分别拟留，前以未据该旗将各苏木官弁、兵丁详数及有无未垦之地大概数目呈报到齐，未能遽行核办。现两翼垦务各局清丈将竣，约知地数，并已查明每旗大小苏木若干，苏木官兵若干，呈报前来，自应遵案将缺地、牧地详定章程，分饬拨留。查察哈尔蒙地，附近直、晋道厅，各旗私放得租，久已计不在牧。特蒙情虽变，蒙俗不殊。刍牧之求，固宜早为之所。牧地一项，拟每整苏木酌留十二顷，半苏木及半中之半苏木，减拨一半，计每苏木六顷。牧地与垦种之地不同，不必区别肥瘠，亦不必拘定一处。但水草相宜，或与蒙营相近，截长补短，尽可照拟拨给。如本苏木地，皆已垦尽，或不敷拨给之数，即于左右附近各苏木，另行划补，以免向隅。如此拨留，足敷牧放。并拟俟两翼地亩丈竣时，如有苦寒硗确不堪耕种之区在何旗界内，拟即留给何旗。此酌留公共牧地之办法也。其随缺地一项，查察哈尔官兵等俸饷无多，日艰一日，此后地归官办，无复自私自利之谋。若不恤身家，宽为筹计，将使资生无术，难免觖望之心。拟仿照吉林、乌鲁木齐奏拨缺地成案，酌量稍加，总管每员给地八百亩，正参领每员给地六百亩，副参领每员给地五百亩，整苏木之佐领每员给地四百亩，半苏木及半中之半苏木，其佐领每员均给地三百亩。满蒙理刑官，每员给地二百亩，总管下及整苏木之前锋校、护军校每员给地二百五十亩，笔帖式及额设捕盗官每员给地二百五十亩，半苏木及半中之半苏木，其前锋校、护军校每员给地二百亩，笔帖式及额设捕盗官每员给地一百五十亩。至各苏木额设兵丁，有大小钱粮之别，今拨留缺地，应分别办理。马兵每名拟给地百亩，步兵每名拟给地六十亩，各捕盗兵如系额设，每名亦给地六十亩。此酌留缺地之数。若拨留办法，一须统剂其平，一须预防其弊，各苏木官兵缺地，应各由本苏木划留。惟内有地已私放净尽无地可拨者，若遽由他苏木拨补，是有余地之苏木，反因拨地于人，致官局少放地若干，即该佐亦少得四分经费之利。而无地者既早获盗卖之价，又同得养赡之田，等量齐观，殊非公允。不得不量予裁减，微示之罚。此项无地可拨之苏木，拟照现定应得各项缺地数目，减半拨补，并须俟有地之原苏木，先将本佐官兵缺牧拨留完竣，再以余地分拨，免致喧宾夺主之嫌。如备拨之地，仍有不敷，则拟由升科之四厘另租项下，以租抵补。每亩拨若干，照正赋一分四厘核计。若地虽未及放尽，而所剩之地，不足现定缺地之数，尚缺若干，亦于另租项下折米抵补。如尚缺十顷，补以五顷之租，余可类推。

于薄罚之中，仍寓体恤之意。此酌剂其平之办法也。蒙人惟利是图，罔知后顾，此次所拨各项缺地，系为该官兵等永资养赡，将来生计，全恃乎此。若不预为之防，难保该官兵等不仍前私卖。拟自拨定之后，由奴才奎顺衙门查照立案，并饬由各该旗将拨留数目详造细册，送由奴才贻谷钤盖关防，发存各旗，遇有官兵迁调，将此缺地算入交代，不得稍有含混。至缺地拨给官兵，或自行耕种，或招佃分收，悉听其便，惟不允私行变卖。无论是官是兵，如有营私盗卖盗典及假托永租不卖之卖，致令地非其有，一经奴才奎顺衙门查出，或别经发觉，官则参处，兵则革除。其私买之人亦与私卖者一并惩办，仍追夺原地归旗。如此严立防闲，庶可永远遵守。此预防其弊之办法也。以上牧地、缺地，无非惠恤蒙旗，应请旨准免其押荒升科，以广皇仁而纾蒙困。至世职一项，承袭多寡靡定，原不以缺论，未便一律给以业田。拟俟垦务办清，于该各旗应得四分办公经费内，如有余储，每旗提银千两，由垦局移交就近地方官，发商生息，按年以所得息银，由地方官查取该旗世职员名数目，并孤寡蒙民几户，均匀给予，俾资津贴。即人数加多，亦只均分此项。他如各庙香火地亩，须确查旧有顷亩若干，有无别项羼轇，由官局厘清，准其照章管业。惟勘丈动需经费，拟令照章缴纳押荒一半，以济公用。至升科拟请宽免，俾其以常年租项，借资养赡，齐其整不易其俗，亦辑安蒙众之一事也。其余应须划留之地，如考验场军政操场各衙署，四围空闲，均拟察度情形，一并预行划拨。得旨，着照所请。该衙门知道，片并发。

（总 5089—5090）

44. [戊寅]，贻谷奏，开垦所以实边，安边必先置吏。察哈尔两翼八旗所属，地连蒙古，而左翼尤密迩畿辅，屏蔽北门。当振兴边务之时，尤应预为因地制宜之计。左翼原设三厅，曰张家口，曰独石口，曰多伦诺尔（多）厅，自驻口外。张、独两厅，则借驻口内之万全县、赤城县境。计该三厅所辖，向只招垦升科之地，附近何厅，即归何厅治理。从前地土荒芜，人烟稀少，事尚简而易理。然一遇命盗词讼各案，辄待拘质于数百里外，不惟驻口内之张、独两厅，大有鞭长莫及之势，即多厅亦以地段袤延，不无顾此失彼之虑。况现在左翼各地，业经放垦过半，计纵横千有余里，其间汉蒙错处，民教杂居，缪辖事件，日多一日。若再将新垦之地，分附三厅，而张、独两厅仍驻口内，幅员既广，周顾愈难。口外商户，半多四方不逞之徒，霸占强争，动辄械斗。兼以马贼土匪，出没无常，抢劫之案，所在多有。调兵往捕，兵至则远扬，兵去则复聚。官力不足，其势然也。夫聚民以辟地，设官以治民，事本相宜而起。自非移添厅治，不足以规久远而策治安。现既垦地日广，户口日繁，保教辑蒙，安氓捕盗，在在均关紧要。奴才等体察情形，似宜将原设张家口厅、独石口厅均移驻口外适中之地，便民就治。并宜于附近直、晋新界地方，如大塔拉、老虎山等处，择设一厅，以控制西北。又张、独之间如闪电河，均系冲要处所，或再酌添一厅，或设分防，于吏治边防，实属有裨。下吏部议奏。

（总 5090 — 5091）

九月

25．[戊戌]，以堃岫为理藩院右侍郎。

（总 5098）

34．[丁未]，袁世凯奏，查宣化府所属十州县及张家口、独石、多伦诺尔三厅盐务，已经奏明官督商办，暂令每年包交课银三万两，并声明都统衙门所收盐厘，循旧抽收，其余一切陋规花费，概行裁革，钦奉硃批，着照所请，该衙门知道。钦此，遵经行司转饬口北督销局，按照奏明办法，分别移行遵照在案。兹据运司汪瑞高详据局员禀称，移经张家口监督复称，蒙盐内有正税，

391

询其每年额征若干，称系查照户部则例口外盐税每石一两五钱，每年所收税银，统归任满报部，并无一定，每盐一石征银四分，岁无定额，所征银两，向俟一年期满，随同杂税于次年五月请咨解部，其数岁约四百两左右，额征落地税银一万六千余两，盐税即在其内各等情。该司查得长芦食盐征课之后，经过关卡，不再抽税。蒙盐乃独有进口税则，盖因利源未辟，口北盐务，从未整顿，任听私自贩卖，故并入百货一律征收。现既奏定创办督销归入芦纲，由商董包课行运，酌定年额，兼之近年察哈尔都统衙门抽厘加价，重叠稽征，价已较前倍涨。若再向盐督衙门及多伦厅缴税，不独芦纲例章未合，并恐于民食商情，多所关碍。且原奏声明，惟都统衙门盐厘照旧抽收，其余概行裁革。嗣经户部咨复，亦未指明前项盐税仍须照征，尚非税额着重之款，既称系载在则例，自应奏请裁免，以恤商艰。又宣化、延庆、保安、西宁、怀来等五州县，每年应征包课银二千五百九十四两四钱三分二厘，原因各处向食蒙盐，并无额课，故由民间摊交。今已官督商办，由局交课，此项包课银两，系属重复，应请一律裁免。并开州县额征包课银数清折，详请具奏前来。臣查长芦引盐征课以后，经过关卡，例不重征。口北盐务，既设局官督商办，由局交课，所有张家口盐督衙门向收盐税，每石征银一钱五分，多伦厅盐税，每年约征银四百两，并宣化、延庆、保安、西宁、怀来五州县每年应交包课银二千五百九十四两四钱三分二厘。合无仰恳天恩，俯准自本年五月口北督销设局以后，交纳前项盐课包课，一并裁免。其多伦厅裁免盐税银约四百两，系在该厅额征落地税银一万六千余两之内，并请照数减解，以昭平允。下户部知之。

（总5100）

十一月

19.［甲午］，贻谷奏，奴才于十月初二日由张家口勘办垦务回绥，接准户部飞咨，饬将察哈尔左、右翼垦务局现收押荒银两，先行派员解交部库，以供鼓铸之需等因。伏念奴才奉命督办蒙旗垦务，原期振兴边利，裨益国家。但涓滴之已储，恒输将之恐后，矧值部库待款孔亟，更有不得不提前办理者。查奴才前两次奏报察哈尔右翼丰镇、宁远两局，现收荒价银十五万余两，左翼张家口局，现收荒价银八万余两，系统举其数，办公银两原在其内。兹部奏内称，应令查明此项应收银数，有无办公银两在内，迅速声复等语。不知奴才上年先后奏陈察哈尔两翼垦务办法，拟定每亩荒价银三钱，当因该两处原办章程，每亩止收押荒银二钱，并于二钱内开支经费，归入公家者较少，是以议加一钱，每亩收银三钱，以新加之一钱六成，作为垦局经费，四成作为蒙旗协同办垦之费。押荒到公，每亩实收银二钱，较前增入公家之数，约在一成以上，而又捐除一切私费，是每亩三钱。分言之，则押荒银二钱，局蒙办公银一钱。合言之，则押荒办公统为荒价也。奴才前奏曾将两项并计，以现在并非奏结报销，无须逐款分晰。查此项右翼地亩荒价，截至本年六月，收银十五万余两，除经费外，计押荒银十万两零。而山西添设口外厅治，经升任抚臣赵尔巽奏指动用此款为办公需用，当由奴才前后分拨新添之五原、武川、陶林、兴和等四厅，共银一万二千八百两。又兴修达拉特旗渠工，拨用银二万余两，现实存右翼押荒不及七万。其左翼荒价，前奏收银八万余两，除经费外，计实存银五万余两。而前因开办之初，需款浩繁，动用经费二万余两。现实存左翼押荒三万余两，两处合计共银十万两之谱。现既部库异常匮乏，整顿财政，鼓铸银钱，实有待米为炊之势，自应极力筹措，先其所急。遵由右翼垦务押荒尽数提银七万两，由左翼垦务押荒尽数提银三万两，共库平银十万两，于光绪二十九年十月二十九日发交号商存义公、合盛元、大德通汇兑至京，限十一月内前赴户部投纳应用，以后续征押荒，本应仍行悉数解部。惟晋省设官伊始，一切修署建狱兴工警察保甲，在在均不可缓，需费綦殷。业经赵尔巽奏明，由丰宁押荒项下动支借偿挹注。口外地方重要，不能不并顾兼筹。拟于右翼押荒所入截留四成，拨充晋省新厅经费。至左翼应收押荒，复经直隶督臣袁世凯奏请援照前案留充直隶经费。察哈尔饷源支绌，所请留拨押荒分充防饷，察核大概情形，较上届尤为紧要。奴才亦应力为接济。复拟于左翼押荒所入截留四成，以二成拨归直省，二成拨归察哈尔，为分济边防之用。其余续收六成押荒，俟集有成数，即行陆续解交部库，以备鼓铸要需。如此变通办理，内供周转于司农，外助维持于疆吏，于国计边筹，两有裨益。下部知之。

（总 5119 — 5120）

十二月

9. [辛酉]，贻谷奏，奴才督办蒙旗垦务，西为乌兰察布、伊克昭两盟，东为察哈尔左、右两翼，经划三千余里，操纵二十余旗，一切创立规模，动需款项，到晋之始，即以经费为虑。虽于上年三月间，与升任山西抚臣岑春煊会筹西盟垦务情形折内，议及于荒价外另增二成，作为经费。惟该盟允否开垦，尚不可知，安能待耕而后食。而其时丰镇、宁远押荒旧局，征存无款，并难挹注，几有无米为炊之势。幸赖岑春煊顾全大局，力为筹垫，俾得借以开办。嗣奉会筹察哈尔右翼蒙垦之命，复咨由直隶督臣袁世凯借拨押荒旧款。未垦之局始开，经始之难如此。今者察旗两翼，垦利畅兴，伊盟七旗，节次推办，亟应将先后设局及员司书差夫役等额数，并各项开支数目章程，敬为我皇太后、皇上缕晰陈之。

查奴才于光绪二十八年行抵山西省城，仅随带兵部司员书差及拟调之京外各员等，经营始事时，虽未开局，而无事不资议办，未便令在事诸人，枵腹从公。当暂由山西酌发津贴，用款无多。及四月奴才赴口外归化，察其地尚适中，设立行辕，为奴才驻扎之所。例用文武巡捕印官各员，拣派差官通事人等，并因利弊所关，要在随时随地，耳目能周，遂有总查、稽查之设。其隶行辕之局，有文案、收支两处，一为统司文牍往来，一为统司款项出入。而东西并举，端绪纷繁，尤非有总司垦务之区，承转其间，不足以资统摄。是以仍于归化设有垦务总局，俾丰镇、宁远、西盟各分局归其统辖。以上行辕文案收支总局，统于光绪二十八年五月初一日开办，其丰镇、宁远系办察哈尔右翼垦务。旧有押荒局，设于丰镇，奴才亦由上年五月初一日接收办理，另行拟定扩充章程，奏明在案。嗣以宁远厅所属之镶红、镶蓝两旗，距丰较远，兼顾为难，遂于上年十月二十日另立宁远分局，亦经附折陈明。若西盟垦务，先于上年八月间在包头镇设立一局，筹布始基，未经多派人员。及伊盟就议，蒙地可开，始于本年五月二十日派齐员司人等，先行择地开办，修渠招垦，并分收伊盟各旗认垦地段各事宜。俟推行渐远，再随时审度情势，另立分局。至察哈尔左翼垦务，系奴才贻谷会同奴才奎顺、奴才魁福等另办之件，上年奉旨后即行筹议，至上年十月初一日，始于张家口开局倡办。此先后设局日期之实在情形也。蒙地地方辽阔，垦务头绪纷纭，无一处一事，不需人料理，势不能不广收策力，分任责成。然奴才已减之又减，惟于归化总局、张家口局委用总办、会办各二员，其他各局总会办每处只用一人。若帮办之帮同办事，譬人之有左右手，每处均设一二员。余如提调为一局枢纽，除行辕文案收支各项拣派外，他局则必不可少，或一员或二员，以繁简为衡。至应用各项委员，各就应行分办之事，依实定名。如行辕文案为文件总汇之所，则以立稿掌案收发翻译为重。行辕收支为款目总汇之所，则以综核支应主稿掌案为重。他如各局之主稿收支稽核绳丈测绘抽查转运招垦翻译掌案等项，在在均关紧要，尤应及时分委，收众擎易举之功。降至司事通事书差夫役人等，各局多寡不同，无非以敷用为准。此拟定各局差额之实在情形也。用人须求得力，必使之有以自给，而后可严其责成。以荒寒朔漠之区，重以奔走沾涂之役，人方望而生畏。若复省啬于薪水工食，其谁能堪。兼之僻处边隅，百物腾贵，数倍内地，尤不得不量予体恤。垦差本苦于各项常差，而口外垦差更与他处垦差不同，开支薪工，何敢过刻。然亦未尝为盈满之施，虽极之各局总办，月薪不过百两，会办、帮办则七十两五十两而止，提调委员，以次递减，至于书差夫役工食之给，更微乎其微。至房租柴炭，总为局费之需，心红纸硃，尤切办公之用，均即分别核定，俾免虚文。尤要者，书差下地，不无车费马干。向日旗委各员，勘指丈拨，往往支应于地，弊端日出，匪夷所思。今则私费一概捐除，若勿优给川费，而徒责以任重服劳，势必无能为役。即不然而巧黠之徒，难保不蒙混欺侵，自私自利，将省费而反以亏公也。是以体察情形，酌中定拟。其制造一项，如绳弓旗帜标答锹镢罗盘珠算，凡此所必需之件，价值未便预估，亦必动用核实。此酌定薪工川费及办理一切制造之实在情形也。丈量地亩，随处需兵弹压，奴才未专招垦队，开垦近直者，借用直兵，开垦近晋者，借用晋兵。惟蒙境购食维艰，人每惮为垦役，此项随处弹压之兵，当拟每名每日给银四分，添给口粮，所费不多而得力甚大，亦一时量为变通之事。又蒙旗开垦，动与地方有交涉事件，直、晋边厅，资其呼应，亦宜有酌给津贴之处。至如拣调蒙旗各员，随同指界分界，理结蒙众各案，供我驰驱，自当恤其身力，微予津贴，又事理所应有。此又分别支用各项津贴之实在情形也。尤有请者，奴才督办东西垦务，东则难于清厘，而并难于开悟，喻之以利，尤须动之以情，犒赏燕饮之联欢，报赠往来之礼数，权宜所用，动费不资。加以口外教堂林立，几于无地无教，一有弗遂，辄酿争端，又必加意抚循，使知感戴。而外人游历，教士过从，更无在不优礼相加，笃外交之谊。凡此动用，似私实公，已于部议月给奴才公费内随时支付，如有不敷，仍请恩准作正开销，俾可迅赴事机，不至左支右绌。奴才忧心时局，筹拓利源，每于无可节省之中，为权宜通融之计，如棚帐要需，借用而不备，承审差额，先减而后增，均经详注单内，未敢稍事铺张。盖于各局减一分开支，即为国家济一分正用。若浮冒报销，奴才且心焉耻之。不过蒙垦事体繁重，无论如何，搏节亦须期于可行，又不能因小而遗大，节流而致失源也。下部知之。

（总 5139 — 5142）

光绪三十年甲辰（1904 年）

春正月

4. [壬午]，松寿奏，奴才渥叨恩命，再任热河都统，查热河筹议政制一折，奴才上年与前都统锡良商定会奏在案。锡良在任时，举办一切，均有头绪。其中未尽节目，尤宜随时变通，务期悉臻妥善。热河幅员太广，内靖雈苻，兼控蒙部，号称难治。非随时约束，终恐宿弊复萌。筹款一节，无非取之地方，虽近搜括，均为保护闾阎起见，似即以人治人之道。爰举上年未竟之绪，切实经营，至是尚有成效可观。所筹之款，较初办时亦有起色，各属安谧，实可以上慰宸厪。现在整理实在情形，谨为皇太后、皇上缕晰陈之。一曰吏治。伏思民生凋敝，实由官邪。热河仕途最杂，各州县官无自然之利，以是簠簋不饬，盗贼恣行。奴才上年蒙恩署篆时与前都统锡良商定，非大加淘汰，不足以澄清吏事，亦不足以育养黎元。其劣迹有据者，劾之使去，更择其廉隅自饬奋发有为者用之。本年奴才重临热河，见人员太少，曾奏请签发即用知县十员，以供驱策，并奏调安徽道员来热差委各在案。当时一切陋规，既已禁革。又恐州县各官等无力办公，为之统筹津贴。地方怵于法而知所向，争自琢磨，无敢逾越轨范。治热河要领，不外乎此。其余奏请添设之建平、阜新两县，已由奴才派员前往试办，新改之朝阳府，亦经咨商直隶督臣袁世凯一律添设，隆化县一缺，则因围场迤西，人烟寥落，拟从缓置。此热河近日吏治之实在情形也。一曰军政。热河旗营，从未讲求操练，不足以备缓急。直隶派防之各营，分驻朝、建各处，边荒辽阔，兵额又屡经裁汰，大有鞭长莫及之势。以是各属匪徒出没，防不胜防。今就强胜军马步四营，由旗员自行教练，本年五月挑选将弁十名、兵目二十名，送往北洋将弁学堂肄业，八月挑选旗兵五百名，咨送北洋，配隶练军习操，由北洋酌定年限饷章，俟各弁兵习成后，再行筹建武备学堂，扩充加练，经奴才先后附片奏明。热河新募练军四营，每营足额五百，以二营驻扎热境适中之赤峰地方，加意操练，得以居中控制，作为游击之师。以二营分扎围场各紧要处所，专事缉捕。奴才于热河选卫队一百名，严加训练，有事皆可就近策应。又虑地方辽阔，外匪窜入，勾结为患，严饬各州县举办乡练，使民自为卫。本年两次派员带队剿匪，与青山、黑山等处练兵，相辅而行，颇资得力。所需枪械子药，按营配发。刻下练营不多，尚可敷用。此热河近日军政之实在情形也。一曰兴学。热境僻陋，非广开学堂，无由转移风气。上年会奏承德府先行开办中学，以为各属之倡。业照大学堂通行章程，于本年二月开学，聘定中西教习，分门指授。购置有用书籍，存储堂中，以供学生观览。奴才按春夏秋冬季考一次，试其文义，渐就雅驯。英、法文字测算等学，粗有涂径，诸生中皆有志向学，每于季考时，勉以勤求实学，蔚为有用之才。仰副圣朝育才之至意，尤戒以谨守范围，端正趋向，不得沾染习气，误入奇衺，诸生均能恪遵规则。其余各州县小学堂，饬令地方官设法开办。惟口外瘠苦，筹款太难，同时并举，势实有所不逮。此热河近日学堂之实在情形也。一曰理财。热河地方，本无岁入正款，创办各新政，动须支应，练饷及官员津贴、学堂经费最为要需。他加贡院考棚经费，新设之求治局、交涉局、营务处、军械所、缉捕巡查各处官弁，均需薪饷。获盗奖赏，制造军装，添购枪弹，需款尤急。奴才前与锡良筹商，奏请仿照直隶奏准章程，劝办酒捐与罂粟、亩捐、盐捐四税，改归地方经理，均系就地筹集。前都统锡良遵照奏案办理，复经奴才责成求治局督办道府各员，逐件综核，并委员分往各属认真稽查，毋任书差人等滋扰舞弊，筹款之余，仍存恤商之意。各款中以酒捐为大宗，各项零星凑集，四税除旗赏照常拨给，并添解理藩院办公饭银外，不无盈余。近又议添丰宁境之森吉图税局，业于十二月十六日附片奏明。将来有无成效，尚难逆睹。现各煤窑课银，严防奸商蒙隐，亦有增加。商办各矿，因无成效，升课者寥寥，奏请官办之密云乡等矿，虽无大利，亦不至赔累。统查各项入款，较前颇有起色，年计得二十余万，举办各项新政，经费不虞支绌。以后年谷顺成，边境安堵，大可如常收放。此热河近日筹款之实在情形也。至于绥定蒙旗，每思宏宣朝廷德意，务使藩服知恩，永作北门屏蔽。前喀拉沁各旗预备旗赏，均经设法筹垫，先后奏请借支放给各矿向给蒙旗山分银两，近日蒙旗困苦，奏请由矿课项下加提一成，以示体恤。遇有案件，则秉公执法，不稍假借，恩威并用，各蒙旗咸遵约束。此又办理蒙旗情形也。谨就职守所在，竭力整理热河地方实在情形，恭折具陈。报闻。

（总 5149 — 5151）

31．[戊申]，谕军机大臣等，理藩院奏，卓索图、昭乌达盟长请将两盟微末事件，仍照向章办理，重大案件，由该州县会同扎萨克审讯，暨整顿团防，仍由扎萨克办理，据情代奏各一折，着松寿按照所陈各节，确查情形，奏明办理。原折均着抄给阅看。将此谕令知之。

（总 5156）

三月

20．[庚寅]，升允奏，延安府属宁条梁一带地方，远在边墙，毗连蒙部，向有教堂数处，初甚相安。庚子年间，津沽变起，陕边蒙部，亦因与教堂不和，已饬委员议结奏明在案。该处莠民，以为蒙教从此有隙，而蒙教又多不明事理，借端煽惑，冀遂其幸灾乐祸之私。上年闰月，有定边客民任汉陇即任天绪，托名化缘，到处游荡，因与靖边县民耿作、张彪熟识，起意作乱，自署伪官，以仇教为词，肆行诱惑，有王木匠、郭木匠、高士英、许性等，听从入伙，任汉陇复伪造信印文件，私作旗帜号衣，分送蒙人，约期会兵举事。十月中旬，在靖边县民原大，受耿作之雇，送旗帜号衣于蒙民扎拉呼齐家内，经扎拉呼齐将原大缚献教堂，转解定边县收审。维时署定边县李志高，已将任汉陇即任天绪缉获，署靖边县知县罗柏龄，已将耿作缉获。复由延榆绥镇访获高士英一名，送县归案。奴才当因案情重大，饬府提犯督审。又念前次蒙教酿衅，颇费调停，覆辙相寻，不能不惩前儆后。该蒙部向归理藩院节制，因咨请转饬约束，以杜衅端。本年正月下旬，据延安府知府刘树德禀，提犯到府督同讯供不讳，起获旗帜号衣马封伪文等件，查验属实，确系甘心造乱，逆迹昭然，自未便稍稽显戮。由奴才批令将任汉陇即任天绪、耿作、高士英三犯就地正法，传首示众。原大一犯，不过受雇寄送不法物件，并无听纠实迹，系属乡愚无知，应贷其死，发县锁系巨石五年。仍勒拿在逃之从犯张彪等，务获究办。此奴才现在办理之实在情形也。二月初七日，接外务部电，法吕使据西蒙古教堂函称，目下宁条梁一带，常有仇教匪股，匪首三人，一曰番人等寂哈尔布鲁，二曰台吉色尔固楞，三曰章京阿尔克达鲁噶图们，倚恃理属鄂尔多斯盟旗暗助等语，电令就近查明严禁，并切实弹压保护等因。奴才查法使所称仇教匪股，自系指任汉陇一案而言，现既予以骈诛，足昭炯戒，迩来未据该府县禀另有仇杀之事。但既准来电指名蒙部姓名，自应仍饬榆林道延安府确查具复，有则防维加密，借杜乱源，无亦保护认真，免生枝节，以仰副朝廷怀柔远人之至意。至陕边蒙教不和之案，甫届四年，已经两见，前既势成决裂，今亦啧有烦言。曲突徒薪，宜思其故，而欲绝莠民之迹，先在启蒙人之蔽。闻乌审贝子现充盟长，其人质性暗弱，群下弄权，招集客民，私放牧地，若不设法禁止，诚恐再酿祸阶。应请旨饬下理藩院严谕该乌审贝子，痛改前非，抑或另放盟长之处，非奴才所敢擅拟。下外务部、理藩院知之。

（总 5170 — 5171）

24．[丁酉]，谕军机大臣等，有人奏参东土默特旗蒙古贝勒色凌那木济旺宝，贪残嗜杀等语，着增祺、松寿按照所指各节，确切查明具奏，毋稍徇隐。原片着抄给阅看。将此谕令知之。

（总 5172）

夏四月

23．[庚申]，以锡恒为科布多办事大臣。

（总 5186）

26．[癸亥]，以溥良署左都御史，裕德署理藩院尚书，长庚署兵部尚书。

（总 5186）

六月

6．[辛亥]，谕军机大臣等，有人奏，库伦办事大臣德麟，溺职营私，有误大局一折，着奎顺按照所参各节，确切查明，据实具奏，毋稍徇隐。原折着抄给阅看。将此谕令知之。

（总 5199）

9．[甲寅]，增祺奏，奴才前以哲里木盟科尔沁扎萨克镇国公旗地段与扎萨克图（五）旗现在放荒地毗连，其地亦颇堪招垦。当经札派总办扎萨克图荒行局分省试用知府张心田，就近亲往劝导，并咨理藩院、哲里木盟长札行该公旗在案。现据该扎萨克公拉什敏珠尔，并委员张心田先后呈称，该扎萨克公于委员到旗后，遵即与协理官员及旗众人等，商议妥协，拟将本旗南段一带荒地，宽长各百里，收价招垦，并以该旗现有办公急需，恳先借银一万两，俟收有地价，即在该旗应得正款项下扣还等情，呈请核奏前来。奴才查近来各蒙旗，牧政日衰，咸知耕种有益，往往私招民垦，并无一定章程。近至民人麇集，私相展拓，需索不遂，又欲施以驱逐。而佃户安土重迁，动辄聚众滋事，比年讼案，层见叠出，办理甚为棘手。诚不若由官丈放，不特垦户升科纳赋，视为恒产之依。而蒙旗得收地价岁租，尤获无穷之利。况设官建治，则保障堪资。目今已经招垦各旗，莫不耕凿相安，人歌乐利。奴才前于光绪二十一年在署理黑龙江将军任内，奏陈兴利大端折内，请将各蒙荒一律由官查核丈放，良以此也。兹该扎萨克镇国公拉什敏珠尔及该旗众人等，以时势艰难，愿将该旗南段荒地，由官派员丈放，收价招垦，实属深明大义，与甘受困弊故步自封者，迥乎不同。至该旗所请暂行拨借银一万两，业饬如数拨交具领，俟收有地价，如数扣还归款，相应据情奏闻。如蒙圣恩俯准招垦，恭候命下之日，即行设局派员妥拟章程，前往开办。至于该旗报效之款，亦即查照扎赉特、扎萨克图现办成案，体察情形，一并奏明办理。得旨，允行。

（总 5200 — 5201）

12. [癸亥]，谕，朕钦奉慈禧端佑康颐昭豫庄诚寿恭钦献崇熙皇太后懿旨，准良代奏青海住牧盟长车琳端多布等，以本年七旬万寿请借值年班呈赍贡物赴京祝嘏等情一折，该蒙古王公等合词吁请，具见悃忱，朝廷深为嘉许。惟念物力艰难，藩情正多困苦，该贝子等着毋庸祝嘏及呈进贡物，以示体恤。所有年班照例来京之处，仍着准行。

（总 5203）

15. [戊辰]，谕，御史为朝廷耳目之官，必须学识明通，方足以资献替。嗣后宗室满蒙御史，均着照汉员之例，一体考试。惟满员五品，人数不敷，自应量为推广。所有各衙门六、七品实任京官，着各该堂官择其品端守洁者，切实保送。其内务府五品以下满蒙人员，如有堪膺此选者，准其一律保送考试。

（总 5204）

秋七月

35.［癸卯］，外务部、商部奏，光绪三十年七月初九日准军机处抄交热河都统松寿奏喀拉沁王请在该旗右翼巴达尔胡川地方华洋合股开办金矿一片，奉硃批，该部议奏。钦此，钦遵抄出到部。查原奏内称，据喀拉沁扎萨克多罗都楞郡王贡桑诺尔布呈称，本旗前以边地荒凉，蒙民困苦，请将本旗矿产，自行次第开办，两次奏奉恩准在案，嗣因资本难筹，未经试办。兹有荷兰国商人白克耳，愿为本旗承办机器，雇用洋匠，拟在右翼地方，先开巴达尔胡川金矿一处，作为华洋合办，股本各居其半，一切遵章办理，拟订草合同呈送核办等情。当查所订合同，与热河及商部矿章间有未符，已饬令更正。并查明矿区系该旗藩地，并无居民庐墓关碍，一切均与定章相符。惟该王两次奏准原案，均以自行开采为请，此次系属华洋合办，虽为矿章所准行，该王前既奏准有案，应否准其照拟办理之处，请敕部核复施行等因，并准热河都统将该旗前次奏准原案及此次拟订合同，一并抄送前来。臣等伏查华洋合股承办矿务，原为奏定矿务章程所准行，所订合同，间有与部章未符之处，已准该都统来文声明，悉听改定，自属可行。惟查光绪二十八年间，喀拉沁王与逸信公司华商孙树勋、德商俾尔福订立合同，开办喀拉沁右翼全旗五金各矿，前热河都统锡良以全旗字样有违定章，奏请饬部核议，经外务部议复，行令热河都统转饬该旗，将所指矿地划清界限，不得包占全旗。嗣准热河都统咨复，转据王旗呈称，此案既须指明地段，逸信公司商人现虽并未来旗，请预行备定一处地方名鸡冠山，周围二十里，请饬该商来旗试办等语。该商迄未来部呈请前往勘办，合同亦尚未订定，案悬莫结。臣等综核前后情节，喀拉沁王原将右翼全旗指给逸信公司开办五金各矿，经外务部饬令划清界限，不包占全旗。嗣虽预指鸡冠山一处，仅出自喀拉沁王一面之意，逸信公司是否允愿，尚难预定。若遽允荷兰商人白克耳在该旗右翼之巴达尔胡川地方开办金矿，将来难保不滋蹗轕，事关华洋合办矿务，不得不慎之于始。得旨，允行。

（总5213—5214）

八月

20. [己巳]，谕，前据御史刘汝骥奏参库伦办事大臣德麟溺职营私各款，当经谕令奎顺确查。兹据查明复奏，德麟虽查无贪婪骄纵实迹，惟办事操切，人地不宜，着开缺来京当差。蒙古翻译色楞扎布，招摇生事，着即行革职，驱逐回旗，严加管束。余着照所议办理。该衙门知道。

（总5219）

22. [庚午]，命朴寿为库伦办事大臣。

（总5219）

28. [癸酉]，贻谷奏，光绪二十六年七月间乌兰察布盟四子郡王旗有效尤仇教，杀害焚掠之案，迭经钦奉谕旨，严饬查办。当经前署将军奎成、前任将军信恪以案情重大，先后奏明派员详查，并札调该旗蒙员来绥议办。嗣因该旗延不遵调，于二十八年正月，经信恪奏请处分，奉旨将该郡王勒旺勒诺尔布交理藩院议处，一面严饬迅速派员赴绥就议。行令钦遵办理去后，旋据比国派办教案委员林辅臣、教士王达文呈请速催完案，呈称教民遭乱之后，有误耕获，困苦异常，请代求款济急，俟该旗赔款议定，再行归还，由信恪咨请外务部先行指拨银四万两，转付该教堂，以应急需。嗣经外务部咨由升任山西抚臣岑春煊就近借拨，先后

405

共借银三万两，由晋解绥一万五千两，拨给该旗交付教堂，以一万五千两拨给达拉特旗凑付偿款。是年五月间，该郡王派扎兰阿迪雅、扎兰扎木色楞扎布抵绥，德使亦派其参赞大臣端贵前来归化城，经前署将军文瑞督同现署黑龙江副都统前奏办蒙旗教案之直隶候补知府寿勋，于五月二十九日会同该参赞端贵、比员林辅臣及教士、蒙员开议，统全案命价财产等项。该教士索赔银二十余万两，经寿勋磋商减让，议定仇教祸首概免追究，该旗认赔教堂银十一万两，由晋借款付过教堂银一万五千两扣除外，尚欠银九万五千两，订明由二十八年六月起至三十年底止，分期陆续交付，于六月十一日书立草约合同署押完案。惟赔款虽已议定，该旗并无现钱，拟以地租一项作抵，教士坚不允从。端贵等回京后，亦以教民极困，待款孔急为言，请再拨银一万两。旋咨由外务部电商晋省，复饬归绥道在存储库购粮项下，拨解银一万两，交教士贾名远如数收讫。下欠八万五千两，该主教、教士屡次追索。二十九年春间，寿勋向该主教等再四恳商，始允将所欠银两，统以地亩作抵。而该旗于奉到檄饬以后，抗不遵办，亦不承认两次代筹垫付之款，任催罔应，视若无干。十月间奴才到将军任后，又派员严饬催交，而该旗延宕如故。经奴才奏请饬下外务部、理藩院严饬遵办，奉旨允准札行，复拣派绥远城协领荣昌、察哈尔总管巴图德勒格尔持文前往开导，该旗始渐就范，并请宽限派员赴绥，亦经奴才奏明在案。本年二月已届缓期，该旗仍未将地亩议交。奴才复饬派办洋务之山西即补道申受培、奏保知府斌仪等随时催办，并向教士等往复婉商。五月间教士宇嗣安、刘拯灵与该旗商明，愿将地亩作价抵偿，计每地一亩作银三钱，亟请派员会收。其前由绥借垫银二万五千两，就近于应收地内划拨。奴才即派垦务委员刑部主事周祚麟、候补县丞吴棣棻等前往该旗，会同教士、蒙员到地监视交收。因青苗在地，不便行丈，经教士、委员等商明，限内教民于蒙中总收草地一段，勘明四至，作为三千六百六十六顷六十六亩，抵银十一万两。于此项地内划出八百三十三顷三十三亩，作为教堂归还官垫二万五千两之数。其归入教堂之地，该主教、教士体恤蒙艰，允给岁租，垦种之后，按亩计算，归还官款之地无租。于七月十八日，主教方济仲、教士宇嗣安、刘拯灵、易亮、委员斌仪等及蒙员齐集，换立两案完结合同，钤印画押，永远遵守，将前订合同销毁。计四子郡王旗应给赔款十一万两，一律交清完案。奴才伏查该旗因效尤仇教，酿成巨案，上烦宸虑，一再严饬速办。而该郡王从前倔强抗违，较各旗教案尤为棘手。迨事经数任，时历四年，始得告藏。奴才到垦之日，正值议款发端，间不容发，当时虽在局外，而周旋樽俎，亦尝为之排难解纷，及身任军符，更属责无旁贷。今幸赔款办结，蒙教照旧相安。奴才仍当随时劝导防维，不使再生衅隙，用副圣主修好睦邻之至意。下所司知之。

（总 5219 — 5221）

29.［癸酉］，贻谷奏，伊克昭盟准噶尔旗，于光绪二十六年间亦有仇教杀掠之案，叠经前任将军派委现署黑龙江副都统前奏办教案之直隶知府寿勋，会同法国主教闵玉清、比国总教士贾名远、教士南怀义议办，于上年二月议定免惩祸首，亦不索赔罚，由该旗认给教会抚恤银二万九千两，公立合同画押钤印在案。嗣因该旗非常贫苦，筹措甚难，恳请变通办理，以翟林窑子、噶布尔河头等六村已垦地三百顷作抵，业经教堂应允。十月间奴才到任后，两次派员前往丈交，查知该处地户承种地亩，业已数世，一旦骤令迁移，殊觉流离可悯。该教士等复以地多硗瘠，不值所抵之数，欲于三百顷外再行加添。而该旗生计甚窘，无可拨补。复经委员商之教士，拟令该民户每年出租银二千五百两，给予教堂逐年抵扣。奴才详察蒙地向无如此重租，此次虽事属权宜，求为消弭巨案，然因教会而征逋居户，以后恐官民交累，难免有意外之虞。且教士持增地之议甚坚，不如乘此时别筹良策。因饬办

407

理洋务委员奏保知府斌仪、归化厅同知樊恩庆等，约教士、蒙员熟商，将所呈地亩归官，由垦务局筹给现银了结，该教士等欣然乐从，又以得银胜于得地。念奴才委曲调停之心，情愿减让银二千两，只收现银二万七千两，分为三期筹付。限本年十一月、三十一年九月、三十二年三月，各交归化城平银九千两，书立期券，届时由主教闵玉清派教士亲持向将军衙门分次照数领取，公同先书草约，由主教教士、委员等各签字画押。俟款项交清，即将草约并前立合同一并销毁。其该旗归官地亩，拟派员丈收后，仿照达拉特旗四成地办法，由垦务局分别等则，照户领种，收回地价，将来升科后应征地租，由托克托城厅按年征收。惟该处地质不佳，放给民户，能否收足原价，殊难预定。奴才为速结教案兼恤蒙艰起见，不得不如此通融办理，应俟实收若干，再行结算。下所司知之。

（总 5221 — 5222）

九月

5. [戊寅]，谕，理藩院奏，敏珠呼图克图因躲热在多伦诺尔地方圆寂一折，敏珠呼图克图驻京年久，经卷亦甚娴熟，兹闻圆寂，朕心深为悼惜，加恩着赏给手串一串、银三百两、五十两重银曼达一个、大哈达一个、小哈达一百个、香四束，所赏物件，交该院转交伊徒苏喇嘛喇什赍回。

（总 5225）

10. [甲申]，调荣庆为正红旗满洲都统，以善耆为镶红旗蒙古都统。

（总 5227）

15. [庚寅]，贻谷奏，绥远人民，素称循谨。惟毫无强固愤发之气，大都为口外积习所染，疲弱不堪。八旗二十佐，二千马甲，七百步甲，六十三员弁，察其真无嗜好者，不过十之三四。若不严加整顿，日复一日，将尽人皆痼疾而不可救药。奴才到任后，谆谆诫勉，期于更新。复于拣选差缺之中，隐寓劝惩之意，俾知嗜好不去，向上无由，势不得不争自洗濯。现在常备马队各军，武备各学生，几经更换，始觉壮观。其闲散兵丁，亦未便听其游惰，已于奏开之绥城牧厂，酌留屯地，择官长之稍知农事者，督之耕作，使其习勤，庶可渐望转移。此培植根本之情形也。口外民户，不讲盖藏，一遇薄歉偏灾，往往室忧悬罄。绥远系满洲驻防之地，八旗官民，皆如客籍，俸饷之外，生计毫无。每遇事畜之艰，何有盖藏之术。查绥饷按季由京请领，万家口食，仰给他人。万一拨解愆期，或偶遇事变，有坐困而已。奴才虑及意外，未雨绸缪。幸值上年口外丰收，粮价较平，得以筹办积谷。每于发放米折之月，劝导该处各官兵，由领米折银两各积款内，陆续购备。现已积有仓米六千石，按年出陈易新，足资利赖。此筹备缓急之情形也。兴学练兵，尤关紧要。前经调任将军信恪奏请于各项兵丁内，选其身体强壮者三百名，均补马甲之饷，作为常备军，延致教习，改练新操。并拟将本城步队官兵，每年应支津贴银七千余两，归入该军，以资养赡。教练一年期满，改为续备，裁去津贴，仍给马甲饷银。另选三百名，充补常备，迭相交代，岁以为常。系因别无饷项可筹，姑作速成普练之望。奴才体察情形，教练之期既迫，练必不精，以绥远风气未开，人安愚拙，教习又难推行，甲有定额，不能于额外增添。若相机坐补，不数年而甲缺尽矣。非设法变通，何能持久。信恪原拟就绥远书院改设武备学堂，挑学生六十名，亦均坐补马甲之饷，即饬由该掌教为之讲授有用诸书，另延教习训练操法，亦系因旧增新，聊资节省之意。惟该书院规模较小，不敷武备学堂之用。奴才现将空闲旗署一所，改作武备学堂，即以武备学堂腾出之书院，改建中学堂。其从前书院经费，亦归为中学堂需用，不敷之数，由奴才倡领八旗官兵认领绥远牧厂地共三百四十余亩，俟招佃得租，作为津贴中学堂经费。复设立蒙养学堂，挑选八旗子弟，分途教肄，以备入中学堂之选。此已经筹办而尚多未尽者也。兵学两事，不难于扩充而难于筹款。信恪改练新军及兴办武备学堂，指由旗库存储兵丁各本身照例坐扣加添驼马价银一万一千余两，先行动支，以后俟绥远牧厂垦放，即以所收押荒租项作为常年经费。查此项马价银两，奴才到任时业经告匮，而牧厂垦务，复以地方硗薄，认领寥寥。故虽有涓滴之储，难资接济。现在常备军仅有步队津贴一项，暂资应用，至武备学堂毫无常款可用，难奋空拳。惟查该军兵队及武备学生，今已教练年余，于各项操法，颇为精熟，停之可惜。奴才惟有暂行先后设法筹垫，勉与维持。仍一面妥筹久远的款，期在必行。凡事不办则已，办则必求臻美备。有兵无械，与无兵同，械不精与无械同。绥远旧存枪械，均系土枪，无可操用。且自庚子以后，工部火药已空，无复赴京请领。故一应急需利器，非另行购备不可。所虑需款甚巨，筹措良难，现虽备有万金，不敷尚巨。查察哈尔左、右翼垦务所收逾限罚款一项，前经奏明归入东路垦务公司股本，拟俟股本收回，尽数提归绥远，专为购械之用。不动正款，而有济要需。此应行筹办而尚多未尽者也。绥远地居边要，为直、晋边防之后路，更为乌、科转饷之后路。西北一带，防守空虚，虽有常备一军，尚须及时操练，未便即令分防。所恃巡防之用，只此马队二百名。以蒙地教堂林立，保护弹压，实属不敷分布。加以外人游历，月有数起，导送保卫，疲于奔命。在平时已虞不支，倘遇有事之时，何堪设想。即如春间河套之役，奴才派队防剿调遣及于武备学生，窘迫可知。本拟添练数旗，以供遣派。而现有之队，尚以饷项不给为忧，何有添练之力。审时度势，不敢视为缓图，而又不能不暂从缓议。此又应行筹办而猝难办理者也。奴才尤有请者，绥远本瘠苦之区，冲繁之地，而将军统辖，东则调遣宣、大二镇，西则控驭乌、伊两盟，体制既崇，一切因公之费，自难概从简略。然向无办公之款，将军一缺，岁仅支养廉俸银五百两，及米折人役工食草豆等项一千一百余两，统计不过一千五六百金。应领之数，比之州县简缺，尚不及半，何以敷用。此外向有陋规，无非取诸兵饷、节寿，年复一年，遂使旗兵日即贫弱，一至于此。奴才到任，已尽裁之，但裁汰殆尽，流弊愈滋。近来蒙旗开垦，交涉频仍，较前尤多繁费。若不预为筹及，以后贪者更有所借口，廉者亦不能久任，将使绥远旗务，有日敝一日者。其归化副都统情形，亦复相同。奴才长虑却顾，不敢因现居绥任，避嫌不言。查察哈尔都统、副都统，前因办公竭蹶，曾由直隶督臣奏添公费三千六百两，奉旨允准。奴才亦拟恳恩准予仿照办理，绥远城将军拟岁加公费银三千两，归化城副都统拟岁加公费银六百两，庶可办事从容，免致撄心于日用。至贫弱旗兵，元气可复，更无论矣。此项银两，拟即于奴才开办西盟（抗）[杭]、两旗之渠地租内，分别拨用，仍期不动库储。如蒙俞允，应俟租收畅旺，再行按年支领，届时奏派。奴才为有裨办公起见，用敢陈情，他若裁无名之费，节不急之需，修葺城垣而不支公帑，提倡工艺而借挽颓风。发饷则弊混悉除，选缺则箭枪并试。用人每资于垦务，交涉不必有专员。凡有可裨益绥旗之事，奴才自应竭力图维，以期仰副圣朝振兴庶务之至意。下户部知之。

（总 5230 — 5232）

17. [癸巳]，达桂等奏，江省地方公事，向归旗署承办。自创设边军，开垦荒地，始设有文案营务粮饷各处。蒙荒、招垦两局，分理各事，承平之日，尚惜风气未开，人安固陋。凡事只顾目前。及庚子一变，局处停止，百务益以废弛，纲纪因之荡然矣。奴才适承其敝，原拟就地取才，督同旗员，与之更始，无如泄沓相沿，激劝均无所施，万难因循瞻顾。谨就现办情形，酌量改添局处，分任责成，或可望日起有功。查垦务一事，省城原设蒙荒垦务总局，现在奉命开放各荒。若仍将三蒙及省属各处，每放一荒，在省立一名目，不惟经费过繁，必至意见杂出。今拟稍事变通，将蒙荒、招垦两局归并一处，名曰垦务总局，专办通省垦荒事宜，庶可节虚糜而免歧异。垦务而外，所最要者，厥惟善后。江省向称荒陋，而又遭庚子之乱，自以开物成务救敝起衰为当务之急。查各省兵燹之余，皆设局办理善后，纲举目张，条理秩然，最为美善。黑龙江整顿旧规，创行新政，尤应有总汇之区，以为异日扩充张本。现设善后局一所，凡财政清讼学堂巡警团练保甲采访忠义抚恤难民等项，以及应兴应革各端，统归筹划办理。……

（总 5232 — 5233）

冬十月

8. ［丁未］，增祺等奏，本年五月臣增祺与臣延杰以扎萨克图王旗荒地将次放竣，非建设府县各官，不足以资分治而安民生，当经查照历次设治添官成案，因地制宜，酌拟于双流镇建设府治，名曰洮南府，就该镇东北之白城子，设立一县，名曰靖安县，又在该镇东南之哈拉乌苏，设立一县，名曰开通县，所有添设府县教佐各官缺，仍隶奉天省管辖等因具奏。于光绪三十年六月初二日奉到硃批，着照所请，该衙门知道。钦此。臣等遵即会同遴员分往，先行妥为试办，并饬将该府县疆界，详晰划清，各专责成。除开通县设治之哈拉乌苏，现改移附近之七井子，较为扼要，其余悉照原拟办理。兹将设治添官应办一切事宜，参考旧章，悉心酌拟，分款缮单呈览，只候钦定遵行。下部议奏。

（总 5238 — 5239）

19. ［辛亥］，以扎拉丰阿为塔尔巴哈台领队大臣。

（总 5244）

23. ［戊午］，以安成为塔尔巴哈台参赞大臣。

（总 5246）

十二月

7. ［己酉］，召连顺回京，调奎顺为乌里雅苏台将军，以升允为察哈尔都统。

（总 5271）

光绪三十一年乙巳（1905 年）

春正月

6. [癸未]，以敖汉扎萨克郡王勒恩札勒诺尔赞在京身故，赏银五百两治丧。

（总 5285）

14. [壬辰]，上御紫光阁，赐蒙古王公筵宴。

（总 5286）

26. [乙未]，以溥颐为察哈尔都统。

（总 5307）

27. [乙未]，谕，前据理藩院奏，敖汉郡王勒恩札勒诺尔赞被护卫幅株哩砍伤身死一案，已有旨交刑部严行审讯，兹据翁斌孙奏请特派王大臣会同查办等语。此案情节甚重，仍着刑部悉心研鞫，严切根究，务得实情，从重惩办，毋稍轻纵。

（总 5307）

30. [丙申]，以明启为理藩院左侍郎。

（总 5307）

三月

8. [乙亥]，俄兵入吉林长春据之。

（总 5320）

19. [壬午]，饬张勋以所部淮军移驻张家口。

（总 5322）

23. [乙酉]，赏连魁副都统衔，作为科布多参赞大臣。

（总 5323）

五月

24. [庚子]，调善耆为镶蓝旗满洲都统，以讷勒赫为镶黄旗蒙古都统。

（总5360）

六月

6. [庚戌]，命奎顺留京当差，调马亮为乌里雅苏台将军。

（总5364）

20. [己未]，调奎俊为吏部尚书，溥兴为刑部尚书，以特图慎为理藩院尚书。

（总5367）

34. [甲子]，商部等奏，光绪三十一年五月初二日准军机处片交伊犁将军马亮奏，招商集股设立皮毛公司等因一片，奉硃批，该部议奏。钦此。钦遵传知到部。据原奏内称，蒙古、哈萨[克]牧放马牛羊只，历年所收皮毛两项，均系外来商人前赴游牧地方收买，以茶布杂货互相易换。商人购获皮毛，转运俄商，获利较厚。计不若官为设局，兴立皮毛公司，派委熟悉蒙、哈情形之员，总司其事。蒙古部属，即选总管、佐领老成稳练者，分旗发价收买。哈萨[克]部落，即选千百户殷实可靠者，分部发价收买。定期交局，如法选制，交商贩运售卖。约计每年出产皮毛，值价不下数十万金。现在筹款维艰，拟先招商凑集股本银十万两，公中即以茶价所获余利二万金收入股本，其余即按年报明，储备本处绥急之用等语。臣等查伊犁僻处西陲，俗尚朴塞，土产惟牲畜为大宗。历年所出皮毛，皆系外商收买贩运出边，获利甚厚。蒙、哈愚蠢，自失利权。该将军拟凑集官商股本，设立皮毛公司，讲

415

求选制，发商贩售。果能经理得宜，亦足借开风气。惟事归官办，重在得人。应慎选才守明洁熟悉商务之员，总司其事，收支必求核实，交易尤贵公平。一切规则，均按照奏定商律办理。力除官场积习，事归核实，款不虚糜，庶足开辟利源，蒙商两便。至该公司所获盈余，除各股主摊分并开支局费外，其余应酌定成数，专款存储，以备扩充之用。至公司开办之先，并应由该将军妥定派员招股办事各章程，详细奏咨立案，并遵章赴商部注册，以便随时查核。抑臣等更有进者，自来富国之原，畜牧与农桑并重，西人讲求牧务，不遗余力，北美南澳，用此富饶，即骨角皮毛，亦为制造必需之品。本年三月间，商部据出使俄国大臣胡惟德来咨，筹议（仿）[纺]织兽毛，抵制洋货等因，当经通行各省将军、督抚，酌度筹办在案。天山北路自古为游牧行国，沙土广衍，水草肥饶，亟宜广兴牧政，为工商之基础，即皮毛两项，产额亦可骤增。将来办有成效，再将该公司所获盈余，扩充各项实业，在公中不必别筹巨款，要政可次第设施。且以商家之款，专办商务，于事理亦属相合。如蒙俞允，当由臣部咨行该将军体察情形，饬属认真举办，以兴商业而广利源。得旨，如所议行。

（总 5370—5371）

46. [辛未]，调延祉为库伦办事大臣。

（总 5378）

秋七月

6. [癸酉]，溥颋等奏，护送德国福亲王自京取道张家口，由台站至库伦、恰克图赴西比里铁路，共用马匹、驼只等银三千七百五十四两，请作正开支，并免造报细数，以省文牍。下部知之。

（总 5380）

九月

34. ［乙未］，袁世凯等奏，自北京至张家口一路，为南北互
市通衢，每年运输货物，如蒙古一带所产之皮毛、驼绒，贩运出
洋，与南省运销蒙古各处之茶叶、纸张、糖线、煤油等杂货，均
为大宗，计其价值，颇称巨数。第以运道艰阻，致商务未能畅旺。
前议设京张铁路，辄因工巨款繁，未易兴办。臣等查京张一路，
为北方商务攸关，经派候选道詹天佑前往查勘估修，并公同筹商，
以关内外铁路进款，目前颇有盈余，拟就此项余款，酌量提拨，
开办京张铁路。当饬关内外铁路局道员梁如浩等，与中英公司商
办。……

（总 5421 — 5422）

冬十月

11. ［壬子］，命肃亲王善耆管理理藩院事务。

（总 5428）

20. ［己未］，谕，溥颋等奏边臣回京随从人等索扰台站据实
纠参一折，据称前科布多参赞大臣瑞洵，行李过境，需用驼马至
一二百只，毡房至数十架之多，所带巡捕家丁，并有折价索银情
事等语。现在蒙情困苦，朝廷方时深轸念，出差人员，自应深明
大体，格外体恤。乃该大臣竟敢肆意扰累，纵令随从人等沿途需
索，实属荒谬。瑞洵，着即行革职，发往军台效力赎罪，并着将
巡捕谷金、家丁德化一并交出，严行惩办。所有索取银两，着溥
颋按数追出，发还各台站，以示惩儆。

（总 5434）

37. [己巳]，命肃亲王善耆往蒙古查办事宜。

（总 5440）

十一月

8. [乙亥]，潘效苏奏，臣于上年三月具奏，新疆饷源短绌，拟请息借洋款遣散内地兵勇，改练土著世袭兵，以固边防而舒饷力一折，奉硃批，该部议奏，片并发。钦此。……原议客军全行遣散，专用土著汉、缠，搭用回民、蒙古，具奏后，博采众论，兼察边情，……至伊犁、塔城汉民极少，流寓无多，暂未举办。两处蒙人虽多，然乐于游牧，不愿居住营房，若令官兵外处，于营制殊不相宜，容与伊犁将军及塔城参赞大臣徐徐商办，另案奏陈。……

（总 5440 — 5443）

13. [己卯]，以廷杰为热河都统。

（总 5443）

29. [甲午]，谕，兵部、理藩院会奏议复溥颐等奏沥陈台站扰累积弊，请申明定章，开单呈览，并酌给津贴各折片，据称台站定例，本属甚严，日久弊生，官员弁兵，肆行扰累，亟宜严定章程，变通办法等语。着各都统及将军大臣等，遵照单开各节，一体办理，遇有驰驿公务暨差遣员役，准照议定章程，核实填给，不得瞻徇情面，稍涉浮滥。各站供应，亦着一律遵办。此项出差人员，着户部按照程途，酌给津贴，以利遄行。如再有前项扰累情事，即着该都统等据实纠参，从严惩办，以重台政而恤蒙艰。

（总 5451）

十二月

15．[丁未]，谕，赵尔巽奏，奉省民困未苏，请将民欠未完各项粮租，概予豁免一折，奉天地方频年兵燹，迭遇偏灾，前经降旨将被兵各路村屯应征各项粮租，准予豁免。兹据奏称，未经被兵之处，失业流亡辍耕迁避者，尚复不少。若将积年民欠一并催征，民力实有未逮。加恩着照所请，所有盛京内务府，并各旗界各府厅州县应征三十年以前民欠未完各项粮租，着概予豁免。已征在官者，毋庸流抵。本年如有花户流亡地亩，未经播种者，均准查明豁免。至昌图府及所属州县各蒙旗，着理藩院转饬免征三十年以前地租，以苏民困。

（总5455）

26．[庚戌]，赵尔巽奏，本年十一月二十日钦奉电传谕旨，奉天垦务事宜着赵尔巽妥筹办理等因。钦此。遵将接管垦务日期电奏在案。查振兴地利，必以农垦为大端。奉省近年，内则办大凌河东西流水诸荒，外则办科尔沁扎萨克图、镇国公两蒙荒，非特荒租等项，共救匮乏急需。且殖民实边，尤固圉之长策。前垦务大臣廷杰，拟办清理地亩，及丈放锦州河淤等地二十二处，均经先后会同奏邀圣鉴。奴才现将奉省垦务，通筹办法，一曰先办锦属官庄。奉省现垦各项地亩，有隶围牧者，有系王公勋旧庄厂者，有系八旗官地及民人产业者。国初拨放，多崇宽大，后来占辟，辗转日多。现期一律清厘，断非急切所能竣事。且官中文册，前经廷杰调查，京外各署地尚未齐全，民间契据文凭，更多散失迷幻。惟廷杰前奏，户部、内务府庄头等地，积弊日深，自应及早清厘，以裕经赋。现清厘各项地亩，即先从此入手。一切办法，如有应按原奏酌量变通者，随时奏咨办理。俟该处官粮庄头等地办清，再推及他处。一曰丈放锦属海退河淤及各处滋生地亩。奴才前已会同廷杰将该二十二处奏请全数丈放,以杜侵欺而恤兵艰。数月以来,各委员绳丈所报,尚不及十分之一。拟饬赶于明年春耕以前,逐一丈清,以正经界而浚饷源。此外如查有各处滋生荒熟之地,亦饬一律丈办。一曰勘办蒙荒。奉天蒙荒,除已放各旗外,未放之地,以科尔沁右翼图什业图旗为最巨。奴才于九月间,即饬前办扎萨克图等旗蒙荒之道员张心田,驰往该旗,妥为劝办。现据报,该旗亲王业喜海顺、协理印务台吉德里尼克玛率同全旗官员等,愿将东界闲荒出放,北自茂改吐等山,南至德勒四台、吉巴冷西拉等处,南北长三百六十里,东西宽一百四十里,计得毛荒六十四万八千晌。现议富强蒙部,自必以放荒为先。而各旗台、庄向食其利者,又多摇惑各王公以阻挠放荒为得计。该蒙旗经奴才劝谕开导,即肯呈报大段闲荒,为各旗提倡,允称忠于为国,奴才已札行嘉勉。拟另行具奏,请旨奖励,并将丈放该荒详细章程,分别奏咨。其自辽源州至新设洮南府界,中更科尔沁(右)[左]翼达尔汉王旗地二百余里,皆系荒地,并无旅店民户。于接递文报,查缉盗贼,惠恤商旅,均多阻碍。拟饬该旗将此段荒地报放,或酌放道旁站地,期以联昌洮之形势,收戢匪安民之效。扎萨克图旗亦查有可续放荒段,他若博德勒噶台各王旗,并饬查明。如有闲荒,分别劝举,以浚利源。一曰振兴农政。奉省天府上腴,内地北省多有不及。而治田无法,穰歉听天,坐拥东西辽河、大凌河诸川,竟无涓滴水利。窃谓如采用各国机器治田,及内地引渠灌地诸法,相度土宜,加意经理,总可使收获加丰,旱荒有备。现已派委员随同出洋考察政治大臣于赴欧之便,详询农功,考察机器,以资试验,并饬各属先就小河枝水试办凿渠诸法。统俟办理有效,再行上陈。现在时局日艰,民生重困,图富之计,切于图强。就奉事论,农垦诸端,尤为当务之急。奴才惟有详加体察,殚力经营,冀获得尺得寸之功,上副朝廷重农利民之本意。得旨,着即认真办理，以期渐收实效。

（总 5457 — 5458）

44．[丙辰]，谕，前据锡恒两次参奏瑞洵、景善等贪赃舞弊各款，当经谕令连魁确查。兹据查明复奏，景善供出各情，瑞洵纵容家丁营私通贿，又复捏报添兵，均有实据。该大臣身膺边寄，应如何整躬率属，乃竟营私舞弊，胆大妄为，实属辜恩溺职。瑞洵业经因案发往军台，着溥颐派员押解来京，交刑部严讯。将各款项如数追出，按律治罪。章京景善阿附通贿，前经革职，着连魁拿解来京，归案讯追。家丁吕明义、翟广俊诈赃索贿，着步军统领、顺天府、察哈尔都统严拿务获，送部一并治罪。

（总 5460）

60．[乙丑]，赏章嘉呼图克图照前辈例用貂皮坐褥，并赏还九龙黄伞，仍在嵩祝寺供奉。

（总 5463）

66．[戊辰]，上御保和殿，赐蒙古王公筵宴。

（总 5465）

光绪三十二年丙午（1906 年）

春正月

12. ［丙子］，上御保和殿，赐蒙古王公筵宴。

（总 5470）

33. ［丁亥］，上御紫光阁，赐蒙古王公筵宴。

（总 5478）

42. ［癸巳］，以寿耆为镶红旗蒙古都统，崇勋为镶红旗汉军都统。

（总 5480）

三月

5. ［癸酉］，调松鹤为荆州左翼副都统，祥年为镶蓝旗满洲副都统，以王士珍为正黄旗蒙古副都统。

（总 5497）

6. ［乙亥］，廷杰奏，案查前任都统松寿会同直隶督臣袁世凯奏准升热河朝阳县为朝阳府，府东添设一县，曰阜新，平泉州、建昌县适中之区添设一县，曰建平，其朝阳府知府一缺，业经拣员奏明请补各在案。惟建平、阜新二县，虽经先后委员试办，尚未拟定缺分。当饬热河道妥拟去后，兹据该道谢希铨详称，查热河补缺章程内开，平泉、建昌、赤峰、朝阳等四州县缺，先于滦平、丰宁二县内拣员请补，如无堪调之员，再由奴才会同直隶总督于口外拣发，及劳绩保留热河补用人员内，曾经委署地方并无贻误者，酌量请署，如不得其人，再由内地现任理事抚民同知、通判曾经委署州县及满汉州县内堪以胜任者请补等语。今新设建平县，在平、建适中之区，北为敖汉旗，南为喀喇沁东旗，地面极为广阔。新设之阜新县，与奉天接壤，管辖东土默特五旗，尤为沿边要地。该二县均系蒙民杂处，政务殷繁，应请将建平、阜新二县，均作为繁难题调要缺，遇有缺出，援照平泉、建昌等州县补缺章程办理。应支廉俸役食祭祀等银，本地并无地粮留支，均请归于估报不敷经费案内，由藩库请领。其额支定数，查照建昌县成案，核实开单，咨部立案。至阜新县应设典史一员，拟将朝阳县旧有鄂尔土板巡检改为阜新县巡检兼典史事，建平县应添典史一员，拟照口外章程，作为巡检兼典史。遇有缺出暨应领俸廉等项，均照建昌县塔子沟等巡检一律办理各等情，会同具禀前来。奴才复加察核，所拟尚属允协，谨会同直隶督臣袁世凯合词恭折具陈。下部议奏。

（总 5497 — 5498）

12. ［庚辰］，程德全奏，奴才于上年十一月间以齐齐哈尔等处副都统应否裁撤等因附片具奏，奉硃批，政务处议奏。钦此。钦遵在案。兹承准政务处议复，讲求政治，必须专一事权。……其黑龙江、呼伦贝尔、墨尔根三城，将来应否添设民官，并由该署将军随时体察情形，奏明请旨办理等因。于光绪三十一年十二月十二日具奏，奉旨，依议。钦此。行知前来。查齐齐哈尔一缺，本与将军同城，现在既经裁撤，所有一切应行事件，统归将军办理。其余三城副都统裁缺后，所有旗务，自应专责协领管理，以重职守。……墨尔根、呼伦贝尔两城，与系索伦、鄂伦春、达呼尔等部落，汉民迁住者尚少，应俟垦务扩充后，再行添设民官，以资治理。得旨，如所请行。

（总 5498 — 5499）

17. ［癸未］，交善耆查办蒙古要事五件单，一联络蒙情折服蒙心，一训练蒙军，一劝谕蒙古兴学，一详勘蒙地矿产，一测绘蒙古地图。

（总 5499）

32. [丁酉]，以报效练兵经费，赏多伦诺尔干珠尔瓦诺们汉至诚名额。

（总5503）

夏四月

16. [丙午]，程德全奏，查郭尔罗斯后旗已经商允出放荒地，于上年八月间勘丈完竣，奏报在案。惟该蒙幅员广阔，水陆交冲，其西南直接濑江、松花江，延袤四百余里，为上下商船必由之路。沿江一带，借安台站，其中余荒亦多。而该蒙及台站丁户等，素不讲求农务，遂置地利于不顾。近年哈尔滨开通商埠，俄人轮舟往来，驶行内江，几于反客为主。现在和议已成，忧时者咸谓外人必于该处开拓商埠，扩张利权。奴才目击情形，实属迫不容缓。当经咨商该蒙旗，迄今未准咨复。推原其故，皆缘世袭公爵，现未及岁，而已革署扎萨克勒苏隆扎普之子布彦绰克，现已潜逃哈埠，唆耸外人，亟图阻挠。虽未公然要挟，然已踩勘殆遍，隐然有先我着鞭之势。其现署扎萨克之协理台吉阿敏萨克奇，尚知大义，亦欲从速办理。只以任属代庖，遇事不能自主，深恐坐失事机。谨派蒙员晋省，恳请将军衙门速为作主，免致利权旁落，后患不可胜言等语。为今之计，惟有实时遴派职衔较大妥靠人员，前往作速勘放，庶可于事有济。兹查有裁缺署呼兰副都统衔花翎、协领都尔苏，谙练老成，熟习荒务，拟即调回省城，专办农政，先行饬赴郭尔罗斯后旗，勘放沿江荒地，饬令遍择沿江紧要处所，丈放衔基，创设商埠。并将该处余荒，一律推放，仍照定章与蒙分租，设如该蒙有固执旧习者，亦饬都尔苏会同阿敏萨克奇晓以时势迫切，并加价均沾利益各情，委婉开导，想该蒙无不乐从。若拘小节而误大局，实非奴才所敢出也。合无仰恳天恩，俯念江省边远，大局攸关，请旨饬下理藩院转行该蒙遵照，不得稍事阻挠。下所司知之。

（总 5511 — 5512）

26.［癸丑］，廷杰奏，热属常年入款，除支兵饷津贴缉捕局费外，绝少盈余。现值振兴工艺，开办巡警，添设学堂，政务日趋于殷繁，经费益形其支绌。是以奴才到任，即以筹款为第一要义，以整顿税捐为入手办法。业于本年正月二十日奏定刊行三联税票，并比较功过章程，一面委滦平县知县俞良臣遍历各局卡，访查情形。现据该委员查明复称，各局陋规，如粮食正税外，则有斗用，或粗粮斗五文，细粮斗十文，或不分粗细粮斗，取一合五勺。杂货牲畜正税外，则有票饭，多则三十文，少或数文十数文，此创办之初禀准有案者。今则一合五勺者私加至三合矣，票饭本地税给票时取之，今则出进口验票时即婪索矣。各局税则，有同一应税之货，此征而彼免，彼重而此轻，且有应重而反轻，应轻而反重者。既启奸商绕越之端，兼授书役侵欺之渐。应否重加厘剔，以免纷歧而杜弊窦等情，禀请查核前来。奴才伏查热河沿理藩院旧则，较之内地，征收不及十分之二三。税则太轻，吏役反有所借口，以勒索规费，相沿日久，规费之多，几与正税相埒而又过之。今拟查照二十九年原案，斗用五文十文者仍旧，三合者限以一合五勺，票饭原限三十文，似觉笼统而欠分晰，拟请以上税十分之二为限，准取一次，余均验票放行。所有各局薪工局用，皆取给予斗用票饭，化私为公，不准动用正税分文。则税款涓滴归公，无丝毫漏卮矣。口外地瘠民贫，何敢轻言加税。然奴才窃以为税则有三品之分，曰必需品，曰奢华品，曰嗜好品。必需品者，如粮石、牲畜、布匹之类，皆民间日用所必需，名虽取之于商，实则取之于民，故必以惠民者惠商，概予免加。但刊发税则，使各局卡一律遵行，不准仍前参差，则官民皆有所遵守焉。奢华品如绸缎、洋货之类，皆豪商富户争华斗靡之需，即加重征收，亦于贫民无害，且以示崇俭抑奢之意。嗜好品者如土药、洋酒水、旱纸烟之类，或无关食用，或有害卫生，亦应酌量加收，寓禁于征，即以征为禁。以上两项现拟税则，土药、纸烟值百抽二，余均不及百分之一，核与部颁税则尚无违逾。下部知之。

（总 5513 — 5514）

闰四月

16. [乙酉]，赏峻昌副都统衔，作为伊犁察哈尔领队大臣。

（总 5529）

五月

9. [壬寅]，廷杰奏，查接管卷内，据华商王绍林、洋商伊德等合办霍家地等处矿务一案，经前任都统色楞额奏奉部议，所有集款分利招工购地各事宜，在在均关紧要，必须参酌合同，始能定议等因，嗣据该商等呈送华洋签字合同二纸，禀请核咨，经前任都统松寿分别咨存在案。奴才到任后，复准外务部咨开，该商等业经订立合同，应仍由热河都统奏明办理，以符原案各等因。当查原订合同内，所有集股分利招工购地各事宜，虽经分项注明，与部章尚无违背。然语意究多含混，即如所指矿地六处，除原案所禀霍家地一处外，其余五处，将来如推广开办，自应遵章另为禀请执照，另交矿费，另起课银，并订明开办期限，逾限不办，矿产仍归还国家，原订合同并未叙及。又合同十三条，有无意中采得别种矿质，即应禀请给照办理等语。虽经禀准有案，然亦只能在禀准矿地界图内，照章开办纳课，方免牵混，原订合同亦未详细声明。国家利权所在，华洋交涉所关，事前多一磋磨，庶事后少一掣肘。自应传询该商，重加商订，以昭慎重。正札传间，适值王绍林偕英商谭华即伊德之代表人来热，据谭华呈验伊德所给权柄单一纸，以昭凭信。缘向来外国人办事，本人因事不到，即以此项权柄单交代表人，作为承认之据。奴才因将合同内语意含混之处，分别摘出，饬该商等另议附约三条，以发明原订合同之所未备。当经遵饬议呈，以为永远存据之证。查近来华洋矿务交涉之案，层见叠出。热河矿产殷富，外人时有觊觎。惟于合同内将彼此应得权限，预为声明，究可省日后无穷之轇轕。奴才为慎重矿政预杜交涉起见，未便以原定合同业经送部，稍涉疏略，致滋流弊。下部议奏。附合同，光绪三十二年闰四月十四日，即西历一千九百零六年六月五号，华商王绍林、英商伊德代表人谭华，遵热河都统廷杰面谕，另议附约三条，分缮三纸，经华洋商人与求治局会办分省试用道何鼎画押，一纸缴存求治局备案，一纸交英商伊德代表人谭华收执，一纸呈缴都统，以便奏咨定案遵办。一、部章指开各条，理宜遵办，兹特揭出数条，开列于左。集股，所有续招股银，均须华洋各半。分利，原订合同第八条业已载明，收取课银，当再由都统派员监收。招工，原订合同第十六条内业已声明，矿厂除管理机器外，一切工人，概用华人，不准招雇洋工。购地，山主契据，应全呈验，原订合同十七条内所载，应造枝路所占民地，如地主不愿出卖，愿将地价作股，应由地主之便，不得擅用压力。如愿出卖，粮租仍照原订合同第五条完纳。一、原订合同内所指六处矿地，除所禀请霍家地一处外，其余有城子山、王家杖子、五台山、白山吐、柴火栏子五处，如该商等推广开办，务须遵照部章，禀请开办执照，并另交矿费，另起课银。以上所指各矿，三年内如不开办，即须归还国家。一、原订合同内第十三条，有无意中采得别种矿质，即应禀请都统给照，照章办理等语。惟所称无意中采有别项矿质，只准在已经禀请批准开办矿地界图内照章开办纳课。寻外务部、商部奏，查原约第一条所开，如续招股银，须华洋各半，收取课银，由都统派员监收，矿工概用华人，占用民地，不得擅用压力，并第三条所开，无意中采有别种矿质，只准在批准界内开办各等语，皆为原订合同之所未详，防闲自较周密。惟第二条内开，原订合同所指六处矿地，除霍家地一处外，其余有城子山、王家杖子、五台山、白山吐、柴火栏子五处，如推广开办，须遵部章禀请执照等语。查王绍林禀原案，只请开办霍家地暨城子山、王家杖子三处矿地，嗣经前任都统色楞额奏，该员照华洋合办之例，与洋商伊德签订合同，推广至五台山等处，业经外务部核与原案不符，现在核订合同，自应仍照原案，准办霍家地等三处，此外不得预为指定矿地多处，致滋弊混。至霍家地一处，既经前任都统发给执照，准其开办。应由热河都统即将该矿占地详细里数，四至界限，绘图送部查核，饬令取具保单照费，换领部照，以符定章。其城子山、王家杖子二处，将来如推广开办，应即一切遵照商部奏定矿章，呈候核准，由部颁领执照，再行开办。仍照热河都统原定附约，三年内如不开办，即作罢议。如有他商请办，该公司不得干预。又原合同第六条所指各矿，必须由官发给执照，应改为呈明都统咨请商部发给执照，方准开办。第七条不得私将执照转卖他人一节，应照商部矿章，改为如欲将执照转授他商，应具禀商部，听候准驳。倘私相授受，一经商部觉察，即将矿照撤销，矿工入官。第八条常年课银认交一千两，矿产出井之金，按值百抽六，银按值百抽八，呈交课款，应改为矿产出井金银，均按值百抽十完纳井口税。其出口之税，仍遵海关税则照章交纳。查原订各节，虽系按照热河矿务专章办理，惟现定部章，矿产出井税，金银均值百抽十，自应改归一律。热河原议每年认交课银一千两，应予删除，先交之银，并准抵完矿税。第十二条日后如各国钦使与中国国家定立各项矿务新章，亦应援章办理，应改为日后中国国家定立各项矿务新章，该公司亦应遵照办理。第十七条修造枝路，以便运销矿产，应照商部矿务章程，改为转运矿产，欲造小枝铁路，应查明相距水口是否在十里以内，与该处地方有无窒碍，禀候商部核夺。若程途在十里以外者，应另案办理。于第十七条后添叙一条，声明此项合同未经赅载各事，概照商部奏定矿务章程办理。以上各节，应请饬下热河都统，转饬该商等遵将原订合同，并此次附约，重加厘订。咨部核定，再行画押，以重矿政。得旨，如所议行。

（总 5536 — 5539）

秋七月

4. [戊戌]，以松寿为镶蓝旗蒙古都统，胜恩为福州副都统。

（总 5561）

6. [壬寅]，赵尔巽奏，奉省荒地日辟，交涉日繁，相距较远之有司未能顾及，自非划疆分界，添设专官，无以严责成而资治理。奴才自上年抵任，即懔遵毋拘成例之谕旨，于地方应办各事，留心体察，委员查勘，迩来互证参观，得其梗概。有亟应变通设治之所数处，谨为圣主陈之。一为法库门，系开原县属境，距县一百一十里，东北则通吉林，正北则邻蒙部，人烟辐辏，行旅络绎，转瞬商埠一开，华洋错处，交涉繁难，均须随机立应，原设知县有鞭长莫及之虞。应于该处添设抚民同知一员，名曰法库门抚民同知，画开原及附近康平、铁岭三界地方，并归管辖，以资控驭而一事权。一为同江口，系昌图府属境，距府七十里，扼昌、开之要害，据辽河之上游，水陆交冲，五方杂处，为北路商务总汇之区，亦议辟为商埠。地方沿河，向多马贼，狙伺劫掠，在在堪虞。保护巡缉，责重事繁，断非原设知府所能兼顾。应添设河防同知一员，名曰同江厅河防同知，专司交涉缉捕，庶几有所责成，无虞疏懈。……以上数处，奴才均已先后委员，发给经费，刊刻木质钤记，前往试办。诚以新政如学堂、巡警、卫生诸事，固非有专员提倡劝导，乡民未宜信从。即不日开埠，设立乡官，亦非有专员就近区划督饬，无以规久远而责成功。相应奏明请旨

429

先行敕部立案，一俟该员等试办就绪，应为何项要缺，暨将来有无变通，再当奏请敕部分别铸给关防印信钤记，转发领用，俾昭信守。其未尽事宜，及此外如有应行设治之处，容再体察情形，续行奏咨办理。得旨，如所请行。

（总 5561—5562）

7. [甲辰]，镶蓝旗蒙古都统连顺卒，恤荫如例。

（总 5562）

九月

28. [乙卯]，以松寿为察哈尔都统。

（总 5582）

34. [丙辰]，调景恩为正白旗满洲副都统，以张英麟为镶黄旗蒙古副都统。……以清锐为镶黄旗蒙古都统，吕海寰为正黄旗蒙古都统，葛宝华为镶红旗蒙古副都统，特图慎为镶黄旗蒙古都统。……

（总 5582）

35. [丁巳]，魁福请解任，允之，以额勒珲为察哈尔副都统。

（总 5582）

36. [丁巳]，调溥伟为镶黄旗蒙古都统，清锐为正黄旗汉军都统。

（总 5582）

冬十月

4. [丙寅]，以塔克什讷为镶蓝旗满洲副都统，乌珍为镶红旗蒙古副都统。……

（总 5585）

十二月

45. [壬辰]，上御保和殿，赐蒙古王公筵宴。

（总5626）

光绪三十三年丁未（1907 年）

春正月

13.［壬寅］，上御保和殿，赐蒙古王公筵宴。

（总 5630）

33.［辛亥］，上御紫光阁，赐蒙古王公筵宴。

（总 5635）

38.［壬子］，以诚勋为察哈尔都统，景沣为广州将军。

（总 5636）

40.［癸丑］，以明启为镶蓝旗汉军都统，成章为正黄旗蒙古都统。

（总 5636）

二月

1.［癸亥］，镶蓝旗蒙古副都统德峰卒，赐恤如例。

（总 5638）

3.［甲子］，以岳樑为镶蓝旗蒙古副都统。

（总 5638）

三月

3.［丙申］，理藩院奏，喀喇沁扎萨克多罗郡王贡桑诺尔布请赏借五年俸银，以资本旗学堂经费。允之。

（总 5647）

33.［乙卯］，以成章为正白旗汉军都统，台布为正黄旗蒙古都统。

（总 5657）

夏四月

15. [戊辰]，以秦绥章为镶黄旗蒙古副都统。

（总 5669）

41. [戊子]，谕军机大臣等，岑春煊奏，统筹西北全局，酌拟变通办法，以兴本利而固边卫各折片，着徐世昌、袁世凯、升允、赵尔巽、锡良、唐绍仪、朱家宝、程德全、恩寿、曹鸿勋、联魁、贻谷、廷杰、诚勋、长庚、马亮、延祉、连魁、锡恒、穆特春、庆恕、联豫体察情形，各抒所见，妥议具奏。原折片均着抄给阅看。将此谕令知之。

（总 5674）

五月

2. [壬辰]，谕军机大臣等，前据岑春煊奏统筹西北全局各节，业经谕令徐世昌等妥议具奏。兹又据该督奏，各边拟设民官，亟应变通旧例，并录呈左绍佐原奏各折片。查左绍佐原奏请设西行省一折，经政务处议复，饬下直隶、山西督抚、热河、察哈尔都统体察情形奏明办理，至今尚未举办。着徐世昌等归入该督前奏，一并妥议具奏，原折片并左绍佐原奏均着抄给阅看。将此谕令知之。

（总 5676）

13. [丙申]，学部奏，查上年十二月十六日臣部议复编修吴士鉴奏请于八旗学堂特设满文专科折内，曾声明仿照译学馆之例，另设清文高等学堂，以备中学堂毕业生升入等语，奉旨允准在案。臣等伏维太祖高皇帝肇基王迹，创制文字，不独辽沈世臣，

433

服膺而不可失，即内地子民，亦当兼通博考。因文字之流遗，而推究地理风俗得失利弊之所在。于以恢张庶政，抵御列强，乃能有所措手。此国语满文有不得不立为高等学堂者也。惟是蒙古地势，内之为中原之屏蔽，外之与西伯利、哥萨克诸部毗连，近日风气未开，外患日至，已稍即陵夷矣。然其地非但兵家之所必争，即其物产矿质金石遗迹，东西各国之人探索往来，踵趾相望。而于其语言文字，尤兢兢焉，搜辑不遑。况以我中国关系亲密尤非他比，重以西北边防正资筹划。若非通其语言文字，何以备任使之资而收绥靖之效。臣等有兴学育才之责，不能不统筹兼顾者也。拟请先于京师择地一区，设立满蒙文高等学堂，俾旗籍子弟中学毕业者升入此科，其举贡生监素娴满文、蒙文者，亦准附入肄习。即汉民子弟经中学毕业，有志于满蒙文者，并准一体甄录入学。臣等查此项学堂经营擘画，责任綦重，非得学望素著之大员，不足以资董率。兹有都察院副都御史伊克坦，堪以奏请派充满蒙文高等学堂监督。凡建校招生，访聘教员，审定课目，一切详细章程，均责成该监督悉心酌拟，随时商承臣部奏明办理，以期仰副朝廷笃念根本安边储才之至意。得旨，如所议行。

（总 5680 — 5681）

22．［己亥］，以博迪苏为镶蓝旗满洲都统，寿荫为正蓝旗蒙古都统。

（总 5682）

23．［己亥］，以台布为正黄旗蒙古都统。

（总 5682）

25．［庚子］，以溥伟为正红旗满洲都统，增崇为镶黄旗蒙古都统。

（总 5682）

六月

7. [壬戌]，廷杰奏，勘丈巴林蒙荒可垦之地约二千顷，请饬部颁发执照二千张。允之。

（总5690）

18.[庚午]，赵尔丰奏，光绪三十三年四月初三日准度支部咨，所有会议四川总督奏筹办边务恳拨的款一折……川省中户农民，稍有薄产，即安土重迁，其肯于应招赴边者，大都贫寒佃户自无寸土之人，农具庐舍，令其自备，断难集事。不惟农具庐舍已也，关外向无店铺，无处购食。垦夫初到，皆须广为筹备杂粮，以资果腹。否则将有饥疲之虞，恐成涣散之势。虽绥远城、科布多亦无如此困难。此又与他省迥不相侔者也。……

（总5695—5698）

26. [甲戌]，贻谷奏，奴才前以西垦畅兴，渠工重要，亟须前往调查壮丁，循例带查广觉寺，于三月二十一日携印起程，当经奏报在案。现在奴才巡查事毕，五月二十六日旋绥。除将查看召庙情形另折陈明外，查奴才此次循行后套，注重看渠，诚以套地依渠为命，渠道之适用与否，所关匪细。在施工之始，既难相度之得宜。论经久之规，尤赖维持于不敝。奴才于查阅广觉寺后，循山麓而西，驰入后套，套地西偏，即乌盟西公旗所报之什拉胡鲁素等地，一望平衍，凤称上腴。惟向无专渠，仅恃五加河退水浇灌，又附依大小，恒有山水冲刷之患。无坝无渠，领户裹足，虽沃壤犹石田也。奴才前经派员勘估详议，及时兴修，筹防冲突之虞，畅疏引灌之利。现已坝工就竣，渠道择修。奴才复饬将上游各渠劈宽浚深，扩充来源，期可泳流普及。并一面饬由公司招户认领，陆续丈放。其东公旗所报之红洞湾地，系在黄河西岸，土质较次，亦一并饬招垦户。若中公旗辖境，本无沃土，叠经饬其指报，未即如约。直至奴才由后套折回时，始据呈报于该旗莫多噶鲁泰即黄河东西岸之熟地两段，谨于秋后指交，应俟勘收后另行办理。此乌盟西公各旗地之现办情形也。自西公报地迤西，达地之招租，杭地之放垦，纵横阡陌，脉注绮交。若老郭、塔布、长济等渠，达地借以灌输。若沙河、烂大、丰济等渠，杭地用以挹注。惟入夏以来，河水陡落，各渠减流，往往不敷应用。至五月初间，始据各局报告水涨，渠道充盈，及此时浇灌春苗，或尚有秋可望。至未成之渠，亟待引伸，修复之渠，时有淤塞。如才周历勘查，严定责成，查有不甚得力人员，立即撤换，免误事机。此杭、达各旗渠地之现办情形也。至套地民户日多，良莠杂处，官少地旷，防范难周。而不肖蒙人，犹时有争渠阻垦情事，垦辟愈广，治理愈难。此又奴才所夙夜图维，窃恐未能善后者也。下农工商部知之。

（总 5699 — 5700）

36．[庚辰]，理藩部奏，臣部会同军机大臣具奏核议理藩部大概情形折内声明，理藩部司员、笔贴式各缺，拟俟考选后分别核定，并声明缓设殖产、边卫两司，拟由理藩部先行调查等因，于光绪三十二年十一月十九日奉旨，依议。钦此。臣等伏查内外扎萨克蒙古各藩属，东起盛京、吉林、黑龙江，北界库伦、恰克图，西连青海、藏卫及回疆各城暨土司廓尔喀，幅员既广，政务殷繁。况值百度维新，尤在得人而理。臣寿耆等谨遵前奏，传集阖署司员、笔贴式，分班当堂面考，试论说以觇其才，课翻译以观其学，现在考试完竣。臣等公同校阅试卷，并于平日公事差使资格，互考参观，择其学识优长，才具明敏各员，分派各司处，用资表率。其余各员，亦均可量为器使。谨将现拟司员、笔贴式各项差缺，分别等次，另缮清单，恭呈御览。至殖产、边卫两司所掌蒙地之开垦、林业、牧畜、牲猎、织造、皮毛、骨角、铁路、矿产、渔业、盐法、军队、学务、台站、界务、商务、互市等事，本为蒙藩要政，因事体繁重，骤难举行。是以前奏拟由理藩部咨商各路将军、大臣暨各部落盟长，详细查明，何处宜兴办何项要政，先行调查，以便会同度支等部妥拟章程，奏明办理。惟调查伊始，头绪纷繁，其编纂条规，酌拟办法，亟宜设立处所，派委专员，以资统摄。臣等公同商酌，拟设立调查编纂局，附入理藩部领办处，拣派司员，分股任事，暂不豫定缺额，以为将来添设两局之基础。至原设各司处之郎中、员外郎、主事、笔帖式及司务、司库等，其一百六十二员，除宁夏等处十一差及乌里雅苏台、西宁、热河、库伦各差所人员不计外，现在考选等第，量才任使，仅敷分布。即将来设立殖产、边卫两司时，员缺应否添设，尚须酌量情形，奏明办理。所有理藩部原设各缺，拟请免其裁撤。其现在归并处所之原隶各缺，拟即归入领办处，以便分任其事。惟是在公人员，事有专司，务当各尽乃职。部务自臻上理，倘有不职之员，或始勤终惰，应由臣等随时甄别，据实参劾，以仰副朝廷澄叙官方之至意。得旨，如所议行。

（总 5703 — 5704）

秋七月

22. [壬寅]，邮传部奏，光绪三十三年四月三十日军机处片交，两广总督岑春煊奏，铁路亟应统筹全局预画轨线一折，奉旨，邮传部议奏。钦此。……其北出者，现修之路，原有京张。臣部前议复肃亲王善耆筹建蒙古铁路折内，已声明京张路成，再展至库伦，更展至恰克图，即可定为北干。其东出者，关内外线早已行车，现既收回奉新更名为京奉。臣部于三月间议复前署黑龙江将军程德全创修江省铁路折内，已议准由新民、洮南、齐齐哈尔抵爱珲，一俟全工告藏，即可定为东干。……其北干抵张家口后，拟依察哈尔都统诚勋考查察防原奏，分两枝，一东趋热河为张热，一西趋绥远为张绥。至库伦又分两枝，赴内外诸蒙古。由是蒙古热河边墙诸轨，皆可定之为北枝。……臣等查铁路一端，诚不外兵商两策。大都西北临边，便于军国，东南通海，便于商家。若定蒙藏设省之谋，则库伦卫藏为急，而青海、热河次之。若资海陆交输之益，则粤汉为急，而川汉、滇蜀次之。……谨先将现在各省已办及拟办铁路绘图列说，恭呈御览。得旨，知道了，图留览。

（总5717—5719）

九月

31.［丁未］，调台布为宁夏将军，增祺为正黄旗蒙古都统。

（总5760）

冬十月

47.［乙酉］，谕军机大臣等，贻谷奏，广筹旗民生计推广教育实业办法参用满人等语，着各省将军、督抚等按照所陈妥筹办理。原片着抄给阅看。将此谕令知之。

（总5783）

十一月

19.［丁酉］，廷杰奏，勘丈昭乌达盟阿鲁科尔沁、东、西扎鲁特三旗蒙荒，计可耕之地八千余顷，请颁发空白地照五千张。允之。

（总5798—5799）

十二月

28．［甲戌］，谕军机大臣等，有人奏，奉天巡警总局总办候补道朱庆澜等贪诈骄奢吞蚀民款一折，又片奏昌图府通江口新设治河防厅署同知程学恂苛敛商民等语，着徐世昌按照所参各节，确切查明，据实复奏，毋稍徇隐。原折片着抄给阅看。

（总5820）

41．［丁丑］，诚勋奏，奴才恭读迭次上谕，劝办各项实业，谕令中外臣工实心提倡，以开风气而挽利源。又准理藩部先后来咨，调查蒙地工商各业，行令设法开办，具见朝廷锐意图强振兴实业之意。察哈尔虽系边瘠，难与腹地争衡，而口内外不乏殷商贸易，迁乌、库一带者，徒以开化较迟，往往坐失利益。奴才每于接见绅商时，即与宣布朝廷恩意，多方开导，并力任提倡保护之责。闻风兴起，渐有其人。兹据保升直隶州知州赵宗诏、同知衔区茂洪、补用知县高克、候选通判杨桂清等联名禀称，窃以交通地方，实为莫大利益，而交通之术，惟借舟车。自铁路风行以来，车之为用尤广。目下京张铁路一二年内可望告成，而张库路长工巨，筹款兴筑，约须俟之十年以后。此十年中，似须设法交通，为边地稍浚利益。宗诏等议得简便之法，为交通之计。拟于口外蒙古地方创行汽车，先就张库一路开办，随时扩充，以开蒙古风气，以通边地消息，且便往来行人。口外地势平而且旷，行车既甚利便，又无窒碍。今年法人赛车会已在口外试行一次，三千路程，四日之间，克期而至。事有把握，非同虚拟。现拟纠合同志，集成股本，设立公司，先购两车试办，以逐渐扩充为宗旨。股份无取乎多，而股东必求殷实，以共知底里为合格。但以汽车路行数千里，实为中国所罕闻，必予以专利年限，方敢创办。拟请于公司成立后，无论中国及他国人概不得再于口外蒙古地方另行汽车，以张库铁路告成之年为年限。谨抄呈公司集股各章程暨行车免碰章程，恳请奏咨立案，准予专利年限，俾得从速购车开办，竭力扩充，以溥公益而兴边利。俟奉准后即行遵章赴部注册，以符定例等情，呈由察哈尔商务总局据情转详，并造具章程清册，呈请奏咨立案前来。奴才等伏查比年以来，西北商务，月异岁新，久为外人所歆羡。由库至张，经数千里，平沙广漠，队商出入，向恃驼骡，动需累月，行旅况瘁，莫过于斯。本年夏间，法、义等国商人在蒙地赛行汽车，不旬而周环球之半。张库铁路一时我尚不能自办，即使赶紧布置，而成功亦复需时。未雨之谋，所宜预计。今该职等鸠集资本，创立公司，拟于口外试办汽车，取他人已行之成法，保中土自有之主权。其利一。交通边地，转输灵便，集资不巨而收效较捷。其利二。行车地段，一循电报线路，再四考查，该处既非孔道，并无窒碍之端。其利三。创始先从张库往来，以次推及内蒙各地，果能畅行无阻，则渐推渐广。无论便商运货，其为用不亚铁轨，且可为置轨之权舆。其利四。有此一举，既可杜外人窥伺之谋，又可为沙碛生财之道。将来京张路竣，必更收辅助之功。其利五。奴才详加复核，所拟章程均尚妥洽。所集股本确系殷实华商，核之部章尚无不合，似可准其试办。惟此事为吾国所创见，舍此亦无可办之区。草地平旷，不难驰驶。若不明定限制，恐效尤踵起，贻害商标。自应许其专利，方足以昭激劝而示保护。下邮传部议奏。

（总 5825 — 5826）

64. [癸未]，政务处奏，准军机处抄交，东三省总督徐世昌等奏吉省属境辽阔，拟请择要增设府州县员缺一折，光绪三十三年十二月初六日奉硃批，会议政务处议奏。钦此。窃维吉省控引江、奉，幅员最广，向以土旷人稀，设官无几。近则移民垦土，生殖日繁，且现筹旗民生计，尚拟陆续迁往，自应豫谋建置，以期成邑成都。第经营伊始，必当审度地势，布置适宜，庶可便控驭而规久远。原奏拟于省城东北蜂蜜山设知府一员，曰蜜山府，省西长岭子添设知县一员，曰长岭县……至省西长岭子为长春、洮南两府要道适中之地，西南蒙江，毗连韩境，东南桦皮甸子，为头二道江及古铜河、大沙河流域，亦皆扼塞形便之处。所请增设一府一州二县员缺，均系择要建置，应即照准，原奏又称各缺均仿奉天章程，酌派设治委员先往试办，一切事件，径由该委员直接司道办理，州县亦不归府辖，系为便事核实起见，应请饬下该督抚遵照所拟，慎拣妥员认真经理，务使殖民兴业，数年之后成效可期。一俟办有端绪，再行奏请补授，并一面咨部立案，以符定制。至应行刊铸印信，建葺城署，核给廉俸，暨筹款用人，划疆分职，一切未尽事宜，统由该督抚等按照新章，酌量情形，随时奏明办理。得旨，如所议行。

（总 5834 — 5835）

69. [丙戌]，上御保和殿，赐蒙古王公宴。

（总 5838）

光绪三十四年戊申（1908 年）

春正月

14. [丙申]，上御紫光阁，赐蒙古王公筵宴。

（总 5843）

二月

30. [辛未]，政务处奏，光绪三十三年十二月二十一日准军机处抄交，热河都统廷杰奏，新开蒙旗各地方，亟应添设州县等缺一折，奉硃批，会议政务处议奏。钦此。窃维热河形势，控制边疆，拱卫畿辅。所属蒙旗地面，极为辽阔。从前以游牧之地，事简人稀，设官无几。迨光绪二十九年，前都统锡良即以热河州县辖治动辄数百里，非添官不能兼顾等情，奏添一府两县。近则垦务日辟，旗务日繁，蒙汉杂居，尤应酌增员缺，以资治理。原奏谓赤峰一县，兼辖翁牛特等九旗，内阿鲁科尔沁、东、西扎鲁特以及巴林左、右翼等旗，又皆散处于潢河以北。及阜新县属之小库伦一旗，毗连锦、义，为马贼游匪出没之区，距该县治四百余里，均属鞭长莫及等语。既经该都统审度形势，妥筹布置，自系因地制宜。应即准其于阿鲁科尔沁、东、西鲁特三旗地方添置一县，曰开鲁县，于巴林左翼地方添置一县，名之曰林西县。而以原有之赤峰县升为赤峰直隶州知州，以兼辖新设两县。其原设赤峰县典史改为州吏目，以符体制。并准其于小库伦所属库街地方建立一县，益之以奈曼一旗，名之曰绥东县，仍归朝阳府统辖。其东土默特、喀尔喀二旗，则仍隶阜新县管理，以便镇慑而分权艰。至所称建置伊始，当为根本改新之图，屏去繁文，讲求

新治。及遴选妥员分别试办试署各节，系属便事核实起见，并请
饬下该都统等遵照所拟认真经理。此外如应设佐治各缺，及划分
地段后之详细图册，慎拣妥员后之廉俸印信，并建葺衙署一切未
尽事宜，统由该都统会同署直隶总督妥为筹划，随时奏咨办理。
得旨，如所议行。

（总 5863）

夏四月

4. [丙辰]，谕，前因归化城副都统文哲珲奏参贻谷败坏边局，
欺蒙取巧，蒙民怨恨各款，当经派令鹿传霖、绍英前往确查。嗣
据贻谷奏参文哲珲等侵吞库款，亦即谕令鹿传霖等一并查办。兹
据查明复奏，贻谷督办垦务，有二误四罪等语。朝廷放垦蒙地，
意在开荒备边，并非攘地图利。乃贻谷不顾藩部边氓大局，只为
一己罔利起见，专用小人，苛索巧取，以官地垦局巧立公司名目，
辗转渔利，定章每亩地价三钱，公司辄浮收八钱，垦熟之地，亦
复勒缴地价。甚至房基、庐舍、铺面街道勒交租价，每亩竟多至
三百数十两。且纵勇滥杀，烧毙台吉丹丕尔一家五命之多。复罗
织成狱，辄将丹丕尔置诸重辟，尤属残酷无伦。所收地价以八钱
计算，约收银四百余万两，除支拨有案及代为约计用款外，其查
无用项者，尚有二百余万之多，显系贻谷及各局员等朋分吞蚀。
贻谷又需索蒙旗，扣留荒价，拣放官缺，批索银两，开设铺店，
剥兵扣饷。似此贪残相济，扰害蒙民，败坏垦局，实属辜恩负国。
绥远城将军贻谷，着革职拿问，由山西巡抚派员押解来京，交法
部审讯，监追治罪。文哲珲于库款亦有侵挪，且向亦阿附贻谷，
听其苛敛，随同画诺，并着交部严加议处。其随同婪贿虐蒙之山
东候补道斌仪，聚敛附益，婪款不赀。云南候补直隶州知州景禔，
苛暴险诐，商农共愤。五原厅同知姚学镜，心贪手辣，率定爰书。

443

均着即行革职，拿交法部监追治罪。署东胜厅同知岳钟麟，仇蒙诬判，几坏边局。山西候补知县吴棣荣，以兵压民，形同寇盗。分省补用府经历志良，逼追地价，惨用非刑。均着革职，发往新疆效力赎罪。候补参将谭勇发，虚报冒功，纵兵掳物，着革职，发往军台效力赎罪。分省补用知府陈光远、直隶州知州黄桂荣、山西候补直隶州知州吕继纯、同知郝敬端、余实滋、知县郑天馥、林毓杜、乔樾荫、通泰，均属骄讻互用，迎合歼民，着一并革职。所有贻谷历年办垦保案，着该部查明一并撤销。塔尔巴哈台参赞大臣荣昌，着解任赴绥，交接任将军切实查办。余着照所议办理。至鹿传霖等条陈善后事宜，及请派员接办等语，着派信勤前往接充督办垦务大臣，暂行兼署绥远城将军，查照鹿传霖等各条陈办法，体察情形，妥筹办理，务期痛除积弊。既须振兴垦务，尤须深恤蒙艰，以示朝廷抚绥藩部之至意。

（总 5888 — 5889）

9. [戊午]，谕军机大臣等，鹿传霖、绍英查办一案，业将贻谷暨各委员拿问追究。该犯员等所立垦务公司及各铺店，均系赃私产业，着宝荣迅委廉正大员驰赴绥远城，先将该公司资产暨各铺店货物，分别点验，除公款商款外，所有该犯员等私款，一律收存备抵。先将收存数目据实奏闻。

（总 5889）

10. [戊午]，军机大臣奉旨，信勤未到任以前，督办垦务大臣绥远城将军印务，着归绥道胡孚宸暂行护理。

（总 5889）

16. [庚申]，谕，徐世昌等奏，查明知府收税增多，只交例额，酌拟办法一折，吉林候补道王昌炽，前在长春府知府任内，征收牛马税，只交例额，虽系照章办理，惟当战事甫平之后，地方凋敝，田土荒芜，农民购买牛马，自应减收税课，以兴农业。且直隶、热河以邻省地方，尚且蠲免出境赴奉牛马税，乃该员仍复按价估征，至逾正额数十倍之多。又并不报明充饷，实属贪苟胆妄。王昌炽，着即行革职，并勒缴银十万两，解交吉林巡抚，留为办公之用。该部知道。

（总5891）

26. [乙丑]，军机大臣奉旨，前据贻谷奏称，杭锦贝子阿尔宾巴雅尔阻挠垦务，请开去伊克昭盟盟长，以副盟长乌审旗贝子察克都尔色楞暂署，并以台吉沙克都尔扎布署理副盟长。嗣据奏称杭锦贝子悔悟效顺，吁请开复，以盟长记名，均经准如所请。现经查明该贝子阿尔宾巴雅尔尚能输诚报劾，加恩着仍补授伊克昭盟盟长，察克都尔色楞仍回副盟长本任，毋庸署理盟长，沙克都尔扎布毋庸署理副盟长。

（总5895 — 5896）

38. [壬申]，法部奏，审明革员瑞洵报销尚无侵挪，限内赃款全缴，应否仍行发往军台。得旨，瑞洵着仍发往军台效力赎罪，余依议。

（总5898）

46. [己卯]，调达寿为理藩部左侍郎，以宝熙为学部右侍郎。

（总5901）

47. [己卯]，以马亮为镶黄旗汉军都统，堃岫为乌里雅苏台将军。

（总5901）

五月

15. [丁酉]，谕军机大臣等，有人奏黑龙江候补道宋小濂等盘踞要差，浮开款目等语，着徐世昌、周树模按照所参各节，确切查明，据实具奏，毋稍徇隐。原片着抄给阅看。

（总5914）

23. [癸卯]，邮传部奏，查电报为交通全国机关，系属于商民者事小，系属于国家者事大。故各国电报之权，皆为国家所独有。……中国电报，勿论要荒，即腹地稍僻者亦多未设立。一旦有事，道途修阻，文报方到，贼已远扬，实于军务机关大有阻碍。况当此百度维新之际，外交内政，关系匪轻，稍滞交通，辄滋流弊。近来科布多、川藏、蒙古、闽浙、江西、苏松各属。纷纷奏咨请设电线。……

（总 5921 — 5923）

27. [丙午]，军机大臣奉旨，绥远城等处垦务紧要，所有沿边道厅以下各官，遇有应办开垦事宜，均着信勤节制。

（总 5926）

30. [丙午]，会议政务处奏，本年四月二十日军机处抄交，科布多参赞大臣连魁奏筹拟科布多情形一折，奉硃批，会议政务处议奏。钦此。臣等详阅该大臣所陈各节，改行新政，酌存旧制，不侈改制之虚名，而实寓安边之至意。如原奏称科属地瘠人稀，拟于所属四部落各先设蒙文小学堂一所，蒙文教习各二员，选各该蒙部合格者入学。其旧有之蒙文学堂，拟与现设之蒙文学堂一体扩充。凡属蒙旗子弟，均为从宽收录等语。蒙民惑于宗教，风气向称闭塞，兴学实为要图。开办之初，学科骤难完备。该大臣拟先从蒙文入手，深得循序渐进之意，自当准如所请。一俟着有成效，再行逐渐推广。原奏又称乌兰古木、巴雅特均为本属杜尔伯特牧地，似宜屯垦。其旧有之十屯田，四面环山，地方稍暖。若值雨泽调匀落霜较晚之年，可以幸获有秋。刻已差派妥员驰往详细查勘，明白开导。查科属处新疆北鄙，虽称沙漠，而扎哈沁旗临布尔干河，明阿特旗临阿拉克泊，杜尔伯特左翼三旗临乌布萨泊，右翼十一旗及厄鲁特旗均踞阿尔泰河之上游，沿河处所，不无可耕之田。果能化导有方，则兴垦即所以实边，本计所在，自当切实兴办。至办理垦务，在在需人，应否特派专员，抑由科城暂移数人驻扎该处，统俟接任大臣体察情形，请旨遵行。原奏又称科布多属地皆系蒙部，来去无常，逐水草而居。若遽议建省，蒙性愚顽，不以为开利源，反以为夺生计，势必众情耸动，各怀不安。又称科属台站，原有三路，每台相隔百里，迄无汉民居住。纵欲改设民官，亦苦于无民可治。臣等窃维科布多本隶喀尔喀军营，为定边将军辖境。行营制度，自与内省迥殊。昔时所属之部落七，自与阿尔泰山分治后，只存明阿特等四部落，人民稀少，不成邑聚。去年科布多办事大臣锡恒奏请缓建行省，曾经臣等议准在案。该处事同一律，亦当暂存旧制。至其全境，西倚金山，北连罗刹，极边重戍，扼西北之要冲。治兵治民，均关紧要。原奏所称设巡警以弹压地方，添设巡防队以缉捕盗贼，均为切要之图，应即责成接任大臣迅筹的款，妥速举办。得旨，如所议行。

（总 5926 — 5927）

37.［丁未］，徐世昌等奏，东三省电报，自日俄战后，干线荡然。……臣等公同商酌，拟择紧要地方先行推广。从新民府起，经法库门、辽源州、洮南府以达齐齐哈尔，共计约一千四百余里，估算屯杆电料及运费工赀等项，需银约四十万两，仍饬黄道派员履勘道路，筹备材料，以便开工。将来据实奏咨报销。此路告成，不独现有之路线相辅而行，可备缓急之用。而辽源、洮南一带之距省较远者，亦可免机务迟滞之虞。此扩充三省腹地线路之情形也。……

（总 5928 — 5929）

六月

45.［己卯］，升允、庆恕奏，内阁会议政务处咨，议复青海缓改建省先行试垦一折，于光绪三十三年十二月二十日具奏奉旨，依议。钦此。钦遵将原奏咨行前来。奴才等遵即和衷商榷，酌拟办法，以冀仰副朝廷固圉实边之至意。伏查青海地面，向为蒙番游牧之区，不准汉回各民前往开垦。其实可耕之地，随在有之，任其荒芜，殊为可惜。现奉谕旨先行试垦，而再三体察，有不能不详审其间者。青海有各族番民及庙户杂处，与纯系蒙古之地不同，素性桀骜不驯，遇事梗命。可虑者一。即使勉强许垦，而反复无常，荒则容之，熟则逐之，徒劳无益，反酿仇雠。可虑者二。各省开办招荒，均交领费。穷民无业，始肯轻去其乡，牛种尚难，何能责其缴价，势必全无人应命而止。可虑者三。蒙番各族虽未讲求农业，究以畜牧为生。若尺寸不遗，听民自占，结党成群，反客为主，恐将来之效尚未彰，而目前之变已立见。可虑者四。又有汉民已入番地，耦俱无猜。若因其向未经官，夺此予彼，逐客招客，集怨必多。可虑者五。夫图始莫要于图终，而言利必先求无害。如才等管见所及，有宜就蒙番筹者，有宜就小民筹者。就蒙番筹者，则以此项牧地，皆若辈生计所关，宜许酌留若干以资牧养。然后令将可垦之地自行报出，升科之日，公家只占六成，余皆留为地主租课。惟地自报出以后，应分之课，只准赴官请领，不得私向农民求索增加及任意驱逐等事，以免横争而安农业。此其就蒙番筹者也。就小民筹者，则以招垦宜自近始，方不致来无所考，去无所稽。但西宁各属居民，穷多富少，而富民又不愿远徙。其乐充包户者，大抵皆不甚安分之人，意在奴使穷民，坐收厚利。不如不取领费，听民自报。但使负耒以来，皆可受廛而处。升科之后，亦只责其不欠课钱，不侵余地而已。此其就小民筹者也。惟开办伊始，殊费经营，必须设立垦局，然后可以握纲维，必须派驻勇营，然后可以资保护。而筹款一层，相因而起。青海并无丝毫进款，西宁又无闲款可裁。事关保境殖民，奴才升允自当力任设法，拟以每年认筹银二三万两，为设局驻兵经费。俟三年升科之后，再议停供。惟用人一有不当，则归绥复辙，且将复见。奴才等恭读四月初二日上谕，至专用小人苛索取巧之

训,未尝不五中悚惧。而殷忧窃虑于用人之难也。至于蒙番散处,
统属不齐。拟恳天恩饬下理藩部转谕青海蒙古王公、台吉、番民
千百户,及各庙呼图僧纲法台香错等,令其将可垦地段报出,派
官接收,招民开垦,酌量户口,以均领地,分别腴瘠,以定升科。
皆由垦局临时查明造册,详报青海大臣衙门,由奴才庆恕核明给
发执照,便民经业。其尚未升科以前,俱不得花费分文。如此办
法,在蒙番各歙其利,不同迫以难堪,在小民别无所需,不致穷
于应命。而始而成聚,继而成邑,终而成省。既无凌节以施之事,
当有推行尽利之时。得旨,着妥慎筹办,务令蒙番客民彼此相安。
该部知道。

（总 5950 — 5951）

秋七月

12. ［壬辰］,会议政务处奏,五月二十日准军机处抄交,东
三省总督徐世昌、署理黑龙江巡抚周树模奏,江省幅员辽阔,亟
应添设民官一折,并清单一件,奉硃批,会议政务处议奏,单并发。
钦此。臣等谨查黑龙江居满洲之西北,南至吉林,西至蒙古之车
臣汗部,北至俄罗斯,实为东省屏藩,屹然重镇。故前代自唐置
黑水府后,辽金并为上京,设临潢府、肇州于其地,元称开元路,
亦以咸平府隶之。盖形势之地,利用多设郡县以相控制,理有固
然也。今该督抚欲于爱珲、呼伦贝尔、墨尔根、布特哈四城旧副
都统所治,请添设爱珲、呼伦贝尔道员两缺,黑河、胪滨、佛山、
嫩江知府四缺,爱珲、呼玛、漠河、呼伦、室韦、萝北、武兴、
讷河、布西、甘南直隶厅同知十缺,……并请裁撤墨尔根、呼伦
贝尔、爱珲副都统三缺,而加爱珲、呼伦贝尔道员参领衔以资镇
慑。就其所陈详加复核,尚能审量缓急,以为建置之后先,斟酌
古今,以定地方之名称。凡所筹划,具有条例,应即请旨饬下该

449

督抚速即履勘，妥为经营。除原拟缓设各缺，应由该督抚随时体察情形陆续设立外，其添设改设各缺，应如何建署、定俸、置吏、添兵之处，详细具奏。至所称此次添设各缺，皆系边疆重要，非有熟悉边情能耐劳苦之员，难资得力。拟慎选堪胜人员，随时奏明请旨补授。开办之始，自当准如所请，不为遥制。并请饬下该都督慎选妥人，一切事宜责成切实经理，以收实效而固边圉。得旨，如所议行。

（总 5958 — 5959）

八月

5.［戊午］，谕，御史秦望澜奏，查办重案不甚允协，请饬复行核议一折，已革绥远城将军贻谷，被参案情重大，特派大员驰往查办。据奏复情节较重，当经谕令拿交法部审讯治罪，自应由法部彻底究办。乃该御史竟敢胪列多条，率为申辩，显系有意开脱，殊属冒昧，难胜风宪之任。原折掷还，秦望澜着回原衙门行走，以示薄惩。

（总 5985）

26.［癸酉］，允延祉等奏，于库伦地方设立蒙养学堂，专教满蒙汉语言文字。

（总 5990）

冬十月

2.［乙卯］，廷杰奏，热河变通蒙盐章程。下部知之。

（总 6019）